深圳市综研软科学发展基金会资助项目

CHINA'S
OPENING UP
BEIGE BOOK
2016—2017

中国开放褐皮书

（2016—2017）

"一带一路"推动中国对外开放新格局

中国（深圳）综合开发研究院 ◎ 著

中国经济出版社
CHINA ECONOMIC PUBLISHING HOUSE
北京

图书在版编目（CIP）数据

中国开放褐皮书（2016—2017）："一带一路"推动中国对外开放新格局／中国（深圳）综合开发研究院 著．

—北京：中国经济出版社，2018.10

ISBN 978-7-5136-5194-3

Ⅰ.①中… Ⅱ.①中… Ⅲ.①对外开放—研究报告—中国—2016—2017②对外投资—直接投资—研究报告—中国—2016—2017 Ⅳ.①F125

中国版本图书馆 CIP 数据核字（2018）第 096891 号

责任编辑　赵静宜
责任印制　巢新强
封面设计　久品轩

出版发行　中国经济出版社
印　刷　者　北京富泰印刷有限责任公司
经　销　者　各地新华书店
开　　本　787mm×1092mm　1/16
印　　张　26.75
字　　数　469 千字
版　　次　2018 年 10 月第 1 版
印　　次　2018 年 10 月第 1 次
定　　价　88.00 元

广告经营许可证　京西工商广字第 8179 号

中国经济出版社 网址 www.economyph.com　**社址** 北京市西城区百万庄北街 3 号　**邮编** 100037

本版图书如存在印装质量问题，请与本社发行中心联系调换（**联系电话**：010-68330607）

编 委 会

总　序

陈锦华

2012 年 9 月 29 日，我到综合开发研究院座谈，建议研究院编撰一本《中国开放报告》，系统研究中国的开放问题。我当时设想的是这样一本书：能够及时反映中国开放的理念、制度、政策和举措，能够长期跟踪分析中国开放的发展轨迹、成就和问题，能够充分展示中国开放的包容性、多元性和创新性。

这样一本书，最适合深圳来做，为什么？现在我们要向世界宣传中国，拿深圳来做样板是最有说服力的。深圳几十年以前是个"渔村"、边陲小镇，现在已经快速发展成为一个大都市，靠的是什么？靠的是开放，靠的是以开放促改革。深圳是中国改革开放的重要窗口，是中国和平崛起、快速发展的前沿标兵城市。证明中国的和平崛起，证明开放对经济社会发展的推动作用，还有比深圳更好的例子吗？综合开发研究院地处深圳，伴随深圳开放而成长、壮大，最有条件、也最应该研究开放问题。这一问题的研究不仅是深圳未来发展路径选择和文化、制度软实力提升的现实需要，而且对推动全国其他地区的开放发展具有非常重要的意义。因此我建议研究院把开放问题的研究作为一个品牌来打造，长期坚持做下去。

2010 年，我和综合开发研究院的专家合作撰写了一本书，就是《开放与国家盛衰》。在这本书的序言中我说过，通过研究世界各国历史，可以发现一个带有规律性的现象，这就是凡是追求富国强兵的国家，适应世界潮流、实行对外开放，不断调整和完善开放理念、政策和方法，制定相应的内政改革举措，消除不适合本国国情的负面影响，这个国家就充满生机和活力，经济发展，国力昌盛，人民生活不断改善，即使国土疆域不大，也能登上世界舞台，在全球博弈中建立强势地位。相反地，实行劣政治理，视对外开放为洪水猛兽，甚至闭关锁国，就必定背离世界潮流，就会思想保守，国家机体丧失活力，不能与别国互通有无、互惠发展，经济社会状况每况愈下，人民生活难以改善，在世界格局中处于劣势地位，直至被强国欺凌宰割。

回首中华民族的发展模式与开放史，自汉唐以来的历代盛世，其国力无不与对应朝代实行开明、开放政策成正相关效应，而由封闭导致国家与社会逆势而行，国策反动、积贫积弱的历史教训比比皆是。中国在晚清时期国力一落千丈，由世界首位大国败落成为受西方列国侵略压迫的半殖民地半封建社会，其根子并不完全在19世纪中期以后百年间的荏弱无能，而应溯源到18世纪后半叶的乾隆盛世。自15世纪"世界地理大发现"以来的500年间，中国因王朝更迭、体制和政策执行者的因循守旧，三次丧失了主动对外开放的战略机遇，包括明代海禁首次错失开放机遇，清代康乾时期再失开放机遇，晚清时期又失强国机遇。一再丧失开放机遇，错过了与世界保持同步发展的时机，最终导致国运式微。了解历史，就会发现开放对一个国家的发展、民族繁荣和人民福祉有多么重要。

回到现实，开放对于中国的发展又起了怎样的作用呢？我国改革开放30多年，有几个重要的节点。第一个重要节点是1978年的改革开放，第二个是1992年提出建立社会主义市场经济体制，第三个是2001年中国加入世界贸易组织（WTO）。在这几个重要节点之间，中国经济获得了怎样的发展？1978年中国经济总量是3600亿元，到1992年中共十四大确定建立社会主义市场经济体制的时候，中国经济总量是2.7万亿元，由3000多亿元到接近3万亿元，大约用了15年。2001年加入WTO，中国经济总量是11万亿元，到2012年，中国经济总量达到52万亿元。也就是说前20多年总共增加了10万亿元，后10年增加了40多万亿元。哪一个阶段发展最快？显然是加入WTO后的最近10年。这说明什么？说明开放尤其是对外开放，极大地促进了中国和平崛起和跨越发展。中国开放发展，又不断为地区和世界带来新的机遇，多方位、多层次地实行互补、互惠，造福广大合作伙伴国（地区），为人类的共同发展和繁荣增添持续的动力。

因此，我认为无论是历史还是现实，开放对国家的发展和民族的福祉都十分重要，这也是我为什么提出研究开放这个问题的根本原因。2008年纪念中共十一届三中全会召开30周年的时候，我曾经讲过我的一个观点，就是"改革"讲得多，"开放"没怎么讲，讲得不够、不深、不透。实际上，改革和开放是中国走向现代化的两个轮子，二者相互促进，缺一不可。没有开放的改革不会走得太远，没有改革的开放将会失去底气。

十八届三中全会通过的《中共中央关于全面深化改革若干重大问题的决定》（简称《决定》）明确指出，"改革开放是党在新的时代条件下带领全国各族人民进行的新的伟大革命，是当代中国最鲜明的特色。"习近平同志2012年在广东考察时指出，"改革开放是决定当代中国命运的关键一招，也是决定实现'两个100年'奋斗目标、实现中华民族伟大复兴的关键一招"，他强调要做到"实践发展永无止境，解放思想永无止境，改革开放也永无止境"，做到"改革不停顿，开放不止步"。作为一个发展中的大国，开放是中国的长期任务，是国家的基本国策，是符合人类进步规律、符合中国历史发展的规律的必然选择。

以上是我为《中国开放报告（2012—2013）》所写的序言的主要内容。现在，《中国开放褐皮书（2014—2015）》已经撰写完毕，即将公开出版。研究院的同志希望我将以前的"序言"略做修改，作为"中国开放报告"的"总序"。对于开放的内涵和开放的重要性、必要性的认识，我依然坚持此前的看法，没有什么改变。

我希望研究院要高度重视"中国开放报告"这个公共研究项目，不仅要坚持下去，而且要越做越好，既为推进国家的开放事业向纵深发展做出自己的贡献，又充分展示研究院作为中国特色现代智库的研究水平和研究能力。

是为序。

二〇一五年七月

前　言

由中国（深圳）综合开发研究院组织编写的《中国开放褐皮书（2016—2017）》，以"一带一路"推动中国对外开放新格局为主题，着重研究分析了"一带一路"倡议推进实施过程中，所取得的成绩及面临的问题。"一带一路"作为中国新时期对外开放的一个总纲，既是中国参与全球经济治理的一个重要平台，又是中国统筹"双向开放"的一个重要载体。只有把"一带一路"的事情说清楚了，才能把中国开放的事情说清楚。

2018 年是中国改革开放的四十周年。中国作为世界上最大的发展中国家和一个新兴市场国家，对外开放是中国发生巨变的最为成功的经验之一。十九大报告指出："中国开放的大门不会关闭，只会越开越大。"因此，总结分析过去两年来中国开放的政策与实践，特别是"一带一路"对推动中国全面开放的作用，有助于更加理性地把握未来。

在过去的两年里，在贸易保护主义抬头和反全球化思潮吹袭的大背景下，中国坚持对外开放的基本国策，以"一带一路"倡议为牵引，通过基础设施、制造业、产业园、能源及产能合作，加快了对外投资的规模，从过去的资本净输入国变成了资本净输出国，对外投资规模居全球前列。同时，中国通过"一带一路"建设，推动"走出去"与"引进来"相结合，促进改革前行，在金融开放、外资进入、吸引人才、自由贸易试验区等领域进一步开放，健全了开放型经济的新体制，推动了全面开放新格局和新态势的形成。具体来说，突出表现在以下四个方面：

第一，"一带一路"倡议从理念到行动，取得了新的进展。在多个重点领域，务实合作正在不断推进，为各国参与合作提供了清晰的指引。在基础设施方面，沿线推动的一批陆、海、空和网络各领域基础设施互联互通重大项目已经落地，有的已经开始发挥效应；在政策沟通方面，与国际发展规划对接，在政策层面获得共识；在贸易畅通方面，拓展了与沿线各国的贸易，培育了贸易新业态新模式；在资金融通方面，与各参与国和国际组织开展多种形式的金融合作，包括亚投行、丝路基金、"16+1"金融控股公司等，突破了融资瓶颈；在民心相通方面，多项人文合作项目的有序开展，为国际合作奠定了民意基础。"一带一路"倡议，促进了沿线各国的经济和民生发展，符合参与各方的共同利益。

第二，中国以改革促开放，以开放促改革的路子越走越稳，越走越实。体制机制改革不断突破原有标准，比如改革外资管理体制，大幅度放宽外资准入门槛，实行高水平的贸易投资便利化保护外资合法权益。通过自贸试验区建立符合中国国情的区域先行先试模式，并深挖试验区潜力，在原有基础上进一步加大试验力度，建设开放度最高的自由贸易园（港）区，在自贸试验区率先建立与国际投资和贸易规则相衔接的制度体系基础上实行的更高水平的开放，实施更高标准的贸易和投资便利化制度政策。

第三，中国在最难的金融领域渐进开放，在风险可控的前提下持续对金融业进行改革。2017年下半年中国出台政策，要求进一步减少外资准入限制，持续推进包括银行业、证券业、保险业在内的对外开放，境外投资者单个和累计持股比例开放力度比较大。中国修改了《外资银行管理条例》，进一步放宽了外资市场准入条件；配合国内自贸试验区试点改革，探索以准入前国民待遇加负面清单管理方式扩大银行业对外开放。当前，我国金融业总体运行平稳，具备了进一步开放的良好条件，金融体系能够接受外资以更高持股比例进入，同时有助于吸引外资中长期进入中国市场。

第四，中国逐步建立具有国际人才吸引力的制度优势。为了充分开发利用国际人才资源，主动参与国际人才竞争，中国制定了相关政策措施，完善海外人才引进方式，为其出入境、就业居留提供更加便捷高效的服务。研究也发现近年来人才流动的方向正在发生趋势性改变。许多原来离开中国到海外谋求发展的人纷纷回国，带回国际化知识、专业技能和人际关系网络，人才回流所带来的人才红利，成为我国未来发展的优势之一。此外，我国发展对其他国际人才的吸引力也在不断增强。

以上四个特点，在《中国开放褐皮书（2016—2017）》中都有论述。当然，中国开放的领域远远不止这四个方面，与过往的《中国开放褐皮书》一样，本期的报告，研究框架基本不变，共分为总论、中国与世界的开放、中国经济领域的开放、中国社会文化领域的开放、中国区域的开放五篇，共21章。

中国（深圳）综合开发研究院作为国家高端智库，将一如既往地追踪研究中国对外开放的新理论、新政策、新措施，及时总结对外开放实践过程中新进展、新问题、新挑战，以期能够为中国在对外开放领域的重大政策制定提供解决方案，服务国家战略。

樊　纲　郭万达
二〇一八年一月

目　录

第三部分　中国经济领域的开放

第四部分　中国社会文化领域的开放

第一部分

总　　论

第一章 "一带一路"推动中国对外开放新格局

一、一带一路引领"双向开放"的发展进程

改革开放是我国 1978 年以来始终坚持的重要国家战略。"十三五"规划指出："开放是国家繁荣发展的必由之路，必须顺应我国经济深度融入世界经济的趋势，奉行互利共赢的开放战略。"习近平同志在党的十九大报告中表示"中国开放的大门不会关闭，只会越开越大"。

1979 年以来的将近 40 年间，中国 GDP 年均增长 9.7%，对外贸易年均增长 16.4%。2009 年中国 GDP 超过日本，成为世界第 2 大经济体；2010 年中国出口超过德国，成为世界最大的出口国；2013 年中国的进出口贸易总量超过美国，成为世界最大贸易国。这一奇迹的产生离不开我国始终坚持改革开放的国家战略。改革开放是中国经济腾飞的一个秘诀，也是中国全面建成小康社会的一件法宝。

我国的开放过程经过两轮由南向北、由东向西的梯度推移。第一阶段是 1978—1991 年，东部沿海地区由南向北点状开发的阶段。第二阶段是自 1992 年邓小平南方讲话后，对外开放自东向西推进的深化阶段。随着开放向内陆的推进，沿江口岸城市、内陆的中心城市、省会城市相继开放，对外开放的地区不断扩大。

如今国内外环境发生了新的变化，我国经济深度融入世界经济，我国对外开放的基础和条件也发生了根本性变化。2014 年，中国对外投资实现了历史性突破，对外直接投资（ODI）首次超过利用外商直接投资（FDI），成为资本净输出国。这是中国由对外贸易大国迈向对外贸易强国的重要标志，是中国在全球范围内配置资源、积极影响全球金融和经济格局的重要标志。

新形势与新变化对提高对外开放水平提出了新的更高要求。2015 年中共十八届五中全会通过的《中共中央关于制定国民经济和社会发展第十三个五年规划的建议》指出：完善对外开放战略布局；提高对外开放水平，协同推进战略互信、经贸

合作、人文交流，努力形成深度融合的互利合作格局；打造陆海内外联动、东西双向开放的全面开放新格局。

我国"双向开放"，其核心是构建广泛的利益共同体，实现与世界经济的互利共赢。从这个意义上看，以"双向开放"打造更高层次的开放型经济，不仅是我国发展的需要，也是世界发展的需要。"一带一路"建设是在我国新一轮对外开放的大背景下提出的，是党中央在经济新常态下构建开放型经济新体制、打造全方位对外开放格局的重大战略部署。可以预见，"一带一路"建设必然会推动整个中国企业海外拓展的局面，为我国实现更高层次的开放发挥重要的引领作用。

（一）引进来

1. 外贸可持续发展体制：货物贸易、服务贸易

贸易是我国同周边国家联系的基础。2010 年我国出口超过德国，成为世界最大出口国。2013 年进出口贸易总量超过美国成为世界最大贸易国；2015 年服务进出口总量占世界的比重超过 7%，仅次于美国；2016 年服务进出口逆差 2456 亿美元，继续保持全球最大逆差国位置。"一带一路"倡议有助于我国对外贸易的可持续健康发展。

（1）我国与"一带一路"沿线国家（地区）外贸持续增长

2014—2016 年，中国与沿线国家贸易总额超过 3 万亿美元，对沿线国家投资累计超过 500 亿美元。沿线国家的产品、服务、技术、资本源源不断地进入中国，"中国制造""中国建设""中国服务"也受到越来越多沿线国家的欢迎。

2016 年，"一带一路"贸易额占全国一年对外贸易的总额 4 万亿美元的 25% 左右，取得了很大的成绩，我国服务贸易发展形势良好，服务贸易额不断提升。2016 年，我国与"一带一路"沿线国家（地区）服务进出口总额达 1222 亿美元，同比增长超过两位数，占同期我国服务贸易总额的 15.2%，比 2015 年提高 3.4 个百分点。2016 年，我国承接"一带一路"沿线国家和地区服务外包执行额 121.3 亿美元，占全国服务外包总规模的 11.4%，其中，中东欧 16 国服务外包合同执行额增长 26.3%，是"一带一路"市场中服务外包订单增长最快的区域。

（2）"一带一路"建设为世界经济注入了一股清流和正能量，是对频繁发起"双反"贸易保护主义国家的有力回应

世界贸易组织统计显示，中国是贸易保护主义最大的受害国，已连续21年成为遭遇反倾销调查最多的国家，连续10年成为遭遇反补贴调查最多的国家，全球约有1/3的调查针对中国。2016年，中国产品遭遇贸易救济调查119起，涉案金额143亿美元，案件数量和金额分别增长36.8%和76%。一些国家频繁对中国钢铁、纺织服装等重点产品发起贸易救济调查，涉及面广、涉案金额大，对相关产业出口构成严峻挑战。2017年以来，全球范围内贸易保护主义进一步升温，针对中国产品的贸易摩擦依然频发，钢铁、有色金属制品继续成为摩擦的焦点。

（3）"一带一路"建设有助于我国外贸可持续发展

目前，我国外贸正在实现由大到强的历史性转变，以技术、标准、品牌、质量、服务为核心的外贸竞争新优势加快形成，新技术、新业态、新模式正在成为外贸发展新的动能。抓住"一带一路"建设带来的巨大机遇，是在当前国际市场存在很大不确定性、贸易保护主义和"逆全球化"趋势不断上升的背景下，促进对外贸易持续稳定发展的重要突破口。以此为契机，不断寻求与"一带一路"沿线国家开展自贸协定谈判，提升已有自贸协定的质量和水平，同时扩大"一带一路"朋友圈，持续拓宽贸易渠道和市场机遇，实现我国外贸的可持续发展。

2. 外商投资管理体制

当前全球区域经济一体化格局正在发生变化，创新引领发展的趋势更加明显，而中国经济进入转型期和换档期，中国制造的传统低成本优势正在被削弱。在这样的背景下，创新外商投资管理体制，提高引进外资质量，稳定外商投资规模和速度，变得尤为迫切。

创新外商投资管理体制有助于改善投资环境，扩大服务业市场准入，进一步开放制造业，稳定外商投资的规模和速度，提高引进外资的质量。改革外商投资审批和产业指导的管理方式，向准入前国民待遇加负面清单的管理模式转变，促进开发区体制机制创新和转型升级发展。

第一，统一内外资法律法规。修订中外合资经营企业相关法律、中外合作经营企业相关法律和外资企业相关法律，制定新的外资基础性法律，将规范和引导境外投资者及其投资行为的内容纳入外资基础性法律。对于外资企业组织形式、经营活动等一般内容，可由统一适用于各类市场主体法律法规加以规范的，按照内外资一致的原则，适用统一的法律法规。保持外资政策稳定、透明、可预期，创造规范的制度环境和稳定的市场环境。

第二，推进准入前国民待遇加负面清单的管理模式。完善外商投资市场准入制度，探索对外商投资实行准入前国民待遇加负面清单的管理模式。在做好风险评估的基础上，分层次、有重点放开服务业领域外资准入限制，推进金融、教育、文化、医疗等服务业领域有序开放，放开育幼养老、建筑设计、会计审计、商贸物流、电子商务等服务业领域外资准入限制，进一步放开一般制造业。在维护国家安全的前提下，对交通、电信等基础设施以及矿业等相关领域逐步减少对外资的限制。

第三，完善外商投资监管体系。按照扩大开放与加强监管同步的要求，加强事中事后监管，建立外商投资信息报告制度和外商投资信息公示平台，充分发挥企业信用信息公示系统的平台作用，形成各政府部门信息共享、协同监管、社会公众参与监督的外商投资全程监管体系，提升外商投资监管的科学性、规范性和透明度，防止"一放就乱"。

第四，推动开发区转型升级和创新发展。加强国家级经济技术开发区、高新技术产业开发区、海关特殊监管区域以及省级开发区等各类开发区规划指导、创新发展。发挥开发区的引领和带动作用，大力发展先进制造业、生产性服务业和科技服务业，推动区内产业升级，建设协同创新平台，实现产业结构、产品附加值、质量、品牌、技术水平、创新能力的全面提升。推动开发区绿色、低碳、循环发展，继续深化节能环保国际合作。不断改善投资环境，进一步规范行政管理制度，完善决策、执行、监督和考核评价体系，避免同质竞争，努力把开发区建设成为带动地区经济发展和实施区域发展战略的重要载体、构建开放型经济新体制和培育吸引外资新优势的"排头兵"、科技创新驱动和绿色集约发展的示范区。

在创新外商投资管理体制的基础上，有序放开各个行业的外资准入限制。第一放开服务业领域外资准入限制，推进金融、教育、文化、医疗等服务业领域有序开放；第二放开育幼养老、建筑设计、会计审计、商贸物流、电子商务等服务业领域外资准入限制；第三进一步放开一般制造业。

3. 开放安全的金融体系

改革开放以来，我们采取"引进"为主的金融开放策略，不仅能够有效缓解当时外汇缺乏的困境，同时有利于借鉴外资金融机构的现实经验和做法，为我国尚处于起步阶段的金融市场注入活水，促进本土金融机构尽快成熟进步。经过数十年的不断发展，目前我国国际收支已经呈现大规模顺差，外资金融机构及国际金融市场为国内提供的服务正在逐步形成对我国金融机构业务和金融市场交易的替代，而中资金融机构在境外的商业存在十分有限，国内金融市场对外提供服务的能力也很有限，中国金融市场的国际影响力与中国实体经济的国际影响力明显不匹配，为此，进一步提升我国金融行业开放程度的需求变得尤为紧迫。

"一带一路"倡议的提出为我国金融业开放提供了新的发展空间，两者相互关联，彼此促进，共同推动我国金融业对外开放。"一带一路"作为连通沿线各国、促进共同发展的宏大战略，涉及大量的新兴金融合作，为我国带来进一步开放的需求，也为我国金融开放和国际合作提供了新的机遇。"金融被喻为是现代经济的血液，通俗理解就指资金的融通，这是金融开放要达到这样的目标。"可以预见，进一步的金融开放不仅不会形成对现有财政资源的挤占，而且能够进一步管控金融风险、抑制市场扭曲，为金融机构开拓海外布局，为贸易投资资本运作等提供更好的金融服务和发展空间，在"一带一路"建设中发挥积极的作用。

在过去的几年中，我国金融开放取得了突破性进展，除商业性金融机构外，政策性、开发性金融机构也在服务"走出去"方面发挥着重要作用。但不可否认的是，由于我国金融开放的起步时间较晚，目前仍旧面临着经验积累不够丰富、金融机构对国际业务重视程度不够、部分金融业务模式尚未与国际接轨等许多不足。为此，我们建议可从如下3方面入手，着力打造我国开放安全的金融体系。第一，鼓励金融机构国际化发展，未来几年，可以考虑制定金融机构国际化发展规划，着力培养具有国际影响力的大型跨国金融集团，努力实现海外业务规模、收益、雇员在集团内占比达到国际一流跨国公司水平。第二，推进我国国际金融中心建设，要把握好国家经济实力提升和人民币国际化的有利时机，依托国内金融行业和市场的开放与发展，以政府政策为主导，形成以服务国内经济为主、离岸金融业务不断壮大的国际金融中心；依托上海、深圳等国内自贸区建设的契机，适当放松金融管制，构建适应离岸金融中心的发展环境，对国内金融中心进行适当的法律授权；推动简政放权改革，授予属地监管部门在国际金融中心方面更多的事权，提升行政效率。第三，提升我国金融的国际话语权。借人民币加入SDR货币篮子的有利时机，稳步放松金融管制，平衡好扩大汇率弹性和人民币汇率相对稳定之间的关系，降低因人民币汇率波动过大而造成国内和国际金融危机的可能性，迅速扩大人民币跨境使用的规模。同时，结合国家"一带一路"倡议的推进，深化沿路各国之间的国际经贸和金融合作，大幅增加人民币计价的金融交易份额，提升各方持有人民币的意愿。在市场发展变化中，积极找寻在大宗商品贸易中人民币计价结算的机会，扩大人民币在国际贸易中的网络外部性。

4. 开放从经济到人文

"一带一路"建设应加强与沿线国家在人文领域的双向交流。推动中国文化"走出去"，提升中国文化软实力，这有助于改善中国的国际形象，为中国和平崛起创造良好的外部舆论环境，并助推中国硬实力的增长。

在推动中国文化"走出去"的同时，认真研究、虚心学习其他国家的发展经验和基本国情。中国在经济社会发展方面取得的成就确实在发展中国家中属于佼佼者，但这并不意味着我们就不需要向别人学习。"一带一路"沿线国家的发展经验，特别是在文化、教育、卫生、科技、社会保障等领域的经验和成就，仍然有许多值得我们借鉴的地方。

一方面，在方式方法上应讲究技巧、关注当地政府和民众的关切；另一方面，必须让别人能够真正感受到"一带一路"是一个互利共赢的倡议，并拿出实际行动来证明这一点。我们在要求其他国家对我们开放的同时，必须加大自身的开放力度。

具体而言，我们在鼓励中国企业"走出去"拓展国际市场的同时，也要以更积极的态度向其他国家资金和产品开放国内市场；在推动中国文化"走出去"的同时，也要以开放、包容的胸怀学习和借鉴世界上一切先进的文明成果。我们可以在旅游、文化、体育、智库等领域加强合作，为从事上述领域工作的沿线国家人员来华交流提供便利，鼓励中国学者、学生到这些国家访问、学习。中国已经宣布每年向沿线国家提供1万个政府奖学金名额，那么我们完全也应该每年向中国留学生提供1万个去这些国家学习的奖学金名额。这样一方面能为国内培养大批了解沿线国家的人才，另一方面又可以提供学习其他国家先进经验和多样文化的机会，增进彼此的了解和交往，真正实现"民心相通"，为"一带一路"互利共赢奠定民意基础。

（二）走出去

改革开放初期，国门刚刚打开，我们亟须引进国外先进的技术、设备、知识和资金来发展自己,同时融入世界经济体系。随着中国经济的发展、资金的积累以及竞争力的提高,企业国际化经营的要求凸显,"走出去"成为一个必然的选择。近年来,中国的对外直接投资接近甚至超过了外国对华直接投资,这是中国经济成熟和企业国际竞争力上升的重要标志。在刚刚公布的世界500强企业榜单上,中国有106家企业入围,在数量上仅次于美国的128家。但从很多指标来看,中国企业"大而不强",与发达国家的跨国公司相比还有很大差距,其中一个重要的指标是国际化程度不高。"一带一路"沿线国家从历史、地理、文化和经济上与中国有紧密联系,在"一带一路"的大框架下,中国企业努力寻求在这些国家的投资机会,积极开拓当地市场,既符合国家支持中国企业"走出去"战略,也是对"一带一路"建设的有力支撑,同时也反映出企业自身发展的需要。

1. 对外直接投资

我国在2000年正式提出"走出去"战略以后,以迅猛的发展速度成为世界重要的对外直接投资流出国。2015年,中国对外直接投资流量达到1456.7亿美元,位于美国之后居全球第2位。但是,由于中国的对外投资起步较晚,在存量上与美国等对外投资大国仍差距明显。截至2014年底,美国对外投资存量占到全球的24.4%,而中国只占3.4%;2014年底中国对外投资存量只占GDP的7%,而美国高达36%,因此中国的对外直接投资仍具有很大的发展空间。从空间布局来看,目前中国对外直接投资高度集中于中国香港、英属维尔京群岛和开曼群岛等国际避税地,将三地排除以后,中国的对外直接投资则主要分布在美国、澳大利亚等国家,这种相对集中的空间布局显然不利于中国对外投资的可持续发展。

因此,优化中国对外直接投资的全球布局,成为"走出去"战略深入推进的必然路径选择,而"一带一路"倡议的提出为这一路径选择创造了良好的机遇和条件。"一带一路"辐射的国家和地区广泛,涉及上海合作组织、东南亚国家联盟、欧亚经济联盟、海湾合作委员会等多个中国积极参与的区域性经济组织,随着中国与沿线各国"政策沟通、设施联通、贸易畅通、资金融通、民心相通"的不断实现,中国企业到沿线地区开展直接投资将不断积累交通物流、区位人文、优惠政策等综合优势,从而获得更广阔的投资发展空间。

目前中国的对外直接投资除了追求总量的增加,更应该注重质量的提升,特别是整体空间布局的优化。在"一带一路"加速推进的背景下,应本着适度分散和差异化原则，一方面继续加强对欧美地区的学习型、技术管理导向型投资，另一方面充分借势"一带一路"展开对沿线国家和地区的战略型、资源技术合作型投资。通过对外直接投资空间流向的调整，实现中国对外投资在全球范围内的布局优化。

继续加强对美国、西欧等国家和地区的学习型、技术导向型投资。希望获取海外资金的企业应该将目标东道国集中于资本市场较发达的国家和地区，这样可以通过当地成熟的资本市场获取融资；而希望获取先进技术和人才资源的企业则应将目标锁定于美国、日本、欧盟等拥有高新技术和优秀人才的国家和地区。从具体国家和地区来说，应积极到美国、欧盟等技术优势明显的国家和地区开展直接投资，以获取技术外溢，或者直接通过跨国并购取得关键技术。美国仍然是当今世界第1经济强国，而且政治、经济、社会、法律等环境条件优越，是除中国香港和国际避税地以外中国对外直接投资的第1大目的地。美国的科技创新站在世界之巅，科技转化水平同样笑傲全球，其生物工程、互联网技术、材料技术、微电子技术等处于全球顶尖水平。未来，中国企业可以重点考虑在美国开展信息技术、生物制药、高端设备等领域的直接投资。西欧国家普遍具有深厚的技术底蕴和良好的市场经济环境，特别是汽车制造、电子电气、机械设备制造、化学和可再生能源等行业全球领先，因此仍然是中国企业开展直接投资的良好选择（李述最，2013）。目前，欧洲各国还没有完全摆脱欧债危机的影响，许多具有高新技术和成熟品牌的企业处于低估值阶段，中国企业可以通过跨国并购的投资方式获取优质资产，也可以通过在当地建设研发中心等方式获取优秀的人才和技术。

加强对"一带一路"沿线国家和地区的战略型、资源合作型投资。"一带一路"沿线国家经济发展水平各异，工业化发展也处于不同阶段。整体来看，中亚五国分布在工业化初期和工业化后期两端；东南亚和南亚的国家大部分处于工业化初期；而中东欧和西亚、中东的国家大部分处于工业化后期阶段（中国社科院，2015）。对于不同发展水平和产业基础的国家，宜采用不同的投资策略和重点领域。第一，差异化、针对性开展对东南亚国家的投资。整体来看，对于新加坡、马来西亚等经济和科技水平较高的国家，可以重点开展知识和资本密集型产业的投资；对于老挝、越南、柬埔寨等经济发展相对落后、劳动力成本较低的国家，可以加大对其劳动密集型产业的投资力度；对于印度尼西亚、马来西亚等资源能源较丰富的国家，可以重点开展资源密集型产业的投资（王曼怡、石嘉琳，2015）。第二，扩大和巩固在中亚地区的能源资源领域投资。未来，应以保障中国战略资源供给和边界稳定为目标,扩大和巩固在中亚能源资源等领域的投资,加强资源在东道国当地的加工转化;借助国际工程承包项目,带动对中亚国家冶金、建材、机械装备等领域的投资(丁志帆、孙根紧,2016)。第三,加大对南亚特别是印度和巴基斯坦的基础设施投资。南亚地区与中国南部毗邻,因其区位、自然资源和劳动力等优势,对中国的南向投资具有重要的战略意义。第四,加大对中东国家油气加工与运输管道等领域的投资。中国50%以上的原油进口来自中东,随着当前原油进口市场脆弱性的不断提升,中国企业尤其是三大国家石油公司应进一步加大海外权益油、与原油贸易相关的上下游行业投资,如原油开采、管道建设、港口设施等。为提高原油产品出口附加值、应对美国页岩气革命、缓解因政治局势导致外来投资大幅减少的困境,中东国家将对外来相关领域投资持欢迎态度。第五,加强同俄罗斯和蒙古国的战略对接与投资合作。抓住俄罗斯推进欧亚经济联盟和"东向战略",以及蒙古国推进"草原之路"战略的机遇,积极扩大对两国的直接投资。第六,加强对中东欧地区装备制造、基础设施等领域的投资。中东欧地区是联通亚欧大市场的桥梁,是中国产品由陆路进入欧洲的重要门户。

2. 参与全球治理体系

随着全球经济格局调整和自身经济实力的提升,我们需要更加主动地发出自己的声音,打破少数国家对全球经济法律规则的"垄断",使规则朝着更为合理均衡的方向发展。"十三五"规划建议指出:"积极参与全球经济治理。推动国际经济治理体系改革完善,积极引导全球经济议程,促进国际经济秩序朝着平等公正、合作共赢的方向发展。"

"一带一路"倡议为树立开放、务实、包容、共赢的国际合作模式树立了典范。"一带一路"是一个开放的系统,沿线国家之外的国家和地区以及国际、地区组织均可参与,这和一些排他性的国际合作机制形成鲜明的对比。"一带一路"不刻意追求强制性的制度安排,不单方面设立时间表、路线图,而是从项目合作出发,逐步夯实合作基础,沿线国家可以根据自身需要,灵活选择加入的时间、领域和方式,为实现"一带一路"建设的目标而共同努力。中国作为"一带一路"的首倡者,坚持平等合作的原则,在积极主动做出贡献的同时,也充分尊重其他国家的选择和作用,力争实现互利共赢。

（三）全面开放空间格局

我国尽管在经济转型过程中试图要摆脱外向型和投资带动的依赖，转向以科技创新及消费拉动的健康发展模式，但这需要一个过程。在未来相当长的发展阶段，一个区域的发展依然同它开放的程度有着紧密的耦合关系。为了打破当前中国的区域发展格局，调整对外开放的总体战略具有重要意义。"一带一路"倡议的提出，除了在国际上对全球开放合作具有重大意义，对我国全面开发空间格局的优化也十分有益。

从全国层面看，我国资源链短缺，重要能矿资源的对外依存度居高不下，其中石油、铁矿石、铜、铝土矿和镍矿的对外依存度高达 60% 以上。"一带一路"沿线地区和有关国家资源丰富，因此，要沿线国家合作开发资源，一是利用国外资源的输入填补国内资源链的不足，进行加工利用，形成本国的产业体系；二是利用本国资源和产业优势，进行加工利用，占据国外的市场份额。将资源优势转变为经济优势，实现共同繁荣成为影响欧亚大陆在全球格局战略地位的新型模式。从"一带一路"倡议可能产生区域响应的核心地区来看，则主要是我国沿边区域及其后方基地以及内陆据点式区域。

1. 自由贸易区

建立自由贸易试验区是党中央、国务院做出的重大战略决策，是深入贯彻党的十八大精神，在新形势下推进改革开放的重大举措。我国最早于 2013 年设立了上海自由贸易试验区；2015 年批准成立中国（广东）自由贸易试验区、中国（天津）自由贸易试验区和中国（福建）自由贸易试验区；2017 年增设辽宁、浙江、河南、湖北、重庆、四川、陕西等 7 个自由贸易试验区。通过签署一系列自贸协定或建立自贸区，为中国与"一带一路"沿线国家之间的经济贸易往来提供一个规范、公正和透明的市场经济环境，降低跨区域生产和贸易往来的成本，提高贸易效率，促进双边乃至多边贸易、投资和经济合作。

自贸区的提出是我国渐进双轨式开放的重要体现。改革开放初期，为了保护一些不符合比较优势的产业，外资在很多投资领域受到限制，资本不能自由流动。现在要全面深化改革，不仅是对内的深化，对外开放也必须深化。自贸区的提出，就是为了探索怎样在投资领域上把那些限制取消掉，以国际通行的负面清单的方式，除了对少数几个关系到国防安全的产业继续限制外商投资，其他不在负面清单的产业都开放外商自由投资。同时，开放资本账户的管制，让资本在境内外自由流动。

自由贸易试验区作为新时期改革开放的"试验田"，结合地方特色，尝试充实新的试点内容，为国内全面深化改革开放探索新途径。每个自贸试验区的定位和目标各有侧重。例如，广东自贸区侧重于优化市场、完善法治化营商环境、推进粤港澳服务贸易自由化和粤港澳的深度合作；天津自贸区侧重于动实施京津冀协同发展战略，在航运、金融租赁方面发挥优势作用；福建自贸区通过整合港口、加强内地的铁路建设，打造重要的海陆交通枢纽，形成对接内地的"三纵六横"便捷交通网，建设成为21世纪海上丝绸之路核心区。

2. 沿海开放"升级版"

"一带一路"作为新时期中国协调内外、统筹陆海、兼顾东西的重大战略部署，不仅有助于改善中国发展的外部环境，也将对优化区域发展格局、促进区域协调发展起到重要的推动作用，将为新常态下经济平稳健康发展注入新的活力。有助于进一步打造京津冀、长江经济带、粤港澳大湾区3个国家着力打造的世界级都市圈为代表的沿海开放新高地。通过"一带一路"以及京津冀协同发展、长江经济带三大战略的推进实施，对中国区域发展格局起到总体优化和战略提升的作用，有助于形成内外统筹、南北互动、东中西协调的区域发展新格局。

三个城市群中，长江经济带更着眼于中国东中西部合作关系；京津冀协同发展则为了解决三地发展的不平衡；粤港澳大湾区以泛珠三角合作为重要基础，致力于打造世界级湾区经济。这三大城市群战略与"一带一路"建设存在相互关联的内在逻辑，也肩负着寻找中国经济新动力的共同使命。京津冀协同发展的经验为长江经济带建设和承接产业转移打造了示范性模板，"一带一路"的推进依托于国内区域的整合又同时将经济空间拓展到了国际。

随着粤港澳大湾区建设渐入佳境，珠三角将进入对内对外开放的新发展期，迎来更大的发展机遇。湾区经济更加开放、资源配置能力更加高效、集聚外溢功能更加强大、协调合作更加畅通，是新时期国家区域经济发展的重要坐标、国家整体经济发展的核心动力。利用港澳平台，吸引国际资源，"走出去"与"引进来"并重。港澳服务经济发达，在金融、法律、会计、商业咨询等领域具有国际领先水平，珠三角企业特别是制造企业，要与港澳企业合作，发挥各自的优势，共同实现

"走出去"。港澳对外开放水平高，资本市场发达，人才、技术、资金等方面的限制较少。珠三角正处于产业转型、创新驱动、提升对外开放水平的阶段，要利用港澳平台作用，把国际高端要素"引进来"，促进产业结构的优势，提升科技含量，增加发展动力，真正达到国际一流湾区的国际化水准。

3. 内陆开放新体制

通过"一带一路"建设，可以提升沿边和内陆地区的对外开放水平，进一步促进其发展。过去的"向东开放"，使得我国东部沿海发达地区实现了率先发展，这是有其经济合理性的，但在客观上也造成内陆地区对外开放水平不高，经济发展落后，进而带来地区发展不平衡的后果。"一带一路"使中国的开放重点西移，在体制、政策、基础设施建设、资金、人才、技术等多方面都将会加大对内陆地区的支持力度，可以有效提升其对外开放水平，加快观念和意识的转变，带动其经济发展，同时也有利于东部沿海地区产业转型升级，以更高的水平参与国际竞争。

一般来说，在我国西部一些人口稀疏、产业基础薄弱的地区常采用据点式的开发模式，通过集中建设区域性中心城市，吸引产业和人口向中心城市聚集，逐步构建起比较合理的城镇体系。基础设施互联互通是降低贸易成本、增强国际联系的基本条件，也是"一带一路"构建的优先和重点领域。内陆据点式区域远离"一带一路"陆路联通的主干通道，但通过开展"点—点"的网络组织，受"一带一路"带来的发展机遇的影响，还将发挥出其特殊功能。例如，宁夏对阿拉伯地区的开放与合作，航空网络建设在整个交通网体系建设中将发挥重要作用，将改变通常采用的"轴—辐"式的组织系统，即不通过乌鲁木齐或其他枢纽再向各地分散，而是进行"点—点"地组织，直接开通宁夏直达阿拉伯国家的航空运输通道。此外，借助西南地区水运的复兴，特别是西江、珠江，如何通过水运的复兴，从海上丝绸之路"点—点"地直接与东南亚的沿海沿岸地区进行交往，在未来交通运输体系中使得"点—点"的运输，成为在大的通道组织过程中的补充。

4. 沿边开放新支点

"一带一路"倡议对区域格局影响程度比较大的是中国西部陆域边境地区，主要包括沿陆域的边境省（自治区）、市、州，乃至边境县。重要的沿边区域及其后方基地被推到了前沿地位，如以新疆为主的西北区域是打造丝绸之路经济带的核心区；西南地区把北部湾经济区、西江经济带、云南的次区域以及西藏等作为一个重要区域,在"一带一路"中进行了明确表达。未来,上述地区要重点面向中俄蒙、西亚、中亚和中南半岛等大区域,充分发挥我国在制造业产能方面和现代服务业的优势,结合与"一带一路"沿线地区的互动关系,开展国际合作。调整产业布局,在制造业和现代服务业领域实现突破,建设具有竞争力的外向型经济体系。例如,未来新疆不仅仅只是承接过去的开放前沿、桥头堡等功能,更要通过产能、服务在新疆本地的再包装、再提升和再组合,有效地推向"一带一路"的沿线国家,建设在西部具有竞争力的外向型经济体系。

5. 对港澳台地区开放合作

"一带一路"建设有助于推动我国大陆与港澳台地区的开放合作。港澳台地区是中国的重要组成部分,在 40 年的改革开放进程中,港澳台地区既是积极的参与者,也是重要的利益共享者。港澳台地区也是"21 世纪海上丝绸之路"沿线的战略支点,各具不同的特点和优势,在推进"一带一路"伟大战略构想中处于特殊地位,扮演着十分重要的角色。

香港是历史悠久的国际化大都市,作为国际化的金融中心、贸易中心、航运中心、信息中心的地位始终没有改变。大量国际资金来到香港集聚,然后进入内地和其他地方;内地以香港作为跳板,寻找项目、资金"引进来""走出去"。改革开放初期我国引进的资金基本上是经过香港进来的,直至今日我国利用外资的 60%以上仍然是从香港引入。香港的这种"跳板、桥梁、窗口"作用是无法取代的,这也造就了它作为"自由港"的特殊功能和优势。以"一带一路"倡议中的"五通"之一贸易为例:中国实行改革开放开始,直至正式加入 WTO 之前,我国的对外贸易基本上是依赖香港这个特殊的"转口贸易基地"实现的。有数据证明,中国加入WTO 后,香港的贸易中介地位不仅未受到影响,从某种意义上说,这种功能还得到了进一步强化。

对于澳门而言,"一带一路"也将为其建设世界旅游休闲中心、中国与葡语国家商贸合作服务平台提供强大的推力,有助于澳门实现经济适度多元化的目标。澳门地域空间狭小,人力资源有限,只有加强对外合作,才能拓展更大的发展空间。而利用好与葡语国家的联系优势,积极发挥连接中国与各葡语国家间的平台、纽带和桥梁作用,是澳门与"一带一路"倡议的契合点。葡语国家主要位于拉丁美洲和非洲,是世界上重要的新兴市场,也是中国企业"走出去"需要大力开拓的市场。

澳门可以在这一过程中发挥语言、人才、资金优势，协助中国企业拓展葡语国家市场。目前，中国—葡语国家经贸合作论坛已先后在澳门举办了四届部长级会议，中国企业在巴西、莫桑比克、安哥拉等葡语国家的投资布局次第展开，正展现出良好势头。澳门参与"一带一路"建设大有可为。

台湾位处"海上丝绸之路"起始的要冲地带，既可以和海峡对岸的福建自贸区建立区域合作伙伴关系，也可以深度连接珠三角和长三角，并在此过程中与大陆携手共同开拓国际市场。两岸经济优势互补，协调发展，合作共赢的机遇依然存在，潜力依然巨大。目前，不论大陆还是台湾，都不可能自外于世界潮流，两岸应共同应对外部挑战的先天条件，进一步加强两岸经济合作制度化建设，实现两岸资源优化配置，共同提升中华民族在全世界的竞争力。

二、"一带一路"推动与沿线国家发展战略的对接

（一）发达国家的战略对接，优势互补、多面对接

亚投行的成立使西欧国家成为"一带一路"最重要的朋友圈，可以看出西欧国家高度重视中国市场以及这一该战略的机遇。相比于其他国家与地区，西欧与北欧国家大部分都是高度发达经济体，在精密加工等高科技产业和文化创意、金融和教育科研等方面已经具有超强的竞争力；而高调"走出去"的中国一些产业，如高铁、精密机械、造船业、大飞机与核电等，无疑对欧洲国家造成了相当大的竞争压力。

另外，随着欧美关系不确定性的增加，对于更深入的欧亚跨大陆经济一体化而言，"一带一路"的长远愿景对一些欧盟成员国更有吸引力；但同时在欧洲各界对中国政府提出的"一带一路"态度一直相对审慎，尤其是学界产生了一系列的大讨论，议题包括"一带一路与单一国家的合作是否会与欧盟整体有冲突""欧洲角色的定位，难道只是做一个快速跟随者""信任只是基础，如何让沿线小国可以与重量级的大国中国在确定管辖规则时能够做出平等且共同的决定"等。因此，在巨大的机遇与挑战并存的时代，面对欧盟内部国家之间的巨大差异化，"是否合作""如何合作"成为双边合作"一带一路"倡议下双边讨论的核心问题。

1. 优势互补：多面对接，共创双边的新市场与新机遇

推动双方的战略对接面临诸多挑战，既包括认知与理念差异，也包括实际利益分歧，这要求中欧双方共同应对挑战、化解分歧，通过富有成效的战略对接促进新型国际关系的构建。

当然，欧盟不是一个整块，各国有各国的竞争优势和利益需求。中方不仅与欧盟积极构建中欧基础设施合作的大框架和参与到"容克计划"的合作中，还与德国开展智能制造、与法国合作基建与文化产业，与英国共同提升伦敦在"一带一路"中的金融地位，探讨将"英格兰北部振兴计划"与"一带一路"倡议对接，与北欧国家展开航运、自由贸易等合作，中国力争将自身的优势产能同南欧、中东欧国家的发展需求、西欧发达国家的关键技术结合起来，共同创造新的市场与机遇。

（1）欧盟："容克计划"，三大领域精准对接

2008 年全球金融危机爆发以来，欧盟始终面临复苏乏力的局面，其中投资不足是主要原因。这要求欧盟采取坚决行动，创造稳定的经济、金融和规则环境，增加欧盟对外资的吸引力。正是在这一背景下，容克在就任欧盟委员会主席后，迅速于2014 年提出"容克计划"，总额为 3150 亿欧元的庞大投资计划旨在促进基础设施、新能源、信息技术等领域的投资，这与中国"一带一路"倡议互联互通、促进国际产能合作的目标不谋而合，中欧双方的利益契合点成为二者对接的现实基础，可在基础设施、能源、数字三大领域实现精准对接。

第一，交通基础设施建设项目的对接。2013 年，欧盟就"泛欧交通运输网"（TEN-T）达成协议，计划把欧洲现有的相互分割的公路、铁路、机场与运河等交通运输基础设施连接起来，到 2030 年建成欧洲统一的交通运输体系。基础设施互联互通是"一带一路"建设的优先领域，倡议抓住交通基础设施的关键通道、关键节点和重点工程，提升道路通达水平。

第二，电力能源项目的对接。2015 年欧盟公布能源联盟战略框架，其中一项重要内容是计划在 2020 年之前实现 10% 的电网互联，以降低欧盟对石油、天然气能源的依赖。加强能源基础设施互联互通合作，推进跨境电力与输电通道建设，积极开展区域电网升级改造合作是"一带一路"的一项重要倡议。"容克计划"和"一带一路"在电力能源领域的对接将为双方的电网建设企业和输电设备制造企业带来新的市场机遇。

第三，数字基础设施领域的对接。2015年，欧盟正式公布了5G公私合作愿景，计划在2020—2025年实现5G网络运营。共同推进跨境光缆网络建设，提高国际通信互联互通水平，这是畅通信息丝绸之路的重要举措。双方在数字基础设施建设领域也具有精准对接的基础。

（2）英国："黄金时代"下的高度互补对接

英国各界对"一带一路"建设积极响应，已经成为重要的参与方；其从发达的国际金融业到成熟的法律、咨询等专业服务业，从知名智库、教育机构到世界一流的科技研发与创新平台，各种优势资源丰富。

2016年是中英关系"黄金时代"的开局之年，两国领导人再次确认了将共同打造中英关系黄金时代，继续推进中英面向21世纪全球全面战略伙伴关系；虽然2016年受世界经济复苏缓慢、全球贸易活动低迷等因素的影响，中英货贸出现小幅回落。但总体来说，中英经贸合作硕果累累，全年中英货贸额达743.4亿美元，而且中英贸易结构互补性强；目前英国稳居中国在欧盟内第2大贸易伙伴的地位，中国是英国欧盟外第2大贸易伙伴。中英通过加强发展战略对接，推进贸易、投资、金融、能源等领域互利合作，已经为"一带一路"合作打下了坚实基础。

首先，在金融合作领域，英国各界期待中国政府和相关金融机构能够发挥市场先行者的引导角色。"一带一路"沿线项目需要建立可持续融资机制，但当前离岸市场缺乏人民币计价长期债券的收益率曲线和成熟的二级市场。对此，各方期待中国政策性银行和国际多边发展机构能够积极利用伦敦等离岸市场，加大"一带一路"相关长期债券发行以完善收益率曲线，并拓展离岸债市二级市场发展，以市场引领者角色完善"一带一路"长期融资机制。伦敦也是仅次于中国香港的全球第2大离岸人民币交易中心，其离岸人民币市场一直保持强劲增长。沪伦通是中国境外首个股市联通计划，是中英两国之间金融服务的长期性和战略性合作计划，其可行性调查工作目前已经完成，届时证券与绿色金融等领域合作也定会继续加强。

其次，英国政府高度强调"北方经济增长区战略"和其国内高端制造业与"一带一路"建设对接，两者有着强烈的互补性。"北方经济增长区"旨在通过改善交通、下放财权等方式提升曼彻斯特、利物浦、利兹、谢菲尔德等英格兰地区北方城市的经济增速，平衡英国南北地区经济发展差异。

未来英格兰北方地区高端制造业和服务业的发展，将与"一带一路"建设的需要密切关联，而"一带一路"建设将为英国北方地区发展提供庞大的国际贸易和投资平台；对接"一带一路"，分享中国资本、基础设施建设技术与经验，实现中英在产能合作与投资领域的深度互补，为英国企业与中国企业联合拓展市场提供新的商业机会，从而实现经济效益与社会效益的最大化。

最后，政府层面热切期盼如何让"一带一路"落实成具体的合作项目是英国商界密切关注的问题。英国各界事实上期待通过其在专业服务业领域的专长成为"一带一路"的西端支撑点。英国在工程设计与咨询、金融服务、法律服务等领域处于全球领先地位。"一带一路"在欧亚地区贯穿众多国家，面临的环境相对复杂，这为英国专业服务业参与基础设施项目提供了重要的机遇。通过将大量基础设施项目的上述支持服务锁定在英国，英国专业服务业的活跃度和繁荣程度将得到进一步提升。

（3）北欧：产业互补，共推新琥珀之路

"琥珀之路"是一条重要的古贸易之路，维系着北欧波罗的海国家与南欧、中欧国家的贸易与交流；作为历史概念已不复存在，但习总书记在2016年访问欧洲期间提到的"琥珀之路"，更多则是表明中国与北欧国家双方在未来合作中的广阔前景和紧密联系。

北欧国家地广人稀，资源丰富，海运业、农业、造纸业、海洋渔业、医药等传统产业相对中国优势明显，双边有广阔的互补发展前景；北欧地区的优势产业每年创造大规模的对华服务与商品出口，在赢得中国市场的同时，也在吸引中国资本投向北欧地区。

第一，新兴产业互补的极具潜力。在"风投天堂"北欧，"药谷"是丹麦的风投重地，生命科学产业吸引的风投占该国整体风险投资的一半以上，中丹在生物技术研发与投资合作方面有互补空间；在绿色能源、高端精密仪器、环保、医疗保健、创意设计等新兴优势领域，北欧与中国的新兴产业发展要求形成契合与互补，还有巨大的合作潜力尚待发掘。

第二，双边可开发市场潜力巨大。富庶的北欧市场，背后连接着更为庞大开放的欧盟市场和丰富资源的北极地区。据统计，仅在北欧国家就有超过2500万人均GDP超过3.2万欧元的高度富裕的潜在客户。在中国，不论是近14亿人口的消费需求，还是"新型工业化、信息化、农业现代化、城镇化和绿色化"所引领的产业需求，都在加快释放潜能。更重要的是，作为世界第1大出口国的中国与其贸易伙伴之间的经贸网络，还涵盖了一个更加广阔的国际市场，这对于中国与北欧双方，不论是实力雄厚的大型跨国公司还是广大中小企业而言，都具有强大的吸引力。另外，当前中小企业是北欧发达国家吸纳社会就业和推动技术创新的主力军，其具有较强的技术优势和创新能力，但在开拓海外市场时苦于缺乏资金和市场，而中国的资本与市场正好能满足其要求。

第三，双边海陆空物流体系的联通。充分利用瑞典、挪威、丹麦等国在海运和物流领域的优势与潜力，在"一带一路"沿线港口开发、船舶制造、能源运送管道铺设、海陆空物流网络建设等方面，探讨新合作项目、探索新合作方式，助力"一带一路"基础设施联通。其中，芬兰积极响应"一带一路"倡议，近期在铁路、海运、民航等部门积极寻求对接，各方联手打造的立体交通格局初步呈现。

①货运班列即将开通。位于芬兰东南部的科沃拉市 2017 年初与俄罗斯、哈萨克斯坦和中国签署协议，将开通从中国郑州（或西安）到科沃拉的货运班列，届时从郑州（或西安）到科沃拉只要 10～12 天。

②波罗的海的海运货轮。向欧洲的铁运货物抵达科沃拉后，可以通过船运送到波罗的海沿岸港口；例如，2016 年芬兰纸浆生产商与中远海运签署了 5 年半的海运合同，中远海运还为此建造了世界领先水平的杂货轮，定期北上停靠芬兰，满载纸浆而归。

③"空中丝路"拓展也在加快。芬兰航空公司目前运行 6 条直飞中国的航线，并寻求增开航线。2017 年中芬有关部门举行会谈，增加通航点、扩大运力额度、取消对空运企业数量限制等，北京直飞"圣诞老人的故乡"罗瓦涅米成为可能，有统计显示，今年第一季度从赫尔辛基转机前往这一地区的中国游客数量同比大幅增加。

2. 全方位合作：全面加深双边合作深度与广度（此部分内容，我们以德国为例）

德国：全方位战略合作，包含方方面面

从现今政治、经济与贸易等方面的影响力，处在欧洲地理近十字中心位置的德国，都被作为欧洲的核心国家。2014 年，习近平主席在中德建立全方位战略伙伴关系时指出，"未来几年是中德各自改革发展关键时期，也是两国实现共同增长进步的关键时期。中德不仅仅是经济伙伴，更是政治伙伴和战略合作伙伴。我们决定建立全方位战略伙伴关系，着手制定中德中长期行动纲要，这是重大举措。中方愿同德方一道，本着精雕细琢和开拓创新精神，共同规划和设计各领域合作，塑造两国关系美好未来"。

2017年是中德建交45周年，双边的深入合作不仅造福两国人民，也促进了中欧两大洲关系稳定深度的发展。经过这45年发展，中德经贸关系空前密切。德国成为中国在欧洲最大和全球第6大贸易伙伴，中德贸易占中欧贸易的近三成。2016年，中国超过美国成为德国最大贸易伙伴。据中国海关统计，2016年中德贸易额为1512.9亿美元。中国商务部数据显示，2015年中国对德投资29.45亿美元，同比增长258.6%，存量达88.27亿美元。同年，德国在华新增投资项目392个，投资额27.1亿美元，累计投资项目9394个，投资存量281.8亿美元。中国连续3年成为在德投资项目最多的国家。

德国在欧洲国家中最先表态支持"一带一路"建设。在亚洲基础设施投资银行57个创始成员国中，德国是出资最多的域外国家。德国各界对"一带一路"的关注度高，中国驻德大使史明德说："我一年做报告接近50场，近三分之一与'一带一路'相关。"德国工业联合会主席迪特尔·肯普夫说："'一带一路'为全球化注入新活力，我们非常欢迎。"这个代表全德10万家工业企业的行业组织认为，中德企业在"一带一路"沿线基础设施建设和第三方市场开发方面合作空间广阔。

其中，德国也致力于加强和所有亚洲经贸合作伙伴的联系，让世界上2个最大的贸易体——亚洲和欧洲更紧密地联系在一起。这高度契合了"一带一路"提出的以基础设施互联互通为基础，促进亚欧洲之间深度合作的倡议；如今，中国市场对德国工业企业的战略意义也越发重要，在汽车及零部件、电子光学产品、化工制药、农业和环保等领域中德已经展开了全面合作。

在第三方市场合作方面，中、德两国外交部已签订阿富汗合作项目协议，两国将在矿业、救灾减灾等领域开展合作。中德可持续发展中心日前也在北京揭牌，其目标是推动中德企业在非洲等第三方市场进行合作。

在制造业方面，中德两国也早已达成深度共识。2014年李克强总理访德期间，中德双方就共同发表《中德合作行动纲要：共塑创新》，决定加强"工业4.0"方面的合作。自那时以来，中德之间已建立起"工业4.0"对话机制，签署了谅解备忘录和框架合作协议，共促两国在智能制造领域的合作。两国还在"工业4.0"国际规则和标准制定领域开启系统性和战略性合作，并建成沈阳高端装备制造产业园等一批合作示范项目。随着中国经济不断发展、开放程度不断提高，中国市场对德国工业企业的战略意义也越发重要，尤其是在汽车及零部件、电子光学产品、化工制药、农业和环保等领域。对德国大众和宝马等车企来说，中国不仅是其全球最大单一市场，也是布局智能化生产的重要基地。另外，中国市场的巨大需求和不断提高的品质要求为德国高科技、高质量产品提供了市场空间，双方在技术领域的合作也因此日益紧密。

在物流建设方面，助推德国升级作为欧洲物流中心的地位。随着"一带一路"建设的不断推进，中欧班列的数量快速增长，也逐渐强化了杜伊斯堡、汉堡等德国城市作为欧洲物流枢纽的地位。2016 年共开行 1702 列中欧班列，仅中德之间就有 1034 列；中欧班列为德国企业开展对华贸易提供了新的物流方案，也奠定了德国欧洲物流枢纽的核心地位。德国铁路公司、DHL 快运公司等运输物流企业也从中欧班列中看到巨大商机，预计到 2020 年，将达到每年约 10 万个集装箱。

在人文交流与合作方面，中德双方的人文交流与合作近年来快速升温，成为中德合作的一大亮点，未来发展潜力同样可期。2016 年 11 月，中德已签署首个国家级足球合作协议，包含教练培训、青少年球员培养等内容，标志着两国足球战略合作迈出新步伐；足球是中德社会共同关注的话题，有着广泛的群众基础，加强足球合作是促进中德人文交往的重要突破口，发展空间广阔。2017 年中德高级别人文交流对话机制首次会议在北京召开。中国国务院副总理刘延东和德国副总理兼外长加布里尔出席会议，并共同签署了关于建立中德高级别人文交流对话机制的联合声明。该机制涵盖教育、文化、媒体、体育和青年等领域。

3. 总结与建议：继续深入双边合作，加快项目落地

（1）加快落实具体项目落地，共同拓展未来合作新模式

在欧盟等发达国家各界看来，未来需要进一步了解"一带一路"建设的具体内容和规划，以探索未来商业合作模式。

首先，应加快落实成具体的专业合作项目。政府层面的热切期盼如何落实成具体的合作项目是欧盟商界密切关注的问题。事实上，西欧各界事实上期待通过其在专业服务业领域的专长成为"一带一路"的西端支撑点。以英国为例，其在工程设计与咨询、金融服务、法律服务等领域处于全球领先地位。"一带一路"在欧亚地区贯穿了众多国家，面临的环境相对复杂，这为英国专业服务业参与基础设施项目提供了重要的机遇。通过将大量基础设施项目的上述支持服务锁定在英国，英国专业服务业的活跃度和繁荣程度将得到进一步提升。

其次,应加快拓展第三国合作机遇。除了"一带一路"建设在中国国内将会推进多个省份的基础设施互联互通、城市化、物流、专业服务业和国际贸易发展,为发达国家的大型企业提供重要的市场拓展机遇;在第三国合作领域,发达国家企业还能够与中国企业在国际基础设施项目上形成技术优势互补,在项目管理、融资、设计、规划以及环境保护等多方面与中国企业开展国际合作。例如,中国大力支持中巴经济走廊建设,现已取得了先期成果。"脱欧"之后的英国也将继续支持自由贸易发展,并积极参与中巴经济走廊建设,为相关项目提供资本和相关服务。据介绍,为了进一步拓展"一带一路"建设沿线的商机,英国计划于今年在巴基斯坦伊斯兰堡举行关于中巴经济走廊产业合作机遇的大型商业会议。

最后,西欧等国的货物将沿"一带一路"走向世界。欧盟国家的很多本地特色产品可以通过中欧班列更顺畅地与庞大的中国市场对接。尤其以孤悬于大西洋上的岛国英国为例,其国内市场极其有限,产品严重依赖出口;"脱欧"后,出口贸易形势更加严峻。中欧班列是英国强化与全球其他贸易伙伴往来的最佳契机。例如,苏格兰威士忌始终都被认为是代表英国民族自豪感的一个符号,它是继石油业和金融业之后,英国第3个对经济贡献最大的产业,历年苏格兰威士忌出口额都占苏格兰食品与饮料出口总额的90%左右,占整个英国食品饮料总出口额的近1/4。因此加快中欧班列等线路的布局与运行,必然会助其产品走向世界。

(2)深化双边合作,"一带一路"建设的新起点

"风物长宜放眼量",当前和今后一个时期,应着眼于国际经贸合作大格局,尤其是对发达国家与地区,着力于中国与欧盟地区经贸合作的关键领域,运筹帷幄,蓄势而发,让"一带一路"的西侧起点(西欧与北欧国家),在"一带一路"经贸发展中发挥更重要的作用。

高层加强政策沟通,推进更全方位的贸易畅通。加强中国与西欧等发达国家政府间合作,积极构建多层次政府间宏观政策沟通交流机制,深化利益融合,促进政治互信,在贸易自由化、投资便利化、"一带一路"倡议合作等领域达成合作新共识。还要推动新兴产业合作,继续挖掘贸易新增长点。例如,西欧与北欧具有优势的海运、海事与渔业,环保与绿色能源,生物科技与制药,旅游,农业与食品安全,研发、设计与创意产业,养老护理与医疗保健等,以及中国具有优势的高铁、基础设施、电信等领域,不断创新合作方式、扩大合作规模、提升合作水平。

多途径推动民心相通。比如利用新近成立的中国文化中心、中丹学院,孔子学

院等人文交流平台，加强文化、科技、教育、旅游等多种途径的人员往来，促进中国和西欧与北欧国家人民的相互了解，增加双方对彼此的正确认知，通过民心的相互融合带动双方关系的健康发展。

为中小企业探索多渠道资金融通。与英国、德国、法国、丹麦、瑞典、芬兰等亚投行成员一道，共同推进亚投行发展，探索扩大丝路基金。充分利用北欧在生物制药、环保科技领域吸收和利用风险投资的优势地位，鼓励符合条件的中国境内金融机构和环保科技、生物制药企业在北欧国家发行债券、试水风投等；并鼓励在西欧、北欧国家使用所筹资金，在海外积累资金、技术和市场。充分发挥丝路基金的作用，探讨和西欧与北欧国家的养老基金合作，引导商业性股权投资基金和社会资金共同参与"一带一路"重点项目建设。探索推动"中小企业发展基金"，为双边中小企业合作提供资金融通、市场信息共享等便利。

（二）新兴市场国家的战略对接，注入发展新活力

目前，已经有60多个国家（或地区）表示愿意积极参与"一带一路"建设，未来这个数字还可能进一步上升；其中大多数国家都是新兴市场国家，这是一个相对概念，泛指相对于成熟或发达市场而言目前正处于发展中的国家、地区或某一经济体，如被称为"金砖五国"的中国、印度、俄罗斯、巴西和南非以及后来兴起的"薄荷四国"，即印度尼西亚、尼日利亚、土耳其和墨西哥，也包括转型的东欧国家和中亚国家，处在高速发展的南亚与东南亚国家也被称为新兴市场国家等。

各参加国国情差异显著，发展阶段、风俗习惯、宗教信仰、法律制度各异，在为"一带一路"建设增添多元化色彩的同时，也带来了巨大的挑战；尤其是白俄罗斯、俄罗斯、波兰和捷克等20世纪90年代就陷入巨变中的东欧国家，原有的工业底子厚、体系完善，但接连的私有化与东欧债务危机对国家元气打击很大，虽然近几年发展相对稳定，但与西欧等发达国家的差距依然在拉大。如果这些处于转型中的传统老工业强国，也被定义为新兴市场国家，在一些制度和标准上的差异与包括中国在内的新兴工业国家可以得到有效弥合，各国积极参与"一带一路"建设的热情就可以形成合力，否则甚至会对一些项目的正常开展形成掣肘。

另外，中亚国家大多数是内陆国家，自然资源丰富，经济与工业发展相对落后，对工业化与基建有着强烈的发展诉求。大部分中亚国家长久以出口煤气、木材等自然资源为主的经济发展模式，在保持了10余年的高速增长后，最近几年正在

发生转折。

多数国家越来越与世界经济同步，步入低增长的调整时期。由于世界油气价格大跌等因素影响，哈萨克斯坦经济将延续始于 2014 年的低速增长态势，前景不容乐观；乌兹别克斯坦因为相对较为自足的经济环境和较为健全的产业分工体系和多年布局，将持续稳健增长的态势；尽管土库曼斯坦开始步入个位数的相对低速增长阶段，但其增速依然延续在世界经济增速排行榜上一直处于的领先地位；吉尔吉斯斯坦和蒙古经济自足性不够，仍旧会以依靠外来援助和贷款为主，前景堪忧。

在此形势下，中亚国家越来越深刻地认识到开展国际合作共度时艰的重要性，更多地选择多元化的合作伙伴、自主的发展路径等发展道路，并越来越积极地融入中国的"一带一路"建设中，进入与中国务实合作的新阶段。

最后，从地缘政治的角度，21 世纪以来，美、日、俄等国都先后从自身角度出发，提出了不同版本的新丝绸之路，其共同特点是都以中亚为轴心，但通达的目的地却差别很大。其背后逻辑是视中亚为联通欧亚的物流、资源、经济乃至政治枢纽，力争在"枢纽之争"中占据上风，从而扩大自己经济、能源安全的外延，并更加有效地拓展自身经济辐射圈和商路。

相比之下，中国提出的"一带一路"构想计划更详、范围更广，涉及国家、地区更多，受益面更大。简言之，这是一个更加开放、更加包容和更强调合作共赢的宏伟蓝图。

因此，这一构想不仅受到处于经济转型的俄国和中亚各国，也受到上合组织成员国及观察员国以及如联合国、欧盟等国际组织的赞扬和积极响应。

在过去 3 年多的时间里，中国进一步巩固了来自中亚和俄罗斯的能源供给，为经济持续发展提供了可靠、安全的周边保障；而与中国的合作也有助于中亚国家摆脱"内陆国""双重内陆国"的困扰，为继续拓展经济贸易能力与加工能力的巴基斯坦和斯里兰卡，以及处于欧洲交通枢纽中心的德国，经济发展提供了更大的地缘空间和广阔市场。

1. 标准对接：以合作大型工程项目带动规则与标准对接

（1）制度和标准对接，双边存在分歧

其中欧洲国家对"一带一路"研究较深，上文已介绍双边合作意愿强烈，但中欧之间关于"一带一路"认识的分歧也是显而易见的。欧洲大部分传统经济与工业强国认为，"一带一路"项目的执行应该在政府采购、环境标准以及竞争政策等方面遵守欧盟的标准，而无视中国仍处于经济转型期，有些"高标准"可能并不适应中国经济目前的发展阶段。

此外，中欧之间观点的分歧也体现了中西方行为方式的差异。中国在"一带一路"的理念和总体规划确定后，即开始行动，而后在实践中不断出台和调整具体措施，这种在"干中调整"的高效率做法实际上也是中国改革开放40年来的成功之道；而欧洲则认为，应该先有一套成文的、明确的技术路线，然后才能采取具体行动。

（2）以大型工程项目为先导，推进产品和服务标准与对接

白俄罗斯地处欧洲腹地，东接俄罗斯，西接波兰，是丝绸之路经济带上联通欧亚、贯穿东西的重要节点。近年来，白俄罗斯积极响应"一带一路"倡议，中白重大项目合作，包括交通物流、贸易投资、金融、能源、信息通信、人文等领域，已经在"一带一路"建设过程中产生了重要影响。

其中，占地90多平方千米的重大工程——中白工业园（中白商贸物流园），通过基础设施开发，打造产业聚集的平台和载体，推进产能合作，形成产业集群，促进白俄罗斯、欧亚地区与"一带一路"沿线经济发展。但在项目建设过程中，调研发现，由于中国的产品标准、服务标准、施工流程等方面没有与白方当地标准实现互认与对接，使得中白工业园以及中白合作的其他项目受到了一定的制约，在一定程度上影响了项目建设进度，增大了项目建设的工作量和协调难度，加大了交易成本。因此如何推荐双边相关产品与服务标准的对接就显得越发重要。

2. 强化区域合作：能源与基建先行，注入发展新活力

（1）双边合作为先导，突破中亚发展困境

双边能源合作为先导，亟待建立多边协调机制。中国与中亚国家之间的能源合作紧密，已签署大量的双边政府间、企业间能源合作协议，并建成了中哈原油管道、中国—中亚天然气管道A/B/C线。中国与中亚油气运输管道的建设对丝绸之路经济带能源合作的意义重大，共建管道是油气资源国、消费国、过境国对长期能源供应、需求、过境运输的承诺。当前，中国已在中亚地区开展了富有成效的双边能源合作，在合作项目实施初期双边推动比多边协调更为有效。

为保证油气管道的长期、稳定运行，中国亟待本着"相互尊重，平等互利"

"立足当前、放眼长远"的原则建立多边能源合作协调机制。这样既可以应对油气资源国和过境国政策变化所带来的负面影响，又可以促进各国协商沟通，解决各自关切，形成能源利益共赢与合作的局面。

（2）对接东道国国家战略，强化区域合作

——哈萨克斯坦：对接"光明之路"，成为合作典范

2015 年哈萨克斯坦提出了"光明之路"新经济政策，2016 年"光明之路"新经济政策与习近平主席在哈萨克斯坦的纳扎尔巴耶夫大学提出的建设丝绸之路经济带倡议对接；在对接框架内，中国与哈萨克斯坦取得了骄人的成绩。双方实现了优势互补、互利共赢。现阶段中哈对接顺利，主要体现在交通基础设施建设、中哈产能合作协议、人文领域的对接上。

第一，交通领域基础设施建设和对接达到空前的规模。中国过境哈萨克斯坦的国际交通运输走廊包括 3 条：第一条是欧亚大陆桥；第二条是中国—哈萨克斯坦—土库曼斯坦，通往伊朗和波斯湾；第三条是中国—哈萨克斯坦—外高加索地区国家—欧洲。中、哈两国在油气过境运输方面的合作也颇有收获，双方共同修建了中国第 1 条跨境输油管线——中哈原油管道。当前每周至少有 50 多个航班往来于两国之间。

第二，中哈产能合作快速推进，成果丰硕。双方已经签署了丝路沿线国家第一个政府间的产能合作协议，已签署的 51 个产能合作项目中，双方已经完成 3 个项目，5 个项目正在实施，另外有十几个项目处在启动阶段。两国已经形成了总金额达 270 亿美元的重点合作项目清单，同时成立了 20 亿美元的中哈产能合作基金，丝路基金在其中发挥了重要作用，设立了一期 150 亿美元的中哈产能合作专项贷款。

第三，人文领域对接积极，密切交流。2016 年，两国人员往来近 50 万人次，哈萨克斯坦在华留学生 1.4 万人。哈萨克斯坦已开设 5 所孔子学院和 7 家孔子课堂，4 所哈萨克斯坦中心落户中国高校。近年来，双方还举办了旅游年、文化年，巩固了人文交流。

中哈合作顺利，具有成为互利共赢的典范的价值。作为综合国力仅次于俄罗斯的第 2 大经济体和中亚最大的国家，通过"一带一路"将中国优质产能、技术和价格优势通过哈方将亚洲和欧洲市场、劳动力和发展转型结合起来，通过各个层面的战略对接来构建利益共享的全球价值链；丝绸之路经济带和"光明之路"新经济政

策对接，能够激活和发挥中国与哈萨克斯坦的经济发展潜力，是两国国家发展战略的对接和全面的国际合作工程的对接，对接与合作符合两国发展利益，有利于打造利益共同体和命运共同体。

——蒙古：对接"草原之路"，注入发展新活力

蒙古国工业发展落后，经济结构单一，出口产品主要是工矿业产品和畜牧产品，矿业产值又占较大的比重；近几年受国际市场煤、铜等矿产资源价格下跌冲击，经济发展处于低谷。为适应国际市场的变化，振兴经济，蒙古国根据本国实际情况开始调整经济结构，主张在发展矿业深加工的同时，强化制造业的发展，提高本国生产加工能力。

对此，蒙古积极响应"一带一路"，结合自身国情提出"草原之路"。该计划由 5 个项目组成，总投资约 500 亿美元，项目包括：连接中俄的 997 千米高速公路、1100 千米电气化铁路、扩展跨蒙古国铁路以及天然气和石油管道等。

这两项国家发展战略紧密相连，对蒙古国经济发展至关重要。蒙古国地处中俄两个大国、大市场之间，通过"草原之路"倡议，可以发展高速公路、铁路、天然气管道、石油管道，还可为中俄提供过境运输，通过运输贸易振兴本国经济。推动"一带一路"与"草原之路"对接，加强双方在产能、大项目和金融等领域的务实合作，将为中蒙关系发展注入新动力。

中、俄、蒙三方铁路部门经过磋商，已就未来细化合作达成广泛共识。三方确认开展铁路过境运输合作，提升现有铁路运量；研究成立三方运输物流联合公司；采取措施均衡发展并提升乌兰乌德—纳乌什基—苏赫巴托—扎门乌德—二连—集宁方向各区段的铁路运输能力；发展铁路教育机构合作并支持人才培养和科研合作。另外，2014 年中蒙已签署联合宣言，双方将在中蒙矿能和互联互通合作委员会以及双边其他机制框架内，加快推动中蒙煤炭、石油、电力、化工等基础设施和矿能资源大项目产业投资合作。双方将结合本国能源发展战略和各自实际需求，进一步加强电力、可再生能源领域合作，积极研究在蒙合作建设煤矿坑口电厂，以及向中国出口电力并签署相关协议等事宜。

学习经验与开拓市场为蒙古国经济振兴挖潜力。中国内蒙古的成功经验值得蒙古国借鉴。蒙古国对传统畜牧业资源开发利用不够，而中国内蒙古地区则通过广阔的市场得到了长足发展。内蒙古有 3 家具有代表性的企业，分别是以羊绒产品闻名的鄂尔多斯集团以及乳业巨头伊利集团和蒙牛集团，这 3 家企业去年的总产值已经

超过蒙古国 2015 年 GDP。因此，为摆脱对矿业的严重依赖，如果蒙古国能利用中国庞大的消费市场，利用在畜牧业深加工方面的传统资源优势，发展面向中国这一大市场的相关产业，建立起羊绒、奶制品和牛羊肉加工领域的大型先进企业，必将对其经济发展起到巨大的推动作用。

3. 全面深入合作：全天候战略合作与全面战略协作

（1）巴基斯坦："中巴经济走廊"架起欧、亚、非三大洲新节点

中巴经济走廊是中国与巴基斯坦全天候战略合作伙伴关系（全球唯一）下两国共同的经济战略；是"一带一路"倡议中六大经济走廊中最重要和获得优先建设的经济走廊，初始投资 460 亿美元的经济走廊的规模空前庞大，仅以能源项目中的电力设施建设为例，其规划建设的总发电量高达 8810 亿兆瓦，相当于 4 个三峡电站的装机容量；它也是一种契合的从硬件到软件的全面合作关系，不仅涵盖"通道"的建设和贯通，更重要的是以此带动中巴双方在走廊沿线开展重大项目、基础设施、能源资源、农业水利、信息通信等多个领域的合作，创立更多的工业园区和自贸区。中巴经济走廊建设契合两国发展战略，有助于两国发展经济、改善民生及促进本地区的共同发展与繁荣。

中巴经济走廊建设可进一步加强中巴互联互通，更能把南亚、中亚、北非、海湾国家等通过经济、能源领域的合作紧密联合在一起，形成经济共振，同时强化巴基斯坦作为桥梁和纽带连接欧亚及非洲大陆的战略地位。中巴经济走廊起点位于新疆喀什，终点在巴基斯坦瓜达尔港，让中国避开传统咽喉马六甲海峡和存在主权纠纷的南中国，直接连接到印度洋，全长仅 3000 千米，北接"丝绸之路经济带"、南连"海上丝绸之路"，是贯通南北丝路的关键枢纽，是一条包括公路、铁路、油气和光缆通道在内的贸易走廊。

（2）俄罗斯：全面战略协作伙伴关系，促进欧亚一体化

在双方共同的坚定努力下，中俄关系已提升至全面战略协作伙伴关系新阶段。双方保持和深化高层战略互信对话，提高现有双方政府、议会、部门和地方之间合作机制效率，建立新的合作机制，确保全面快速发展的务实合作、人文交流和民间交往取得更大成果，进一步密切协调外交行动。这有助于中、俄各自国内大规模经济改革的顺利推进，提升两国人民福祉，提高双方的国际地位和影响，有利于建立更加公正合理的国际秩序。

乌克兰危机以来，西方加大了对俄罗斯的制裁力度，俄罗斯调整对外政策优先方向，实施"向东看"战略。当前，已形成了中俄全面战略对接合作的新格局，即中俄全面战略协作、"一带一盟"（丝绸之路经济带与欧亚经济联盟）建设对接合作、俄罗斯"向东看"战略与中国东北老工业基地振兴战略的互动合作，以及中方支持并正在对接俄方提出的"冰上丝绸之路"共同开发北极航线，这奠定双边关系的可持续，为中俄全面战略协作伙伴关系，尤其是促进欧亚地区一体化做出了巨大贡献。

其中"一带一路"倡议与俄罗斯主导的欧亚经济联盟对接前景广阔，可以有效带动沿线国家，尤其是上合组织各成员国基础设施建设和整体经济的全面发展。这两大发展战略的对接有助于加强双方在高科技、交通和基础设施等领域的合作，特别是推动俄罗斯远东地区的发展，这也是在促进欧亚地区一体化方面迈出的关键步伐。同时还将给亚洲、欧亚地区乃至欧洲带来发展机遇。

4. 总结与建议：增强双边对接与注意风险把控

（1）从国家战略层面推进标准与流程的互认对接

随着我国国际产能合作的进一步推进，中国企业将越来越多地参与到全球各地的建设中，中国的产品和服务也将遍布世界。例如，中国与白俄罗斯工业园和中白项目建设过程中的实践表明，要从国家战略层面，以产业园这样的大型工程项目为先导，推进我国产品和服务标准与所在国标准和流程的对接，以降低项目建设的交易成本，保障项目建设与运营的效率。应从以下三方面加快标准对接工作：①从国家层面推动产品与服务标准互认对接工作，签署细化的双边协议；②加强重点国家和区域标准化研究；③鼓励我国企业和机构积极参与国际标准、国别标准的制定。

（2）继续增强双边互信，为深化合作奠定坚实基础

2017 年 7 月，中国国家主席习近平对俄罗斯进行国事访问，这是两国元首2017 年的第三次会晤。在当前国际形势复杂多变、世界经济复苏缓慢、大国关系深刻调整的大背景下，这是备受国际社会关注的重要事件。

此次会晤，两国元首确定了新形势下中俄关系发展的方向和目标，进一步深化政治和战略互信，推动双方各领域务实合作；"一带一路"倡议已经成为中俄深化在欧亚地区的国家发展战略对接提供新动能，两国将通过"一带一路"建设与欧亚经济联盟对接筑牢利益纽带。

可以说中俄双边合作已经到了历史上的最好时期，而这些成果的取得与双边互信的基础奠定是分不开的。中、俄都是世界大国，双边利益与矛盾在历史中时有发生，不应让小角度的问题成为双边深化合作的牵绊。因此从国家领导人层面引领，到各个政府与企事业部门与民间，都应该不断深化交流与合作，在"一带一路"从愿景变为现实的进程中，中、俄两国优势互补，逐渐实现国家发展战略的对接。主要包括：政策沟通稳步深化、设施联通持续加强、贸易畅通逐步向好、资金融通日益扩大与民心相通不断促进5个方面。

（3）深入加强对高风险国家与地区的研究与准备

例如，巴基斯坦国内安全局势不容乐观，暴力流血事件频发。据统计，2013年巴境内发生了1717次恐怖袭击事件，造成2451人死亡、5438人受伤。恐怖事件的制造者主要有恐怖分子、宗教极端主义势力、地区主义势力，这既涉及塔利班组织、教派对立与冲突，也有地区、族群矛盾。虽然巴基斯坦是对华友好的国家，但针对中国人的袭击事件也时有发生，不仅造成了财产损失，还严重威胁到中方人员的人身安全。

恐怖主义在巴基斯坦盛行，背后是巴本土塔利班运动不断发展壮大，其中也有阿富汗塔利班这个重要因素；宗教问题严重影响了巴基斯坦社会的稳定，教派斗争是导致巴安全形势下滑的重要因素之一；另外，地区主义与地区间的矛盾进一步加剧了民族混居地区的族群矛盾。

综上，巴国政治从目前来看较为稳定，而且中巴战略伙伴关系新近升级。巴国的政治和社会层面对华均友好。因此，"高层政治"方面的政治风险不是重点。政治风险的主要方面在于巴国内的恐怖主义、地区主义等社会政治矛盾，所导致的安全形势对于投资的不利影响，如务工人员的安全、投资的风险等。此外，由于巴国特定的地缘政治位置和重要性，中巴经济走廊的建设，会引发印度、美国等域外利益相关大国的何种反应，需要早做一定的预判和准备。

（三）欠发达国家的战略对接，全面提升工业化水平

中国在改革开放40年里成功使7亿多人摆脱贫困，并一跃成为仅次于美国的世界第二大经济体。正在渴求摆脱贫困的非洲国家和奋力实现工业化发展的南亚和中东等发展中国家，普遍依然以农业或自然资源出口为主，工业底子薄，贸易逆差显著，外债规模较大，国际收支不平衡，但有丰富的土地资源和廉价的劳动力，也

都迫切希望了解、学习和借鉴中国在经济发展和政治治理方面的经验。因此对这些国家，包括亚非拉和一些边陲岛国、欠发达地区与国家，中国产业园以及工业建设与经济发展经验的输出，就成为其国家发展战略对接的主要方面。

1. "中国经验"输出："产业园模式"助力东道国发展

（1）从"产业园"到"铁路+港口+产业园区"

第一，渴望得到中国发展经验。产业园模式是中国学习而非独创的产物，这30年中它因地制宜不断演化，产生的速度和效率让它被视为中国改革开放最宝贵的经验之一，许多发展中国家都震惊于中国变化之快并部分归功于产业园模式，以至于20世纪末天津泰达在非洲同埃及共同合作开发苏伊士特区时，埃及一方的管理人员说，"我们的目的就是与泰达产业园一模一样地去做"。

第二，经验模式升级：从"产业园"到"特殊经济园区"和"铁路+港口+产业园区"。对于早期的行动者而言，建立园区的最初目的其实只是为了更方便地本土化生产，也就是初级的"产业园"模式，园区由主导产业聚集吸引配套产业，进而形成一个完整的产业链条，这同时也能规避单打独斗的风险；当然也有针对本地特殊国情而量身定制的"特殊经济园区"规划与建设；而随着合作不断深入，尤其是在"一带一路"倡议协作下，"工业园区"模式升级为"铁路+港口+产业园区"配套的模式，与"本地发展目标与需求"高度对接，保障了项目的可持续性，更带动了整个地区的经济与城市的健康发展。

（2）不断升级的"中国经验"：助力本地经济发展

——南亚："产业园区"模式带动本地经济发展

中国的经济特区与产业园区发展经验积极推动着中国企业从海外园区的工程建设，逐渐向投、建、管、运全链条服务转型，经验"走出去"的方式也是对中国软实力的良好实践，受到东道国政府和企业们的高度评价。总体而言，这类国家的经济存在企业规模小、产业类型分散、产业集聚效应不强、辐射带动力有限、政府服务水准不高等特点；到2017年10月，在"一带一路"沿线20个国家，包括印度、斯里兰卡、巴基斯坦、泰国、毛里求斯、埃塞俄比亚、刚果、埃及、墨西哥等，已建设56个经贸合作区，累计投资超过180亿美元（约合1240亿元人民币），为东道国创造超过10亿美元的税收，超过16万个就业岗位。

以南亚海岛国家斯里兰卡为例，虽然斯里兰卡现有产业园区16个，但产业主要以纺织服装等低端产业为主,只辅有少量的食品加工、化工、汽车、IT及教育等产业,客观上说,斯里兰卡产业园区面积小、产业结构不合理且集聚效应不强等。随着中、斯两国经贸合作水平不断提高,中国对斯里兰卡的投资快速增长。尤其是斯里兰卡方,正借鉴中国产业园区发展经验,开始建设中国—斯里兰卡工业园区,斯方政府也为保障运营商环境的进一步完善,已经在修订更具体的相关保障机制国内法,并尝试建立更高层次的对话机制保障中国经验与本地发展的有效对接和健康发展。

——中东:"特殊经济园区"模式助力中东经济转型

中东大多数国家和地区经济过度依赖当地油气资源,工业发展不平衡、不丰富,亟须寻找一条实现工业化和现代化的发展道路。寻找可复制、可借鉴的成功案例时,越来越多的中东国家把注意力投放到依靠建设特殊经济园区推动经济发展的道路上,以深圳经济特区为代表的中国特殊经济园区成功模式越来越受到关注。

为摆脱石油困境,实现经济转型,科威特政府先后于2008年与2015年规划了丝绸城项目和综合开发区项目,借鉴中国特殊经济园区发展经验,深化中科合作,共同打造"一带一路"的成功样板。

一方面,由于东道国政府缺乏对经济特区、工业园区的"顶层设计",没有把园区发展的法规政策设计作为园区全生命周期管理中不可或缺的一环加以考虑,出现了"政府缺位";另一方面,特殊经济园区的开发商往往只重视园区生命周期中的开发建设环节,忽视十分重要的规划设计、运营管理以及产业配套环节,不具备招商引资能力,出现了"开发商缺位"。针对科威特本地经济与产业园区的实际情况,特殊经济园区从全生命周期管理概念出发,对园区从概念提出,到战略规划、法规政策、投融资、开发建设以及运营管理等各个环节的信息与过程,进行全流程、一体化管理,为促进本地工业体系完善,实现经济转型做出了有效贡献。

——非洲:"铁路+港口+产业园区"模式全面推动产业体系构建

经过在非洲中国公司多年的积累,"中国经验"在非洲建设的铁路和境外经贸合作区在空间上已经逐渐形成了"铁路+港口+产业园区"的升级模式,中非全面经济合作的战略轮廓渐现。

"要致富,先修路",中国在非洲建设的铁路除1975年通车的坦赞铁路外,还包括2015年建成通车的安哥拉的本格拉铁路、莫桑梅德斯铁路;2016年建成通车的尼日利亚阿卡铁路和连通埃塞俄比亚、吉布提的亚吉铁路,以及2017年建成通车的肯尼亚蒙内铁路和待开工建设的尼日利亚沿海铁路，这些铁路均联通非洲优良港口和资源丰富的内陆城市，这种"铁路+港口"的模式为非洲构建了优良的产业发展交通基础，且均由中国进出口银行提供优贷，全部采用中国标准，在带动我国钢铁、机车、水泥和通信设备出口的同时，也为非洲的资源流动和产品出海搭建了先进的物流体系，为资源丰富的广袤土地提供了坚实的产业发展物质基础。

"无工不富"，中国在非洲建立了境外经贸合作区，商务部 2017 年统计显示，除埃及苏伊士经贸合作区外，赞比亚中国经济贸易合作区、埃塞俄比亚东方工业园、尼日利亚莱基自由贸易区和广东工业园均布局在由中国建设的铁路沿线城市。

以"铁路+港口+产业园区"为模式的中国新经验的输出，为东道国提供了切合自身资源禀赋优势的工业基础，也带动了我国产业链在空间上的延伸，开始了我国产业向非洲的漂移，为我国实现中非产能合作提供了具有一定规模的产业基础条件，更推动了非洲产业体系的构建和城市化进程。

2. 融入"一带一路"：全面带动岛国发展

（1）太平洋岛国资源丰富但发展落后，急切加入"一带一路"

第一，身处战略边陲，资源丰富但发展落后。太平洋岛国泛指南太平洋中除澳大利亚、新西兰之外的其他岛屿国家，具体包括斐济、萨摩亚、汤加、巴布亚新几内亚、基里巴斯、瓦努阿图、密克罗尼西亚、所罗门群岛、瑙鲁、图瓦卢、马绍尔群岛、帕劳、库克群岛和纽埃等国家。

多数太平洋岛国虽然地处世界的边陲，面积狭小，人口稀少，国力羸弱，但战略地位依然不可小视。21 世纪以来，大国之间围绕太平洋岛国的战略博弈日趋复杂和激烈。美国、澳大利亚、新西兰、法国、日本和俄罗斯等域内外大国出于地缘政治考量，纷纷调整自身战略，加大对该地区的影响和渗透，大力巩固和扩展在南太平洋地区的战略利益。

太平洋岛国有丰富的渔业、林木、矿产和旅游资源，可为"一带一路"国家带来世界第一大金枪鱼产量，价值几十亿美元的石油、天然气和海底矿产资源储备及成为广受欢迎的旅游目的地。另外，太平洋岛国"岛小海大"，陆域总面积仅 53 万平方千米，海洋专属经济区却高达 1900 万平方千米，是中国海洋专属经济区面积的 6 倍还多；尽管拥有面积广阔的海洋专属经济区和丰富的海洋资源，但在经济发展中，却面临资金不足、技术和经验落后的困境。

第二，积极回应其自身发展的强烈愿望。为应对新形势下太平洋地区所面临的挑战和促进区域合作与一体化，太平洋岛国积极推动实施"太平洋计划"，即通过地区主义来促进地区经济增长、可持续发展、良治以及安全。"一带一路"倡议提出以来，太平洋岛国积极响应，以此为机遇对接发展战略，推进务实合作，致力于实现共同发展。通过将"一带一路"倡议与"太平洋计划"对接，中国与太平洋岛国双方利益交汇，并迎来广阔的合作空间。具体而言，通过将太平洋岛国纳入中国的"一带一路"框架，为双方政治互信、经济融合、文化交流注入了新的动力。

（2）太平洋岛国：与"一带一路"积极对接

中国与太平洋岛国建立了相互尊重、共同发展的战略伙伴关系，双方关系迎来前所未有的历史机遇期。新时期，在"一带一路"框架下，将中国所具备的资金、技术和人才等优势与太平洋岛国资源丰富、资金匮乏、技术落后的现实进行对接，在互联互通、基础设施建设、贸易投资、人文交流、非传统安全等领域存在广阔的合作空间。

第一，加大基础设施建设，促进太平洋岛国互联互通。由于地理原因，太平洋岛国远离主要市场，任何能促进空中、海上及通信联系的机会都弥足珍贵。"一带一路"通过无偿援助、优惠贷款等形式支持太平洋岛国的基础设施建设，包括交通设施的互联互通，通信网络的融合，为发展中国家提供了一个与中国市场融合的重大经济合作机会。例如，在斐济优惠贷款项目纳布瓦鲁公路、汤加弗阿阿莫图社区道路项目、萨摩亚法雷奥罗国际机场升级改造项目、瓦鲁阿图卢甘维尔国际码头扩建项目建设中，中资为太平洋岛国互联互通做出了重要贡献，对其交通运输、贸易、物流、旅游便利化等起到积极推动作用。

第二，加强贸易往来，推动太平洋岛国经济发展。自2006年"中国—太平洋岛国经济发展合作论坛"成立以来，双边贸易额年均增幅27.2%，直接投资年均增长63.9%，双方在经贸领域的互利合作呈现出蓬勃发展的势头。2014年习近平主席在访问太平洋岛国时宣布，中国为太平洋岛国中最不发达国家的97%税目的输华商品提供零关税待遇，并承诺中国对太平洋岛国的投入只会增加不会减少。在"一带一路"倡议下，太平洋岛国积极考虑通过亚洲基础设施投资银行等进一步拓宽融资渠道，并主动来华推介优势项目，寻求经贸双边合作，搭乘中国发展快车，实现自身经济快速发展，从而造福岛国人民。

第三，夯实教育文化合作，实现与岛国的民心相通。2014年习主席与太平洋岛国领导人集体会晤时提出未来5年，为太平洋岛国提供2000个奖学金和5000个各类研修培训名额，并继续派遣医疗队到有关岛国工作，鼓励更多中国游客赴岛国旅游；另外，中国还在斐济设立中国文化中心，大力促进中国与太平洋岛国的人文交流；在深圳举办博览交易会，展示岛国独特的艺术风情，增进了双边文化交流合作。通过扩大双方间留学生规模，加强旅游、卫生、文化、媒体等领域的交流，中国与太平洋岛国关系奠定了坚实的民意基础。

第四，增进新能源与抗灾合作，推动可持续发展。2015年，中国宣布出资建立"中国气候变化南南合作基金"，以此框架，在能力建设、政策研究、项目开发等领域为包括太平洋岛国在内的广大发展中国家应对气候变化提供更多支持。近年来，中国在太平洋岛国地区实施了小水电、示范生态农场、沼气技术等项目，向有关岛国提供了节能空调、太阳能路灯、小型太阳能发电设备等绿色节能物资，资助太平洋区域环境署开展应对气候变化项目，为岛国应对自然灾害提供物资援助和人员培训。另外，中国积极援助斐济抗击"温斯顿"风灾，向遭受厄尔尼诺旱灾影响的密克罗尼西亚联邦伸出援助之手，协助巴布亚新几内亚政府防控疟疾疫情。这些行动有效维护了岛国的安全与稳定，为南太平洋地区的发展与繁荣提供了坚实保障。

3. 升级深入合作：战略合作伙伴，连接海上丝绸之路节点

中国和斯里兰卡自1957年建交以来，两国关系健康稳定发展，历久弥坚。近年来，双方以共建"一带一路"为契机，不断拓展各领域合作的广度和深度，两国关系发展前景广阔。双边关系不断升级加深，2014年双方确定战略伙伴关系，2017年中斯又全面升级双边合作为战略合作伙伴关系。

作为南亚区域最自由化的经济体，斯里兰卡是"21世纪海上丝绸之路"的重要节点，也是亚投行倡议的积极参与者和创始会员国；斯方积极回应了中国"一带一路"的构想，总理维克勒马辛哈表示，"一带一路"倡议使斯中友好进一步加强，并为两国开辟新的合作领域提供了机遇。斯方愿同中方共同努力，不断深化双边关系，拓展合作领域，造福两国人民。

斯里兰卡虽小，但在地理战略上却至关重要。其素有"印度洋上的珍珠""东方的十字路口"之称。紧邻亚欧国际主航线，拥有连接东西方的便利地理条件，具有整合国际和国内两个市场，发展成为连接东南亚、非洲新兴经济体、中东产油区和西方发达经济体的重要枢纽。

当前，斯里兰卡是个农业国家，处于工业化初期阶段。针对这种情况，上文也提到中斯已经建立了多个产业园区，其中斯里兰卡工业园区为推动本地工业化，产生聚集效应起到了一定效果。除此之外，中斯双方在深化经贸、基础设施建设等传统领域展开了全方位合作，重点拓展卫生、农业、科技、旅游、人力资源培训等五大领域合作，并同斯方深化两军交流，加强在国际和地区事务中的协调配合。其中位于"21世纪海上丝绸之路的南亚明珠"科伦坡的科伦坡港口项目已经成为双方合作的旗舰项目。

4. 总结与建议：需要双边共同的努力与智慧

针对上文对"一带一路"沿线欠发达国家战略对接方面的梳理与分析，面对诸多复杂的不同国情下的现状与问题，我们应该明白"一带一路"的顺利推进与建设，需要双方共同的努力与智慧。

（1）合作双边国应加大法律层面的对接与沟通

随着"一带一路"沿线国家的双边经贸合作水平不断提高，中国对海外投资快速增长，中国企业深度参与了海港、机场、发电站等重要基础设施建设，已经是很多海外国家的重要投资国。因此，尤其是以产业园模式的中国经验输出，为保障合作的进一步稳定与发展，双边应进一步加强法律层面的"政策沟通"，推动被投资方不断优化营商环境，保障中资企业在内的投资者权益。例如，斯里兰卡科伦波港口城、火电发电项目、汉班托塔港、贾夫纳内环公路等。2016年，中国首次成为斯里兰卡最大贸易伙伴和进口来源国，双边贸易额达到45.6亿美元，已是斯里兰卡最重要的投资国之一。在此基础上，可持续且稳定的合作应从以下3个方面来加强。

第一，签订具有国际法意义的条约。双边可以通过世界贸易组织等国际组织签订互认互通的双边协定，如《关于解决国家与其他国家国民之间投资争端公约》（简称《华盛顿公约》、ICSID）等；也可以通过"一带一路"国际合作高峰论坛和两国建交周年庆祝会，全力完成覆盖货物贸易、服务贸易、投资和经济技术合作等内容的自贸谈判。

第二，中方可以支持东道国出台园区发展的最高立法。大力支持被投资国将双边或诸边的FTA、BIT等有关规定转化为更加具体明确的国内法，进一步强化保障机制。同时，大力支持其通过中央或中央授权特别立法，对标高标准国际经贸规

则，对投资自由化、贸易便利化、金融开放、税收、出入境、纠纷解决等基本问题
进行规定，保障投资者权益。

第三，构建园区建设对话机制。在双边或诸边的国家经济外交对话协调机制下
如"一带一路"国际合作高峰论坛、中斯经贸联委会机制等，增设高级别的园区建
设和对话机制。

（2）应加强对边陲岛国的深入研究

以太平洋岛国为例，其交通不便，长期游离于国际政治边缘。在"二战"后的
长期发展过程中，其官方语言（英语）、教育体系、制度设计已普遍西化；本地的
经济与政治精英多在英、美、澳等地方接受高等教育，因此美、澳在这些岛国具有
文化认同的历史基础。另外，外交方面，太平洋岛国区域有6个国家（基里巴斯、
马绍尔群岛、瑙鲁、帕劳、所罗门群岛、图瓦卢）仍然是中国台湾所谓的"邦交
国"，台湾当局对其提供援助以巩固"外交关系"，导致个别岛国在外交承认上来
回摇摆，甚至当作谋求金钱利益的筹码。

随着中国综合国力的提升，岛国对于中国所需承担责任的期望值也越来越高。
目前中国参与岛国的开发仍以政府无偿援助、低息贷款为主，援助领域基本以基础
设施等非营利的公共产品领域为主，中国政府援助与中国企业进入渔业、矿业等资
源行业获取利润并承担社会责任方面尚未形成公共产品与市场产品的良性互动
关系。

而中国对太平洋岛国的研究尚处于起步阶段，成果较零散，不够深入，且相关
研究往往关注的并非是太平洋岛国，而是亚太关系及亚太区域化等大国政治问题。
这直接导致中国对太平洋岛国无法形成清晰、深刻、系统的认知，不能制定系统化
的顶层设计。面对落实"一带一路"倡议的新形势，未来应着力加强针对太平洋岛
国的系统性国别研究，尤其是对太平洋岛国的历史文化背景、经济社会发展、政治
外交关系等研究，推进我国在太平洋岛国区域进行精准战略定位，进行高效、务实
合作。

（3）加深且拓展，中国经验在欠发达地区生根与成长

中国在非洲建设的铁路和境外经贸合作区在空间上逐渐形成了"铁路+港口+
产业园区"的格局，中非全面经济合作的轮廓渐现，但基于中非产能输出和装备制
造的合作，仍有巨大的优化前景。

首先，"授人以鱼不如授人以渔"，中国在非洲建设的铁路大多数以EPC工程

承包的模式进行，目前仅亚吉铁路明确由中国运营，为保障"一带一路"合作项目的可持续性，更为带动整个非洲经济的健康发展，需探索将铁路的产业链向上和向下在非洲进行延伸，经由铁路实体网络带动铁路产业网络在非洲的构建。

其次，"铁路+港口+产业园区"的空间格局显现，但是铁路和对外经贸合作区在建设的时序协同和运营的呼应待优化，将"铁路+港口+产业园区"的实体网络建成中国产业在非洲有序落地和发展的脉络，是推动国内成熟产业以"雁阵模式"走入非洲、推动中非国际产能和装备制造合作进一步向纵深发展的关键。

最后，境外经贸园区入园企业的规模逐渐形成，但由企业集聚形成的同向产业合力尚未形成，全产业链的合作待成为中非深耕"一带一路"倡议共赢合作的重点方向。

三、"一带一路"产业园区项目发展的可持续性

（一）"一带一路"产业园区项目现状

境外经贸合作区是我国按政府主导、企业决策和市场运作原则进行的对外投资和国际合作模式。据商务部统计，2006—2016 年我国企业已在 36 个国家建立 77 个合作区，其中通过商务部和财政部考核认定的境外经贸合作区 20 家，累计投资241.9 亿美元，入园企业达到 1522 家，总产值 702.8 亿美元，上缴东道国税费 26.7亿美元，为当地创造就业岗位 21.2 万个[1]。目前已形成一批基础设施完备、主导产业明确、公共服务健全，具备高产业集聚力和区域辐射力的园区项目，园区主导产业类型包括加工制造、资源利用、农业产业、商贸物流和科技研发。

这 77 家合作区主要分布在"一带一路"沿线国家，有 56 家在建合作区位于"一带一路"沿线国家内，占全国在建境外经贸合作区的 72.72%。"一带一路"沿线的境外经贸合作区累计投资 185.5 亿美元，入园企业达到 1082 家，总产值为506.9 亿美元，上缴东道国税费 10.7 亿美元，为当地创造了 17.7 万个就业岗位。

---

[1] 数据来源：商务部网站 http://www.mof.com.gov.cn/article/ae/ai/201702/20170202509650.shtml.

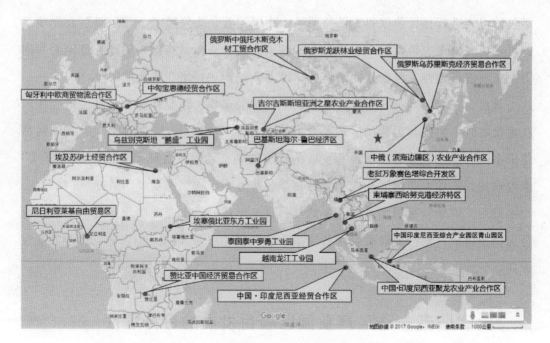

图1-1 截至2017年我国经认定的境外经贸合作区分布图

从我国已认定的20家境外经贸合作区的发展情况看，具有一些显著特征：

从规划面积看，大小不一，但主要集中在10平方千米和5平方千米左右的规模，说明企业抱团出海需要一定的规模，园区的产业集聚具有一定的空间分布规律。

从开发进度看，已有数据显示，园区已开发面积已达到规划面积的30%~50%，部分园区进入二期、三期规划建设，说明"一带一路"的园区的可持续性问题亟须解决。

从园区集中地看，主要集中在亚洲、欧洲和非洲，亚洲集中了50%的境外经贸合作区，其中东南亚有7家、南亚有1家、中亚有2家，欧洲的中国境外经贸合作区占30%，集中在俄罗斯和匈牙利，俄罗斯有4家、匈牙利有2家，非洲的中国境外经贸合作区占20%，分布于不同的非洲国家，不同于欧洲的集中分布，反映了我国推动全球化的布局。

从园区主导产业看，除匈牙利中欧商贸物流园外，其余的境外经贸合作区主导产业集中在农产品加工、纺织服装和家电装配等劳动密集型的轻工业，以及能源集中度要求较高的重化工业，反映出我国"抱团""出海"的产业以人力成本和资源导向型为主，以俄罗斯为例，4个合作区均集中在农林业，反映出我国与俄罗斯之间的经贸合作平台主要基于俄罗斯本国的自然资源。

从资金来源地看，投资境外经贸合作区的国内资金来源地也呈明显的区域分布，投资非洲的资金主要来自国资背景的北京和天津，投资东南亚、南亚及中亚的资金主要集中在江浙地区和西部地区，且民营资本占绝对优势，我国投资欧盟及俄罗斯的资本分别集中在山东和黑龙江，民资、国资均有参与，这说明我国投向不同区域的产业资本有不同的导向原因：①我国在亚洲的境外经贸合作区以长三角的民资最为突出，国内这些地区在全球寻求产业成本洼地，同时也是我国产业向外转移的主要区域，这种布局说明"一带一路"的境外园区建设有充分的内生动力，国家的"一带一路"倡议是顺应我国国内经济发展的需求；②我国在非洲的境外经贸合作区以北京、天津的国资最为突出，说明目前我国对非投资仍然是政策导向为主，通过国有资本的引导，向非洲进行战略布局的格局逐渐显现；③我国在欧洲的境外经贸合作区既有国资，也有民资，说明我国与欧洲的合作是上下协同作用的结果，国家积极促进中欧之间的产业合作，国内的产业资本也有与欧洲深度合作的需求。

表 1-1 20 家通过确认考核的境外经贸合作区简况

位置	编号	名称	境内实施企业	投资来源地	规划面积（平方千米）	主导产业
东盟（东南亚）	1	柬埔寨西哈努克港经济特区	江苏太湖柬埔寨国际经济合作区投资有限公司	无锡市	11.13	纺织服装、五金机械、轻工家电
	2	泰国泰中罗勇工业园	华立产业集团有限公司	杭州市	12	汽配、机械、家电
	3	越南龙江工业园	前江投资管理有限责任公司	温州市	6	电子、机械、轻工、建材、生物制药、农林产品加工、橡胶、纸业、新材料、人造纤维
	4	老挝万象赛色塔综合开发区	云南省海外投资有限公司	昆明市	11.49	能源化工、农畜产品加工、电力产品制造、饲料加工、烟草加工、建材科技、物流仓储等
	5	中国·印度尼西亚经贸合作区	广西农垦集团有限责任公司	南宁市	5	汽车装配、机械制造、家用电器、精细化工及新材料

续表

位置	编号	名称	境内实施企业	投资来源地	规划面积（平方千米）	主导产业
东盟（东南亚）	6	中国印度尼西亚综合产业园园区青山园区	上海鼎信投资（集团）有限公司	上海市	20	镍铬铁矿开采、冶炼及下游板材加工、钢管制造等
	7	中国·印度尼西亚聚龙农业产业合作区	天津聚龙集团	天津市	4.21	棕榈油全产业链
中亚	8	吉尔吉斯斯坦亚洲之星农业产业合作区	商丘贵友食品有限公司	商丘市	5.67	农业种植、农产品加工、物流仓储、农机配件等
	9	乌兹别克斯坦"鹏盛"工业园	温州市金盛贸易有限公司	温州市	10.2	家电、汽车、纺织、建材、化工等
南亚	10	巴基斯坦海尔-鲁巴经济区	海尔集团电器产业有限公司	青岛市	2.33	家电、汽车、纺织、建材、化工等
欧盟	11	匈牙利中欧商贸物流园	山东帝豪国际投资有限公司	临沂市	0.75	会展、仓储、商贸物流
	12	中匈宝思德经贸合作区	烟台新益投资有限公司	烟台市	4.18	化工、生物化工
俄罗斯	13	俄罗斯乌苏里斯克经贸合作区	康吉国际投资有限公司	牡丹江市	2.28	木材、建材、皮具
	14	俄罗斯中俄托木斯克木材工贸合作区	中航林业有限公司	烟台市	6.95	木材、建材
	15	中俄（滨海边疆区）农业产业合作区	黑龙江东宁华信经济贸易有限责任公司	东宁市（牡丹江市代管）	2.07	种植业、养殖业、加工业、仓储物流
	16	俄罗斯龙跃林业经贸合作区	黑龙江省牡丹江龙跃经贸有限公司	牡丹江市	9	木材精深加工
非洲	17	赞比亚中国经济贸易合作区	中国有色矿业集团有限公司	北京市	17.28	有色金属矿冶、加工、衍生产业
	18	埃及苏伊士经贸合作区	中非泰达投资股份有限公司	天津市	10	新型建材、纺织服装、电器设备、石油装备产业等

位置	编号	名称	境内实施企业	投资来源地	规划面积（平方千米）	主导产业
非洲	19	埃塞俄比亚东方工业园	江苏永元投资有限公司	张家港市	5	纺织、皮革、农产品加工、冶金、建材、机电产业
	20	尼日利亚莱基自由贸易区（中尼经贸合作区）	中非莱基投资有限公司	北京市	30	生产制造业、仓储物流业

除以上通过认定审核的境外经贸合作区外，目前"一带一路"沿线国家还有众多的产业园区项目在建设中，如埃塞俄比亚的德雷达瓦经济特区、刚果（布）黑角经济特区、肯尼亚 Kilifi 产业园区，及韩国韩中工业园等，这些园区项目也在规划、建设中，已取得了一定的成绩。

埃塞俄比亚的德雷达瓦经济特区项目已进入二期规划，项目对埃塞俄比亚国的经济有良好的促进作用，为当地创造了大量正式就业岗位，并且培训了熟练的产业工人和培育了工业体系基础，加深了中埃之间的产业合作，途经该园区项目、中国帮助建设和运营的亚吉铁路也已于 2016 年开通，将埃塞俄比亚的德雷达瓦经济特区纳入亚吉铁路经济带规划中，利用吉布提优良的港口和埃塞俄比亚与非洲、欧盟及美国良好的贸易条件，中资入园企业能很好地通过该产业平台进入欧美市场。

刚果（布）黑角经济特区是我国与刚方国家层面的合作项目，我国以深圳经济特区建设的成功经验提出中国方案，帮助刚方建立完善的《经济特区法》和提供经济特区全方位规划，为项目落地提供保障，但在项目进行过程中也遇到一些困难，刚果（布）内阁 2016 年的重组在一定程度上影响了项目进度，反映我国在境外产业园区项目中，政治、经济、社会造成的系统性风险尤为突出，国内资本在出海过程中需要从政治、法律、税收、外汇、产业等方面全方位地考虑。

韩国中韩工业园以汽车、摩托车、船舶零部件，以及生物技术、物流和批发业为主导产业，规划面积 3.96 平方千米，分三期建设，其中一期规划了 1.98 平方千米，该工业园不同于我国境外经贸合作区传统的资源、市场导向，而是以技术为导向，这个工业园为我国入园企业提供学习东道国先进技术和管理经验的机会，通过聘用当地高技术的劳动人才和科技人才，学习和吸收当地先进的技术和管理模式，从而实现投资企业的产业结构优化，提升企业的整体竞争力。

综上，我国境外园区的分布具有显著的产业集聚化、资本区域化、空间布局规模化等特征，传统的园区以规避贸易壁垒，市场导向型、资源开发型和出口导向型为主。根据我国在"一带一路"沿线国家新建设的产业园区项目分析，园区除传统目标以外，还出现了技术研发型园区。由此可知，"一带一路"产业园区在发展过程中，不仅规模、数量在增加，产业发展也在不断提升，由资源、市场向技术升级，反映出我国进一步的对外开发出现了新的方向和动因，影响我国对外开放新格局的构建。

（二）产业园区项目存在的主要问题

"一带一路"的境外园区项目带动了东道国经济、社会的发展，也提高了我国对外开放的层次，但园区项目仍然有许多问题亟待解决，以便更好地加强我国与全球的合作进程。"一带一路"园区项目依据我国园区开发经验，需经历完整的园区生命周期，包括投资（开发）阶段、建设阶段、运营管理阶段，不同阶段面临的问题存在显著的差异性。

（1）"一带一路"园区项目大多仍处于投资（开发）阶段，这一阶段亟须解决的突出问题是衡量投资可行性和明确产业选择

首先，衡量投资可行性需要充分考虑项目的投资成本、投资盈利和投资风险。这与园区开发商的投融资能力、东道国基础设施配套能力、东道国土地成本、东道国税收优惠政策、东道国政局稳定性、东道国与我国的关系密切相关。以我国在非洲的项目为例，刚果（布）的黑角、埃塞俄比亚的德雷达瓦经济特区项目均在投资（开发）阶段面临东道国缺乏基础设施配套能力，导致开发成本需要对土地开发、基础设施、公服设施、商服设施进行全覆盖，如东道国不提供较低的土地价格和对园区开发商的优惠税收政策，则会对园区开发商的投融资能力形成极大压力；东道国的政局稳定性对我国"一带一路"园区项目有重大影响，东道国如战乱不断或者政府更迭频繁，则会导致东道国对外资的总体政策和特定项目的措施朝令夕改，直接导致"一带一路"园区项目的投资风险上升，以中国在巴基斯坦、中国在刚果（布）和中国在印度的园区项目为例：巴基斯坦与阿富汗、印度之间错综复杂的关系，以及2017年穆盟（谢里夫派）的贪腐案；2017年刚果（布）总理辞职、内阁重组；2017年印度非法越界，进入我国洞朗地区，中印对峙2个月。这些现象反映出"一带一路"沿线的部分东道国仍然处于战乱、政局不稳和与中国关系紧张的状态，园区项目在推进过程中面临较大的政治风险。

其次，"一带一路"境外园区的入园项目大多数属于加工贸易类型，因此，园区要实现持续经营，在投资（开发）阶段就要明确产业定位，但目前中亚和非洲大多数的东道国仍处于工业化初级阶段，工业体系尚未建立和完善，缺乏产业配套，难以快速形成产业链，尽管劳动力充足、价格低廉，但严重缺乏稳定就业的熟练工人，严重制约了产业选择的范围。

（2）建设阶段主要面临建筑材料无法保障和劳动力市场不成熟问题

一方面，由于东道国的配套基础设施极度匮乏，导致绝大多数境外园区项目配套基础设施、公服设施、商服设施，供水厂、电厂、污水处理厂等全部需要在园区内新建，除导致投资（开发）阶段的成本高企问题，还会在建设阶段面临建材缺乏的局面，如中国在非洲的园区项目，在建设过程中所需的钢铁、水泥均要从中国进口，以埃塞俄比亚的阿瓦萨工业园为例，建设所需钢铁均来自中国首钢，这些进口建材的优惠税收政策需要与东道国政府协商。

另一方面，劳动力市场不成熟也导致项目建设期困难重重，据"一带一路"园区项目经验值显示，中国建设的境外园区需要输出10%的中国技术工人，承担项目建设的关键技术环节，90%的工人需雇佣东道国劳动力，中亚、南亚、东南亚和非洲的工人工资不高，但是严重缺乏熟练技能，劳动效率不及国内的70%，并且缺乏稳定就业的习惯，旷工、偷懒现象时常发生，导致园区建设阶段的总用工成本不降反升。

（3）运营阶段是境外园区项目可持续经营的关键阶段，这一阶段面临最突出的问题是招商引资。境外园区项目的招商引资涉及产业选择、东道国的国际经贸关系、东道国产业配套能力、东道国外汇制度、东道国劳动力市场和东道国的政府服务能力

第一，产业选择是核心。东道国缺乏产业链配套和完整的工业体系，导致在产业选择中，大多数偏向于产业链条较短、上下游配套要求较低的产业，这就限制了招商引资、产业选择的范围，如非洲国家缺乏完整的产业体系，我国境外园区引入产业资本时，只能选择发展技术含量较低、配套要求较少的纺织服装、农产品加工、食品加工、皮革制品、轧钢等生产环节。

第二，劳动力市场是支撑。东道国的劳动力市场不成熟是境外园区项目运营的主要挑战，除欧洲以外的"一带一路"沿线国家均有劳动力价格和规模优势，价格低廉、劳动力年轻化，但主要的问题是这些国家的劳动力教育水平较低，严重缺乏熟练工人和稳定就业的习惯，园区入园企业很难招到充足的、稳定就业的、具备熟

练技能的工人，我国在非洲和南亚的园区项目这一问题比较突出，劳动力分散、懒散，劳动效率、劳动技能低，使用工成本隐性上升，这对以发展劳动密集型产业为主的"一带一路"境外产业园区产生了严峻的负面影响。

第三，东道国国内市场和国际经贸关系是关键。由于"一带一路"沿线的园区入园产业项目以外向型为主，东道国本身的市场容量和国际经贸关系是影响园区招商引资的又一重要因素，如埃塞俄比亚是东部和南部非洲共同市场的成员国，对其余18个非洲成员国家享有免关税、免配额的优惠政策，同时还是欧盟的"除武器外全部免税"倡议（EBA）的合格受惠国、美国"非洲增长与机遇法案"（AGOA）和"普遍优惠制"（GSP）的政策受惠国，享有向发达经济体出口免关税、免配额政策，这些国际市场准入优势对园区招商引资有良好的促进作用，但是也有些国家不具备。

第四，东道国的外汇政策是基础。东道国的外汇政策包括本国货币稳定性管理、本国货币与人民币、美元之间的兑换自由度等，东道国汇率波动大会导致境外园区投资收益的风险高企，木国货币与外币兑换管制严格的话，会导致境外园区的收益难以汇回，也会影响境外园区的持续性投资。如乌兹别克斯坦的汇率存在官方汇率和黑市汇率，导致很难换汇，影响了我国向该国的投资；埃塞俄比亚的外汇有限，允许园区企业汇入自由，但是由于该国外汇储备有限，因此中资企业利润、资本金很难实现自由兑换，根据世界银行统计，2013—2015年埃塞俄比亚外商直接投资的利润汇出均为0。

第五，东道国的政府服务能力是保障。东道国政府的清廉程度、行政效率、政务完备度、政策执行度均对境外园区项目的顺利运营有重要的影响作用。以非洲的埃塞俄比亚和刚果（布）为例，两个国家的政府清廉程度形成鲜明对比，埃塞俄比亚政府是非洲最廉洁的政府，政府的行政效率最高，并且有较高的政策执行力，能通过政府力量推动、保障境外园区项目的建设、运营，而刚果（布）政府的廉洁度较低，政府官员对境外园区的态度不明朗，政局存在严重的利益分化，导致境外园区项目不仅需要权衡经济效益，更需要考虑政治风险，而政治风险无法通过项目本身分散。

（三）产业园区项目可持续发展的路径

为促进"一带一路"境外园区的可持续发展，针对园区在投资（开发）、建设和运营管理全生命周期的阶段性突出问题，根据境外园区全生命周期发展的经验和国内建设园区、特区的成功方案，我们提出一个体系和四个输出的路径，有效规避和正确处理可能遇到的困难，以实现中国方案的有效落地。

（1）以"123"体系构建园区出海的全面保障

"123"体系的"1"即一个政策法规建议；"2"即两个规划：产业规划和空间规划；"3"即三个报告：投资可行性报告、运营管理方案报告和融资方案报告。

第一步，与东道国商定境外园区的定位，提供《经济特区法》（建议）和《产业园区法》（建议），确定中资进入东道国在土地获取、税收优惠、进出口待遇、换汇政策、基础设施投资、工人雇佣等方面的权利和义务，为投资（开发）阶段和运营管理阶段提供较低的建设、运营成本和较高的政策优惠待遇。第二步，根据东道国自身的资源、区位和贸易条件制定产业规划和空间规划。产业规划既能充分发挥东道国自身的优势，也能为园区将来运营阶段的招商引资明确对象，同时还能为空间规划提供依据，是园区可持续经营最重要的保障；空间规划是根据园区土地选址情况，充分调研地块基础设施、公共服务和商务服务已有的配套能力，结合园区功能定位和产业规划，确定园区的总体空间布局和建设阶段应建设的厂房，及配套的基础设施、公共服务设施和商务服务设施。第三步，制定三个报告，包括投资可行性报告、融资方案报告和运营管理报告。根据经验，一般境外园区均采用滚动开发的模式，因此园区从建设阶段即可有收支现金流，投资可行性报告根据空间规划计算所需的总投资额和投资时序，还根据项目的具体情况计算投资期、回收期和投资收益率、风险收益率、社会收益率，为制定融资方案报告和运营管理方案报告提供依据；融资方案报告根据境外园区所需投资总额和投资时序，结合我国政策性银行、主权基金、投资商自有资金规模、园区开发模式等制定具体融资方案；运营管理方案包括行政管理、商务运营和公共事业管理，确保园区入园企业能获得全面的服务，既能提高境外园区的招商引资能力，也能提升园区持续经营能力，保障投资回收和项目盈利。

（2）境外园区的持续性，除保障单个园区项目全生命周期的财务可持续性外，还需要从宏观上实现全链条输出：产能输出—劳动力、资本输出—标准输出

产能输出一方面能促进我国成熟产业的外溢型扩张，凭借我国成熟产业在国际市场上的优势通过境外园区规避国际贸易壁垒、降低物流成本，提升国际竞争实力，另一方面能帮助"一带一路"沿线国家培育产业生产能力、配套能力，通过产

能输出实现双赢。

劳动力输出和资本输出是产能输出的途径，以适应我国新形势下对外开放模式由"引进来"向"走出去"的转型，以资本输出保证境外园区的投融资能力、以劳动力输出保证境外园区项目的管理水平和关键技术满足规划定位需求，并助力标准的输出。

标准输出是境外产业园区项目进行的高级阶段，从园区的规划标准、建设标准、运营标准，到产业的生产标准、基础设施的标准，全方位地通过产业园区平台对接中国，为中国境外园区的可持续性经营提供软硬件保障，并为中国进一步的对外开放创造投资环境。

四、"一带一路"交通基础设施项目

（一）"一带一路"交通基建项目现状

"一带一路"合作发展的基础是设施联通，而其中的核心是"路"，由"路"的联通支撑起物流、人流、资金流和信息流的联通，从而带动起各个国家和地区人民沿"路"而行的交流与亲近。

"一带一路"中部国家交通运输基础设施较为完善，现代化快速交通发展滞后，交通运输业贸易地区发展不平衡，发达国家优势明显，发展中国家发展迅速。"一带一路"沿线各国交通运输基础设施较为完善，沿海地区优于内陆地区。"一带一路"沿线铁路、公路、航空和海运等交通运输业基础设施较为完善，西欧、南欧、中东、东南亚和东亚等沿海地区交通运输业设施指数明显优于内陆地区，跨洲际货物运输以海运为主，人员交流以航空运输为主。其中，西欧、南欧、东亚、南亚地区的铁路、公路交通网已具规模，东亚—东南亚—南亚—西亚—中东—南欧一线的海运交通网极为发达，西欧、南欧、东亚、东南亚地区的民用航空基础密度明显高于其他地区。限于修建成本、环境影响和技术储备等问题，"一带一路"沿线国家中只有中国、德国、意大利、荷兰4国建成时速200千米以上的高速铁路，俄罗斯、奥地利、印度等国的高速铁路仍在前期规划或设计建设之中。

设施联通快速推进，基础设施建设合作快速推进，构建互联互通网络。第一，我国与"一带一路"沿线国家签署了130多个双边和区域运输协定，涉及铁路、公路、海运、航空和邮政等各个领域。通过 73 个水路和公路口岸，与相关国家开通了 356 条国际道路客货运输线路；海上运输服务已覆盖"一带一路"沿线所有国家；与 43 个沿线国家实现空中直航，每周航班约 4200 个。第二，三年多来，"要想富，先修路"的中国口号成为沿线国家的共识，不少国家争当地区物流中心。例如，阿塞拜疆修建东—西、北—南交通走廊，打造巴库新港，拟成为高加索物流中心；哈萨克斯坦更是当仁不让，要成为东西方物流枢纽。第三，一大批重大项目启动。如吉布提—亚的斯亚贝巴铁路竣工通车，瓜达尔港投入使用，乌兹别克斯坦"卡姆奇克"隧道通车；雅万高铁、中老铁路、同江大桥等启动建设；匈牙利—塞尔维亚铁路、中泰高铁即将开工。莫斯科—喀山高铁进入勘探设计阶段。第四，物流软环境建设方面取得很大成就。例如，哈萨克斯坦与阿塞拜疆、格鲁吉亚等牵头成立了跨里海国际运输线路协调委员会，积极协调中国—中亚—高加索物流运输。哈萨克斯坦提出，为加快融入国际交通体系，哈将推行"5C"（服务、速度、价格、稳定性和完整性）准则为过境运输保驾护航。

"要想富，先修路。"大部分"一带一路"沿线国家基础设施落后，极大地限制了经济发展，而中国在基础设施建设领域的经验和技术均居世界前列。这促使中国与"一带一路"沿线国家在公路、铁路、港口等基础设施建设领域开展大量合作，有效提升了沿线国家的基础设施建设水平。公路方面，中缅公路建设正在推进，喀喇昆仑公路升级改造的二期工程，黑河大桥已经开工建设。铁路方面，亚吉铁路对东北非运输起到重要作用，匈塞铁路、雅万高铁陆续开工，中老、中泰等泛亚铁路网开始启动，中老铁路是第一个以中方为主投资建设、共同运营并与中国铁路网直接连通的境外铁路项目，全线采用中国技术标准、使用中国设备。莫斯科至喀山的高速铁路已经开始勘测，巴西到秘鲁的两洋铁路也开始勘测。蒙内铁路全部采取中国技术标准建设，把中国的资金、技术、标准、装备制造和管理经验带入非洲，蒙内铁路项目将是首个带动铁路技术标准"走出去"的一个大型铁路项目。港口方面，从巴基斯坦瓜达尔港到斯里兰卡汉班托塔港、希腊比雷埃夫斯港，都留下了中国建造的印记。瓜达尔港口 2016 年 11 月正式通航，可泊 5 万吨油轮；由中国路桥公司承建的蒙巴萨港第 19 号泊位正式启用，这是中国公司在肯尼亚承建的第 1 个港口项目，提升了蒙巴萨的货物吞吐能力；吉布提港口 2017 年完成首期工程，瓜达尔港土地已经移交；其他港口也正在推进。

中巴经济走廊已实质性启动一批重大项目建设，中、蒙、俄三方已就建设经济走廊达成共识，规划纲要已经落地，新亚欧大陆桥经济走廊、孟中印缅经济走廊、中国—中南半岛经济走廊的建设也在稳步向前推进。

中欧班列实现常态化运作。2016，中欧班列统一了品牌，发展至39条运行线，联通16个国内城市和12个境外城市，迄今已成功开通了1700列，同比增长了1倍多。中欧班列主要进展有三方面：一是增速快。2015中欧班列就开行815列，是2014年的2.7倍，国内开行城市已达10个，到达沿线国家7个，常态化运输机制开始形成。2016年开行1702列、同比增长109%（成都、重庆866列，占一多半）。2017年2月，多个城市还提出"运力翻倍"计划，推进"一带一路"建设工作领导小组办公室印发了《中欧班列建设发展规划（2016—2020年）》，提出预计到2020年中欧班列将达到年5000列左右。二是反向运输诉求增加。2016年返程班列572列，同比增长116%。另外，2016年初，伊朗、乌克兰也曾尝试向中国发送专列。三是更多国家参与合作。2017年4月，中、白、德、哈、蒙、波、俄7国铁路部门签署《关于深化中欧班列合作协议》，拟扩大班列服务地域，开发新产品，推进跨境电商货物、国际邮包、冷链运输。

自中国西安开往波兰华沙的中欧班列，作为带动我国内陆地区开放的纽带，中欧班列自2011年重庆首度开行以来，成为"一带一路"沿线各国共享的重要贸易通道。开行至今短短6年间，班列数量呈现爆发式增长。截至2016年6月底，中欧班列累计开行1881列，其中回程502列，实现进出口贸易总额约170亿美元。目前，中欧班列已形成东中西多线路出境格局。西线从阿拉山口出境，经哈萨克斯坦、俄罗斯、白俄罗斯、波兰至德国；东线从满洲里出境，经俄罗斯等国至欧洲；中线从二连浩特出境，经蒙古国、俄罗斯等国到欧洲。根据发改委《中欧班列建设发展规划（2016—2020年）》，到2020年将实现年开行5000列左右的目标，基本形成布局合理、设施完善、运量稳定、便捷高效、安全畅通的中欧班列综合服务体系。

"渝新欧"国际运输班列：全长11179千米。这是一条由沿途6个国家铁路、海关部门共同协调建立的铁路运输通道。目前该通道最大的受惠者是落户重庆的笔记本电脑向西进入欧洲市场。"郑新欧"国际运输班列：沿途经过5个国家，历经2次转关2次换轨。2014年9月2日，汉堡至郑州的铁路货运专线9月1日首次开通。蓉欧快铁运输班列：全长9826千米，成都到波兰罗兹的蓉欧国际快速铁路货运直达班列于2013年4月26日开通，每周五固定发车。"苏满欧"国际运输班列：

苏满欧"铁路运输专线正式开通后，为进一步提升货运效率，南京和苏州海关，上海铁路局、哈尔滨铁路局，满洲里市政府多方经协调，于 2013 年 9 月 30 日成功开行首趟"定点、定时、定线、定车次、定价格"的"五定班列"。

表 1-2　"一带一路"交通设施项目情况

		中交集团	瓜达尔港、泽蒙—博尔察大桥、槟城二桥、塔乌公路、喀喇昆仑公路、蒙内铁路
设施联通	交通设施	中国电力建设集团有限公司	凯塔公路工程二期项目、塔吉克公路、赤几吉布洛上游调蓄水库
		招商局集团有限公司	科伦坡国际集装箱码头（CICT）、尼日利亚庭堪国际集装箱码头（TICT）、多哥洛美集箱码头（LCT）、澳洲纽卡斯尔港、土耳其 Kumport 集装箱码头
		中国铁路物资（集团）总公司	巴基斯坦拉合尔项目
		中国中铁	特拉维夫轻轨、埃塞俄比亚铁路、乌兹别克斯坦铁路、斯里兰卡南部铁路、吉隆坡地铁、基甘伯尼大桥、帕德玛大桥
		中国通用技术（集团）控股有限责任公司	斯里兰卡南部铁路项目
		中国建筑工程总公司	阿尔及利亚南北高速公路项目、斯里兰卡南部高速延长线第三标段项目、巴基斯坦卡拉奇—拉合尔高速公路项目
		中国建筑设计研究院	基斯坦卡拉奇—拉合尔高速公路（苏库尔—木尔坦段）项目"风神号"郑欧专列
		中国核工业建设集团公司	东帝汶拉客鲁巴—纳塔博纳道路升级及维护项目、格鲁吉亚 E-60 高速公路项目、老挝塔銮湖经济专区桥梁工程
		中国铁路通信信号集团公司	中国通号蒙内项目、雅万高铁、巴基坦铁路信号改造工程（24 站）、阿卡铁路

（二）交通基建项目存在的主要问题

"一带一路"交通项目主要存在成本高企、标准不一、市场尚缺、环境因素、技术储备等问题。

1. 建设与开发成本高，回报率低

基础设施一般具有投资大、周期长、回报率低的特点。虽然它可能带来较大的社会效益，但其建设与运营对一般企业而言，既缺少承受的能力又缺少推动的动

力，即便要引入民间资金参与，也要由政府给出足够的补贴。另外，基建投资往往会在较短时间内产生很大的债务负担，这也理应由政府来承担。政府如果没有承担起这些责任，而仅寄希望于民间，将极不利于计划的推进。基础设施建设的投入是"一带一路"走向实际运营的先导，基础设施建设得好，则沿线地区能够发挥后发优势，经济建设取得长足的进展，基础设施构建不利，则不可避免地会造成浪费，并且拖累地区经济的进一步发展。

从现实情况来看，沿线国家经济发展相对落后，基础设施建设比较薄弱，相关法律法规不健全不完善，加上大多投资又以道路、港口等基础设施建设为主，其投资回报率较低且回本缓慢，有时甚至连能否盈利也存在较大的不确定性。这些都将会制约和影响国外投资者前往投资的意愿和决策，对我国企业来说也不例外。基础设施建设与开发的成本，可能远远超过单纯经济角度的考虑，这将是制约"一带一路"交通基础设施项目推进的一个重要因素。

2. 标准不一，行业标准、技术资质互认困难

行业标准、技术资质互认是中国企业"走出去"的重要条件。我国已发布《标准联通"一带一路"行动计划（2015—2017）》、与欧盟、新加坡等实施商品标准的经认证的经营者（AEO）开展互认工作，但在中国企业具有比较优势的基础设施工程、国际产能和装备制造领域，中国标准、技术资质仍得不到国际认可。如土耳其、阿拉伯联合酋长国等均采用欧美发达国家标准，对我工程标准要求甚至超过了欧美标准；哈萨克斯坦的许多工程设计和安全采用苏联标准，即使我获得欧洲认证也仍需当地重新认证，周期长、成本高。

"一带一路"涉及多个国家和地区，国情不同，交通基础设施标准也不统一。线路规划、技术标准和规范，在某种程度上比物理层面的互联互通更加重要。以铁路为例，中国和大部分国家的铁轨采用的是1435毫米的标准轨距，而与中国国境相接的蒙古国和俄罗斯采用的是1520毫米的宽轨，另外一些沿线国家如马来西亚采用的又是1000毫米的窄轨。因此，尽管铁路线路可以连接起来，但可仍然难以实现火车的直通。货物到边境就要卸车，然后再装到对方国家的火车上，结果大大降低了通行效率并大幅提高了运输成本。现在的"渝新欧"和"蓉欧快铁"等中欧运输通道亦受此因素的影响，目前平均时速仅为60千米/小时，仍需要政府补贴才能实现微利运营。因此，建设标准的不统一，严重阻碍着"一带一路"交通项目

的快速、稳定发展。

3. 金融、人员往来监管措施限制多

沿线一些国家交通基础设施落后，金融、人员往来监管措施限制多。以中亚地区为例，我国与中亚国家的立体化交通网络尚未形成，由于双边运输需求增长较快，铁路和公路口岸均呈饱和状态，国际货物运输经常停装、限装，货物无法顺利运进或运出。与土库曼斯坦的跨境贸易结算存在障碍，在乌兹别克斯坦的经营利润不能及时兑换汇回国内，影响了企业的正常经营。此外，中亚国家对我企业人员签发商务签证、派遣员工方面限制较严，加之当地人才匮乏，我部分企业为正常建设和运营投资项目，只好采用"灰色途径"向中亚派遣劳动力，对企业形象和项目安全造成负面影响，也存在较大的法律风险。

4. 合作机制不顺畅

"一带一路"沿线地区不少国家法律不健全、不稳定，自由贸易区建设水平较低，国与国之间仍存在较多贸易投资壁垒，如实施较为严格的许可证准入制度等；海关程序和文件不统一，基础设施建设标准和规范不一致，交通物流运输信号存在差异等等，都对该地区的贸易自由化和投资便利化形成了严重阻碍。例如，通关政策的不一致以及相关协作机制的缺失，会导致通关速度缓慢，货物积压严重甚至无法通关。有些区域或国家间对某些标准认定的不一致，也会造成严重的通行障碍。例如，由于通行标准的不一致，中国的货车在正常装载情况下开到蒙古国就会被认定为超载，进而影响了双边货物车辆的直接往来运输。

5. 政局不稳及环境风险

在"一带一路"交通项目建设过程中，要警惕因地缘政治等因素给经济带来的影响。如俄乌冲突、中东局势等地缘政治形势恶化，造成了该区域的不稳定，打压投资者的信心，使国际资本撤离该地区，造成国内外资本的损失。交通项目面临因沿线各国政局变动引起的资金无法收回被无理取消合作的风险，如中泰高铁、中缅水电站事件，以及希腊叫停出售比雷埃夫斯港口事件等。

还有沿线一些国家自然条件相当恶劣，严重影响地面交通运输类基础设施的建设。在地质地形条件较差和自然气候恶劣的地区开展基础设施建设的难度非常大，其所影响的不仅是投资额度的大量增加和经济效率的不理想，还会影响到工程的质量、进度，甚至决定项目的成败。例如，中国西南地区的境外延伸通道位于世界海

拔最高的高寒地区，地形复杂、雪山林立，对道路施工的技术要求很高，而且维护成本也会居高不下。目前，中巴经济走廊和孟中缅印通道都存在这方面的问题。

6. 投融资平台及机制建设滞后

沿线多数国家建设资金缺乏。据亚行估计，2010—2020 年，仅丝绸之路沿线亚洲 8 国（中国、哈萨克斯坦、巴基斯坦、印度尼西亚、马来西亚、泰国、菲律宾、越南）基础设施建设所需的投资累计就达 5.7 万亿美元。我国周边大多数国家经济相对落后，缺乏必要的基础设施投资资金，据亚洲开发银行估算，目前东盟每年基础设施建设资金需求为 600 亿美元左右，但由成员国筹集的基础设施基金投资尚不足 10 亿美元；中亚地区仅哈萨克斯坦和巴基斯坦两国所需的基础设施投资累计就达 2490 亿美元，而该地区国民储蓄率低于世界平均水平。还有沿线地区投融资平台及机制建设滞后。首先，针对基础设施投资的双边合作基金数量、规模和融资能力都比较有限，如中国和东盟的投资合作基金一期募资规模 10 亿美元，东盟基础设施建设资金募资总规模不到 10 亿美元；其次，现有的多边投资机构重点任务在于"扶贫"，正在筹建的亚洲基础设施投资银行和新设立的丝路基金提供的资金有效地补充了资金供给，但与总需求相比差距仍然悬殊；再次，区域和国内的资本市场尤其是债券市场不发达；最后，国际流行的 BOT（建造—经营—移交）、TOT（转交—运营—转交）、PPP（公私合伙或合营）等非官方资金利用方式很少采用。

（三）交通项目可持续发展的路径

1. 加强交通运输网络建设

加强中国同中亚国家间的道路连接，形成联通南亚、东南亚、东北亚的交通运输网。新亚欧大陆桥虽然将欧洲和亚洲连接在一起，但沿线各区域的经济发展水平却呈现出"U"形特征，即新亚欧大陆桥的两端是经济繁荣地区，但中间地段却存在一个由中国西部和中亚地区构成的经济拗陷带。应率先发展中国同中亚地区的交通运输联系，这对中国西部地区经济发展和产能释放具有重大而长远的意义。同时，还应不断强化中国与南亚、东南亚、东北亚各国在基础设施建设和交通运输合作方面的联系。

强化"海上丝绸之路"点轴建设，打造联通东亚—东南亚—南亚—西亚—中东—南欧的跨洲海上运输网络。"21 世纪海上丝绸之路"倡议的提出，将进一步加强东西方和沿线各国之间的经济、文化、政治交流。中国应本着"合作共赢、友好协商"的发展原则，积极发挥自身在资金实力、技术储备、管理经验方面的优势，不断提升同东南亚、南亚、西亚等国在海洋资源开发、远洋贸易运输、港口管理运营、沿海设施建设、大型船舶制造、海洋邮轮旅游等方面的合作力度，以东亚、东南亚、南亚、西亚、中南欧等为主线，以点连线、以线带面，最终实现"21世纪海上丝绸之路"建设的宏伟目标。

2. 加强国家合作，创新合作机制

建立中国与中亚国家交通运输合作平台，创新"一带一路"交通运输业合作机制对于统筹和开发中国与中亚国家间的交通运输产业发展具有重大的意义。中国—中亚交通运输业合作机制的建立应分为两个方面：一是交通运输体制的建立，即运输合作组织职能和岗位责权的调整及配置；二是交通运输制度的建立，不仅包括交通法律法规，也包括各种规章制度。要在利用好现有合作机制平台的基础上，不断创新合作模式，平衡各方利益，建立利益共享机制，加强国际合作。合作机制是保障，要建立标准化国际合作交流长效机制，争取与周边国家特别是"一带一路"沿线国家标准对接取得突破，推动我国交通运输重点产品装备、服务管理标准的国际互认。要以中蒙俄、中国—中亚—西亚等国际经济合作走廊为重点，寻求利益契合点，研究构建稳定通畅的标准化合作机制，探索形成沿线国家认可的标准互认程序与工作机制。

3. 发展多式联运，优化运输衔接

打通国际物流通道，积极建设国际物流园区、国际无水保税物流港区，构建现代化国际多式联运物流体系。通过政府间协商和企业化运作，依托物流通道建设，由中方投入资金、技术、设施，合作国给予土地、财税政策扶持，集中资金、技术、人才优势，在"一带一路"沿线国家及我国重点对外口岸，建立一批高标准、现代化的国际物流园区。全面引领和辐射带动区域物流发展，同时通过发挥积极的国际示范作用，不断扩大我国海外国际物流园区投资建设规模和数量，完成覆盖"一带一路"沿线主要国家核心物流城市的国际物流园区体系。加强政策对接，在中亚五国、蒙古国等内陆国家的主要城市、工业基地、交通枢纽，选址建设若干国际无水保税物流港区，对接国内出海港口，建立"一对一""门对门"的专业物流服务机制，为内陆国家出海打开、扩展国际绿色通道，实现双赢发展。

4. 统一建设标准，减少硬件桎梏

"一带一路"建设的推进将给中国建筑业带来更多的发展机遇。目前在工程建设标准方面各国差距较大，发达经济体已经建立起了相对完整的标准体系，而部分发展中国家和欠发达经济体在工程建设标准的制定和覆盖范围方面"还有很大发展空间"。通过"一带一路"倡议的实施，加强与有关国家在工程建设标准方面进行国际化合作，推动各国工程建设标准取长补短，促进工程建设质量安全水平的整体提升。现在"中国标准"加速"出海"已有所进展。作为泛亚铁路中线的一部分，正进入实施阶段的中老铁路将全线采用中国技术标准，使用中国设备。实施"一带一路"倡议应充分考虑沿线国家的利益和诉求，经济技术发展具有优势的国家要帮着相对弱势的国家，努力缩小不同国家工程建设领域的差距。在"一带一路"建设推进过程中，必须要解决标准这个重要问题，只有统一标准，才能够真正实现车行其道、货畅其流。

5. 创新投资运营模式，共建投融资平台

在"一带一路"基础设施互联互通中创新投资运营模式，提升投资者、运营商对"一带一路"基础设施建设投资的积极性。从全球经验来看，交通与物流基础设施建设投资大、回收期长，虽然是政府提供的公共产品，但其运营和服务往往需要由许多企业来承担。企业的积极参与，对基础设施投资及未来成功运营具有至为关键的作用。全球运输与物流网络的形成、基础设施的建设背后往往有许多国际或全球性运输和物流企业的参与。因此，各国政府在确保长期稳定的政治经济环境的基础上，也需要处理好政府之间、政企之间、投资和运营机构之间的关系，构建符合市场规则的投资运营模式，如 PPP 模式、BOT 模式、合资合作等，这是充分调动更多沿线国家乃至全球投资机构和企业参与基础设施建设和运营积极性，加快形成政府、投资主体、运营企业等各方共赢新格局的关键。

"一带一路"沿线国家储蓄投资水平存在差异，而且分布具有不一致性。通过共建投融资平台，扩大不同货币互换规模，提高结算效率，不但可以缓解重点建设项目的资金瓶颈，而且可以促进资金在该区域的有效配置，实现较高的回报。沿线各国应积极参与亚洲基础设施投资银行和上海合作组织开发银行建设，探讨设立一批多、双边共同开发合作基金，联合打造共商、共筹、共建、共营、共享的投融资体系和机制，有力支撑实体经济合作。

五、"一带一路"能源开发项目

(一)"一带一路"国际能源合作概况

能源矿产投资项目。中国是富煤、贫油、少气的国家,油气产量远远不能满足国内经济增长的需要,需要大量依赖进口。随着中国经济的快速发展,中国油气进口量连年增加,尤其是原油的对外依存度逐年攀升,到 2016 年已达 65.4% 的高位。近年来,中资企业逐步加快了对海外油气的投资。《2017 中国油气产业发展分析与展望报告蓝皮书》指出,"十二五"期间,中国石油企业海外油气产量以年均 1500 万吨的规模快速提升。截至 2016 年底,以中国石油、中国石化、中国海油为主的中国石油企业已在海外 50 多个国家拥有 200 多个油气投资项目[①]。表 1-3 显示了近 3 年来中资企业海外矿产能源投资项目数及投资金额,可以看出,油气投资无论是项目数还是总金额均居于首位。

表 1-3 2014—2016 年中资海外矿产能源投资项目数及投资金额

类型	2014 年		2015 年		2016 年	
	项目数(宗)	金额(亿美元)	项目数(宗)	金额(亿美元)	项目数(宗)	金额(亿美元)
油气	17	71.67	16	61.10	15	69.64
有色金属	11	83.11	13	22.97	14	57.04
稀有、稀土金属	2	5.10	2	5.92	4	15.36
黑色金属	4	13.47	6	7.86	7	12.53
贵金属	8	1.04	9	4.28	12	9.76
新能源	3	3.76	1	1.09	2	1.23
非金属	1	—	8	2.63	3	0.09
煤炭	2	13.11	2	1.10	1	0.03
宝石	—	—	2	1.70	—	—

---

① 资料来源:http://news.cnpc.com.cn/system/2017/03/22/001640098.shtml

2016 年，中资宣布和完成海外油气资源投资项目共 29 宗，共计投资总额为 114.14 亿美元；其中完成投资 15 宗，完成投资额为 69.64 亿美元。这些宣布和完成的海外油气投资项目主要集中于俄罗斯（5 宗）、加拿大（4 宗）和伊朗（3 宗）。从宣布和完成的投资金额来看，2016 年中资向俄罗斯、加拿大、委内瑞拉和伊朗 4 个国家的油气投资总额最多，占油气投资项目总额的 77%。值得关注的是，2016 年 1 月对伊朗制裁解除后，中国重新加大了对伊朗油气的投资，该年度中资共宣布了 3 宗对伊朗的油气投资，分别是中石化和中石油将开发伊朗两大油田、伊朗将与中法企业签署气田开发协议和中国将以 5.5 亿美元入股伊朗石油，涉及投资金额达 11.5 亿美元。

从已完成投资的项目来看，2016 年中资在加拿大、俄罗斯和澳大利亚完成的油气投资项目最多，分别为 4 宗、3 宗和 2 宗，其中，前两者的投资金额分别占油气投资总额的 34.3% 和 30%。不难看出，2016 年中资海外油气投资更偏重于有着成熟的市场机制和完善法律体系的加拿大，同时对俄罗斯的油气投资也在逐年增加。

在油气投资中，三大石油公司（中石油、中石化、中海油）历来主导着中国海外油气的投资，而近年来，越来越多的民企也加入到海外油气投资的队伍当中，2016 年民企海外油气投资 33.1 亿美元，力压国企（13.1 亿美元）和基金（23.5 亿美元）成为 2016 年海外油气投资的主力军[1]。

电力合作项目。电力是我国的优势产业，国家鼓励电力企业"走出去"拓展国际市场，化解国内过剩产能。近年来，我国电力企业"走出去"的步伐不断加快，国际产能合作成效显著。

事实上，中国电力企业"走出去"已有 60 年的历程，回顾这一历程，可以大致分为三个阶段[2]：

第一阶段：20 世纪 60 年代至 20 世纪末，大致 40 年。中国电力企业多以经济援建形式参与国际水利电力项目建设，其中以中国首个海外电力援助项目——几内亚金康水电站项目为代表，可以称之为萌芽阶段，这一阶段从严格意义上来说不属于现在的"走出去"含义。

第二个阶段，2002—2010 年近 10 年。伴随着"厂网分开"改革的基本完成，国内电力市场逐步趋于饱和，各大能源和电力企业纷纷试水国际化战略，中国电力

---

① 资料来源：2016 年中资海外矿产能源投资报告。
② 王志轩. 中国电力企业开启"走出去"发展新篇章 [J]. 特别策划，2017 (5).

行业参与海外市场竞争的形式和规模不断增多并形成了一定的品牌效应。例如，2010年12月9日国家电网巴西控股公司正式揭牌成立、2012年9月6日中国电建集团在赞比亚承建首个国际电站运行管理服务项目、2012年9月16日华电死亡印度尼西亚玻雅2台66万千瓦坑口电站购电协议签字等等，这些都是其中比较典型的案例，此阶段可称为突破与试水阶段。

第三个阶段，2010年至今。在国家"走出去"战略和"一带一路"建设的倡议下，电力行业海外事业得到快速发展，涉及电网、发电、电建、电力装备等企业，业务也覆盖装备制造、项目建设、企业运营等电力行业各个主要领域；与此同时，以"华龙一号"等为代表的一批中国电力技术、标准和咨询服务也进入国际市场，话语权、主导权日益明显，这一阶段为经验积累和打基础阶段。可以预计，随着电力企业国际化经验的不断积累，国家"一带一路"倡议的持续推进，电力企业"走出去"将会呈现出规模与效益并举的发展局面。

目前，能源电力企业在"走出去"的进程中，取得了一系列新成果、新突破。主要表现在以下几个方面：

一是电力对外投资规模不断扩大。根据中电联统计，仅2015年一年，我国电力对外投资项目共计68项，11家主要电力企业实际完成投资总额达28.98亿美元。以中电建和中能建为主力军的建设队伍，近年来海外项目连年递增，两大建设集团和主要电力企业对外工程承包在建项目数量达到1639个，在建项目合同额累计1547.71亿美元，2015年新签合同额合计472.05亿美元。2015年，境外工程承包带动电力设备出口超过100亿美元。2016年，中国电力企业共在52个"一带一路"沿线国家开展投资业务，其中投资额3000万美元及以上项目年度完成投资达39.56亿美元，涉及沿线10余个国家和地区[①]。

二是电力对外投资业务更加成熟。2016年，由中国发起成立全球能源互联网发展合作组织，搭建我国引领全球能源转型发展的国际平台，展现了中国电力行业对世界能源发展的责任感和使命感。对外投资与项目合作方面，与英国、阿根廷、沙特阿拉伯等国家签署一系列核电站项目开发、建设、技术等合作协议，英国政府也于日前正式受理"华龙一号"的通用设计审查申请，中国核电"走出去"取得重要成果；巴西美丽山水电站特高压直流输出项目获得线路环评施工许可证，全面进

---

① 中国电企去年在52个"一带一路"沿线国家开展投资业务，http://www.sohu.com/a/166212484_257413.

入施工阶段，标志着我国自主研发的世界最高等级的输电技术正式走出国门。签署埃及 EETC 500 千伏输电线路项目合同，中埃产能合作首个能源项目正式落地，将有力带动中国超高压输电技术、装备和工程总承包一体化"走出去"，务实推动中埃电力领域产能合作；中国第 1 个海外百万千瓦级 IPP 火电项目印度尼西亚爪哇 7 号 2×1050 兆瓦项目顺利开工、三峡国际海外投资发电装机过千万千瓦、中国电建海外在建水利水电工程合同金额超过 2000 亿元等等，都充分说明中国电力企业海外业务的实力与成熟度已得到进一步提升[①]。

三是电力对外投资模式更加多样。电力企业"走出去"，已由建设工程类"走出去"，向资金、设备、技术复合型"走出去"发展。投资模式有绿地投资、股权投资、BOT、BOO、BOOT、BOO、PPP 等。从 2012—2016 年的投资合作方式来看，主要电力企业投资方式中，BOT 类占 36%，资产并购占 26%，新建投资占 20%，直接投资占 17%，PPP 项目 1 例。2016 年，年度投资额达到 76.55 亿美元，分别是 2013 年的 6.84 倍、2015 年的 2.82 倍；比前 4 年平均值 50.71 亿美元高出 25.84 亿美元。

四是电力对外投资领域更加广泛。投资领域包括风电、水电、火电、核电、输变电、矿产资源和水务环保等，涉及范围包括亚洲的越南、老挝、巴基斯坦、印度尼西亚、缅甸、以色列，拉丁美洲的巴西和加拿大，欧洲的法国和俄罗斯，以及非洲的南非和纳米比亚等国家和地区。2012—2016 的 5 年当中，电力企业对外投资 3000 万美元以上项目共 103 例，其中水电和清洁能源占 48%，火电占 21%，输变电占 16%，矿产资源占 9%，其他约为 6%。在工程承包方面，2016 年在 52 个"一带一路"沿线国家开展项目承包工程，其中大型承包项 120 个，合同 274.72 亿美元，涉及 29 个国家。工程领域包括火电、水电、风电、太阳能、核电、输电工程、基础设施建设等。2012—2016 年的 5 年中，EPC 总承包是对外承揽工程项目的主要方式，占总工程数量的 76%，2016 年占到 80%。2012—2016 年电力设备与技术出口主要由直接出口和境外工程带动出口两种方式构成，且在前 4 年均以境外工程带动出口为主要方式。2016 年，首次出现直接出口金额高于境外工程带动出口金额。[②]

① 王志轩. 中国电力企业开启"走出去"发展新篇章 [J]. 特别策划，2017（5）.
② 电企成为中国企业"走出去""主力军"，电力界，2017 年 2 月 22 日。http://www.sohu.com/a/166212484_257413.

（二）能源项目存在的主要问题

1. 能源投资项目对东道国政治风险更加敏感

中国企业赴海外"走出去"，普遍面临着东道国国家政治风险、经济风险、法律风险、社会风险和环境风险等一系列风险。据《中国企业国际化报告（2014）蓝皮书》分析，2005—2014 年发生的 120 起"走出去"失败案例中，有 25% 是因为政治原因所致，其中 8% 的投资项目在审批环节因东道国政治派系力量的阻挠而失败，17% 是在运营过程中因东道国政治动荡、领导人更迭等原因而遭受损失。

而能源投资项目因其自身特点和属性而对东道国的各种风险更加敏感，且更易遭遇政治因素的阻碍。能源在某种程度上代表了一个国家的生命线，因此对能源资源的开发具有了一定的战略意义。能源矿产资源一般都掌握在东道国政府手中，即使企业已支付了大额的勘探补偿费或矿权费，也仍存在项目被征收的风险。而且，能源投资项目往往涉及金额大（单笔投资数亿美元）、回收周期长，一旦投资国发生政局动荡或者罢工、内乱、暴力冲突等事件破坏了社会政治经济秩序，投资者将遭受损失；而一些东道国政府为了获得更多利益而修订投资政策，或者新旧政府更替导致政策不可持续，项目即使已投标成功或者在建，也仍会面临取消或被停止的风险。

此外，"国字号"背景的企业在海外能源矿产资源投资中可能会引起东道国政府及民众的警惕甚至排斥，而并购区域过于集中也会引起戒备，东道国出于本国利益的考虑，会加大对中国投资活动的审批难度，甚至进行政府干预和政府违约。这样的案例并不少见，2005 年 1 月，美国政府以"国家安全""国有公司"和"政府补贴"等原因驳回中国海洋石油有限公司收购优尼科公司的请求。2009 年 3 月，澳大利亚政府因强调"威胁国家安全"而否决了中国五矿集团公司全面收购 OZ 矿业的提案。2009 年 6 月，中国铝业公司巨额注资全球矿业力拓集团遭到澳大利亚官方的反对，最终以力拓支付 1.95 亿美元的分手费而告终。

2. 能源企业竞相出海，恶性竞争问题凸显

越来越多的中国电力企业"走出去"，在掀起了一波海外投资浪潮的同时，扎堆竞争的现象也愈加严重。目前，除了像国家电网等一部分"走出去"的电力企业取得了较好的投资收益和综合收益，更多的初步进入国际市场的电力企业把争取参

与国际市场竞争的机遇和提高能力作为当前的主要目标，普遍存在为了"走出去"而走出去，为了"国际化"而国际化的现象。这种目标直接导致了在国际市场中，中资企业间的无序竞争和恶性竞争现象屡现。例如，在非洲、拉美地区基础设施领域的电站、大坝建设等项目上，经常出现几家中国企业同时竞标；南亚、东南亚地区火电 EPC 项目上，中资企业竞争近乎"白热化"；光伏组件市场，国内企业通过打价格战争夺国际市场。一些企业为了拿到订单，采取低价策略，不断降价，造成恶性竞争，使中国企业蒙受巨大损失。而一些国有企业在海外的恶性竞争，大大抬升了市场成本，变相导致了国有资产的贬值。

另外，由于缺少一个有效的信息发布平台，以及各机构、部门、政府和企业之间缺乏沟通，导致企业往往对信息收集不全和掌握不足，造成很多重叠项目、重复建设，资源浪费现象严重，直接催生了"内讧"和"扎堆"，极大地损坏害了中国企业的形象。

3. 标准缺位掣肘中国电力"走出去"

近年来，我国电力企业在海外成功建设了一批具有世界影响意义的电站工程，特别是水电站建设，完成的工程在数量和规模上都居世界首位，水电站大坝高度已达 200 米级以上，但我国的行业地位尚未被认为世界一流，主要原因在于我国电力行业的技术标准还未全面"走出去"，业内话语权并未随着国际工程量的实现正比增长[①]。

目前大多数海外电力项目是承包商提供"设计＋施工＋融资"一体化集成服务，类似于"设计、采购、建造和融资（EPC+F）"模式。这种模式对中国电力企业来讲已经驾轻就熟，但在海外电力项目实际执行过程中，却遭遇到不能按合同工期执行而使工程成本大大增加甚至被业主索赔、扣保函等事件发生。其中主要原因之一是我国的建设团队采用国内技术标准设计后，设计成果提交到业主方不能顺利批复，造成时间拖延。因为业主方负责审批设计文件的人员大多是西方工程师，他们熟悉西方国家的技术标准，不熟悉我国的技术标准，在审批设计文件时存在技术标准不能有效对接的问题。另外，即使一个项目经过几年的磨合，国内的技术标准在该项目上得到了认可，但是下一个新项目却又因承包商和业主咨询的变化，国内标准的认可度重新归零。这些情况普遍存在于中国电力企业的海外项目中，周而

---

① 王瑞华，郇颂东. 推动技术规范"走出去"，引领电力企业扬帆出海 [J]. 中国电力企业管理，2017（5）.

复始，经我国承包商造成巨大的利益损失。导致技术标准不对接的老大难问题的原因，是我国电力行业的技术标准并没有真正"走出去"，技术规范未得到国际社会的普遍认可。

4. 融资难是新能源企业"走出去"的绊脚石

现在，金融机构的政策逐渐收紧，贷款条件变得苛刻，融资之路困难重重。融资难似乎成为我国能源企业"走出去"的最大阻力。相比于传统能源项目，新能源项目在融资方面则面临更大的困难。首先，新能源项目的特点决定了其融资困难。新能源项目一般具有投资规模大、建设周期长、投资见效慢、技术含量高、风险因素多等特点，新能源的高技术性特点要求资金大量用于研发，但技术创新具有很大的不确定性。新能源企业的早期投资往往成为净投入，只有连续不断地投资才有可能实现产出，技术的不确定性和收益的滞后性决定了新能源企业融资的困难。其次，融资渠道单一。中国当前新能源对外投融资渠道仍较单一，办理手续烦琐，现有的以国有银行、商业银行等为主体的融资体系已不能满足当下灵活多变的投资需要。特别是民营新能源企业或中小型新能源企业，常常因为资金缺乏而与商机失之交臂。最后，融资成本高。我国对新能源长期出口信贷美元利率并没有明确规定，一般在5%~6%。而美、日等国对新能源项目出口信贷美元利率在1%~3%。而且偏高的出口信用保险费率进一步提高了融资成本。

5. 国际化创新能力不足，西方跨国公司竞争阻力大

西方发达国家在能源丰富的多数东道国已经营多年，占据了有利地位。因其起步早、规模大、资源能源类跨国投资经验丰富，而在全球能源行业市场中处于绝对优势地位。中国企业在管理体制、技术创新和员工能力方面都不足以满足国际化可持续发展的需要。

中国能源企业现行的体制机制、管理流程在应对复杂多变的国际能源市场环境方面尚不够快速灵活，特别是与全球一流的跨公司相比，中国企业未能在法律、财务、人力资源、采购等方面建立起全球统一标准的共享管理和服务体系，管理效率有待提升。技术创新能力和在特殊领域的技术水平还不足以支撑中国能源企业海外投资业务的可持续发展。"一带一路"沿线地区，不管是传统的化石能源还是新能源领域，资源潜力都非常巨大，但是对技术的要求也越来越高。而我国电力行业近年来在技术和装备制造上都已取得重大进步，但总体仍处于能力和质量的提升期，

特别是基础研究、研发能力、工艺成熟性、质量稳定性、设备可靠性等方面与欧、美、日等发达国家仍有一定差距。另外，国际化管理人才缺乏，"走出去"人才队伍建设跟不上等对海外业务发展的影响越来越明显。

（三）能源项目可持续性发展的路径

在国家强有力的能源外交之下，能源企业"走出去"靠的不是运气和勇气，而是在顶层设计和统筹规划之下，依靠有成本优势的技术、先进的管理经验和知识丰富的管理人才等利器才能扬帆出海。企业在"走出去"之前要做好充足的准备，砥砺深耕，通过时间和经验的积累，才能结出丰硕的果实。总体而言，增强能源项目在"一带一路"的可持续发展，可从以下几个方面着手。

1. 熟悉东道国投资环境，做到心中有数

考虑到能源项目对东道国的政治、经济、社会风险的高敏感性，企业在进行海外能源投资项目时，务必要做好充分的前期调研工作，要针对特定区域及具体领域做具体分析，在多方面分析和信息掌握到位后再进行投入，做到心中有数，知己知彼，百战不殆。

第一，对东道国的投资环境进行整体把握，包括最基本的熟悉当地的法律法规、能源政策与规划，熟悉当地政府办事流程和效率等，掌握"游戏规则"。第二，针对"一带一路"沿线国家的新投项目，无论投资收益率多高，一是要充分评估项目所在国的政治风险和安全风险。二是要做好对外投资风险的识别、分析、评估、预测、预防、监控，制定事前、事中和事后应对预案。第三，聘请专业公司合作协助规避汇率风险、政策风险、市场风险，或者聘请当地税务咨询机构、律所、会计师事务所提供咨询，做到风险控制就地化管理。第四，从企业自身发展战略出发，仔细甄别投资机遇、稳打稳扎、步步为营，切忌盲目跟风，应选择合适的时机进入特定市场，实现预期目标。

另外，中国能源企业在参与海外并购时，要对可能存在的阻碍进行预测。通过沟通宣传令投资国政府和人民充分了解中国企业的并购动机，大力营造互利双赢的和谐氛围，最大限度地降低其对中国的误解和戒备心理，充分利用国际社会友好组织的帮助，消除恶意阻挠并购的各种力量的影响。除此之外，还应注重加强各种形式的能源公共交流，建立高规格的民间对话机制，尽量减少彼此的猜疑和隔阂。

2. 打造创新产业链合作，编队出海

现阶段，能源企业已经意识到在海外恶性竞争对企业"走出去"的不利影响，那么，在"走出去"的过程中，如何改善各自为政、单打独斗、恶性竞争的状况，形成"抱团取暖"的"走出去"新格局？基本原则是优势互补、资源共享、深化合作、协同发展。

首先，应进一步强化行业联盟的资源整合力度，形成更大的协同效应，强化技术研发方面的优势互补，推动技术融合和研发合作，以协同创新的力量，在全球化竞争中赢得先机。其次，强化产业链之间的合作，提高产业链协同力度，形成会员企业彼此间的配套互补能力，发挥整体优势。再次，强化市场方面的深度合作，通过联合开拓市场、联合采购、共享实验、检测设备、共享数据库等基础设施，降低创新成本。最后，强化技术标准方面的合作，在充分合作知识产权的前提下，加强创新技术的合作力度与商业化应用能力，让综合成本更低、产品品质更优、参与全球市场竞争的能力更强。

另外，能源企业还应利用好国外资源，认清当前的行业形势，结合自身优势，积极参与国际分工，整合东道国地缘、人力资源、技术及资本等优势，紧扣价值链的核心环节，在国际产业链上寻求最佳增值点，进而在国际竞争中获得规模经济效益，实现产业链低端到中高端升级，从产品优势到全产业链优势的过渡。

3. 能源"走出去"，标准须先行

标准是国际贸易的通行证。中国电力企业如何才能在"一带一路"中可持续性地"走出去"，要谋定后动，从高端切入，让规划和标准先行。一是要深入系统地研究我国有关国际标准化工作的规定，熟悉国际标准化组织的工作目标、宗旨、规则、程序，以及技术政策和编写体例等[①]。二是以国际化的视角，整合升级中国电力行业相关技术标准，并进一步加强中国规范在全球范围内的适用性研究。三是持续加强对中国电力行业技术标准的宣传和解释工作。在项目执行过程中，对中国标准的使用应与业主进行充分沟通。然而，行业规范"走出去"仅靠分散的承包工程企业推动是很艰难的，还应该由行业及标准的管理部门或者相关行政部门在各种平台宣传我国的技术标准和规范，对应用我国技术标准施工的项目给予相应的资金支持或奖励措施。四是抓紧培养复合型、国际化、标准化技术专家。亟须培养一批懂

---

① 加大水电技术标准国际化研究 助力中国水电"走出去"。

外语、懂电力、懂标准化的高端国际型、复合型、标准化技术专家。在这方面，国际标准化管理委员会近年来组织开展了一系列的国际标准化培训，电力行业各领域的技术专家应积极参与其中，以便及时了解国际新动向，不断提升工作能力。

4. 加强金融合作，支持能源企业"走出去"

投融资合作包括两方面的问题，一是解决投融资主体，海外能源项目大多实质存在投资主体不足现象，投融资构建应先有融资再有投资，这样有利于框架的形成。二是投融资里面高效低成本的资金供应是问题本质，谋求发展既要靠大决策的指挥往上走，也要靠降低成本。目前世界经济周期性波动非常大，谁有成本优势谁就有发展，而中国企业境内外在成本上要相差 1 倍。

在融资方面，除发挥国有政策性银行的作用外，国有及非国有商业银行等金融机构也应加大对新能源企业对外投资的扶持力度，加大外汇储备，增加对企业"走出去"的支持，鼓励更多社会资源加入到帮扶新能源企业的力量中。新能源产业应抓住对外投资的大好时机，特别是当前"一带一路"建设的发展机遇，创立自身品牌、树立良好形象，积极寻求与丝路基金、亚投行等机构的联系与合作，加强与中国内外金融机构的对接，突破融资瓶颈，寻求发展新路。

而对于民营企业，要注重加强与金融机构的沟通和互信。金融机构要做好民营企业"走出去"的钱袋子，双方需要有一个互相沟通、建立信任的过程。以光伏行业为例，企业"走出去"往往面临着复杂的国际环境，各个国家的政策、法律、民情等都不一样，而金融机构对企业所面临的各种风险并没有充分了解，因而往往持保守态度，如果企业可以及时把情况反馈给金融机构，金融机构经过一段时间的消化分析，对这种业务的接受和贷款效率就会提高。

5. 能源企业自身须苦练内功，提升国际竞争力

第一，要完善管理制度、强化管理能力。在经营管理理念与管理体制机制方面应学习和借鉴西方跨国公司的经验，提升自己的管理水平。第二，要注重技术研发和创新能力的培养，打造核心竞争力。我国新能源产业要在技术创新能力、关键性装备、材料突破等方面进一步提升竞争力，着力解决各行业领域的技术痛点和难点，争取有所突破。中国新能源企业不但要持续做大，更要持续做强；不但要规模增长，更要有质量地提升。第三，加强跨国经营人才培训，构建国际化专业人才队伍。要锻炼出一支以熟悉国际商务运作、精通资本与技术管理、擅长解决复杂矛盾的国际化经营管理团队。第四,进行属地化经营,融入当地发展,履行当地社会责任。能源企业"走出去"的过程中,应充足利用当地资源,在工程承包、劳务合作、对外投资等业务方面通过与当地合作发展的属地化经营方式,实现拓展市场、提升竞争力、规避风险的目标。同时,要注重积极回报当地社会,保护当地的生态环境;尊重当地的文化习俗,与当地民众保持友好的关系;依法经营、重信守诺、服务当地社会。

第二部分

中国与世界的开放

第二章 金砖国家合作机制
——与"一带一路"的协作

2009 年金砖国家领导人实现首次会晤，2016 年金砖国家领导人进行第八次会晤，"金砖国家"正在从最初的论坛成为一种全方位的协调合作机制。2013 年习近平主席提出共建"一带一路"的合作倡议，2017 年 5 月 14 日第 1 届"一带一路"国际合作高峰论坛在北京举行。2017 年第九次金砖国家领导人峰会在厦门举行，作为 2017 年最重要的两个主场外交，"金砖国家"与"一带一路"需要进行有效配合。

一、金砖国家合作的基本态势

从经济增长态势来看，金砖国家仍未摆脱经济下行的压力；金砖国家的国际贸易增长率也出现普遍下降，事实表明，金砖国家间的商品贸易更容易受到经济波动的影响；金砖国家间的 FDI 绝对规模和相对规模仍然很低，存在巨大的资本合作潜力。

（一）经济增长形势依然严峻

金砖国家中仅有印度 2015 年比 2014 年的经济增速高，其余 4 个国家的经济增速都低于 2014 年；中国和印度的经济增长率相对较高，仍属于世界增长较快的经济体；南非的经济增速仍低于世界平均水平，巴西和俄罗斯的经济甚至出现了负增长。2016 年金砖国家的经济增长形式与 2015 年相似，中国和印度经济增速与 2015 年相比略有下降，但仍维持了较高的经济增长速度，南非经济增长率持续下降，巴西、俄罗斯未能实现经济增长。

表 2-1　2011—2016 年金砖国家经济增长率　　　（%）

年份 国家	2011	2012	2013	2014	2015	2016
巴西	3.97	1.92	3.00	0.50	-3.77	-3.6
俄罗斯	4.26	3.52	1.28	0.73	-2.83	-0.22
印度	6.64	5.48	6.54	7.18	7.93	7.83
中国	9.54	7.86	7.76	7.30	6.92	6.7
南非	3.28	2.21	2.33	1.63	1.26	0.3
世界平均	3.12	2.41	2.54	2.73	2.72	NA

数据来源：2011—2015 年数据来自世界银行数据库，2016 年数据来自各国统计局。

"金砖国家"因经济增速优异而得名，但从近几年的经济增长表现来看，南非、巴西和俄罗斯的经济增长表现出明显的疲态，促进经济增长已经成为"金砖国家"合作机制加强合作的迫切要求。

（二）金砖国家的国际贸易

1. 国际贸易额持续下降

2015 年，金砖国家的商品和服务进出口额全部出现下降，其中俄罗斯的下降幅度最大，甚至超过了 30%，中国的下降幅度最小，为 6.5%；2015 年与 2011 年的国际贸易情况形成了强烈反差，2011 年金砖国家的国际贸易增长率基本都在 20% 以上，最高的为俄罗斯，达到了 30%。2012—2015 年，金砖国家的国际贸易基本上处于下行趋势中，中国仅在 2015 年出现负增长，南非则一直为负增长。

表 2-2　2011—2015 年金砖国家进出口增长率　　　（%）

年份 国家	2011	2012	2013	2014	2015
巴西	24.97	-1.61	3.47	-3.68	-19.88
俄罗斯	28.93	5.19	2.76	-6.63	-32.04
印度	22.96	0.18	-2.26	-0.11	-11.24
中国	28.51	7.36	8.68	6.93	-6.52
南非	19.13	-3.56	-2.57	-4.17	-12.78

数据来源：根据《金砖国家联合统计手册（2016）》数据整理，印度 2015 年数据来自世界银行数据库。

2. 金砖国家间的贸易比重下降

与 2014 年相比，2015 年巴西、俄罗斯、南非的商品出口中金砖国家的占比略有上升，中国和印度商品出口中金砖国家的占比则明显下降，金砖国家间商品总出口的占比下降了 0.5 个百分点。2011—2015 年，金砖国家间的国际贸易所占比重，仅 2014 年略有上升，其余年份均处于下降趋势中，所占比重 2015 年比 2011 年低了近 1.5 个百分点。金砖国家间的国际贸易联系更脆弱，在出现国际贸易额下降的情况下，金砖国家间的贸易更容易受到影响。

表 2-3　2011—2015 年金砖国家间的出口占比 （%）

年份 国家	2011	2012	2013	2014	2015
巴西	20.31	20.72	21.77	22.03	22.16
俄罗斯	8.39	8.65	8.54	9.30	10.57
印度	8.32	7.33	7.05	6.09	4.86
中国	5.69	5.42	5.35	5.51	5.08
南非	10.45	9.56	7.12	7.75	7.91
总额	7.84	7.46	7.25	7.28	6.83

数据来源：金砖国家商品出口额来自世界银行数据库，金砖国家间的商品出口额来自《金砖国家联合统计手册（2016）》，其中不包含巴西和南非的相互出口。

（三）金砖国家的国际投资

1. 金砖国家的 FDI 波动较大

2015 年，印度和中国的 FDI 实现增长，印度增长率达到了 23%，增速略低于 2014 年；巴西、俄罗斯和南非的 FDI 则出现大幅度减少，俄罗斯连续 2 年减少幅度超过 60%。从 FDI 的增长趋势看，2011—2015 年中国和印度的 FDI 比较平稳，仅 2012 年出现一定幅度减少，其余 4 年均保持了较好的增长态势；巴西和俄罗斯有 3 年，南非有 2 年则出现了较大幅度的减少。

表 2-4　2011—2015 年金砖国家 FDI 增长率　　　　　　　　　　　　　（%）

国家 \ 年份	2011	2012	2013	2014	2015
巴西	14.35	-14.43	-20.09	40.03	-22.50
俄罗斯	27.55	-8.17	36.76	-66.91	-71.71
印度	33.91	-26.39	4.96	25.28	23.06
中国	9.74	-3.71	5.28	1.70	5.60
南非	16.67	9.52	80.43	-30.12	-68.97

数据来源：根据《金砖国家联合统计手册（2016）》的数据整理，俄罗斯 2015 年 FDI 数据来自世界银行数据库。

2. 金砖国家间的 FDI 比重低

巴西、俄罗斯和中国（印度和南非无数据）的 FDI 中，来自其他金砖国家的 FDI 所占比重很低，基本不超过 1%。2015 年，巴西 FDI 中来自其他金砖国家的占 0.40%，比 2014 年降低了 0.5 个百分点；2014 年，俄罗斯 FDI 中来自其他金砖国家的比重相对较高，达到 5.58%，一是 2014 年俄罗斯 FDI 总额从 692 亿美元降低到 229 亿美元，二是来自中国的 FDI 从 6 亿美元增长到 12 亿美元，而在 2013 年，俄罗斯的该比例也在 1% 以下。

表 2-5　2011—2015 年金砖国家间的 FDI 占比　　　　　　　　　　　　（%）

国家 \ 年份	2011	2012	2013	2014	2015
巴西	0.22	0.26	0.24	0.90	0.40
俄罗斯	0.23	0.93	0.90	5.58	—
印度	—	—	—	—	—
中国	0.11	0.13	0.07	0.11	0.12
南非	—	—	—	—	—

数据来源：根据《金砖国家联合统计手册（2016）》的数据整理。

与金砖国家的经济规模、国际贸易情况相比，金砖国家间的资本开放程度明显更低，金砖国家间资本合作的潜力也最大。2015 年 7 月，金砖国家新开发银行正式开业，在金砖国家新开发银行的促进下，金砖国家的投资将更便利，金砖国家间的资本合作将进一步加强。

二、金砖国家峰会与合作机制发展

金砖国家领导人峰会是金砖国家合作机制的主要载体，2009—2016 年，金砖国家领导人峰会共举行了 8 次。金砖国家领导人峰会正在成为一个促进金砖国家发展、建立公平平衡国际政治经济新秩序的全方位合作机制。

（一）第一至四次峰会——合作机制建立

2009—2012 年共举办了 4 次金砖国家领导人峰会，通过峰会及后续工作的推进，金砖国家合作机制逐渐建立了起来。

2009 年，金砖国家第 1 次领导人峰会在俄罗斯举行，峰会讨论了全球的经济形势和发展领域的紧迫问题，提出了加强金砖国家合作的要求。2010 年，金砖国家在巴西举行第 2 次峰会，峰会开始商定金砖国家合作与协调的具体措施。2011 年，金砖国家第 3 次峰会在中国三亚举行，峰会在金融合作领域取得实质性进展，首次推行本币贸易结算，签署了《金砖国家银行合作机制金融合作框架协议》。2012 年，金砖国家第 4 次峰会在印度新德里举行，峰会进一步推进了金融合作，签署了《金砖国家银行合作机制多边本币授信总协议》和《多边信用证保兑服务协议》，提出了强化金砖国家合作机制、维护新兴市场国家和发展中国家的利益、参与全球经济治理，扩展金砖国家间合作领域的发展愿景。

（二）第五、六次峰会——实质合作阶段

2013—2014 年召开了金砖国家领导人第五、六次峰会，金砖国家银行进入正式建立程序，金砖国家新开发银行的建立和运营标志着金砖国家合作机制进入实质合作的新阶段。

2013 年，金砖国家第 5 次峰会在南非德班举行，峰会主要讨论了建立金砖国家开发银行和金砖国家外汇储备库的议题，宣布成立金砖国家工商理事会和智库理事会，在财金、经贸、科技、卫生、农业、人文等近 20 个领域形成了新的合作计划。2014 年 7 月 15 日，金砖国家领导人第 6 次峰会在巴西福塔莱萨举行，峰会宣布成立金砖国家新开发银行。《福塔莱萨宣言》宣布将建立初始资金规模为 1000 亿美元的应急储备安排协议，加强成员国的金融安全；金砖国家的出口信贷保险机构签署

了技术合作谅解备忘录，为金砖国家间不断扩大的贸易机会提供更好的支持环境；金砖国家还签署《金砖国家银行合作机制创新合作协议》，要对金砖国家间的保险和再保险市场加强合作。

（三）第七、八次峰会——全面合作阶段

2015—2016年召开了金砖国家领导人第七、八次峰会，金砖国家的合作开始进入全面合作阶段。2015年，金砖国家第七次领导人峰会在俄罗斯乌法举行，金砖国家希望在航天、工业、能源、信息通信技术等众多领域进行深化合作，峰会通过了《金砖国家经济伙伴战略》，规划了金砖国家在贸易、投资、制造业、能源、农业、科技创新、金融、互联互通和信息技术等领域扩大合作的蓝图。2016年，第八次金砖国家领导人峰会在印度果阿召开，金砖五国签署了农业研究、海关合作的谅解备忘录，并决定在再保险市场、税收体系改革、海关部门、评级机构建立等方面开展合作，并在农业、信息技术、灾害管理、环境保护、妇女儿童保护、旅游、教育、科技、文化等领域进行了合作沟通。

（四）果阿峰会取得的成果

面对越发复杂、严峻的外部环境，金砖国家最新的"果阿峰会"给出了明确的答案，金砖国家的开放合作将持续深入。

1. 坚定合作开放的立场

面对保护主义抬头，金砖国家顶住了压力，积极推进经贸大市场、金融大流通、基础设施联通和人文交流。《果阿宣言》指出，"我们强调基于共同利益和关键优先领域，进一步加强金砖国家团结合作，以及秉持开放、团结、平等、相互理解、包容、合作、共赢精神，进一步增强金砖国家战略伙伴关系的重要性。我们同意，全球和平和安全以及实现可持续发展面临的挑战日益凸显，需要我们进一步加强共同努力"。金砖国家在果阿峰会上一致同意推动保险和再保险市场合作、税收体系改革、海关部门互动等，五国在农业、信息技术、灾害管理、环境保护、妇女儿童权利保护、旅游、教育、科技、文化等领域加强合作也进行了沟通协调。

2. 积极应对全球各种挑战

金砖同时也是政治大国，在世界舞台上发挥着重要作用。《果阿宣言》就联合

国事务、中东、北非局势、巴以矛盾、阿富汗局势等表达了金砖国家的立场。金砖五国一致认为，当今世界正在经历深刻变革，并向着以联合国发挥中心作用、尊重国际法为基础，更加公平、民主、多极化的国际秩序转变。金砖国家有必要秉持团结、相互理解和信任的精神，加强全球事务的协调和务实合作。五国强调共同应对国际问题，以及通过政治和外交途径和平解决争端的重要性，并重申对《联合国宪章》原则的承诺。面对自然灾害、气候变化、传染病疫情、恐怖主义等全球性挑战，金砖国家也发出了共同的声音。在共同发展的道路上，金砖国家在促进全球经济增长、维护全球局势稳定、改善全球治理方面将做出更大的贡献。

3. 增强了与区域国家的联系

果阿峰会后，金砖国家领导人与环孟加拉湾多领域经济技术合作组织（BIMSTEC，成员国包括孟加拉国、不丹、印度、缅甸、尼泊尔、斯里兰卡和泰国）的成员国领导人进行了对话。深化金砖国家同 BIMSTEC 成员国的友好关系，拓展金砖国家同 BIMSTEC 成员国经贸关系和投资合作的可能，促进了金砖国家与 BIMSTEC 国家的开放和合作。

4. 增加了一些新的合作领域

金砖国家还在一些新的领域进行了合作，如科技创新、信息技术应用、旅游、城市治理等。落实金砖国家研究和创新的倡议，举办第 1 次金砖国家青年科学论坛，建立金砖国家青年科学家创新奖；强调在电子政务、电子商务、政务公开、数字产品和服务等信息通信技术领域的合作；举行了金砖国家旅游大会，促进金砖国家间的旅游合作；举行了金砖国家城市化论坛和建金砖国家友城论坛，促进城市治理、安全、可持续发展等方面的合作。

三、"一带一路"建设需要"金砖国家"的配合

"金砖国家"合作机制启动以来，表现出强大的创新力和生命力，取得了令人瞩目的成绩，"一带一路"作为与"金砖国家"相似、却规模更大的新的合作机制，应该充分发挥"金砖国家"的作用，促进更大规模的国家开放和合作。

（一）"金砖国家"与"一带一路"理念的契合

"金砖国家"是一种合作机制，"一带一路"是合作倡议，两者与传统的国际

组织不同，是一种新的合作模式。"一带一路"倡议坚持"工商、共建、共享"原则，以"五通"建设为合作重点；金砖国家坚持"开放、包容、合作、共赢"的金砖精神，遵循"开放透明、团结互助、深化合作、共谋发展"的原则。两者的理念具有一致性，即以主权平等为根本原则，以共同发展为目标，构建合作共赢为核心的新型国际关系。"金砖国家"与"一带一路"没有主导国，只有共同参与方，"一带一路"虽然是中国的倡议，但并不意味着中国要主导"一带一路"建设，而是通过国家间的协调、沟通，形式灵活、循序渐进地促进合作。

（二）"金砖国家"有望成为"一带一路"的内核

"一带一路"分为陆上和海上两部分，陆上依托国际大通道，以沿线中心城市为支撑，打造新亚欧大陆桥、中蒙俄、中国—中亚—西亚、中国—中南半岛等国际合作走廊，海上以重点港口为结点，中巴、孟中印缅两个经济走廊进一步推进合作。俄罗斯和印度都在"一带一路"倡议的蓝图中，南非可以发挥其在非洲国家中的影响力，中国与印度、俄罗斯和南非不仅可以在金砖国家，而且也可以在"一带一路"倡议下开放与合作。同时考虑到印度与南亚国家、俄罗斯与独联体国家、南非与非洲国家间存在的更为密切的关系，可以发挥"一带一路"内核的作用。

（三）"金砖国家"对"一带一路"的示范作用

金砖国家经历了由概念、论坛到合作机制的过程，金砖国家间最大的共同点是曾经较快的经济增长，但现在并没有因为有的金砖国家经济衰退而影响合作。金砖国家的合作总体而言是在争端中有合作，在合作中有竞争，在竞争中有协调。金砖国家间通过共同的利益、共同的要求，平衡与延伸了各自在国际上的影响力，逐渐建立了一套广泛的协调合作机制。"一带一路"相比金砖国家有更坚实的合作基础，"一带一路"各国陆地或海域相连，通过基础设施互通能够促进彼此的经济发展，因此金砖国家成功的合作机制对"一带一路"具有示范和借鉴意义。

在"一带一路"倡议下，中国政府将通过重点国家、重点领域、重点项目与"一带一路"沿线国家展开更加紧密的合作。中国未来与其他金砖国家之间的合作领域会更广、合作项目会更多。中国可以通过金砖国家的合作经验和示范作用，与"一带一路"沿线国家加强各领域的互动与合作。

（四）"一带一路"对"金砖国家"合作的促进

在"一带一路"倡议下，中国资金、技术的相对优势以及国际产业链下游经济体市场优势，可以通过基础设施互联互通在亚欧大陆更大范围地配置，提高资源配置效率。"一带一路"最大的基础性工作就是基础设施互通、政策的互通。"一带一路"互通的同时，也为大多数的"金砖国家"的互联互通提供了条件。"金砖国家"除印度与中国经济保持了较好的增长势头外，其余三国的经济均陷入衰退，"一带一路"拓展了世界的市场空间，不仅惠及"一带一路"沿线经济体，也将惠及金砖国家，为金砖国家改善市场空间、实现经济增长带来光明的前景。

四、金砖国家合作机制前瞻

金砖国家合作机制形成了以领导人会晤为引领，以安全事务高级代表会议、外长会晤等部长级会议为支撑，涵盖政治、经济、金融、贸易、社会、人文等多领域，多层次、全方位的合作框架。"金砖国家"需要进一步围绕合作机制本身建设，就促进金砖国家经济社会发展、改善国际权利等方面进行合作。

（一）加强与"一带一路"的协作

金砖国家与"一带一路"存在广阔的合作前景，"金砖国家"合作机制应该发挥与"一带一路"倡议的协作效应。俄罗斯和印度本身位于"一带一路"倡议的蓝图规划中，"一带一路"提出的基础设施互通对未接壤的"金砖国家"间基础设施互通有促进作用。"金砖国家"峰会每年举办一次，"一带一路"高端论坛每两年举行一次；金砖国家峰会的东道国与区域国家的联系可以为"一带一路"提供有益补充；金砖国家合作机制已经经历了8个年头，合作机制不断完善，取得了大量的合作成果，这些都可以为"一带一路"提供经验和借鉴。

（二）建立落实"共识"的机制保障

金砖国家间具有很强的互补性和合作基础，除金砖国家领导人每年会晤外，还有外长会晤、经贸部长会晤、智库会议和金砖国家工商论坛等。论坛和会议加深了金砖国家间的相互了解，会议后签署的《宣言》和一系列《协议》是金砖国家合作的"共识"，金砖国家没有落实"共识"的制度性约束，在很大程度上依赖金砖国家的自我约束。作为一个开放性的合作机制，金砖国家有必要建立落实"共识"的保障机制，如果"金砖国家"仅限于召开会议，那么"金砖国家"就有成为"空谈俱乐部"的可能。

（三）增加"合作机制"的实体支撑

目前"金砖国家"是一种非机制化的合作形式，没有章程，没有明确的宗旨，没有常设秘书处，通过定期召开首脑会议和其他会议，实现国家合作。非机制化合作的好处是成员国受到的制度性约束少，运转成本低，弊端是合作成效缺乏保障。从促进合作和提升国际影响的角度出发，"金砖国家"应该增加一些实体性支撑，如建立统一的官方网站，建立统一的客户端、推特、微信公众号等手段，及时发布金砖国家的经济、社会及合作动态；统筹金砖国家间的相关研究，统一发布相关研究报告，提高金砖国家的国际影响力。金砖国家新开发银行是金砖国家合作机制下形成的第一个实体组织，金砖国家的一些日常事务可以考虑委托该银行代为开展。

（四）拓展在新经济领域的合作

在传统经济领域，金砖国家已经从属于固有的经济关系，因此，在经济下行趋势下金砖国家间的贸易最容易受到冲击。金砖国家有增长和加强合作的需求，应通过拓展金砖国家在新经济领域的合作，增强金砖国家的合作基础，提高金砖国家合作的稳定性。例如，金砖国家的国内金融服务普遍不发达，中国突飞猛进的移动支付技术可以帮助其他国家提供移动金融服务，其他的还包括中国的共享单车、印度的医药等。

（五）推动国际政治经济秩序的改革

现存国际政治经济秩序由发达国家制定，作为后发国家的金砖国家往往处于不利地位，金砖国家都有改革国际政治经济秩序的诉求。金砖国家通过合作可以敦促国际货币基金组织、世界银行和世界贸易组织为首的各类国际组织的改革。金砖国家间签署的一系列金融协议，已经运营的金砖银行，金砖国家的金融合作都是推动国际金融体系改革的基础。随着金砖国家的投资合作和非贸易领域合作的进一步加强，金砖国家将推动更多国际经济政治秩序的改革。

参考文献

［1］徐伟. 果阿峰会：经济和反恐成为金砖国家合作重点［N］. 中国经济时报，2016-10-18.

［2］李兴，成志杰. 金砖合作机制是推动"一带一路"建设的强大助力［J］. 人文杂志，2015（12）.

［3］于长江. 俄罗斯的金砖国家外交评述［J］. 西伯利亚研究，2014（6）.

［4］江时学. 金砖国家合作：宗旨、成效及机制［J］. 国际关系研究，2015（3）.

［5］寇佳丽. 金砖国家困境中如何谋共赢［J］. 经济，2016（4）.

［6］周方银. 金砖合作机制能走多远？——对国家博弈过程与利益基础的分析［J］. 人民论坛·学术前沿，2014（21）.

第三章 中国与国际区域经济一体化
——区域多边经济一体化的震荡、影响及对策建议

2015—2016 年，国际区域经济一体化发展势头有所减缓，特别是多边一体化形势十分复杂，部分多边一体化组织出现剧烈震荡。在复杂多变的国际区域经济一体化背景下，中国继续积极参与国际区域经济一体化，并取得了较大进展。本章研究 2015—2016 年中国与国际区域经济一体化的发展情况，重点研究期间国际区域多边经济一体化的波动与震荡状况，分析其对中国的影响，并提出相关对策建议。

一、中国与国际区域经济一体化发展概况

（一）国际区域经济一体化发展概况

经过持续多年的快速发展之后，2015—2016 年国际区域经济一体化发展势头有所减缓（见图 3-1）。据 WTO 的有关统计，2015—2016 年向 WTO 通报的区域经济一体化组织（含成立和新加入）为 24 个，同期开始生效的区域经济一体化组织（含成立和新加入）为 21 个（见表 3-1），两者均比 2013—2014 年有所减少（见图 3-2）。截至 2016 年底，全球已向 WTO（和其前身 GATT）申报的区域经济一体化组织为 635 个，其中正在运行的区域经济一体化组织达 423 个，全球已有 267 个国家（或地区）参加了各类区域经济一体化组织。

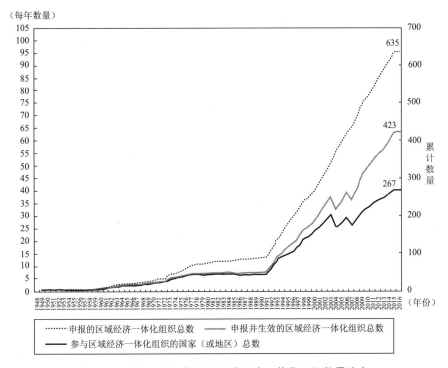

图 3-1　1948—2016 年国际区域经济一体化组织数量演变

数据：根据 WTO 网站有关资料整理。

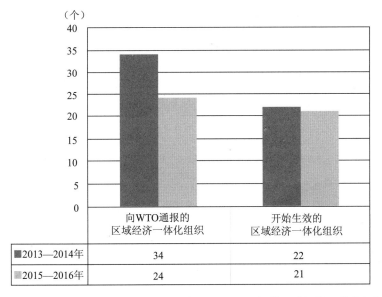

图 3-2　2013—2014 年和 2015—2016 年向 WTO 通报的区域经济一体化组织

数据：根据 WTO 网站有关资料整理。

表 3-1　2015—2016 年向 WTO 通报的区域经济一体化组织

名称	通报 WTO 时间
欧洲自由贸易联盟—波斯尼亚和黑塞哥维那自由贸易区	2015 年 1 月 6 日
日本—澳大利亚自由贸易区	2015 年 1 月 12 日
加拿大—韩国自由贸易区	2015 年 1 月 20 日
加拿大—洪都拉斯自由贸易区	2015 年 2 月 5 日
智利—越南自由贸易区	2015 年 5 月 12 日
海湾阿拉伯国家合作委员会—新加坡自由贸易区	2015 年 6 月 30 日
东盟—印度自由贸易区（服务贸易）	2015 年 8 月 20 日
欧亚经济联盟—吉尔吉斯共和国加入	2015 年 9 月 1 日
毛里求斯—巴基斯坦自由贸易区	2015 年 10 月 2 日
韩国—新西兰自由贸易区	2015 年 12 月 21 日
南非发展共同体—塞舌尔加入	2016 年 1 月 8 日
欧盟—波斯尼亚和黑塞哥维那自由贸易区（服务贸易）	2016 年 1 月 12 日
澳大利亚—中国自由贸易区	2016 年 1 月 26 日
阿加迪尔自由贸易区	2016 年 2 月 22 日
中国—韩国自由贸易区	2016 年 3 月 1 日
韩国—越南自由贸易区	2016 年 3 月 2 日
巴拿马—多米尼加共和国自由贸易区	2016 年 3 月 21 日
日本—蒙古自由贸易区	2016 年 6 月 1 日
墨西哥—巴拿马自由贸易区	2016 年 6 月 6 日
南亚自由贸易区—阿富汗加入	2016 年 7 月 29 日
韩国—哥伦比亚自由贸易区	2016 年 10 月 5 日
哥斯达黎加—哥伦比亚自由贸易区	2016 年 10 月 31 日
太平洋联盟自由贸易区	2016 年 11 月 3 日
土耳其—摩尔多瓦自由贸易区	2016 年 12 月 13 日

数据来源：根据 WTO 网站有关资料整理。

表 3-2　2015—2016 年正式生效的区域经济一体化组织

名称	生效时间
加拿大—韩国自由贸易区	2015 年 1 月 1 日
欧洲自由经济联盟—波斯尼亚和黑塞哥维那	2015 年 1 月 1 日
欧亚经济联盟	2015 年 1 月 1 日
欧亚经济联盟—亚美尼亚加入	2015 年 1 月 2 日
日本—澳大利亚自由贸易区	2015 年 1 月 15 日
南非发展共同体—塞舌尔加入	2015 年 5 月 25 日
欧盟—波斯尼亚和黑塞哥维那自由贸易区（服务贸易）	2015 年 6 月 1 日
东盟—印度自由贸易区（服务贸易）	2015 年 7 月 1 日
墨西哥—巴拿马自由贸易区	2015 年 7 月 1 日
土耳其—马来西亚自由贸易区	2015 年 8 月 1 日
欧亚经济联盟—吉尔吉斯共和国加入	2015 年 8 月 12 日
中国—韩国自贸区	2015 年 12 月 20 日
澳大利亚—中国自由贸易区	2015 年 12 月 20 日
韩国—新西兰自由贸易区	2015 年 12 月 20 日
韩国—越南自由贸易区	2015 年 12 月 20 日
太平洋联盟自由贸易区	2016 年 5 月 1 日
日本—蒙古自由贸易区	2016 年 6 月 7 日
韩国—哥伦比亚自由贸易区	2016 年 7 月 15 日
哥斯达黎加—哥伦比亚自由贸易区	2016 年 8 月 1 日
欧盟—科特迪瓦自由贸易区	2016 年 9 月 3 日
土耳其—摩尔多瓦自由贸易区	2016 年 11 月 1 日

数据来源：根据 WTO 网站有关资料整理。

（二）中国参与国际区域经济一体化概况

1. 中国在国际区域经济一体化领域的主要进展

在复杂多变的国际区域经济一体化的背景下，2015—2016 年中国继续积极参与国际区域经济一体化，并成功签署了两大新自由贸易协定——《中国—韩国自由贸易协定》和《中国—澳大利亚自由贸易协定》。至此，中国签署的自由贸易协定已达 14 个，涉及 22 个国家或地区。与此同时，中国还积极开展《区域全面经济合作伙伴关系协定》（RCEP）、中国—海合会、中日韩、中国—斯里兰卡、中国—巴基斯坦自贸协定第二阶段、中国—马尔代夫、中国—格鲁吉亚、中国—以色列、中国—挪威等自贸区谈判，并取得了一定进展，其中中国—格鲁吉亚自贸区的实质性谈判已于 2016 年 10 月顺利完成。此外，中国还积极启动与印度、哥伦比亚、摩尔多瓦、斐济、尼泊尔、毛里求斯等国的自贸区研究，为未来国际区域经济一体化谈判做好理论准备（见表 5-3）。

表 3-3　截至 2016 年底中国已签署、正在谈判和研究的自贸协定

已签署	正在谈判	正在研究
亚太贸易协定	《区域全面经济合作伙伴关系协定》（RCEP）	中国—印度
内地与香港更紧密经贸关系安排（CEPA）	中国—海合会	中国—哥伦比亚
内地与澳门更紧密经贸关系安排（CEPA）	中日韩	中国—摩尔多瓦
大陆与台湾海峡两岸经济合作框架协议	中国—斯里兰卡	中国—斐济
中国—东盟	中国—巴基斯坦第二阶段	中国—尼泊尔
中国—智利	中国—马尔代夫	中国—毛里求斯
中国—巴基斯坦	中国—格鲁吉亚	
中国—新西兰	中国—以色列	
中国—新加坡	中国—挪威	
中国—秘鲁		
中国—哥斯达黎加		
中国—冰岛		
中国—瑞士		
中国—韩国		
中国—澳大利亚		

2. 中国新签署的自由贸易协定概况

2015—2016 年中国成功签署了两大新自由贸易协定——《中国—韩国自由贸易协定》和《中国—澳大利亚自由贸易协定》。

（1）《中国—韩国自由贸易协定》

中、韩两国具有非常紧密的经贸联系，中国是韩国第 1 大贸易伙伴国、第 2 大投资对象国；韩国是中国第 3 大贸易伙伴国、第 5 大外资来源国。中、韩两国非常重视中韩自贸区建设。2004 年 11 月，中、韩两国开始启动中韩自贸区的民间研究；2006 年 11 月，双方正式启动政府主导的中韩自贸区官产学联合研究；经过八年的精心准备，2012 年 5 月《中国—韩国自由贸易协定》谈判正式启动；经过两年半

的艰苦磋商，2014 年 11 月结束实质性谈判；2015 年 6 月 1 日，中、韩两国签署了《中国—韩国自由贸易协定》；2015 年 12 月 20 日《中国—韩国自由贸易协定》正式生效。《中国—韩国自由贸易协定》开创了我国自贸谈判的"多项第一"：第一次纳入电子商务等新议题；第一次涉及地方经济合作；第一次在对外签署的自贸协定中承诺未来将采用准入前国民待遇和负面清单模式开展服务贸易和投资谈判。该协议涉及面广、开放程度深，有助于促进中韩经济和产业链的全面融合和深度合作。与此同时，《中国—韩国自由贸易协定》也是东北亚地区第 1 个自贸协定，对加快东亚和亚太区域经济一体化进程具有积极的示范效应。

（2）《中国—澳大利亚自由贸易协定》

2005 年 4 月，中国与澳大利亚正式启动《中国—澳大利亚自由贸易协定》谈判。经过长达 10 年的 21 轮正式谈判和数十次小范围磋商之后，2015 年 6 月 17 日，中、澳两国在澳大利亚堪培拉正式签署了《中国—澳大利亚自由贸易协定》；2015 年 12 月 20 日该协定正式生效。《中国—澳大利亚自由贸易协定》是我国首次与经济总量较大的主要发达经济体谈判达成的自贸协定，也是我国与其他国家迄今为止已签署的自由化整体水平最高的自贸协定，是一份全面的、高质量、高层次的自由贸易协定。在货物领域，该协定达到了很高的自由化水平，中国 96.8%、澳大利亚 100%税目的商品实现自由化；在服务贸易领域，澳大利亚是首个对中国以负面清单方式做出服务贸易承诺的国家；在投资便利化领域，澳大利亚是首个对中国投资项下工程和技术人员做出特殊便利化安排的发达国家，是全球第 2 个就《假日工作签证安排》和中国特色职业人员跨境就业向我国作出承诺的国家，也是迄今为止给予中国相关准入人数最多的发达国家。

3. 2015—2016 年中国参与国际区域经济一体化的其他重要进展

除新签署了中国—韩国、中国—澳大利亚自贸协定外，2015—2016 年，中国还继续深化与已加入区域经济一体化组织的合作，积极拓展新的区域经济一体化合作机会。

（1）2015—2016 年 CEPA 的新进展

2015 年 11 月 27—28 日，国家商务部分别和中国香港特别行政区政府、中国澳门特别行政区政府在 CEPA 框架下签署了新的服务贸易协议，进一步减少了内地与香港、内地与澳门服务业负面清单中的限制性措施，增加正面清单。随着这两份协议的签署，中国内地与香港、澳门基本实现了服务贸易自由化。

（2）2015—2016年RCEP的新进展

2015—2016年，中国积极参与并推动RCEP谈判，分别参加了2015年2月在泰国曼谷举行的RCEP第七轮谈判、2015年6月在日本京都举行的第八轮谈判、2015年8月在缅甸内比都举行的第九轮谈判、2015年10月在韩国釜山的举行第十轮谈判、2016年2月在文莱的举行第十一轮谈判、2016年4月在澳大利亚珀斯举行的第十二轮谈判、2016年6月在新西兰奥克兰举行的第十三轮谈判、2016年8月在越南胡志明市举行的第十四轮谈判、2016年10月在中国天津举行的第十五轮谈判以及2016年12月在印度尼西亚唐格朗举行的第十六轮谈判。经过多轮艰苦的谈判，2016年底RCEP有关经济技术合作章节和中小企业章节的谈判已顺利结束，各方在关税减让模式、原产地规则、海关程序与贸易便利化等方面达成了初步共识，但在投资、知识产权及通信、金融等服务贸易方面仍存在较大分歧。由于RCEP的成员国组成十分复杂，各方有各自不同的利益诉求，未来谈判难度依然很大。

（3）中国—海合会自由贸易区

2016年1月19日，中国与海合会宣布重启中止六年的中海自贸区谈判，此后双方开始了密集的谈判历程：2016年2月29日中海自贸区第六轮谈判在沙特阿拉伯利雅得举行；2016年5月8日第七轮谈判在广州举行；2016年10月25日第八轮谈判在北京举行；2016年12月19日第九轮谈判在沙特阿拉伯利雅得举行。截至2016年底，中国和海合会已就15个谈判议题中的9个结束谈判，并就技术性贸易壁垒（TBT）、法律条款、电子商务等3个章节内容接近达成一致，在核心的货物、服务等领域取得积极进展。

（4）中日韩自由贸易区

自2012年5月中、日、韩三国领导人宣布启动中日韩自贸区谈判以来，中日韩自贸区一直备受国内外关注。2015—2016年，中日韩三国举行了第六轮至第十轮共五轮自贸区谈判。由于三方经贸利益关系十分复杂，同时受到复杂的区域政治、军事形势的影响，中日韩自贸区谈判进程十分缓慢。从发展趋势来看，虽然构建中日韩自贸区是三方共识，但由于极为复杂的利益关系，未来谈判的过程仍将十分艰辛。

（5）中国—格鲁吉亚自由贸易区

2015—2016年，中国—格鲁吉亚自贸区谈判进展迅速。2015年3月9日，中格两国正式启动中国—格鲁吉亚自贸区谈判的可行性研究；2015 年 12 月，中格自贸协定谈判正式启动。经过三轮正式谈判和三次非正式磋商，2016 年 10 月，中格双方完成了自贸协定实质性谈判，并签署了相关谅解备忘录。中格自贸协定是我国与欧亚地区国家签署的首个自贸协定，协定内容全面、水平较高、利益平衡，对中国推动与"一带一路"沿线国家的自贸区建设具有重要的示范意义。

二、国际区域多边经济一体化的震荡及其原因

2015—2016 年国际区域经济一体化的一个突出特征是多边区域经济一体化的波动甚至剧烈震荡：一体化程度最深的区域多边一体化组织——欧盟出现了剧烈震荡；举世瞩目的跨太平洋伙伴关系协议（TPP）刚刚签署就几近夭折；运行多年的北美自贸区、东盟等老牌区域多边经济一体化组织困难重重。本节研究 2015—2016 年国际区域多边经济一体化的震荡情况及其原因。

（一）国际区域多边经济一体化的波动与震荡

1. 英国"脱欧"和风雨飘摇的欧盟

英国"脱欧"，无疑是 2016 年国际区域多边经济一体化的一大挫折。

作为曾经的世界强国，英国虽然加入了欧盟，但与欧盟的关系一直若即若离。英国既希望从欧洲一体化中实现本国利益，又担心因此影响自己经济政治的独立性和在全球的影响力。因此，留欧与脱欧，一直是困扰英国的两难问题。1993 年英国极右翼政党——独立党成立以来，在独立党的推动下，"脱欧"理念在英国民众中的影响日益加深。

近年来，面对欧债危机和日益严重的难民问题、对欧盟的财政支出压力等，英国民众对欧盟的不满情绪日益累积，"脱欧"情绪日益加重。为了争取更多选民支持，2013 年 1 月 23 日时任英国首相卡梅伦承诺如果他赢得 2015 年大选，将在一年内就"脱欧"问题举行全民公投。2015 年 5 月 29 日，英国政府公布了"脱欧"公投议案；2016 年 6 月 23 日，英国对是否"脱欧"举行全民公投；2016 年 6 月 24 日，公投结果产生，"脱欧"派胜出；2017 年 3 月 13 日，英国议会两院分别批准了由特蕾莎·梅政府提出的"脱欧"法案；2017 年 3 月 16 日，英国女王伊丽莎白二

世批准"脱欧"法案，授权英国首相特雷莎·梅正式启动脱欧程序……

英国"脱欧"无疑让近年来饱受债务危机、财政压力、难民等问题困扰的欧盟雪上加霜，并对其他欧盟国家产生了"脱欧"的示范效应。在英国公投期间，一些欧盟成员国的右翼政党和民粹主义者公开支持英国"脱欧"公投，法国、荷兰、瑞典、丹麦等国的右翼领导人纷纷呼吁本国举行类似的公投。据世界著名咨询公司益普索集团（IPSOS）对比利时、法国、德国、匈牙利、意大利、波兰、西班牙和瑞典等8个欧盟国家的6000多人的一份民调显示，45%的受访者希望拥有"脱欧"公投权利，约1/3的受访者表示支持本国"脱欧"。2017年是部分欧盟国家的选举之年，一旦支持"脱欧"的右翼政党胜选，未来欧盟的不稳定性将进一步增强，甚至可能造成"脱欧"的"多米诺骨牌效应"。即使右翼政党败选，其在选举过程中所造成的影响，也将给欧盟的稳定性带来长期冲击。在此背景下，未来几年欧盟一方面需要花费大量精力处理英国"脱欧"事宜，另一方面又要应付各国日益浓重的疑欧情绪及相应的利益诉求，这无疑将拖累欧盟的一体化步伐。作为全球合作程度最深、影响最大的国际区域多边经济一体化组织，欧盟合作步伐的停滞甚至倒退为全球的区域多边经济一体化蒙上了巨大的阴影。

2. TPP：从风生水起到几近夭折

TPP，即跨太平洋伙伴关系协议，是2002年由新西兰、新加坡、智利和文莱4国发起谈判的区域多边经济一体化协定。2008年2月美国加入TPP谈判后，TPP迅速演变成全球影响力最大的区域多边经济一体化谈判。2016年2月4日，美国、日本、加拿大、澳大利亚、新西兰、新加坡、墨西哥、智利、秘鲁、马来西亚、文莱和越南等12个成员在新西兰的奥克兰正式签署了TPP。TPP的签署，被视为国际区域多边经济一体化的新里程碑，为未来国际贸易新规则确定了基准和方向。一时间，TPP可谓风生水起，举世瞩目。

然而，TPP成员国内部对TPP存在严重分歧，特别是当时的美国共和党总统候选人特朗普更是猛烈抨击TPP。2017年1月23日，美国总统特朗普在白宫签署行政命令，宣布美国正式退出TPP。按照规定，TPP将在所有12个成员批准60天后生效。若12国两年后未能全部通过协定，则将在至少6个成员（且GDP占TPP成员国总量的85%以上）批准60天后才能生效。美国的退出，使上述规定无法得到满足。签署不到一年的TPP已几近夭折。即使修改规定让TPP生效，但由于美国的退出，TPP 的影响力也将大幅削弱。作为近年来最受瞩目的区域多边经济一体化谈判，TPP 的夭折给全球区域多边经济一体化带来了沉重打击。

3. 部分区域多边经济一体化组织问题重重

除欧盟、TPP 这两个影响最大的区域多边经济一体化组织外，其他大部分区域多边经济一体化组织，也或多或少面临着各自的问题：一些由于本身规模小、发展水平低等各种内在因素的影响，合作程度低，对国际区域经济一体化的影响很小，如非洲的大部分区域多边经济一体化组织；一些虽然有较大的国际影响力，但也存在着重重问题，如东盟、北美自由贸易区等。下文简要介绍东盟和北美自由贸易区这两大影响力仅次于欧盟和 TPP 的区域多边经济一体化组织面临的主要问题。

（1）东盟

东盟成立于 1967 年，目前已形成一个人口超过 5 亿、面积达 450 万平方千米的 10 国集团，是亚洲成员国最多、历史最久、影响最大的区域多边经济一体化组织。过去几十年来，东盟成员国积极推动东盟一体化进程，努力打造东盟共同体，与此同时，还以东盟为整体，积极推动与周边地区的经济一体化谈判。但是，尽管东盟的影响力不断扩大，但东盟内部合作不仅远远没有达到东盟共同体的目标，甚至与自贸区也有较大距离。大部分东盟国家都设置了名目繁多的非关税壁垒和限制性措施，再加上越南、老挝、柬埔寨等后发国家的效率低下，导致许多东盟内部的一体化协议条款流于形式。此外，成员国之间复杂的历史遗留问题与领土纠纷、独特的政治经济制度、悬殊的贫富差距以及各国内部事务的不稳定性与复杂性，也使东盟经济一体化进程很难真正推进。

（2）北美自由贸易区

北美自由贸易区成立于 1994 年 1 月 1 日，由美国、加拿大和墨西哥 3 国组建，是迄今为止由发达国家和发展中国家组成的最成功的区域多边经济一体化组织之一，对三国经济都带来了一定的促进效应。但是，北美自贸区也存在着一些负面效应，例如，影响了墨西哥的农业发展，加剧了墨西哥的贫富差距和环境污染；加大了美国的贸易逆差，影响了美国制造业工人就业和收入；加大了加拿大的收入差距，等等。随着近年来反全球化和贸易保护主义的兴起，北美自由贸易区面临着越来越多的冲击。2017 年初美国总统特朗普上任后，提出要重新谈判《北美自由贸易协议》，这使北美自由贸易区面临废除的危机，令本已困难重重的国际区域多边经济一体化雪上加霜。

（二）国际区域多边经济一体化震荡的原因

2015—2016 年国际区域多边经济一体化的波动与震荡，其根源在于区域多边经济一体化组织固有的各种内在矛盾，而难民问题、极右政治势力的崛起等因素，引发和激化了潜在的各种矛盾。下文简要分析 2015—2016 年国际区域多边经济一体化波动与震荡的主要原因。

1. 成员国的复杂差异性

区域多边经济一体化组织成员国之间的差异性，不仅体现在经济水平、经济结构、经济周期、经济制度、资源禀赋等经济领域，而且体现在民族、宗教、政治、教育等方方面面，差异内容广，且不同成员国之间的差异各不相同，导致各国的利益诉求也各不相同，利益矛盾相互交错。区域多边经济一体化组织的成员国越多，成员国之间的差异性就越复杂，其潜在的矛盾也越多，各国之间越难达成一致意见，其运行难度远超双边一体化组织。在区域多边经济一体化协议的谈判过程中，由于一些差异还未显性化，或由于其他更为迫切的诉求，各成员国相互妥协而形成了区域多边经济一体化组织。但是，随着多边经济一体化组织的运行，原来一些潜在的差异日益显现，且带来了越来越突出的负面冲击。这种差异性最终可能侵蚀区域多边经济一体化组织成立的基础，使区域多边经济一体化组织出现波动、剧烈震荡甚至失效。这种成员国之间难以协调的复杂多样性，是国际区域多边经济一体化波动与震荡的根本原因。

2. 成员国责任和利益不均衡

在国际区域多边经济一体化组织内部，由于各成员国在经济发展水平、经济结构、谈判能力等众多方面存在复杂的差异性，导致各成员国在一体化组织中所承担的责任和得到的利益很难均衡。与此同时，各成员国，特别是成员国国内的反对派组织和民众往往会有意无意地忽略本国从一体化中得到的利益，而放大自身所承担的义务与责任，从而对区域多边经济一体化产生怀疑与抵触，进而导致区域多边经济一体化的波动乃至剧烈震荡。例如，英国一些政党和民众认为英国承担了过重的欧盟财政支出份额、吸纳就业和接受移民的责任，对英国的财政收支、就业市场和社会治安等造成了冲击。因此，他们认为英国应该退出欧盟。又如德国人倾向于储蓄而西班牙人倾向于消费，于是德国人储蓄起来的财富通过政府间的借贷关系发放给西班牙人消费。一些德国人认为这对德国是不公平的，从而产生了疑欧和退欧的倾向。再如，美国总统特朗普认为 TPP 不利于美国制造业发展，可能会导致美国工人失业和贸易逆差，对美国利益造成冲击，从而退出了 TPP。这种成员国责任和利益不均衡，是导致国际区域多边经济一体化波动与震荡的另一内在原因。

3. 国家经济主权和深度经济一体化之间的矛盾

随着国际区域多边经济一体化合作的深入，一体化领域必然会向国内政策延伸，从而产生了国家经济主权与深度经济一体化之间的矛盾。最典型的是欧盟。随着欧盟合作的加深，欧盟成员国开始使用共同货币——欧元，这就使欧元区各国政府失去了货币政策的自主权。欧盟对国家经济主权的影响并不限于欧元。即使对没有加入欧元区的英国而言，欧盟一体化也严重影响了国家经济主权。据有关资料，英国约 70% 的法律受欧盟法律约束，导致英国很多国内政策受到欧盟的束缚。再如 TPP，TPP 定位为"面向 21 世纪的高标准、全方位的自由贸易协议"，不仅包含了降低商品关税和服务贸易自由化，而且涵盖知识产权、劳工标准、环境保护、安全标准、技术贸易壁垒、动植物卫生检疫、补贴政策、资本账户放开、金融自由化、政府采购等众多内容，其标准之高和覆盖领域之广远远超过一般的自贸区协议。这种高规模的一体化协议必然会影响成员国国内的营商环境及相应的法律政策，从而在一定程度上损害了成员国的经济主权。这种国家经济主权和深度经济一体化的内在矛盾演变到一定程度，将很难通过区域多边经济一体化组织的内部协调来解决，从而使有关成员国对区域多边经济一体化协议产生怀疑和反感，并最终导致一体化组织的停滞不前、剧烈震荡甚至崩溃。

4. 外部因素的冲击激化了区域多边经济一体化组织的内在矛盾

成员国的复杂差异性、成员国责任和利益不均衡、深度一体化与国家经济主权的矛盾等上文提到的因素，都是国际区域多边经济一体化的内在矛盾。在一定的外部条件下，这些矛盾是潜在的，暂时不会冲击一体化体系。但是，当受到一些外部因素冲击时，这些矛盾就会激化，从而严重冲击、甚至摧毁区域多边经济一体化体系。例如，前几年的欧债危机激化了欧盟各国之间的矛盾，特别是承担较多救济义务的发达成员国和受到严重约束的债务国之间的矛盾；欧盟开明的移民政策导致了各种社会问题，引起了欧盟各国之间的矛盾和各国国内民众的不满；民粹主义和各种极右政治力量的崛起，推动了越来越严重的反一体化、反全球化、反移民的思潮，严重冲击着区域多边经济一体化的民意基础……近年来英国退欧和欧盟的震荡、TPP刚一签约就面临夭折等等，都与上述外部因素的影响密不可分。

三、国际区域多边经济一体化的震荡对我国的影响及对策

国际区域多边经济一体化的波动与震荡，对我国参与国际区域经济一体化具有重要影响。了解这些影响并制定相应的对策，对我国更好地参与国际区域经济一体化具有重要意义。

（一）国际区域多边经济一体化的震荡对我国的影响

从短期来看，当前国际区域多边经济一体化领域出现的波动与震荡对我国利大于弊；但从长远来看，则将对我国参与国际区域经济一体化提出更大的挑战。

首先，当前国际区域多边经济一体化领域的波动与震荡，特别是美国退出TPP及由此引发的TPP重大挫折，为我国参与和推动国际区域经济一体化赢得了更加从容的时间窗口，减轻了我国在国际区域经济一体化领域短期面临的巨大压力。美国主导的TPP，曾被视为美国重返亚太的重要举措，也被视为美国增强对未来国际贸易、国际投资规则制定权的重要标志。TPP的实施，在一定程度上可能导致中国在国际区域经济一体化和国际贸易规则制定领域的边缘化。美国退出TPP及由此引发的TPP巨大挫折，为我国巩固与提升在国际区域经济一体化，特别是亚太区域经济一体化方面的地位赢得了更多的时间和空间。我国如果能够用好这次机会，进一步完善市场经济体制，完善知识产权等领域的法规法律，夯实和巩固市场经济地位，就有可能在未来的国际区域经济一体化和国际贸易及经济合作方面获得更多的主导权和影响力。

第二，国际区域多边经济一体化领域的波动与震荡，在短期内为我国参与国际区域经济一体化赢得了更多机会。例如，英国"脱欧"为开启中英自贸协定谈判创造了重大机会。英国是欧盟国家中第一个支持在2016年底给予中国市场经济地位的国家，也是第一个申请加入亚投行的欧洲国家和西方大国，中英一直保持着良好、密切的经贸关系。脱欧后，英国亟须加强与世界各国的经贸关系以抵销脱欧的负面影响。在此背景下，加快双边自贸区谈判将成为英国在国际区域经济一体化领

域的重要选择，这为中英启动自贸区谈判带来了巨大机会。又如，美国退出 TPP
后，由中国参与并大力推动的 RCEP 受到了全球的更多关注，参与国的紧迫感明显
增加，日本、马来西亚、澳大利亚、菲律宾等国均表示近期将把重点放在 RCEP 谈
判上。

然而，从长远来看，国际区域多边经济一体化的波动与震荡对我国参与国际区
域经济一体化提出了更大的挑战，主要表现在以下方面：第一，随着国际区域多边
经济一体化的波动与震荡，贸易保护主义愈演愈烈，这对我国的对外开放和国际经
贸合作带来了严峻挑战；第二，近年来我国正在积极推动 RCEP、亚太自由贸易区
（FTAAP）、中日韩自由贸易区等国际区域多边经济一体化。与 TPP、欧盟等国际区
域多边一体化协议或组织类似，RCEP、FTAAP 等未来也将面临成员国的复杂差异
性、成员国责任和利益不均衡、国家经济主权和深度经济一体化的矛盾等区域多边
经济一体化的内在问题，甚至 RCEP、FTAAP 的成员国由于经济水平、经济结构、
国家制度以及历史渊源等方面的关系比 TPP、欧盟等更复杂，未来面临的矛盾和风
险将可能更严峻，这将为我国参与和推动国际区域多边经济一体化带来负面冲击。

（二）对策建议

为了应对随时可能发生的国际区域多边经济一体化领域的波动与震荡，因势利
导，更好地推动我国参与国际区域经济一体化进程，提出以下对策建议。

第一，及时关注国际区域经济一体化发展动态，不断强化应变能力。展望未
来，国际区域经济一体化形势将更加复杂多变，特别是多边经济一体化因其内在矛
盾和外部冲击随时可能出现不同程度的波动与震荡。面对复杂多变的形势，建议有
关部门组建专家团队，及时跟踪与关注国际区域经济一体化的发展动态，不断强化
应变能力，妥善应对复杂多变的国际区域经济一体化，特别是区域多边经济一体化
形势，切实保障本国利益。

第二，务实、理性地参与和推动国际区域多边经济一体化。国际区域多边经济
一体化虽然有着内在不稳定性，容易出现波动与震荡，但由于其巨大的国际影响
力，仍然是大国争夺区域经济一体化主导权和国际贸易规则制定权的重地。因此，
中国既不可因噎废食，拒绝区域多边经济一体化，也不能盲目地追求区域多边经济
一体化的广度和深度，而应从本国的长远国家利益出发，务实理性地参与和推动国
际区域多边经济一体化，正确把握区域多边经济一体化的广度、深度和实施进度，

稳步增强在国际区域经济一体化领域的话语权和影响力。

第三，积极主动地推动区域双边经济一体化，为多边经济一体化奠定扎实的基础。相比于区域多边经济一体化，区域双边经济一体化的成员国只有 2 个，谈判问题更集中，相互妥协的难度较小，更易形成利益平衡的谈判结果，实现一体化双方的共赢。因此，中国应继续积极主动地推动区域双边经济一体化，一方面继续深化已有的双边 FTA，另一方面，应积极主动地推动新的双边自贸区谈判，特别是加强与发达国家的双边自贸区谈判，不断提升双边经济一体化的广度和深度，并以此为区域多边经济一体化积累更多经验，奠定扎实基础。

第四，做好前期研究与准备工作，增强谈判能力。国际区域多边经济一体化由于涉及多个发展水平不同、经济结构不同、政经制度不同的国家和地区，谈判内容极为复杂，对谈判能力和技巧的要求很高。因此，我国在参与和推动国际区域多边经济一体化时，应做好全面的前期研究和准备工作，充分了解各谈判对象国的特点与诉求，增强谈判的针对性。与此同时，应加强相关人才的培育，为复杂的国际区域多边经济一体化谈判做好人才储备。

第五，进一步深化改革开放和发展经济，以更强的综合实力参与国际区域多边经济一体化。国际区域多边经济一体化协议的影响力，不仅在于组织成员国的数量和规模，更在于协议内容的广度和深度。随着经济全球化的深入，国际区域经济一体化的内容已远远超越了传统的货物贸易、服务贸易和投资准入等内容，而深入到知识产权、劳工标准、环境标准、政府采购、竞争中立、国有企业、监管一致性、反腐败等非传统领域，这就对我国国内的经济体制和营商环境等提出了更高的要求。因此，我国未来如果要进一步提高在国际区域多边经济一体化领域的话语权、规则制定权和影响力，首先必须深化改革开放，建立更完善的市场经济体制，更好地发挥市场在资源配置中的决定性作用。与此同时，应进一步加强国内经济结构调整和产业升级，提高经济质量和效益。只有以强大的综合实力和发达的市场体制为基础，我国才能真正提升在国际区域多边经济一体化领域的作用和影响力。

参考文献

[1] 王原雪，张二震. 全球价值链视角下的区域经济一体化及中国的策略 [J]. 南京社会科学，2016（8）.

[2] 王娜娜. 区域经济一体化的新发展及中国的战略选择 [J]. 改革与战略，2017（3）.

［3］阚登峰，肖汉雄，卓丽洪，杨丹辉．TPP、亚太区域价值链重构及对中国的影响［J］.经济与管理研究，2017（1）.

［4］谢慧．亚太自由贸易区：RCEP与TPP路径比较［J］.现代商贸工业，2016（32）.

［5］陈洁．从英国脱欧看欧盟差异性一体化［J］.国际论坛，2016（6）.

［6］中国自由贸易区服务网 http：//fra. mof. com. gov. cn/index. shtml.

［7］WTO 网，http：//www. wto. org/english/.

［8］欧盟网，http：//europa. eu/.

［9］中国东盟自由贸易区网，http：//www. cafta. org. cn/.

第三部分

中国经济领域的开放

第四章 货物贸易

——推动加工贸易创新发展，提高发展质量和效益

2015—2016 年，在国际市场不景气、世界贸易深度下滑的背景下，中国货物贸易下行压力空前。党中央、国务院高度重视外贸工作，及时出台促进外贸回稳向好、促进加工贸易创新发展等一系列支持政策，在各地区和部门的共同努力下，中国外贸呈现回稳向好目标。2017 年，中国外贸面临的内外部环境依然严峻复杂，世界经济增长动力有所增强，但复苏基础并不稳固，必须以加工贸易创新发展为抓手，推动我国产业向全球价值链高端跃升，助力贸易大国向贸易强国转变，为构建开放型经济新体制做出更大的贡献。

一、中国对外货物贸易的状况

（一）货物贸易总额跌至全球第二

2016 年，中国货物贸易总额达 3.69 万亿美元，较 2015 年下降 6.8%，低于全球贸易增速 3.6 个百分点。在国际市场不景气、世界贸易复苏缓慢的背景下，中国货物贸易进出口总额近三年首次跌下第一的位置，被美国以微弱优势反超。其中，出口 2.10 万亿美元，下降 7.7%，出口占全球份额为 13.2%，比 2015 年降低 0.6 个百分点；进口 1.59 万亿美元，下降 5.5%，进口占全球份额为 9.8%，比 2015 年降低 0.2 个百分点。

表 4-1 2015 年对外贸易总额居世界前十的国家（地区）排名　　　　单位：亿美元

国家（地区）	进口金额	国家（地区）	出口金额	国家（地区）	进出口总额
美国	23153.0	中国	22734.7	中国	39530.3
中国	16795.6	美国	15025.7	美国	38178.7

续表

国家（地区）	进口金额	国家（地区）	出口金额	国家（地区）	进出口总额
德国	10513.9	德国	13267.7	德国	23781.6
日本	6479.8	日本	6247.9	日本	12727.7
英国	6263.7	荷兰	5697.3	英国	10865.2
法国	5734.0	韩国	5267.6	荷兰	10829.3
中国香港	5594.3	中国香港	5106.0	法国	10791.9
荷兰	5132.0	法国	5057.8	中国香港	10700.3
韩国	4365.0	英国	4601.5	韩国	9632.6
加拿大	4363.2	意大利	4574.4	意大利	8684.9

数据来源：世界贸易组织数据库。

表4-2　2016年对外贸易总额居世界前十的国家（地区）排名　　　　单位：亿美元

国家（地区）	进口金额	国家（地区）	出口金额	国家（地区）	进出口总额
美国	22513.5	中国	20981.6	美国	37059.6
中国	15874.3	美国	14546.1	中国	36855.9
德国	10548.9	德国	13396.5	德国	23945.4
英国	6357.6	日本	6449.3	日本	12518.6
日本	6069.3	荷兰	5697.1	法国	10742.8
法国	5730.2	中国香港	5167.3	荷兰	10731.2
中国香港	5473.4	法国	5012.6	中国香港	10640.7
荷兰	5034.1	韩国	4954.3	英国	10451.6
加拿大	4166.0	意大利	4615.2	韩国	9016.2
韩国	4061.9	英国	4094.0	意大利	8659.7

数据来源：世界贸易组织数据库。

（二）高附加值机电产品出口增长

2016年，受外贸形势的影响，中国机电和高新技术产品出口均出现不同程度的下降。机电产品出口12094.0亿美元，较2015年下降7.7%，占出口总额的比重为57.6%。其中，高附加值机电产品表现较为抢眼，航空航天器、光纤通信设备出口增长超过10%，医疗仪器及器械和大型成套设备出口增长超过5%。高新技术产品出口仍以通信设备、自动数据处理设备等电子信息产品为主，出口总额为6038.7亿美元，同比下降7.8%，占出口总额的比重为28.8%。服装、纺织品、鞋类、家具、塑料制品、箱包和玩具等 7 大类劳动密集型商品合计出口 4368 亿美元，较 2015 年下降 7.4%，占出口总额的比重为 20.8%。

表 4-3　2015 年中国出口主要商品数量、金额及增速

商品单位	计量单位	数量	增长（%）	金额（亿美元）	增长（%）
服装及衣着附件	—	—	—	1742.8	-6.4
自动数据处理设备及其部件	万台	171508	-10.6	1523.1	-16.2
手持或车载无线电话机	万台	134342	2.4	1237.3	7.3
纺织纱线、织物及制品	—	—	—	1095.0	-2.3
鞋类	万吨	447	-8.4	535.3	-4.8
家具及其零件	—	—	—	528.0	1.5
液晶显示板	百万个	2293.4	-6.4	309.7	-2.6
汽车及汽车底盘	万辆	72	-19.4	112.3	-10.3
集装箱	万个	272	-10.1	76.7	-14.7
*机电产品	—	—	—	13107.2	0.0
*高新技术产品	—	—	—	6552.1	-0.8

注：*表示"机电产品"和"高新技术产品"中包括部分相互重合的商品。
数据来源：海关总署。

表 4-4　2016 年中国出口主要商品数量、金额及增速

商品单位	计量单位	数量	增长（%）	金额（亿美元）	增长（%）
服装及衣着附件	—	—	—	1578.2	-9.4
自动数据处理设备及其部件	万台	159257	-7.1	1378.8	-9.8
手持或车载无线电话机	万台	127192	-5.3	1155.4	-6.6
纺织纱线、织物及制品	—	—	—	1050.5	-4.1
鞋类	万吨	472.0			-11.8
家具及其零件	—	—	—	477.8	-9.5
液晶显示板	百万个	1905.7	-16.9	257.6	-16.8
汽车及汽车底盘	万辆	79.26	10.45	107.9	-3.4
集装箱	万个	199	-26.7	42.3	-44.0
*机电产品	—	—	—	12094.0	-7.7
*高新技术产品	—	—	—	6038.7	-7.8

注：*表示"机电产品"和"高新技术产品"中包括部分相互重合的商品。
数据来源：海关总署。

（三）外贸新业态成为增长新动力

2016 年，中国一般贸易实现进出口总额 20283.2 亿美元，占进出口总额的 55.4%，较 2015 年提高 1.3 个百分点。受国际市场需求不足、产业和订单转移等因素的影响，加工贸易进出口总额连续两年下滑，2016 年中国加工贸易实现进出口总额 11125.8 亿美元，较 2014 年减少 21%。中国大力支持外贸新业态发展，2016 年新设 12 个跨境电子商务综合试验区，新增 5 家市场采购贸易方式试点，选取 4 家企业开展首批外贸综合服务企业试点。全年试点区域跨境电商进出口 1637 亿元，增长 1 倍以上。市场采购贸易出口 2039 亿元，增长 16%。4 家外贸综合服务试点企业服务中小企业超过 4 万家。

表 4-5　2015 年中国进出口商品贸易方式情况

项目	出口			进口		
	金额（亿美元）	同比（%）	占比（%）	金额（亿美元）	同比（%）	占比（%）
总值	22749.5	-2.9	100.0	16800.3	-14.1	100.0
一般贸易	12157.0	1.0	53.4	9231.9	-16.8	54.9
加工贸易	7977.9	-9.8	35.1	4470.0	-14.7	26.6
其他贸易	2614.6	2.6	11.5	3117.6	-4.5	18.5

数据来源：海关总署。

表 4-6　2016 年中国进出口商品贸易方式情况

项目	出口			进口		
	金额（亿美元）	同比（%）	占比（%）	金额（亿美元）	同比（%）	占比（%）
总值	20981.5	-7.7	100.0	15614.9	-7.1	100.0
一般贸易	11293.7	-7.2	53.8%	8989.5	-2.6	56.6%
加工贸易	7158.7	-10.2	34.1%	3967.1	-11.3	25.0%
其他贸易	2529.5	-3.3	12.1%	2917.7	-6.5	18.4%

数据来源：海关总署。

（四）民营企业出口优势进步扩大

2016 年，中国民营外贸企业难抗市场整体下滑趋势，出口金额也出现一定程度的下降，但降幅明显小于国有企业和外资企业，在我国对外货物贸易中仍然发挥着主导作用。2016 年，中国民营外贸企业实现出口 9655.9 亿美元，同比下降 6.1%，占出口总额的比重为 46.0%，较 2015 年提高 0.8 个百分点。外资企业实现出口 9169.5 亿美元，同比下降 8.7%，占出口总额的比重为 43.7%。国有企业实现出口 2156.1 亿美元，同比下降 11%，占出口总额的比重为 10.3%。

表 4-7　2015—2016 年中国出口企业性质情况

项目	出口（2015 年）			出口（2016 年）		
	金额（亿美元）	同比（%）	占比（%）	金额（亿美元）	同比（%）	占比（%）
总值	22749.5	-2.9	100.0	20981.5	-7.8	100.0
国有企业	2423.9	-5.5	10.7	2156.1	-11.0	10.3
外商投资企业	10047.3	-6.5	44.2	9169.5	-8.7	43.7
民营企业	10278.3	1.6	45.2	9655.9	-6.1	46.0

数据来源：海关总署。

（五）国际贸易区域布局结构稳定

2016 年，中国前三大货物贸易伙伴分别为欧盟、美国和东盟，双边贸易额分别实现 5470.2 亿美元、5194.8 亿美元和 4522.1 亿美元，增速较 2015 年均出现一定程度的下降，但比重结构较为稳定。2016 年，中国对"一带一路"沿线国家实现贸易总额 9535.9 亿美元，占中国与全球贸易额的比重为 25.7%，较 2015 年上升 0.4 个百分点。其中，出口 5874.8 亿美元，较 2015 年下降 4.4%，但占中国出口总额的比重提升至 27.8%；进口 3661.1 亿美元，较 2015 年下降 5.7%，占中国进口总额的比重为 23.0%。

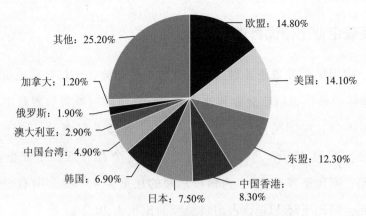

图 4-1　2016 年中国主要贸易伙伴贸易额占比

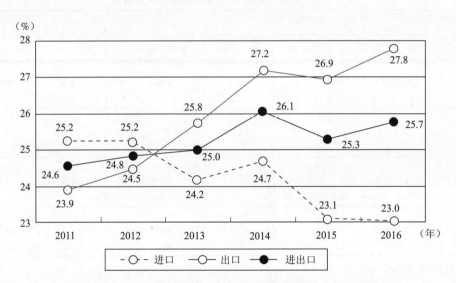

图 4-2　2011—2016 年中国与"一带一路"沿线国家贸易额占比

（六）西部地区外贸活力下滑明显

2016 年，受外贸形势的影响，当前正积极承接全球第四轮产业转移和加工贸易梯度转移的中西部地区，外贸发展活力持续羸弱，其中西部地区下滑较为明显。2016 年，中国中部地区和西部地区分别实现进出口总额 2841.3 亿美元和 2571.5 亿美元，增速分别下降 3.3% 和 11.8%，合计占全国进出口总额的比重为 14.7%。东部地区进出口总额 31442.9 亿美元，增速同比下降 6.7%，占全国进出口总额的 85.3%。

表 4-8　2015 年中国东、中、西部地区进出口情况

地区	进出口总额 （亿美元）	出口额 （亿美元）	进口额 （亿美元）	进出口增速 （％）	进出口所占比重 （％）
全国	39569.1	22749.6	16819.5	−8.0	100.0
东部地区	33715.5	19050.4	14665.1	−7.8	85.2
中部地区	2938.3	1779.3	1159.0	−6.0	7.4
西部地区	2915.3	1919.9	995.4	−12.8	7.4

注：东部地区包括北京、天津、河北、辽宁、上海、江苏、浙江、福建、山东、广东和海南；中部地区包括山西、吉林、黑龙江、安徽、江西、河南、湖北和湖南；西部地区包括内蒙古、广西、四川、重庆、贵州、云南、西藏、陕西、甘肃、青海、宁夏和新疆。

数据来源：海关总署。

表 4-9　2016 年中国东、中、西部地区进出口情况

地区	进出口总额 （亿美元）	出口额 （亿美元）	进口额 （亿美元）	进出口增速 （％）	进出口所占比重 （％）
全国	36855.7	20981.5	15874.2	−6.8	100.0
东部地区	31442.9	17800.8	13642.1	−6.7	85.3
中部地区	2841.3	1660.3	1181.0	−3.3	7.7
西部地区	2571.5	1520.4	1051.1	−11.8	7.0

注：东部地区包括北京、天津、河北、辽宁、上海、江苏、浙江、福建、山东、广东和海南；中部地区包括山西、吉林、黑龙江、安徽、江西、河南、湖北和湖南；西部地区包括内蒙古、广西、四川、重庆、贵州、云南、西藏、陕西、甘肃、青海、宁夏和新疆。

数据来源：海关总署。

二、中国加工贸易连续下滑的因素分析

近年来，中国加工贸易面临国际、国内的"双重挤压"，加工贸易进出口规模的下降成为中国外贸下降的主要因素。结合地区和产品变动分析，广东和重庆集中生产的计算机及其零件是导致加工贸易规模下降的主要产品，其中市场需求的下滑占据了主导因素。

（一）加工贸易规模下降的地区因素

1. 中国加工贸易规模连续下滑主要是东部地区导致

2014—2016 年，中国加工贸易进出口规模由 13050.4 亿美元下降至 11126.3 亿美元，其中 90.3% 是由东部地区导致，东部地区合计减少 2935.9 亿美元；中部地

区和西部地区分别减少 14.0 亿美元和 272.3 亿美元，占加工贸易下降规模的比重分别为 0.5% 和 9.2%。

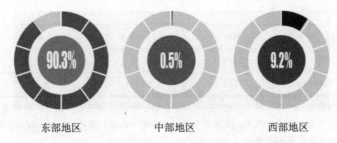

图 4-3　2011—2016 年加工贸易规模下降分地区因素占比

2. 广东是导致东部加工贸易规模下降的主要地区

广东、江苏、上海是东部地区主要加工贸易基地，合计占东部地区的 74.5%。从加工贸易进出口贸易规模看，2014 年起，广东省加工贸易进出口贸易额呈现逐年较大幅度的下跌走势，从 2014 年的 5203.0 亿美元降至 2016 年的 3705.5 亿美元。江苏、上海的加工贸易进出口额在 2011—2016 年同样出现一定程度的下降，但下降幅度远不及广东省。从加工贸易进出口贸易规模占全国的比重看，虽然广东省所占比重依然位居全国第一，但自 2012 年起，其占比已由 2012 年的 39.4% 下降至 2016 年的 33.3%，而排名前十位的其他东部地区省市总体变动不大。

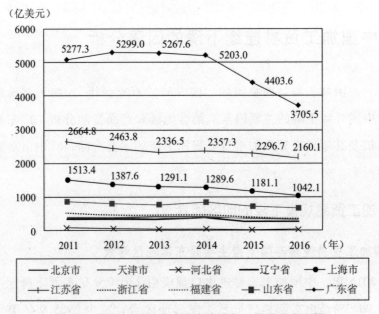

图 4-4　2011—2016 年东部各省市加工贸易进出口额

3. 重庆是导致西部加工贸易规模下降的主要地区

2016 年，四川、重庆、陕西、广西合计占西部地区加工贸易总规模的 94.2%，是西部地区加工贸易的主要承接地。其中，重庆加工贸易进出口额的大幅波动又是导致近期西部地区加工贸易规模下降的主要因素。2011—2016 年，重庆加工贸易进出口额及其占全国比重呈现出先扬后抑的走势，加工贸易进出口额从 2011 年的 69.1 亿美元大幅上涨至 2014 年的 544.3 亿美元，随后又快速下降至 2016 年的 252.6 亿美元，占全国比重则从 2011 年的 0.5% 提升至 2014 年的 3.9%，随后又回落至 2016 年的 2.3%。

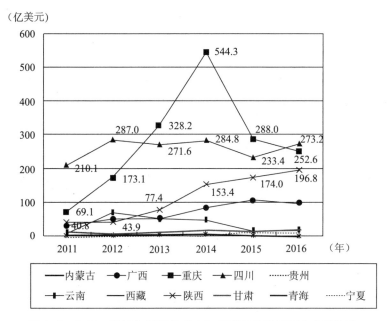

图 4-5　2011—2016 年西部各省市加工贸易进出口额占全国比重

（二）加工贸易规模下降的产品因素

1. 计算机及其零件是导致加工贸易规模下滑的主要产品

2011—2016 年，从主要产品出口额来看，出口额最高的自动数据处理设备及其部件规模下滑明显，由 1664.1 亿美元减少至 1115.1 亿美元；从主要产品进口额来看，进口额排名第 2 位的液晶显示板由 380.9 亿美元减少至 218.5 亿美元。

2014—2016 年，自动数据处理设备及其部件货物贸易出口数量和金额均呈现出较大幅度下滑，出口数量由 191836 万台减少至 159257 万台，同比减少 17.0%；出口金额从 1817.2 亿美元下降至 1373.8 亿美元，同比降低 24.4%。其中加工贸易出口金额由 1540.2 亿美元减少至 1115.1 亿美元，同比降低 27.6%。因此，以自动数据处理设备及其部件为代表的计算机及其零件加工贸易规模的下滑，不仅是价格因素，数量因素也起到很重要的作用。

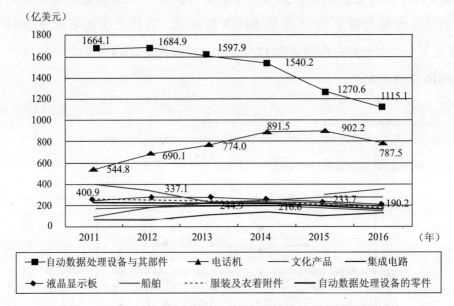

图 4-6　2011—2016 年中国加工贸易出口额前 10 位产品规模变化

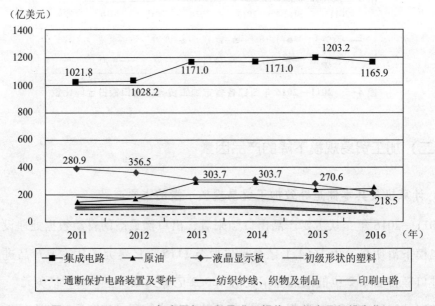

图 4-7　2011—2016 年中国加工贸易进口额前 10 位产品规模变化

图 4-8　2011—2016 年中国货物贸易 2 大主要产品出口数量变动情况

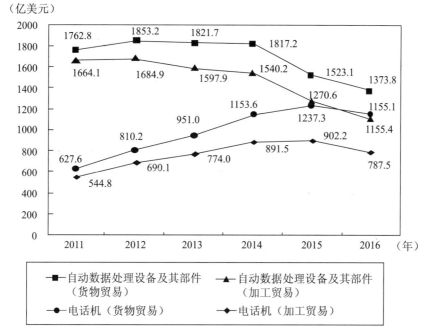

图 4-9　2011—2016 年中国货物贸易 2 大主要产品货物贸易规模变动情况

根据市场研究机构 IDC 数据统计，2011—2016 年，全球个人电脑（PC）出货量由 3.64 亿部下降至 2.6 亿部，连续五年出现下滑。一方面原因是技术升级的吸引力不足以拉动市场实际增长，PC 市场呈现全面停滞状态；另一方面原因是随着消费者对智能手机依赖的逐渐增强，PC 生命周期得到延长并由此带来 PC 需求的大幅减少。因此，全球个人电脑（PC）市场需求的下滑是导致自动数据处理设备及其部件加工贸易规模下降的主要因素。

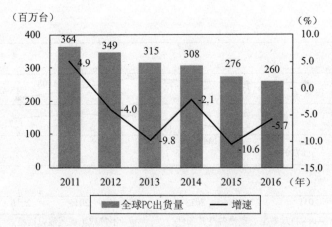

图 4-10 2011—2016 年全球 PC 出货量及增速

2. 电子产品贸易规模的下滑也影响了与之相关的区域贸易

从我国加工贸易出口额前 10 位国家（地区）规模情况与比重变动情况来看，近年来，出口中国香港、美国和欧盟的加工贸易产品规模均呈下降走势，其中出口至中国香港地区的贸易总额下滑严重。这主要是因为受手机、PC 机等产品加工贸易出口总额下降的影响，香港作为主要转运的出口目的地，影响较为严重。2014—2016 年，中国内地对香港加工贸易出口额由 2167 亿美元下降至 1417.5 亿美元。中国对日本、东盟、韩国、荷兰、德国、新加坡及英国加工贸易出口规模变动幅度较小，加工贸易出口额排名保持不变。

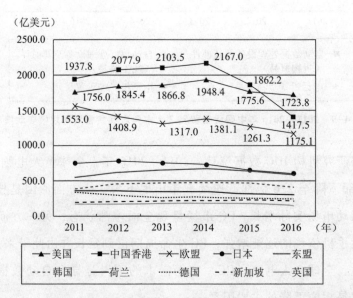

图 4-11 2011—2016 年加工贸易出口额前 10 位国家（地区）规模情况

三、中国对外货物贸易面临的挑战

（一）全球隐藏着新一轮金融风险

2017 年，随着经济复苏势头向好，发达经济体货币政策开始收紧。3 月，美联储宣布加息 25 个基点。4 月起，欧洲央行将量化宽松规模从每月 800 亿欧元缩减至 600 亿欧元。此外，美联储可能将于 9 月开始缩减资产负债表。全球金融环境趋紧，市场利率上行，流动性极度宽松局面发生变化，将对新兴经济体产生新一轮冲击。此外，欧美等国家房价指数已超过 2006 年房地产泡沫时水平，购房均价对收入的要求达到历史最高。欧美股价连创新高，股价重回泡沫期顶点。在金融环境收紧的形势下，全球酝酿新一轮金融危机的风险不容忽视。

（二）全球产业竞争更加激烈

在高端产业领域，发达经济体利用科技、人才优势抢占新兴技术前沿，促进"再工业化"，不断提升本国制造业的信息化、智能化水平。在中低端产业领域，周边的新兴经济体大幅度放宽外资准入，在土地、税收等方面实施引资优惠政策，积极吸引国际投资发展出口加工业。而中国国内要素成本持续攀升，沿海不少城市土地成本甚至超过了发达国家水平，制造业传统竞争优势不断削弱，出口订单和产业向外转移增多。2016 年全年和 2017 年前 2 个月，中国出口增速既低于越南、印度、印度尼西亚等新兴经济体，也低于美国、欧盟、日本等发达国家。

（三）贸易摩擦影响进一步凸显

2016 年，中国产品遭遇贸易救济调查 119 起，涉案金额 143 亿美元，案件数量和金额分别增长 36.8% 和 76%。一些国家频繁对中国钢铁、纺织服装等重点产品发起贸易救济调查，涉及面广、涉案金额大，对相关产业出口形成严峻挑战。2017 年以来，全球范围内贸易保护主义进一步升温，针对中国产品的贸易摩擦依然频发，钢铁、有色金属制品继续成为摩擦的焦点。此外，目前中美正在推进经贸合作"百日计划"，将为双边贸易发展注入新的动力。但双方依然存在分歧，如特朗普表示中国不是"汇率操纵国"，但美国财政部仍再次将中国列入"汇率操纵国"观察名单，特朗普政府的贸易政策不确定性因素较高，可能会对双边贸易发展产生负面影响。

四、展望和政策建议

（一）对外货物贸易展望

1. 货物贸易全面回稳向好

2017 年上半年，受需求增加、价格上涨、政策效应、基数偏低等综合因素的影响，我国进出口扭转了过去 2 年下降的局面，同比增长 19.6%。下半年，在国际市场不发生"灰犀牛"事件的前提下，预计中国外贸将总体呈现出全面回稳及稳定增长态势。

2. 外贸新业态迅猛发展

2017 年上半年，我国跨境电商零售进出口增长 66.7%，市场采购贸易出口增长 27.8%，外贸综合服务企业试点稳步推进。在全球贸易持续低迷的大背景下，积极发展外贸新业态，既是主动应对市场变化、创新商业模式的必然之选，也是借力新技术条件、实现外贸发展新旧动能转换的重要路径，预计 2017 年外贸新业态将继续保持迅猛发展态势。

3. 加工贸易将持续回暖

2017 年上半年，中国加工贸易进出口同比增长 16.1%，呈回暖发展趋势。而从来料加工进出口贸易额来看，上半年来料加工进口金额均高于出口金额，表明贸易商囤货积极性较高。受欧美市场经济复苏、东盟市场加强贸易往来等市场因素和原材料价格上涨等价格因素的影响，预计 2017 年中国加工贸易将持续回暖，正式扭转连续 2 年的下降局面。

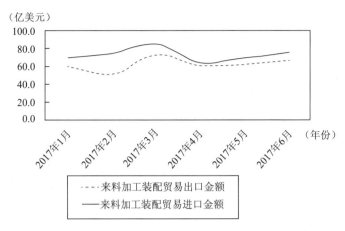

图 4-12 2017 年 1—6 月来料加工装配贸易进出口金额

4. 对"一带一路"沿线国家贸易稳步增长

2017 年上半年，中国与"一带一路"沿线国家贸易额达到了 5115 亿美元，同比增长 11.4%，占全国贸易总额的 27%。其中对东盟、印度、俄罗斯进出口分别增长 21.9%、30.4% 和 33.1%，增速较快。随着"一带一路"贸易合作机制的积极推进，除了现有的多边、双边贸易合作机制，次区域合作、经济走廊、产业园区、政策对接、博览会等多元合作机制也为"一带一路"贸易合作搭建了制度平台。在此形势下，预计 2017 年中国对"一带一路"沿线国家贸易将继续保持稳步增长的态势。

（二）政策建议

1. 取消贸易结构优化考核认定标准

参与国际分工、发展加工贸易是我国产业升级的通道之一，我国高技术产品主要以加工贸易方式出口，其出口随着加工贸易的变化而变化。展望未来，在全球贸易总体萎缩、我国各种要素成本已显著提高的背景下，如果继续对加工贸易另眼相看，将会进一步加剧其萎缩，或阻断我国参与全球价值链分工而产生的知识技术外溢通道，最终不利于竞争新优势的形成。建议取消将降低加工贸易比重作为贸易结构优化考核认定标准，积极鼓励加工贸易的创新发展。

2. 实施加工贸易创新发展示范市工程

近年来，中西部地区加工贸易发展主要集中在二线省会城市，主要原因是大企业转移带动使得本地产业链配套完善，推动了加工贸易产业的集聚。为积极推动加工贸易在国内的梯度转移，鼓励中西部地区"多头在内、一头在外"加工贸易产业的发展，降低原材料采购等物流成本。建议选取中西部地区条件相对较好的区域中心城市，如郑州、重庆、成都、武汉、太原、西安等，通过认定国家级加工贸易创新发展示范市的方式，扩大主要承接地的影响力和知名度，进一步提升本地加工贸易产业的集群集聚能力和零部件本地采购配套水平。同时，在加工贸易创新发展示范市，评定加工贸易产业转移试点承接园区，并针对试点园区给予融资、专项资金、政策措施等方面不低于东南亚和南亚等国家的优惠扶持政策。

3. 积极推动企业开展"出境带料加工"业务

近年来，随着原材料、工资和土地成本的增加，中国"三来一补"加工贸易的优势逐渐削弱，加工贸易的组织方式急需进行深层次转换。而世界其他国家日益严格的贸易壁垒及其与我国贸易摩擦的升级，也要求我国改变进入对方市场的贸易方式。推动加工贸易组织方式由进料加工向带料加工升级，大力开展境外加工贸易，既是新时期我国对外经贸合作的新着力点，也是我国推动开展国际产能合作的重要基础。因此，建议鼓励中资企业赴境外尤其是"一带一路"沿线国家开展"出境带料加工"业务，即通过在东道国开展来料加工、来件装配业务，扩大国内原材料、零配件、辅件和包装物料的出口规模。

参考文献

[1] 中华人民共和国商务部综合司、国际贸易经济合作研究院. 中国对外贸易形势报告（2016年春季）[R]. 2016（5）.

[2] 中华人民共和国商务部综合司、国际贸易经济合作研究院. 中国对外贸易形势报告（2017年春季）[R]. 2017（5）.

[3] 国家信息中心"一带一路"大数据中心、大连东北亚大数据中心、一带一路大数据技术有限公司、大连瀚闻资讯有限公司. "一带一路"贸易合作大数据报告2017 [R]. 2017（3）.

第五章　服务贸易

——抓住"一带一路"契机提升竞争力

一、中国服务贸易发展特点

（一）服务进出口特点

1. 总体情况

（1）进出口总额再创新高

2016 年，中国服务进出口总额达到 5.35 万亿元人民币，增长 14.2%。其中出口 18193 亿元人民币，进口 35291 亿元人民币。服务贸易占我国外贸比重的 18%，比 2015 年增加 2.6 个百分点。

表 5-1　中国近年来服务进出口增长

年份	中国进出口额			中国出口额			中国进口额		
	金额（亿美元）	同比增长（%）	占世界比重（%）	金额（亿美元）	同比增长（%）	占世界比重（%）	金额（亿美元）	同比增长（%）	占世界比重（%）
2010	3024	26.4	5.1	1702	32.4	4.6	1922	21.5	5.5
2011	4191	15.6	5.2	1821	7.0	4.4	2370	23.3	6.1
2012	4706	12.3	5.6	1904	4.6	4.4	2801	18.2	6.8
2013	5396	14.7	6.0	2106	10.6	4.6	3291	17.5	7.6
2014	6067	12.6	6.3	2222	7.6	4.6	3821	15.8	8.1
2015	7130	14.6	7.7	2882	9.2	6.1	4248	18.6	6.9
2016[①]	53500	14.2		18193	2.3		35291	21.5	

数据来源：中国国家外汇管理局。

---

① 从 2016 年起，商务部以人民币为单位公布中国服务贸易进出口数据。

从 2015 年开始，中国服务进出口占世界的比重超过 7%，再创历史新高，世界排名第 2，仅次于美国。2016 年，中国服务进出口增长 14.2%，成为世界第 2 大服务进口国和第 3 大服务出口国。

表 5-2　近年中国服务进出口世界排名

年份	进出口	出口	进口
2010	4	4	3
2011	4	4	3
2012	3	5	3
2013	3	5	2
2014	2	5	2
2015	2	5	2
2016	2	3	2

数据来源：商务部服务贸易和商贸服务业司历年服务贸易统计数据。

（2）服务贸易地位不断提升

2016 年，中国服务进出口占对外贸易总额比重提升 2.7 个百分点，服务进出口总额与货物进出口差距进一步缩小，服务贸易增长率远高于 GDP 增速。服务贸易为中国对外贸易和经济增长做出了重要贡献。

（3）全球最大服务贸易逆差国

2016 年，中国服务进出口逆差 2456 亿美元，较上年增长 12%，继续保持全球最大逆差国位置。逆差主要来自旅游、运输、保险和养老服务及知识产权使用费等，其中旅游逆差是最主要的来源。

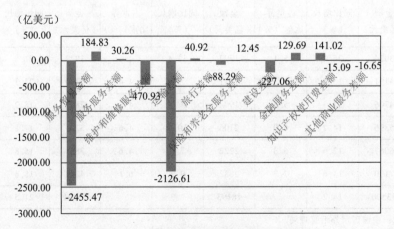

图 5-1　2016 中国服务贸易逆差构成比较

数据来源：中国国家外汇管理局。

（4）竞争力继续呈弱势

2016 年，中国服务贸易竞争力指数（Trade competitive Power Index，TC）① 下降至历史最低位-0.32，从趋势来看，TC 指数仍处于下降通道，体现出中国服务贸易将长期处于逆差状况。

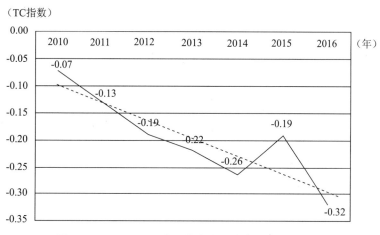

图 5-2　2010—2016 中国服务贸易竞争力指数（TC）

数据来源：根据商务部服务贸易和商贸服务业司《中国服务贸易统计》相关数据计算。

2. 中国服务进出口结构

（1）高附加值和新兴服务贸易领先增长

以技术服务、维护和维修服务、广告服务等为代表的高附加值领域出口快速增长。其中，技术服务出口 616 亿元，同比增长 14%；维护和维修服务出口 277 亿元，同比增长 67.5%；广告服务出口 255 亿元，同比增长 63.4%；信息服务进出口增长 74%，其中出口增长 49.1%，进口增长 96.2%。中国服务贸易产业结构进一步优化。

（2）传统服务是进出口主要领域

2016 年，运输、旅行、建筑服务等传统行业进出口共 39220 亿元人民币，占中国服务贸易总额的 73.3%，增加 2.4%。旅行服务进出口达到 25136 亿元人民币，占比 57.3%，增速 22.6%，主要是进口增长 28%。同期，旅行服务出口增长仅为

---

① 贸易竞争力指数（Trade competitive Power Index），即 TC 指数，是对一国（地区）贸易国际竞争力分析时常用的测度指标之一，表示一国进出口贸易的差额占其进出口贸易总额的比重。该指标作为一个与贸易总额的相对值，剔除了经济膨胀、通货膨胀等宏观方面波动的影响。该数值在±1 之间，指数值越接近 0 表示竞争力越接近于平均水平；指数值越接近于 1 则竞争力越大，等于 1 时表示该产业只出口不进口；指数值越接近于-1 表示竞争力越薄弱，等于-1 表示该产业只进口不出口。

3.1%，逆差规模达 15970 亿元人民币，上升 44%。

（3）服务外包国际竞争力增强

2016 年，中国企业新签订服务外包合同金额达到 10213 亿元人民币，增长
20.1%。其中离岸服务外包合同额 6608 亿元，执行额 4885 亿元，分别增长 16.6%
和 16.4%。离岸服务外包规模约占世界市场的 33%，位居世界第 2，离岸外包执行
额占中国服务出口总额的 1/4。

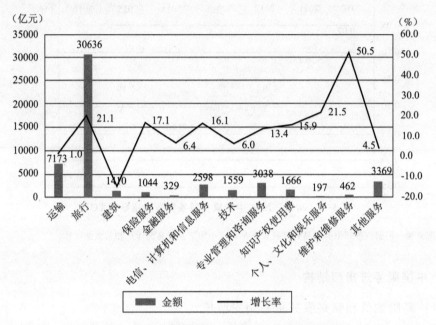

图 5-3　2016 年中国各行业服务进出口额及增长率

3. 主要贸易伙伴分析

中国香港、美国、日本、韩国、英国、德国、加拿大、澳大利亚、新加坡和中
国台湾是中国服务贸易前十大伙伴，贸易规模达 4498 亿美元，占总规模的 68%。
其中中国香港、美国、中国澳门、日本、韩国等前 5 大服务贸易伙伴占中国服务进
出口比重达 55.7%。与中国香港服务贸易额近 2000 亿美元，与美国突破 1000 亿美
元大关。

与上年相比，对中国香港、美国、日本、韩国、英国、加拿大、澳大利亚和德
国的服务贸易逆差规模有所扩大。

（亿美元）

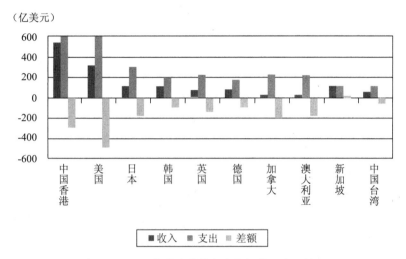

图 5-4　2016 中国主要服务贸易伙伴进出口情况

数据来源：国家外汇管理局。

（二）商业存在发展状况

1. 中国境内的商业存在

（1）外商直接投资服务业全面增长

2016 年，中国吸收外商直接投资企业数量比上年增长 5%，实际使用外资 8132.2 亿元人民币，同比增长 4.1%。服务业实际使用外资金额 5715.8 亿元人民币，同比增长 8.3%，占外资总量的 70.3%。其中，信息、咨询服务业，计算机应用服务业，综合技术服务业，分销服务，零售业实际使用外资同比分别增长 59.8%、112.8%、66.4%、42.9% 和 83.1%。高技术服务业实际使用外资 955.6 亿元人民币，同比增长 86.1%。外商投资持续向高端行业聚集。

（2）主要国家和地区对华投资总体保持稳定

2016 年，前十位国家/地区（以实际投入外资金额计）外资总额 1184.6 亿美元，同比增长 0.4%，依次为：中国香港、新加坡、韩国、美国、中国台湾、澳门、日本、德国、英国和卢森堡。

美国、欧盟 28 国对华实际投资同比分别增长 52.6% 和 41.3%。中国澳门、韩国实际投入金额同比分别增长 290.3% 和 23.8%；日本实际投资同比增长 1.7%，逆转连续两年下跌态势。

2. 境外中国的商业存在

（1）我国对外投资行业结构进一步优化

2016 年，我国对 164 个国家和地区的 7961 家企业直接投资 11299.2 亿元人民币（折合 1701.1 亿美元），同比增长 44.1%。对信息传输、软件和信息技术服务业投资分别为 203.6 亿美元和 49.5 亿美元，占对外投资总额的比重从 2015 年的 4.9% 上升为 12.0%。

（2）对外承包工程新签大项目带动作用明显

2016 年，我国对外承包工程新签合同额在 5000 万美元以上的项目 815 个，较上年同期增加 91 个，累计合同额 2066.9 亿美元，带动设备材料出口 133 亿美元。

（三）自然人流动发展状况

1. 在中国工作的境外人员情况

2016 年末，持外国人就业证在中国工作的外国人共 23.5 万人，比上年减少 0.9 万人；持港澳台人员就业证在内地工作的港澳台人员共 8.2 万人，比上年减少 0.3 万人。

2. 中国赴境外劳务人员情况

2016 年，我国对外劳务合作派出各类劳务人员 49.4 万人，较上年减少 3.6 万人；其中承包工程项下派出 23 万人，劳务合作项下派出 26.4 万人。年末在外各类劳务人员 96.9 万人，较上年减少 5.8 万人。

亚洲和非洲作为我国对外劳务合作的主要地区，所占比重为 90.5%，继续保持主导地位。

表 5-3　2016 年对外劳务合作业务分布的主要国家和地区

派出各类劳务人员			年末在外各类劳务人员		
国家（地区）	人数（人）	比重（%）	国家（地区）	人数（人）	比重（%）
中国澳门	69717	14.1	日本	146007	15.1
中国香港	40028	8.1	中国澳门	122636	12.7
新加坡	27724	7.6	新加坡	100612	10.4

续表

派出各类劳务人员			年末在外各类劳务人员		
国家（地区）	人数（人）	比重（%）	国家（地区）	人数（人）	比重（%）
日本	36577	7.4	阿尔及利亚	91596	9.5
阿尔及利亚	29931	6.1	中国香港	47825	4.9
沙特阿拉伯	29423	6.0	沙特阿拉伯	42069	4.3
巴拿马	18824	3.8	安哥拉	29428	3.0
马来西亚	12883	2.6	巴拿马	19662	2.0
伊拉克	12541	2.5	马来西亚	19197	2.0
巴基斯坦	11863	2.4	印度尼西亚	16435	1.7
合计	299511	60.6	合计	63.5	65.6

数据来源：中国对外承包工程商会

二、中国与"一带一路"市场服务贸易格局分析

（一）"一带一路"市场服务贸易发展状况

1. "一带一路"沿线服务贸易规模约占世界的1/5

2015年，"一带一路"市场的服务业进出口贸易总额达到20251.2亿美元，占世界服务业贸易总额的21.9%。其中，新加坡和印度服务贸易规模最大，分别为2830.8亿美元和2789.5亿美元，约占"一带一路"国家（地区）服务贸易总额的14.0%，远高于其他国家。印度服务出口额最大，为1558.4亿美元；新加坡进口额最大，为1434.7亿美元。

2. "一带一路"市场服务贸易规模与全球呈同步下降

与2014年相比，2015年"一带一路"市场服务贸易规模整体与全球服务贸易呈现同步下降，其中，塔吉克斯坦下降幅度最大。泰国、老挝、柬埔寨等部分国家出口额、进口额以及进出口总额则有不同程度的上升，其中，伊拉克的出口额上升幅度最大，为28%，孟加拉国的进口额和进出口总额上升幅度均为最大，分别达到22%和16%。

表 5-4 2015 年"一带一路"市场服务进出口　　　　　（单位：亿美元）

国家（地区）	出口		进口		进出口总额	
	金额	增长率（%）	金额	增长率（%）	金额	增长率（%）
蒙古国	6.5	12.8	15.4	−29.0	21.9	−20.2
东盟十国						
新加坡	1396.1	−7.4	1434.7	−7.7	2830.8	−7.6
马来西亚	348.4	−16.9	400.4	−11.7	748.9	−14.2
印度尼西亚	218.9	−7.0	303.8	−9.4	522.8	−8.4
缅甸（2014）	42.1	53.4	26.0	19.0	68.1	38.1
泰国	606.4	9.6	507.8	−4.6	1114.2	2.6
老挝	8.1	5.9	5.7	15.7	13.8	9.7
柬埔寨	39.4	3.5	19.1	1.4	58.5	2.8
越南	112	2.1	155.0	6.9	267	4.8
文莱	5.8	3.6	22.2	1.7	28.0	2.1
菲律宾	281.7	10.5	239.2	14.3	520.9	12.2
中亚五国						
哈萨克斯坦	61.8	−2.6	117.1	−8.4	178.9	−6.5
乌兹别克斯坦（2013）	25.3	7.8	10.3	9.5	35.6	8.3
土库曼斯坦	—	—	—	—	—	—
塔吉克斯坦	2.0	−36.2	3.6	−41.0	5.6	−39.4
吉尔吉斯斯坦	8.4	−5.9	9.6	−22.3	18.0	−15.4
西亚十八国						
伊朗	98.4	2.7	144.5	−12.7	242.9	−7.1
伊拉克	52.9	28.1	124.6	−15.8	177.5	−6.2
土耳其	467.4	−9.9	227.2	−9.4	694.6	−9.7
叙利亚（2011）	25.4	−65.4	29.1	−17.8	54.4	−49.9
约旦	61.5	−13.8	46.7	1.1	108.2	−8.0
黎巴嫩（2014）	137.6	−8.9	125.2	−2.6	262.8	−6.0

续表

国家（地区）	出口		进口		进出口总额	
	金额	增长率（%）	金额	增长率（%）	金额	增长率（%）
南亚十八国						
以色列	344.7	-2.5	224.1	-0.5	568.8	-1.7
沙特阿拉伯	144.7	15.6	902	-10.3	1046.7	-7.4
也门（2014）	17.1	-1.1	25.3	11.4	42.4	6.0
阿曼（2014）	30.7	4.6	102.3	4.3	132.9	4.4
阿拉伯联合酋长国	272.3	14.3	668.5	3.1	940.8	6.1
卡塔尔	150	10.9	307.8	-6.3	457.7	-1.3
科威特	60.6	-3.3	243.6	2.4	304.2	1.2
巴林（2014）	33.4	1.0	16.2	3.7	49.5	1.9
希腊	309.2	-24.9	121.9	-28.1	431.1	-25.9
塞浦路斯	88.3	-12.7	55.1	-11.6	143.4	-12.3
巴勒斯坦	11.1	6.9	11.8	4.1	22.9	5.4
西奈半岛	—	—	—	—	—	—
南亚八国						
印度	1558.4	-0.3	1231.1	-3.6	2789.5	-1.8
巴基斯坦	57.3	-0.8	79.5	-3.3	136.7	-2.3
孟加拉国	32.7	3.5	91.8	21.5	124.5	16.2
阿富汗	9.1	-27.3	17.2	-7.0	26.3	-15.2
斯里兰卡	64	14.1	59.7	5.3	123.6	9.7
马尔代夫	30.5	0.7	8.7	8.6	39.1	2.4
尼泊尔	15.2	11.6	12.5	6.4	27.7	9.2
不丹	1.2	-0.6	1.8	-3.0	3.1	-2.0
中东欧十六国						
波兰	434.5	-9.5	325.9	-11.1	760.3	-10.2
立陶宛	66.5	-14.3	46.7	-16.4	113.2	-15.2

国家（地区）	出口		进口		进出口总额	
	金额	增长率（%）	金额	增长率（%）	金额	增长率（%）
中东欧十六国						
爱沙尼亚	58.7	-16.9	40.3	-16.5	99.0	-16.7
拉脱维亚	44.8	-12.3	25.3	-9.6	70.1	-11.4
捷克	228.6	-9.4	198.1	-12.0	426.7	-10.6
斯洛伐克	80.4	-11.3	79.4	-11.3	159.8	-11.3
匈牙利	215.4	-12.1	157.1	-11.6	372.5	-11.9
斯洛文尼亚	66.2	-10.1	43.5	-14.2	109.7	-11.8
克罗地亚	125.1	-8.0	38.3	-5.1	163.4	-7.4
波黑	16.4	-10.5	4.9	-8.2	21.3	-10.0
黑山	13.5	-1.6	4.7	4.3	18.2	-0.1
塞尔维亚	51.0	-15.8	40.2	-19.5	91.2	-17.5
阿尔巴尼亚	22.5	-9.7	16.7	-19.4	39.2	-14.1
罗马尼亚	186.2	-7.1	109.3	-10.8	295.4	-8.5
保加利亚	79.3	-11.5	49.3	-12.0	128.6	-11.7
马其顿	15.2	-10.4	11.4	-6.9	26.6	-8.9
独联体七国						
俄罗斯	517.9	-21.2	884	-27.0	1401.9	-24.9
乌克兰	123.7	-16.9	107.5	-13.0	231.2	-15.1
白俄罗斯	66.5	-15.7	43.4	-24.4	109.8	-19.4
格鲁吉亚	31.5	3.7	16.9	-2.3	48.4	1.5
阿塞拜疆	44.4	3.4	86.7	-16.5	131.2	-10.7
亚美尼亚	15.1	-6.6	15.8	-8.0	30.9	-7.3
摩尔多瓦	9.7	-13.5	8.3	-17.5	18.1	-15.4
总额	9749.7	-6.1	10501.5	-8.7	20251.2	-7.5

注：表中无特别说明均为2015年相关指标数据，括号中为部分2015年数据缺损的国家（地区）截至目前相关数据最近更新的年份，-代表该项数据缺失。

数据来源：UNCTAD数据库。

3. 交通运输规模居首，传统服务业是服务业出口的主体

2015 年，"一带一路"国家（地区）传统服务业贸易出口占主要份额，其中：旅游服务出口额总额为 2883.0 亿美元，居各领域之首，占服务出口的 30.8%，交通运输和商业服务出口分别占服务出口的 22.9% 和 20.0%。新兴服务业中，通信、计算机和信息服务业出口较大，金额为 1139.7 亿美元，占服务出口的 12.2%，其次为金融服务业，出口金额为 371.8 亿美元，占服务出口的 4.0%。

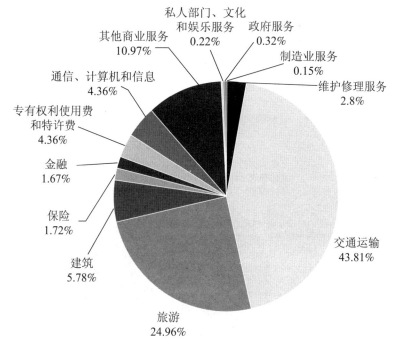

图 5-5　"一带一路"市场服务业进出口总额行业分布结构

说明：由于服务业细分行业数据缺失，本文选取的样本国家（地区）共 61 个，不包括乌兹别克斯坦、土库曼斯坦、阿拉伯联合酋长国和西奈半岛，样本国家的数据均采用最近更新的年度数据。

由 UNCTAD 提供的各国服务业贸易分行业数据进行加总获得。

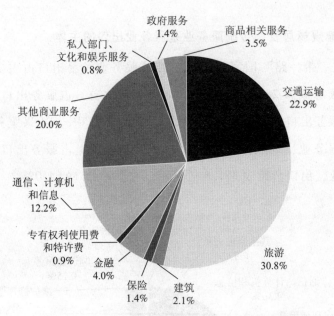

图 5-6 "一带一路"国家服务业出口行业分布结构

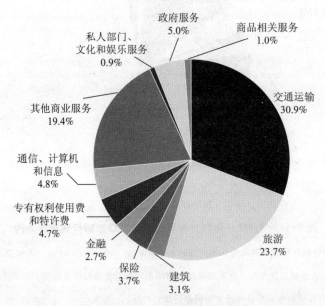

图 5-7 "一带一路"市场服务业进口行业分布结构

4. 中国竞争力整体偏弱，但个别细分行业具有优势

从国家和地区来看，2015 年波黑、克罗地亚等欧洲国家服务业贸易竞争力整体相对靠前，个别亚洲国家的服务业贸易竞争力突出，例如，马尔代夫的服务业贸易竞争力指数（TC 值）达到 0.56，在所有"一带一路"国家中排名第一。亚洲国家中，中东国家的服务业贸易竞争力普遍较弱，其中，沙特阿拉伯以 -0.72 的 TC 值

排名倒数第1，紧随其后的是科威特（TC值为-0.60）。

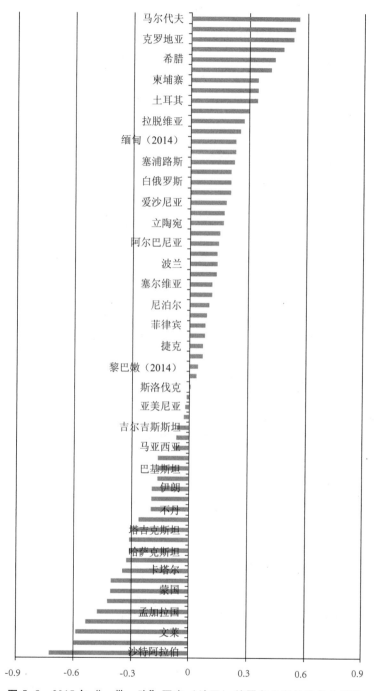

图5-8　2015年"一带一路"国家（地区）的服务业贸易竞争力情况

说明：统计样本不包括土库曼斯坦和西奈半岛两个数据缺失的国家（地区）。

数据来源：UNCTAD数据库。

从服务业领域来看，2015 年"一带一路"市场贸易竞争力指数处于相对弱势的行业共有 6 个。传统服务业中，商品相关服务业和旅游业等贸易竞争力较强，TC 指数分别为 0.54 和 0.11，位列所有细分行业的第一、四名；新兴服务业中，通信、计算机和信息行业与金融业的贸易竞争力较强，TC 指数分别为 0.42 和 0.17，位列所有细分行业的第二、三名。

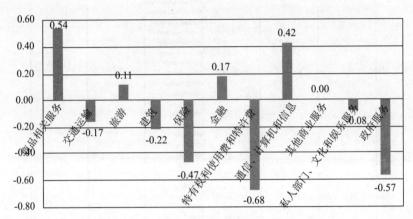

图 5-9 "一带一路"市场服务贸易分行业竞争力

说明：以"一带一路"国家各细分行业数据进行加总获得。

数据来源：UNCTAD 数据库。

（二）中国与"一带一路"市场服务贸易特点

1. 服务进出口情况

2016 年，我国与"一带一路"沿线国家（地区）服务进出口总额达 1222 亿美元，同比增长超过两位数，占同期我国服务贸易总额的 15.2%，比 2015 年提高 3.4 个百分点。其中，服务出口额占比达 21.5%，比 2015 年提高 11 个百分点，我国对"一带一路"市场的服务出口呈高速增长。

从与样本国家的双边贸易情况来看，中国与 9 个"一带一路"国家的服务进出口总额从 2011 年的 56.4 亿美元增长至 2015 年的 59.83 亿美元，增幅达 6.08%。其中，2011—2014 年为快速增长阶段，并在 2014 年达到近五年最高值，年均增幅达 4.39%。

（亿美元）

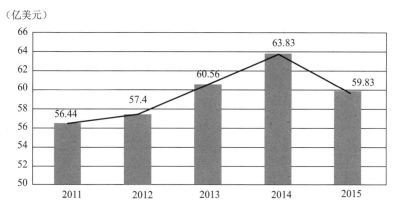

图 5-10　中国与沿线部分国家（地区）服务贸易情况

说明：1. 基于数据可得性，本文选取的九个样本国家为：捷克、爱沙尼亚、匈牙利、希腊、拉脱维亚、波兰、俄罗斯、斯洛伐克以及斯洛文尼亚。

数据来源：OECD 数据库，下同。

中国与 9 个"一带一路"国家的服务进出口集中分布在交通运输与旅游服务领域，其中，交通运输领域占比达 43.81%，居所有行业首位，旅游服务领域占比为 24.96%，仅次于交通运输领域，二者进出口贸易额之和接近进出口贸易总额的七成。相比之下，新兴服务业领域比重偏小，金融、保险、专有权利使用费和特许费以及通信、信息和计算机等领域的进出口比重仅约 10%。

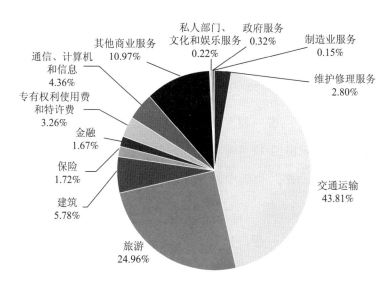

图 5-11　中国与沿线部分国家（地区）服务贸易行业分布情况

从中国与 9 个"一带一路"国家 2011 年和 2015 年服务进出口对比数据来看，

传统服务业中，制造业服务和维修护理服务业发展迅猛，进出口总额增长幅度约为200%。新兴服务业中，专利权利使用费和特许费服务的表现突出，增幅高达427%，高居所有行业之首，其次，金融服务业和通信、计算机和信息服务业，增幅也都超过了200%。

表5-5　中国与沿线部分国家（地区）分行业贸易　　单位：亿美元

行业	年份	
	2011	2015
制造业服务	0.04	0.09
维护修理服务	0.57	1.68
交通运输	22.59	26.24
旅游	20.93	14.95
建筑	3.6	3.46
保险	0.96	1.03
金融	0.4	1.00
专有权利使用费和特许费	0.37	1.95
通信、计算机和信息	1.14	2.61
其他商业服务	5.4	6.57
私人部门、文化和娱乐服务	0.08	0.13
政府服务	0.1	0.19

数据来源：OECD 数据库。

2. 服务外包发展情况

2016 年，我国承接"一带一路"沿线国家和地区服务外包执行额 121.3 亿美元，占全国服务外包总规模的 11.4%，其中，中东欧 16 国服务外包合同执行额增长达 26.3%，是"一带一路"市场中服务外包订单增长最快的区域。

3. 商业存在情况

2016 年，中国企业对"一带一路"沿线国家直接投资 145.3 亿美元，同比下降 2%，占同期总额的 8.5%，主要流向新加坡、印度尼西亚、印度、泰国、马来西亚等国家地区。中国企业在"一带一路"沿线国家建立初具规模的合作区 56 家，累计投资 185.5 亿美元，入区企业 1082 家，总产值 506.9 亿美元，上缴东道国税费10.7 亿美元。另据世界银行《全球贸易观察：2016 年贸易发展》，截至 2015 年底，中国企业对沿线国家（地区）的累计 FDI 存量为 1156.8 亿美元。从累计投资来看，中国企业对"一带一路"相关国家的投资存量主要集中在东盟以及俄罗斯、哈萨克斯坦、阿拉伯联合酋长国等资源丰富国家，而投资存量最多的为新加坡，占总 FDI 存量的 1/4 以上。对俄罗斯则是以资源为主的投资，对东盟地区的投资领域则分布较广，包括服务业、制造业、电力、批发零售、采矿业、建筑业等。

4. 自然人流动情况

实施"一带一路"倡议以来，中国赴"一带一路"国家从事劳务人员总数和占比都有明显提高。2015 年，中国赴"一带一路"国家从事劳务人员总数为 152695 人，比 2014 年增长 11.0%，占同年中国境外从事劳务合作人员总数的 24.70%，高于 2014 年的 23.04%。

总体而言，"一带一路"国家（地区）服务贸易规模在全球占有重要地位，中国与其服务贸易呈高速增长态势，尤其是在服务出口方面。我国与"一带一路"沿线国家（地区）开展服务贸易更具相对优势，能取得更有利的国际分工地位和更高的服务贸易收益。因此，加大与"一带一路"国家（地区）的服务贸易合作，有利于缓解我国服务贸易顺逆差失衡格局，提升我国服务贸易的整体竞争力。

三、中国与"一带一路"国家服务贸易展望与建议

（一）"一带一路"相关政策及效应评估

国家配套涵盖财税、金融、投资贸易合作、海关、交通运输等支持政策。政策的出台、落实和推动对促进中国与"一带一路"沿线国家和地区的发展服务贸易具有很大的推动作用。

在"一带一路"建设中，政府通过购买服务增加对道路、桥梁、口岸、码头等公共工程的投入，采用 PPP 模式加强公私合营、财政贴息等手段，撬动更多的资金参与"一带一路"建设。

金融支持政策主要是成立亚投行和丝路基金，以及国内"一带一路"沿线省份推出地方版丝路基金和其他类型基金。金融政策还包括壮大开发性金融，完善多元化的筹资机制，大力发展跨境保险产业，加快推进人民币国际化，加强国际区域金

融合作，加强区域金融监管合作，促进金融机构双向进入，做大、做强多边金融机构。

投资贸易合作是推进"一带一路"建设的传统领域，政策投放重点在于消除投资和贸易壁垒，提高贸易自由化便利化水平，构建良好的营商环境，共同商建自由贸易区，加快投资便利化进程，激发释放合作潜力，拓展相互投资领域，促进贸易转型升级。

中国海关总署制定出台多项支持措施，加强跨部门、跨地区以及国际海关合作，推动形成全方位、立体化、网络化的互联互通，聚焦于顺畅大通道、提升大经贸、深化大合作3个方面，全力服务"一带一路"建设。

交通基础设施建设对推进"一带一路"倡议具有先导性作用。"一带一路"交通项目重点是推进中-老-泰、中-蒙、中-俄、中-巴、中-吉-乌、中-哈、中-塔-阿-伊、中-印、中-越等互联互通交通基础设施建设。

（二）相关服务贸易政策和发展态势展望

1. 相关政策展望

加强统筹协调，狠抓政策落实。在经济发展新常态的背景下，服务贸易成为稳增长、调结构的新引擎。国家将继续做好服务贸易创新发展试点，鼓励管理体制、促进体制、政策体制、监管模式等方面先行先试，推进服务贸易便利化和自由化，着力构建法治化、国际化、便利化的营商环境，形成可复制、可推广的经验。

在当前国际经济形势复杂严峻的情况下，加快服务贸易发展，有利于推进外贸结构优化，培育经济新动能和带动就业。

2. 未来3~5年服务贸易发展预测

服务贸易成为拉动经济增长和扩大就业的驱动力。货物贸易与服务贸易协同发展将促使全球服务贸易发展进入新时代，运输、物流、分销为货物贸易的发展提供了必要的基础设施，有效服务是提升制造业产品出口的决定性因素，促使全球服务贸易发展进入一个新的时代。

发展中国家是世界服务贸易的重要力量。发展中国家在全球服务贸易出口中的占比已经达到了36%，中国和印度更跻身于全球十大服务贸易出口国行列。未来，发展中国家在世界服务贸易的所占份额将会持续提升。

新兴服务将成为未来服务贸易新的增长点。包括计算机与信息服务等新兴服务占服务贸易出口的一半以上。未来三五年间，传统服务的出口比重将继续下降，新兴服务增速较快，成为未来国际服务贸易新的增长点。

全球性规制协调和规制合作将推动建立合理有效的监管体制和政策。信息技术发展和全球经济一体化深化引发的规制缺位、规制壁垒也对现行国内规制提出了新的挑战，并对开展全球性的规制协调和规制合作提出了新的要求。在 WTO 框架下，未来国内规制改革将在明确国内监管的形式、透明度、必要性测试、国际标准、规制协调等方面出现新的变化。

（三）中国与"一带一路"服务贸易发展的建议

1. 提升服务贸易发展水平要以国内服务业为基础

加大对生产性服务的投入力度，扶持、鼓励生产性服务产业的国际化，打造具有国际水准的大型生产性服务企业。大力促进服务业和现代信息技术的深度融合，整体提高中国服务贸易在国际上的竞争力。

2. 强化与"一带一路"沿线国家和地区的司法合作

中国应加强与沿线各国进行司法合作，制定符合该区域背景下服务贸易发展要求的司法协议。建立一个公平、公正的外部环境，切实保障区域内各国企业的合法权益，健全服务产业发展的监管体系。

3. 规避因为文化差异或地缘关系而造成的各类风险

深入与沿线国家进行交流，增强各国间的政治互信，规避或减少可能出现的利益冲突。

4. 提高服务贸易从业人员的专业水平

建立"产学研"一体化的人才培养机制；大力鼓励中国香港、中国澳门地区熟悉国际法律、国际贸易的从业人员到内地创业、就业，带动国内从业人员共同提升，建成一支符合中国服务贸易发展需要的人才队伍。

第六章　利用外资和产业开放
——"外资撤离论"需正本清源

一、利用外资概况

（一）总体概况

2015 年，我国全年合同利用外资项目 26584 个，比上年增加 2790 个，同比增长 11.73%，实际利用外资 1355.77 亿美元，比上年增加 70.75 亿美元，同比增长 5.51%。

2016 年，在全球外国直接投资（FDI）流入量大幅下滑的背景下，中国吸引外资较 2015 年增加 2.3%，达 1390 亿美元，位居全球第 3 位。全国新设立外商投资企业 27900 家，同比增长 5%；实际使用外资金额 8132.2 亿元人民币，同比增长 4.1%（未含银行、证券、保险领域数据，下同）。12 月当月，全国新设立外商投资企业 3545 家，同比增长 21.1%；实际使用外资金额 814.2 亿元人民币，同比增长 5.7%。

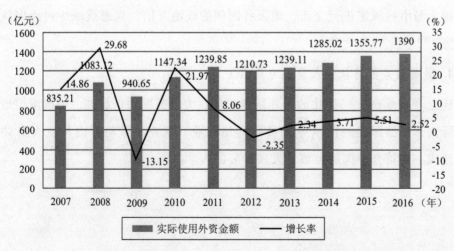

图 6-1　我国近 10 年的实际使用外资金额和增长率

（二）外商投资方式分布

2015年，我国外商直接投资中，外商独资企业和合资经营企业成为外商直接投资的主要方式。其中，合资经营企业5989家，同比增长24.15%，占比22.53%，金额258.85亿美元，同比增长5.51%，占比19.09%；外资企业20398家，同比增长8.45%，占比76.73%，金额952.85亿美元，同比增长0.58%，占比70.28%。

表6-1　2015年外商直接投资方式分布

指　　标	企业数			利用外资金额		
	数量（个）	比上年（%）	比重（%）	金额（亿美元）	比上年（%）	比重（%）
总　　计	26584	11.73	100.00	1355.77	5.51	100.00
合资经营企业	5989	24.15	22.53	258.85	23.25	19.09
合作经营企业	110	5.77	0.41	18.45	12.98	1.36
外资企业	20398	8.45	76.73	952.85	0.58	70.28
外商投资股份制企业	78	90.24	0.29	32.51	48.52	2.40
其他	9	-43.75	0.03	93.10	4.14	6.87

数据来源：《中国外资统计（2016）》。

（三）利用外资来源地分布

从中国利用外资的主要来源地来看，2015年，亚洲地区仍是最大的来源地，亚洲十国/地区（中国香港、中国澳门、中国台湾、日本、菲律宾、泰国、马来西亚、新加坡、印度尼西亚和韩国）对华投资新设立企业20399家，同比增长12.61%，实际投入FDI金额为1036.13亿美元，同比增长5.35%，占中国利用FDI的76.53%。美国对华投资新设立企业1241家，同比增长5.53%，实际投入FDI金额20.89亿美元，同比下降11.89%。欧盟15国对华投资新设立企业2612家，同比增长81.14%，实际投入FDI金额63.96亿美元，同比增长3.55%。实际对华投入FDI金额前15位国家/地区依次为：中国香港（863.87亿美元）、英属维尔京群岛（73.88亿美元）、新加坡（69.04亿美元）、韩国（40.34亿美元）、日本（31.95亿美元）、美国（20.89亿美元）、萨摩亚（19.91亿美元）、德国（15.56亿美元）、中国台湾（15.37亿美元）、开曼群岛（14.44亿美元）、法国（12.24亿美元）、中国澳门（8.85亿美元）、荷兰（7.52亿美元）、百慕大（7.10亿美元）、卢森堡（6.30亿美元），前15位国家/地区实际投入外资金额占全国实际使用外资金额的89.05%。

表6-2　2015年利用外资主要来源地概况

国家（地区）	企业数（家）	外商直接投资（万美元）
总计	26584	13557660
亚洲	20399	10361333
中国香港	13146	8638672
中国澳门	566	88540
中国台湾	2962	153710
日本	643	319496
韩国	1958	403401
新加坡	762	690407
泰国	56	4438
马来西亚	224	48048
菲律宾	33	3867
印度尼西亚	49	10754
欧洲	1612	639565
比利时	30	7629
丹麦	42	10466
英国	342	49648
德国	425	155636
法国	208	122390
爱尔兰	22	45157
意大利	204	24519
卢森堡	26	63011
荷兰	121	75179
希腊	3	7
葡萄牙	8	202
西班牙	80	19726

国家（地区）	企业数（家）	外商直接投资（万美元）
奥地利	35	7842
芬兰	14	5432
瑞典	52	52721
北美洲	1619	231281
加拿大	378	22392
美国	1241	208889
拉丁美洲	486	887135
巴巴多斯	1	3911
开曼群岛	112	144446
英属维尔京群岛	373	738778
非洲	24	34601
毛里求斯	24	34601
大洋洲及太平洋岛屿	340	199109
萨摩亚	340	199109
其他	2104	1204636

注：外商其他投资含对外发行股票。

数据来源：《中国统计年鉴（2016）》《中国外资统计（2016）》。

2016 年，主要外资来源地分布多元化，美国、欧盟 28 国、中国澳门、韩国保持较高增速，日本对华投资止跌回稳。美欧对华投资继续保持较快的增长势头。美国、欧盟 28 国对华实际投资同比分别增长 52.6% 和 41.3%。欧盟 28 国中，英国、德国、卢森堡、瑞典对华实际投资同比分别增长 113.9%、80.9%、125% 和 43.8%。亚洲投资来源地中，中国澳门、韩国实际投入金额同比分别增长 290.3% 和 23.8%；日本全年实际投资同比增长 1.7%，逆转了连续两年大幅下跌的态势（上述国家/地区对华投资数据包括这些国家/地区通过英属维尔京群岛、开曼群岛、萨摩亚、毛里求斯和巴巴多斯等自由港对华投资）。

（四）利用外资投向地区分布

从利用外资的地区结构来看，2015 年中部、西部地区有所下降，东部地区势头强劲且有明显增速。2015 年，东部地区实际引进 FDI 金额 1058.68 亿美元，同比增长 8.11%，占全国的 78.09%，中部地区实际引进 FDI 金额 104.44 亿美元，同比下降 3.84%，占全国的 7.70%，西部地区实际引进 FDI 金额 99.55 亿美元，同比下降 7.64%，占全国的 7.34%，有关部门实际引进 FDI 金额 93.10 亿美元，同比增长 4.13%，占全国的 6.87%。

表 6-3　2015 年外商直接投资地区分布

地区	企业数（家）	比重（%）	实际使用外资金额（亿美元）	比重（%）
总计	26584	100	1355.77	100
东部地区	23502	88.41	1058.68	78.09
中部地区	1872	7.04	104.44	7.70
西部地区	1201	4.52	99.55	7.34
有关部门	9	0.03	93.10	6.87

注：东部地区：北京、天津、河北、辽宁、上海、江苏、浙江、福建、山东、广东、海南。
中部地区：山西、吉林、黑龙江、安徽、江西、河南、湖北、湖南。
西部地区：内蒙古、广西、四川、重庆、贵州、云南、陕西、甘肃、青海、宁夏、新疆、西藏。
有关部门项下包含银行、证券、保险行业吸收外商直接投资数据。
数据来源：《中国外资统计（2016）》。

2016 年，西部地区吸收外资小幅增长，产业结构不断完善；东部地区保持稳定增长。西部地区实际使用外资金额 626.9 亿元人民币，同比增长 1.6%。其中，农、林、牧、渔业，制造业，电力、燃气及水的生产和供应业，信息传输、计算机服务和软件业，租赁和商业服务业实际使用外资同比分别增长 457.7%、11.3%、30.6%、115.6% 和 24.9%。农、林、牧、渔业，制造业和服务业的外资比重为 7.6%、34.3% 和 58%。东部地区实际使用外资金额 7047 亿元人民币，同比增长 7.6%。

（五）利用外资行业分布

从引进外商直接投资的产业分布来看，2015 年，第一产业引进项目 609 个，同比减少 110 个，下降 15.30%，占比 2.29%，实际利用外资 15.34 亿美元，同比增加 0.12 亿美元，增长 0.79%，占比 1.13%，平均单项投资规模由上年的 211.68 万美元/个上升至 251.89 万美元/个；第二产业引进项目 4981 个，同比减少 670 个，下降 11.86%，占比 18.74%，实际利用外资 435.95 亿美元，同比减少 3.48 亿美元，下降 0.79%，占比 32.16%，平均单项投资规模由上年的 777.61 万美元/个上升至 875.23 万美元/个；第三产业引进项目 20994 个，同比增加 3570 个，增长 20.49%，占比 78.97%，实际利用外资 904.48 亿美元，同比增加 74.12 亿美元，增长 8.93%，占比 66.71%，平均单项投资规模由上年的 476.56 万美元/个下降至 430.83 万美元/个。

表 6-4　2015 年外商直接投资产业结构

行业名称	企业数（家）	比重（%）	实际使用 FDI 金额（亿美元）	比重（%）
总计	26584	100	1355.77	100
第一产业	609	2.29	15.34	1.13
第二产业	4981	18.74	435.95	32.16
第三产业	20994	78.97	904.48	66.71

数据来源：《中国外资统计（2016）》。

制造业实际利用 FDI 金额 395.43 亿美元，同比下降 0.99%，占全国总量的 29.17%。其中，砖瓦石材及其他建筑材料制造业、建筑陶瓷制品制造业、轻质建筑材料制造业、玻璃及玻璃制品制造业、非金属矿物制品业、通信设备、计算机及其他电子设备制造业为制造业主要吸引外资行业，特别是建筑陶瓷制品制造业和电子计算机制造业增长势头惊人，分别增长 135.91%、98.99%。服务业中，房地产业、金融业、批发和零售业，租赁和商务服务业，科学研究、技术服务和地质勘查业，交通运输、仓储和邮政业，信息传输、计算机服务和软件业为主要吸引外资行业，分别占外商直接投资的 21.39%、17.91%、8.87%、7.41%、3.34%、3.09%、2.83%。其中，金融业利用外资比上年增长 85.02%，科学研究、技术服务和地质勘查业增长 39.17%，批发和零售业增长 27.05%，房地产业下降 16.26%，交通运输、仓储和邮政业下降 6.05%。

表 6-5　2015 年外商直接投资行业分布

行　　业	企业数（家）	同比（%）	实际使用外资金额（万美元）	同比（%）
总　　计	26584	11.73	13557660	5.51
农、林、牧、渔业	609	-15.30	153386	0.76
农业	389	-15.80	71146	-16.30

续表

行　业	企业数 （家）	同比 （%）	实际使用外资金额 （万美元）	同比 （%）
谷物的种植	20	-4.76	4923	20.57
林业	11	-60.71	12061	33.23
畜牧业	46	4.55	20979	-28.71
渔业	25	-54.55	6910	5.67
采矿业	34	-2.86	24292	-56.79
石油和天然气开采业	11	22.22	9921	307.10
制造业	4507	-12.96	3954290	-0.99
农副食品加工业	154	1.99	110476	9.19
谷物磨制	2	—	318	430.00
屠宰及肉类加工	26	36.84	12302	36.02
水产品加工	32	-21.95	6023	-59.18
石油加工、炼焦及核燃料加工业	5	-16.67	46482	-28.17
化学原料及化学制品制造业	182	-22.22	263439	-17.12
合成材料制造	34	-44.26	57710	-38.28
非金属矿物制品业	161	-29.69	235031	25.96
水泥制造	1	-66.67	29658	-15.39
轻质建筑材料制造	7	-22.22	8059	18.85
砖瓦、石材及其他建筑材料制造	69	-34.29	52950	68.26
建筑陶瓷制品制造	4	-20.00	10314	135.91
玻璃及玻璃制品制造	42	-6.67	99513	45.23
平板玻璃制造	0	—	1012	-84.09
陶瓷制品制造	21	-19.23	2785	-83.98
通用设备制造业	443	-19.01	284894	-2.50
专用设备制造业	438	-6.01	250236	8.69
交通运输设备制造业	322	-10.80	370840	-2.93
通信设备、计算机及其他电子设备制造业	507	-13.92	685549	11.51
通信设备制造	34	3.03	54311	57.26

续表

行　　业	企业数 （家）	同比 （%）	实际使用外资金额 （万美元）	同比 （%）
电子计算机制造	41	5.13	45384	98.99
电力、燃气及水的生产和供应业	264	26.92	225022	2.15
电力、热力的生产和供应业	154	48.08	152087	11.69
电力生产	136	54.55	141679	24.95
火力发电	7	133.33	17263	-34.32
水力发电	3	-57.14	2306	-60.21
其他能源发电	125	60.26	105808	32.57
燃气生产和供应业	40	-11.11	23156	-46.39
水的生产和供应业	10	-9.09	12352	62.53
建筑业	176	-23.48	155876	25.76
房屋和土木工程建筑业	61	-11.59	142549	45.39
铁路、道路、隧道和桥梁工程建筑	10	-23.08	89028	185.59
水利和港口工程建筑	7	250.00	14802	-13.37
交通运输、仓储和邮政业	449	19.41	418607	-6.05
批发和零售业	9156	14.77	1202313	27.05
住宿和餐饮业	611	7.76	43398	-33.26
旅游饭店	4	300.00	14683	-29.45
金融业	2012	104.06	2427889	85.02
房地产业	387	-13.23	2899484	-16.26
房地产开发经营	187	-33.45	2850756	-15.79
租赁和商务服务业	4465	12.67	1004973	-19.51
科学研究、技术服务和地质勘查业	1970	22.28	452936	39.17
居民服务和其他服务业	217	19.89	72131	0.44
教育	38	90.00	2894	38.01
卫生、社会保障和社会福利业	51	131.82	14338	84.84

数据来源：《中国外资统计（2016）》。

2016 年，外商投资延续向高端产业聚集的态势。服务业实际使用外资金额
5715.8 亿元人民币，同比增长 8.3%，占外资总量的 70.3%。其中，信息、咨询服
务业，计算机应用服务业，综合技术服务业，分销服务，零售业实际使用外资同比
分别增长 59.8%、112.8%、66.4%、42.9% 和 83.1%。高技术服务业实际使用外资
955.6 亿元人民币，同比增长 86.1%。制造业中，医药制造业、医疗仪器设备及仪
器仪表制造业实际使用外资同比分别增长 55.8% 和 95%。高技术制造业实际使用外
资 598.1 亿元人民币，同比增长 2.5%。

二、"外资撤离论"需要正本清源

近两三年来，外资关闭工厂与撤离中国的新闻报道时常见诸报端，特别是 2017
年初希捷关闭苏州工厂引发极大的关注，"中国出现外资撤离潮"的说法甚嚣尘上，
也引发了各方的评论。其中代表性的观点认为，中国投资环境出现恶化。那么，真
的呈现外资撤离潮吗？外资撤离是中国投资环境出现恶化吗？为了正本清源，本文
从外商直接投资总量角度对"外资撤离潮"立论进行分析，并对引起外资撤离的原
因进行分析。

（一）从 FDI 看"外资撤离潮"立论

1. 中国对外资吸引力居全球前列

改革开放至今，我国吸引外资不断增长，持续多年保持在全球吸引外资前三
位，成为全球对外资最具吸引力的目的地之一。如今，我国对外资的吸引力并没有
出现下降，国际上很多机构的调查报告都显示，外企对中国投资的热情不但不减，
反而与日俱增。如贸发会议发表的《2016 世界投资报告》称，中国仍然是全世界
第二受欢迎的投资目的地。中国美国商会调查显示，其会员中有 60% 以上的企业把
中国作为全球三大投资目的地之一。中国欧盟商会调查也发现，欧盟在华企业 50%
左右要在中国扩大投资。

从我国吸引 FDI 总量趋势看，2007 年以来，除了 2009 年因全球金融危机引起
全球 FDI 流入量出现下降导致我国也出现下降外，之后总体上保持平稳增长趋势
（见图 8-1）。2016 年，中国吸引外资较 2015 年增加 2.3%，达 1390 亿美元，位居

全球第 3 位。2016 年中国外资流入量除创下历史新高外，所利用的外资结构也继续优化，质量提高。与之相对比，受全球经济增长疲软以及世界贸易增长乏力等因素的影响，2016 年全球 FDI 流入量下降 13%，为 1.52 万亿美元。流入发达经济体的 FDI 总量从 2015 年的历史高位下降了 9%，为 8720 亿美元。发展中经济体 FDI 流入量总体减少了 20%，为 6000 亿美元，亚洲地区外国直接投资（FDI）流入量也大幅下滑。在这种情况下，中国吸引 FDI 总体表现非常令人满意。

但是，也应该看到，我国经济新常态的出现，使得我国的产业结构调整加快。重要的表现特征就是，自 2011 年制造业达到峰值，之后的年份制造业引资总量持续出现下降，制造业占吸引外资的比重也出现下降，2015 年不足 30%，服务业吸引外资比重超过七成。这也是出现"外资撤离论"的表象特征之一，如果单从制造业看，对外资的吸引力确实在下降，但这并不能表明我国整体对外资的吸引力下降，外商投资环境出现恶化。

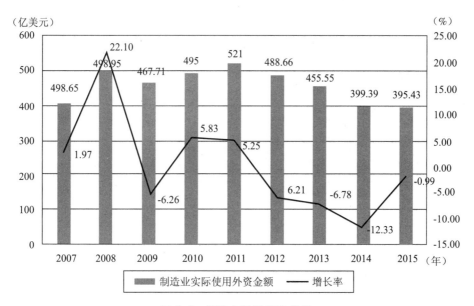

图 6-2　制造业吸引 FDI 趋势

数据来源：历年《中国统计年鉴》。

2. 外资注册资本数据并不支持"外资撤离论"

由于我国 FDI 统计只有年度新增数据，没有年末存量统计数据，因此，无法直接进行外资退出分析。为此，以《中国统计年鉴》中外商投资企业外方注册资本[①]作为年末 FDI 存量的近似，将每年外方注册资本增量与年度 FDI 对比，如果年度外方注册资本增量小于当年 FDI，则可以认为在总量层面存在外资退出现象，反之，则不存在。从图 6-3 中可以看出，2007 年以来，外商投资企业外方注册资本年度增量基本上超过当年 FDI 金额，仅 2011—2013 年略低。特别是 2015 年外方注册资本增量远超过当年实际利用外资金额，其中一部分增量可能来自于外方投资收益的再投资，另外部分来源于其他途径。因此，基于数据的分析，我们可以做出推断，我国并没有出现外资撤资或退出现象，即使存在外资撤资也是我国吸引外资结构调整政策引导下的有进有出的正常行为。

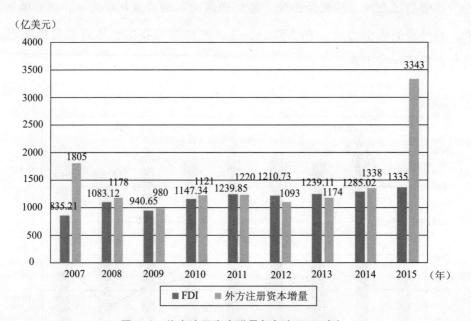

图 6-3　外方注册资本增量与年度 FDI 对比

数据来源：历年《中国统计年鉴》。

---

① 虽然目前我国外资注册资本实习认缴制，但根据《商务部关于改进外资审核管理工作的通知》（商资函［2014］314号），在各级商务部门外资统计中，按照实收资本进行统计。

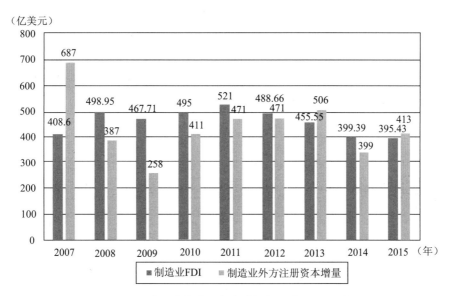

图 6-4　制造业外方注册资本增量与制造业 FDI 对比

具体到制造业，从图 6-4 中可以看出，2007 年以来的 9 年中，仅 2007 年、2013 年、2015 年三年出现制造业的外方注册资本大于当年 FDI。特别是在 2015 年外方注册资本增量超过年度 FDI 近 2000 亿美元的情况下，制造业外方注册资本增量超过当年制造业吸引外资不及 20 亿美元。因此，我国制造业外资相关数据尚不能成为支持外资撤离论的显著证据，不支持"外资撤离潮"。但也应该看到，近年来制造业对外资的吸引力下降是不争的事实，或多或少开始出现外资撤离迹象。这主要是因为 2008 年全球金融危机以来，面对中国的人工成本持续上涨，许多外资企业感到负荷过重，再加上 2007 年中国出台的"企业所得税"法，外企税收从原来的 15% 升到 25%，纳税政策引力缩减。有些外资企业认为经营难度越来越大，所以撤离中国搬至周边成本更低的东南亚国家，或者迁移回本国。尽管如此，随着我国改革开放进程中积累的制造业优势，如劳动力素质高，具备较完善的生产配套等，以及我国在制造业转型升级中的不断探索，中国具备其他东南亚国家没有的优点，中国制造业仍然具备优势，对外资仍具有吸引力。

（二）部分外资企业撤离原因分析

前面的分析表明，近一时期甚嚣尘上的"外资撤离论"并不成立，我国并没有出现明显的外资撤离现象，引发新闻热论的"外资撤离"只是正常的有进有退行为，这些外资企业减资或撤资受多种因素影响，有着必然性与合理性。总体上看，除受全球市场需求和中国经济增长放缓宏观因素影响之外，还受如下因素影响：

1. 人工等要素成本上升

目前中国已经步入工业化中期，东部已经进入工业化后期，特别是像北京、上海等一线城市，已经实现了工业化。经济发展到工业化后期，土地价格、劳动力价格必然上涨，环境负荷不断加大，产业转移成为必然。这是近年来我国经济发展过程中所存在的必然发展趋势，无论是外资企业还是内资企业都会面临这个问题，也是所有行业共同需要解决的问题，但劳动密集型行业特别是加工制造业所受的影响比其他行业更大。因此，大量的对人工等要素成本敏感的中小型外资企业，由于人工成本的不断高涨，企业成本优势已经不明显，负担变得沉重，选择将加工环节或工厂搬离中国大陆，搬到越南、印度等劳动力相对丰富、要素成本较低的东南亚国家，一些内资企业也如此，如诺基亚、苹果、小米代工厂等。这背后实际上所反映出的是这些加工制造业，特别是处于产业链低端的代加工企业，由于过于依赖劳动力成本优势，在面临要素成本上升过程中，转型升级以及创新不够，竞争优势下降甚至丧失不再。这些在产业转型升级中跟不上步伐的企业，最后只能选择产业转移至要素成本更低的国家，甚至是关闭工厂、退出市场。这些产业转移企业中，存在大量以加工贸易为主体的外资企业，通过与国外企业签订代工合同等方式发展外资经济。它们犹如候鸟型产业，要素成本低、投资环境较好的时候就留下来，不太适合的时候就转移阵地，即抱着挣快钱的目的对外投资。

2. 技术变化引起的战略调整

近年来，随着移动互联网及各类新技术的兴起，技术迭代造成一些以旧有的技术为主的产品被新技术替代，技术升级推动市场需求的变化迫使企业进行战略调整，这主要发生在高新技术产业领域。其中典型的案例就是最近引起热议的希捷苏州工厂关闭事件。2016年末，全球最大的硬盘制造商之一希捷集团关闭旗下的希捷苏州工厂。该工厂的关门在一定程度上反映出当前机械硬盘市场不景气的现实，而这正缘于技术更新背景下的行业变迁。从技术角度来看，希捷苏州工厂的产品以磁头驱动的传统硬盘为主，而代表硬盘发展方向的新型固态硬盘市场份额逐年上升，已经占据了市场主要份额，导致近几年希捷苏州公司订单持续减少，产能严重过剩。有通报中提到，希捷苏州公司2016年的进出口额同比下降37.5%。希捷集团考虑到优化运营效率、整合资源和控制成本的必要性，不得不进行相应的战略调整，以固态硬盘为主的无锡工厂得以保留。作为机械硬盘领域的老牌知名企业，希捷撤离苏州从侧面反映出行业的变迁，目前全球 PC 市场需求低迷，机械硬盘出货量快速下滑。机械硬盘风光不再，固态硬盘后来居上，正一步步对希捷的市场份额发起挑战。

3. 中国市场竞争日趋激烈

在中国的外资企业中，除了很多加工制造类企业主要利用中国的要素成本优势等之外，大量的企业特别是外国公司进入中国主要是为了抢占中国市场，特别是我国庞大的人口所带来的消费力。在早期，外资企业进入中国后，凭借着产品、管理、技术及人才等方面的优势，在中国市场对内资企业建立了较大的竞争优势。随着内资企业经过向外资企业的学习和市场的不断洗礼，产品、技术、管理及人才等方面的劣势不断拉小，内资企业能够与外资企业进行直接竞争。在这种激烈的市场竞争中，部分外资企业被迫在中国收缩战线或撤离中国。

这其中的代表性行业是手机行业与零售行业。在手机行业中，中国的手机市场已成为全球竞争最为激烈的市场之一，依托着巨大的市场基础和人口红利优势，中外手机企业同台竞争。在竞争过程中，国内企业产品品质不断提升，产生了诸如华为、小米、OPPO、VIVO 等优秀的本土手机生产企业。同时，外资手机企业中，除了苹果、三星两大外资品牌，一些外资手机品牌或放弃手机行业或基本撤离中国，如诺基亚公司等，2016 年诺基亚关闭位于上海金桥的工厂。除了劳动力和土地成本提高，中国的国产机现在泛滥成灾，价格战越演越烈，除了苹果、三星高端品牌，大部分外资品牌手机在价格和性能比上处于劣势。

在零售业中，纵观发展历程，欧美零售企业以大卖场的形式纵横中国零售业市场 10 多年，早期对内资零售企业具备较大的竞争优势。通过在市场竞争中不断学习，内资零售企业竞争劣势逐渐被抹平。随着行业发展和消费趋势变迁，零售业态也发生巨大变化。加上近年来电商的不断兴起，如今大卖场业态衰落，便利店开始崛起，以全家、7-11 为代表的日系便利店业态呈现迅猛发展的趋势。在这种业态变化和市场竞争中，以大型超市为主的外资零售商开始关闭门店、减少门店数量，如沃尔玛、家乐福等，甚至部分外资零售企业出现撤离中国的现象，如英国著名零售商 Tesco。

4. 税收等优惠政策减少

改革开放以来，对外资"超国民待遇"的优惠，让外资企业在中国市场迅速站稳了脚跟，也加速了中国经济的迅速发展。但是"超国民待遇"也产生了负面的效应，对国内技术形成挤出效应，对内资企业发展造成了伤害。中国自 2008 年 1 月 1 日起将内外资企业所得税税率统一为 25%，此前外资所得税税率是 15%，而内资企业的税率高达 33%。自 2010 年 12 月 1 日起，中国对外商投资企业、外国企业及外籍个人征收城市维护建设税和教育费附加。内外资企业税制实现了全面统一，外资企业在税收政策上享受的"超国民待遇"彻底结束。中国统一内外资企业税制的措施在一定程度上对外资进入中国以及撤离中国会产生影响，但实际上只是外资"超国民待遇"的结束，内外资公平竞争的开始。尽管在希捷集团关闭苏州工厂事件中，少数评论将此行为与苏州税务部门要求希捷补缴 14 亿元人民币所得税行为联系起来，认为有"杀鸡取卵"的嫌疑。但实际上，仅从补缴所得税行为看，属于正常的税务稽核行为，也不意味着中国外商投资环境在恶化，税收并不是唯一影响外商投资的因素。中国作为全球最大的发展中国家，市场巨大，而且经济保持快速增长，市场增长潜力巨大，这些都是吸引外资的重要因素。

5. 中国环境保护力度加大

改革开放以来的很长时期内，我国一直将引进外资视为经济发展的动力，在引进外资过程中，重数量、轻质量的现象普遍存在。使得我国引进的外资企业中，特别是加工制造业企业中，大量企业主要依赖资源、劳动力等要素的大量投入，未完全摆脱传统粗放型增长方式。但随着我国经济的不断发展，环境污染问题日益严重，资源环境承载压力巨大，各级政府近年来对环境污染日益重视，不断加大力度和措施整治环保问题。"三高一低"（高投入，高消耗、高污染、低效益）的发展模式难以为继，大量以低劳动力成本和资源环境为代价为优势的外资企业在我国的产业转型升级过程中失去了生存空间。国家吸引外资政策逐渐调整方向，劳动密集型外资企业面临转型升级。2010 年后，我国逐步收紧了环境排放标准，使得部分劳动密集型外资企业难以达到标准，要实现转型升级除了面对技术上的一些困难还需要企业进行投入，前期付出代价大，许多外资企业感觉负荷太大，难以转型，因此选择撤离中国或者移至周边的东南亚国家。

6. 新老工人工作态度迥异

20 世纪 90 年代，外资企业之所以抛弃东南亚而选择到中国投资，一个主要优势在于第一代农民工特别能吃苦耐劳，而且具备老板们非常看重的忍耐与服从精神。加上 1980—1990 年中国实行"科教兴国"战略，为社会培养出了一大批基础教育非常扎实的产业工人。而伴随着劳动力成本的不断攀升，新一代的工人则迥然不同，不服从安排、不肯吃苦、好逸恶劳、容易冲动等特质已成为他们的新标签。近年来，年轻工人因为被主管批评几句便举刀相向的报道屡屡见诸报端。另外，由于新一代产业工人在维护自身权益意识方面普遍较强，导致企业的经营风险日益加大。

第七章　金融业开放

一、背景及历程

在全球经济一体化的背景下，随着改革开放的不断深化，中国经济在持续快速增长的同时，其外向度（或国际化程度）不断提高，中国经济的全球影响力日益增强。改革开放以来，我们所采取"引进"为主的金融开放策略，不仅能够有效缓解当时外汇缺乏的困境，也有利于借鉴外资金融机构的经验和做法，为我国尚处于起步阶段的金融市场注入活水，促进本土金融机构尽快成熟进步。

经过数十年的不断发展，目前我国国际收支已经呈现大规模顺差，外资金融机构及国际金融市场为国内提供的服务正在逐步形成对我国金融机构业务和金融市场交易的替代，而中资金融机构在境外的商业存在十分有限，国内金融市场对外提供服务的能力也很有限，中国金融市场的国际影响力与中国实体经济的国际影响力明显不匹配，为此，进一步提升我国金融行业开放程度的需求变得尤为紧迫。

近年来，"一带一路"的提出与自贸区建设为我国金融业开放提供了新的发展空间，两者相互关联，彼此促进，共同推动我国金融业对外开放。"一带一路"作为连通沿线各国、促进共同发展的宏大战略，涉及大量的新兴金融合作，为我国带来进一步开放的需求，也为我国金融开放和国际合作提供了新的机遇。而自贸区作为我国对外开放的桥头堡和引擎，其建设经验将促进"一带一路"成功实施。在自贸区建设、打造"一带一路"和金融对外开放之间，还存在着共通的改革目标，即实现货币的自由兑换和自由流动。"金融被喻为是现代经济的血液，通俗理解就指资金的融通，这是金融开放要达到这样的目标。"可以预见，进一步的金融开放不仅不会形成对现有财政资源的挤占，而且能够进一步管控金融风险、抑制市场扭曲，为金融机构开拓海外布局，为贸易投资资本运作等提供更好的金融服务和发展空间，在"一带一路"和"自贸区"建设中发挥积极的作用。

二、金融机构开放

（一）银行类机构开放

1. 外资银行类机构"引进来"

截至 2015 年底，15 个国家和地区的银行在华设立了 37 家外商独资银行（下设分行 306 家）、2 家合资银行（下设分行 4 家）和 1 家外商独资财务公司；26 个国家和地区的 69 家银行在华设立了 114 家分行。46 个国家和地区的 153 家银行在华设立了 174 家代表处。38 家外资法人银行、86 家外国银行分行获准经营人民币业务；31 家外资法人银行、31 家外国银行分行获准从事金融衍生产品交易业务；6 家外资法人银行获准发行人民币金融债；4 家外资法人银行获准开办信用卡发卡业务、1 家外资法人银行开办信用卡收单业务。外资银行在我国 27 个省份的 69 个城市设立营业机构，形成了具有一定覆盖面和市场深度的总行、分行、支行服务网络，营业网点达 1044 家。其中，约 17% 的机构网点位于东北和中西部地区[①]。

表 7-1　在华外资银行业金融机构情况（截至 2015 年底）

机构/类型	外国银行	独资银行	合资银行	独资财务公司	合计
法人机构总行	—	37	2	1	40
法人机构分行	—	306	4	—	310
外国银行分行	114	—	—	—	114
支行	23	542	15	—	580
总计	137	885	21	1	1044

数据来源：中国银监会。

截至 2015 年底，在华外资银行资产总额 2.68 万亿元，同比下降 3.94%；负债总额 2.33 万亿元，同比下降 6.17%。其中各项贷款余额 1.13 万亿元，同比下降 4.62%；各项存款余额 1.44 万亿元，同比下降 7.10%。金融衍生品业务规模 9.42 万亿元，同比上升 16.47%。2015 年实现净利润 152.98 亿元，不良贷款率 1.15%，

---

① 数据来自《中国银行业监督管理委员会 2015 年报》。

流动性比例 69.53%[①]。

表 7-2　在华外资银行营业机构资产情况（2010—2015）

项目/年份	2010	2011	2012	2013	2014	2015
资产	17423	21535	23804	25577	27921	26820
占银行业金融机构总资产比	1.85	1.93	1.82	1.73	1.62	1.38

数据来源：中国银监会。

2. 中国本土银行类机构"走出去"

2014 年以来，中资银行进一步加快"走出去"发展步伐。截至 2015 年底，我国共有 22 家中资银行业金融机构在海外 59 个国家和地区设立 1298 家分支机构，其中一级机构 213 家，分别较 2013 年新增 2 家中资银行机构、新开拓 8 个境外国家和地区以及新设 172 家分支机构[②]。2015 年 6 月 8 日，中信银行与台湾中国信托金融控股股份有限公司签署股权合作协议，成为大陆首家赴台投资的股份制商业银行，也是大陆金融机构首次赴台参股金融控股公司。

（二）证券类机构开放

1. 外资证券类机构"引进来"

近年来，我国稳步推进合格境外机构投资者（QFII）的资格审批，扩大人民币合格境外机构投资者（RQFII）的试点范围，简化境外机构投资者准入及资金汇出、汇入手续，建立更加灵活的额度管理制度，方便境外长期资金投资。截至 2016 年底，共有来自 30 余个国家和地区的 278 家境外机构获批 QFII 资格，累计获得 916.24 亿美元投资额度；RQFII 试点范围扩大至瑞士、卢森堡、智利、匈牙利、马来西亚、阿拉伯联合酋长国和泰国等 16 个国家和地区，RQFII 额度增加至 1.21 万亿元人民币，来自 13 个国家和地区的 184 家机构首批 RQFII 资格，累计获得 5284.12 亿元人民币的投资额度[③]。

与此同时，我国积极推动落实境外企业发行人民币债券试点，丰富交易所债券市场发行主体。2015 年，共有两家境外企业在上海证券交易所完成非公开发行人民

---

① 数据来自《中国银行业监督管理委员会 2015 年报》。
② 数据来自《中国银行业监督管理委员会 2015 年报》。
③ 数据来自国家外汇管理局官网，截至 2016 年 12 月 31 日。

币公司债券，融资金额 15 亿元。截至 2015 年 8 月，中国内地共有合资证券公司 11 家，合资基金管理公司 45 家，外资证券类机构驻华代表处 320 家[①]。

2. 国内证券类机构"走出去"

截至 2016 年底，共有 28 家中资证券公司的境外子公司获得 QFII 资格，累计获批投资额度为 88.48 亿美元；共有 50 家中资证券公司获得 RQFII 资格，累计获得投资额度 2483.9 亿元人民币[②]；48 家证券公司、基金管理公司获批 QDII 资格，累计获批投资额度 375.5 亿美元[③]。

2015 年，沪港通试点总体运行平稳、有序，为两地投资者相互买卖股票带来了便利，对于优化投资者结构，促进两地市场互联互通协同发展发挥着重要作用。截至 2015 年底，交易金额合计 22795.01 亿元人民币，其中沪股通累计交易金额 16385.76 亿元人民币，港股通累计交易金额 6409.25 亿元人民币；沪股通每日额度平均使用 6.06 亿元人民币，港股通每日额度平均使用 6.46 亿元人民币。沪股通总额度剩余 1802.85 亿元人民币，港股通总额度剩余 1417.51 亿元人民币。

（三）保险类机构开放

1. 外资保险类机构"引进来"

截至 2016 年底，共有来自 21 个国家和地区的金融机构在我国境内设立了 69 家外资保险类机构（见表 7-3）、190 家驻华代表处。2016 年全年，外资保险公司原保险保费收入 1577.4 亿元人民币，占市场份额为 5.09%[④]。

表 7-3　在华外资保险类机构情况（截至 2016 年底）

机构/类型	外资保险法人机构	合资保险法人机构	外国保险分公司	合计
人身险	3	2	7	39
财产险	22	3	—	22
再保险	—	—	6	6
保险资产管理	—	2	—	2
总计	22	34	13	69

数据来源：中国保监会。

---

① 数据来自中国证券监督管理委员会官网-国际部，截至 2015 年 8 月。
② 名单来自中国外汇管理局，截至 2016 年底。
③ 名单来自国家外汇管理局，数据截至 2016 年底。
④ 数据来自保险业监督管理委员会，截至 2016 年底。

与 2014 年相比，2015—2016 年，外资保险法人机构并未有所增加，但有 4 家外国保险公司增设了驻华代表处，分别为百慕大开磷集团有限公司北京代表处、百慕大富卫人寿有限公司上海代表处、百慕大大新人寿保险有限公司深圳代表处和英国佰仕富人寿再保险有限公司上海代表处。

2. 国内保险类机构"走出去"

截至 2016 年底，我国共有 12 家中资保险公司在海外设立了超过 38 家分支机构，其中 9 家属于上市保险公司，3 家属于未上市的保险公司，且 9 家上市的保险公司均有在海外上市。其中，中国人寿是唯一一家同时在上交所、港交所及纽交所上市的中资保险公司；中国平安、中国太保及新华人寿 3 家为上交所及港交所两地上市的保险公司；中国太平、人保财险、中国人保及中再集团 4 家为港交所上市公司。

2012 年以来，中资保险公司进一步加快"走出去"步伐，中资保险公司的国际影响力进一步提升。从国际化事件的数量上来看，1980—2011 年的 30 年里，迈出实质性国际化步伐的中资保险机构共 12 家，国际化事件共计 35 件。而进入 2012 年之后，这一趋势明显加快，4 年时间里，共发生国际化事件 31 件，而且这一趋势在最近三年表现得越发显著，中资保险公司国际化步伐呈现出明显的加速态势（见图 7-1）。

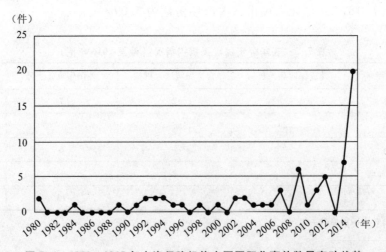

图 7-1 1980—2015 年中资保险机构主要国际化事件数量变动趋势

数据来源：中国保监会。

（四）其他金融机构开放

中国融资租赁行业经历了最近 10 年的爆发式增长，国内租赁市场竞争白热化。在供给侧改革去产能过程中，贴近实体经济，与重资产型工业企业休戚相关的融资租赁行业发展空间承压，亟须创新转型与拓展新空间。在当前国家实施"一带一路"倡议中，伴随着众多中国企业"走出去"，跨境融资租赁开启了新的业务增长空间。注册在天津滨海新区的工银金融租赁、民生金融租赁、兴业金融租赁、中铁建金融租赁等企业，纷纷在"一带一路"上找商机，参与沿线国家大型轨道交通、能源设备、电力设备等方面的跨境融资租赁，将优势产能设备输出到国外。截至2016 年，工银租赁已在"一带一路"沿线国家储备了 412 个项目。

三、金融市场开放

（一）证券市场开放

1. 交易所市场开放

我国证券市场的开放是以发行境内上市股（B 股）和境外上市外资股（H 股、N 股等）为开端的，随后推出的境外合格机构投资者（QFII）制度加深了资本市场的开放程度。截至 2016 年底，我国共有 279 家境内股份有限公司到境外上市，筹资总额 3151.65 亿美元。其中，在港交所主板上市 222 家，纳斯达克交易所上市约130 家，纽约证券交易所上市 70 余家，在港交所创业板上市 24 家。222 家 H 股公司中有 94 家发行 A 股，1 家发行 B 股，1 家同时发行 A、B 股。

值得一提的是，我国的证券交易所在对外开放道路上已经迈出强有力的步伐。2015 年 11 月 18 日，由上交所、德意志交易所集团、中国金融期货交易所共同出资成立的中欧国际交易所在德国法兰克福开业，首批上线产品包括 ETF（交易所交易基金）和人民币债券；2016 年 12 月 27 日，中金所、上交所、深交所、中巴投资公司及哈比银行组成的联合体与巴基斯坦证券交易所股权出售委员会和巴基斯坦证券交易所签署《股权收购协议》，购买巴基斯坦证券交易所 40% 的股权。

2. 银行间市场开放

2016 年，我国进一步开放境内银行间债券市场，国家外汇管理局对境外机构投资银行间债券市场实行外汇登记管理，不设行政许可和单家机构限额或总限额，境外机构投资者资金汇出入无须核准，投资银行间债券市场不设锁定期、汇出比例和额度限制。截至 2016 年底，共有 180 个境外机构或产品进行银行间债券市场投资备案，境外机构持有境内银行间市场债券余额 7788.49 亿元人民币[①]。

（二）外汇市场开放

2016 年，人民币外汇市场累计成交 20.3 万亿美元，日均成交额 832 亿美元，较 2015 年增长 14.3%。在外汇市场开放方面，截至 2016 年底，共有外汇市场即期市场会员 598 家，其中外资会员 182 家，占 30.4%；外汇远期、掉期市场会员 164 家，其中外资会员 111 家，占 67.7%；外汇货币掉期市场会员 136 家，其中外资会员 94 家，占 69.1%；外汇期权会员 94 家，其中外资会员 59 家，占 62.8%。

（三）其他交易市场开放

1. 黄金市场开放

自 2014 年上海黄金交易所（简称上金所）启动国际以来，以人民币计价和结算的我国黄金市场国际化水平不断提升。2015 年 7 月，上金所与香港金银业贸易场（简称贸易场）正式开通"黄金沪港通"，贸易场成为上金所特别国际会员，其 171 家行员经审批后即可使用离岸人民币在上金所主板及国际板进行交易，由此内地和香港两大主要黄金市场将开启互联互通。同时，上金所围绕国际板，进一步扩大开放水平。2016 年 6 月 6 日，上金所启动国际会员询价代理业务试点，试点范围包括询价即期、询价远期、询价掉期、询价期权；6 月 27 日，国际板推出债券充抵保证金业务，全年累计发生债券充抵金额 15.62 亿元人民币，进一步提高国际会员资金使用效率，降低交易成本。

2. 期货市场开放

我国期货市场开放程度相对较低，境外机构参与我国期货市场的途径十分有限。不过，近两年来，我国期货市场国际化出现新举措。2015 年 6 月 26 日，中国证监会正式发布《境外交易者和境外经纪机构从事境内特定品种期货交易管理暂行办法》（简称《暂行办法》），为境内期货交易场所制定相应的业务规则，以及境

---

① 数据来自国家外汇管理局 2016 年报。

外交易者和境外经纪机构从事境内特定品种期货交易提供了法规依据。《暂行办法》扩大了我国期货市场参与主体，允许境外交易者和境外经纪机构从事境内特定品种期货交易，并为境外交易者和境外经纪机构提供了多种参与模式、操作办法和管理要求。根据《暂行办法》规定，原油期货成为我国首个境内特定品种，允许境外交易者和境外经纪机构通过多种模式从事境内特定品种期货交易。

3. 其他金融衍生品市场开放

其他金融衍生品市场包括银行间汇率衍生品市场、银行间利率衍生品市场及金融期货市场等。目前，我国金融衍生品市场的开放程度较低，外资金融机构只能从事远期利率协议、货币互换、利率互换等业务，其中，远期利率协议、利率互换是外资金融机构近年来发展最快的业务，其业务规模占比较大。而金融期货市场如股指期货市场等金融衍生品市场的开放程度更低，只有少数外资机构成为中国金融期货交易所的会员。

四、外汇体制改革

（一）经常项目外汇管理

2015—2016 年，我国经常项目分别实现顺差 3306 亿美元、1845 亿美元，与 GDP 之比分别为 3%、1.8%，虽然略有波动，但继续保持在国际公认的合理水平之内，我国外汇管理体制改革在促进国际收支平衡方面取得重要进展。

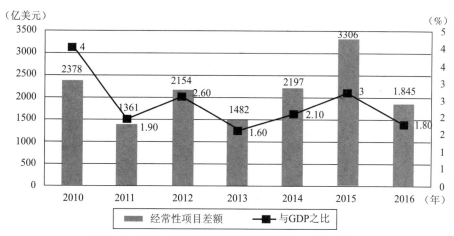

图 7-2　2010—2016 年经常贸易差额及与 GDP 之比

数据来源：国家外汇管理局。

2015—2016年，我国经常项目外汇管理进一步简政放权，积极培育外贸竞争新优势。一是在总结前期经验的基础上，进一步在全国范围内开展支付机构跨境外汇支付业务试点，全国范围内符合相关条件的支付机构均可申请开办跨境外汇支付业务，并进一步规范跨境外汇支付业务的管理。二是出台《保险业务外汇管理指引》，进一步简政放权，完善保险业务外汇管理。具有经营外汇保险业务资格的保险公司，其分支机构只需获得保险公司内部授权即可经营、变更或终止外汇保险业务，同时保险公司外汇账户管理和外汇收支管理程序也得到简化。三是进一步推进贸易便利化。允许银行在遵守现行货物贸易外汇管理规定和落实"展业三原则"的条件下，可以选择审核纸质单证或审核电子单证，促进货物贸易外汇收支便利化。简化A类企业货物贸易外汇收入管理，出台个人贸易收结汇便利化措施，简化单证办理程序。

（二）资本项目外汇管理

2015—2016年我国资本与金融项目分别实现顺差−4833亿美元、−4127亿美元。资本项目国际收支表现出以下特征：直接投资由净流入转为净流出，2015年和2016年分别实现顺差621亿美元、−466亿美元；境外对我国证券投资明显下降，2015—2016年我国证券投资项下净流出665亿美元和622亿美元；其他投资项目持续保持净流出，2015—2016年我国其他投资项下净流出4791亿美元和3035亿美元。

表7-4 2015—2016年我国资本与金融项目国际收支情况

项目	2015年			2016年		
	净流入	流入	流出	净流入	流入	流出
资本项目	2	5	3	−4	3	7
金融项目	−4835	—	—	−4123	—	—
直接投资	621	—	—	−466	—	—
证券投资	−665	—	—	−622	—	—
其他投资	−4791	—	—	−3035	—	—
合计	−4833	—	—	−4127	—	—

数据来源：国家外汇管理局。

2015—2016 年，我国继续推进资本与金融项目重点领域改革，提升资本项目开放水平。一是进一步简化和改进直接投资外汇管理政策，取消了境内直接投资项下外汇登记核准和境外直接投资项下外汇登记核准的两项行政审批事项，简化了境内直接投资项下外国投资者出资确认登记管理、取消了境外再投资外汇备案，取消了直接投资外汇年检，改为实行存量权益登记。二是开展外汇资本金结汇管理方式改革，在 16 个国家级经济、金融改革试验区的试点基础上，进一步将外汇资本金结汇管理方式改革推广到全国范围。三是开展企业外债资金结汇管理方式改革，在上海、天津、广东、福建 4 个自由贸易试验区试点改革相关经验的基础上，将企业外债资金结汇管理方式改革试点推广至全国。境内企业外债资金均可按照意愿结汇方式办理结汇手续。

（三）外汇储备经营管理改革

2015—2016 年，我国国际收支、外汇供求逐步趋于基本平衡，外汇储备逐步减少，2016 年我国外汇储备资产分别比 2015 年减少 3198 亿美元，减幅为 9.6%，外汇储备余额达 30105 亿美元。

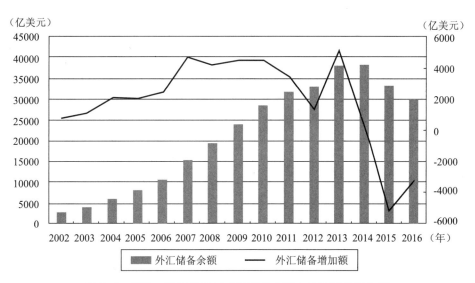

图 7-3　2002—2016 年我国外汇储备余额与外汇储备增加额

数据来源：国家外汇管理局。

2015—2016 年，我国外汇储备经营管理坚持国家战略导向，推进外汇储备多元化运用，实现更好地服务实体经济和国家长远战略。一是认真贯彻落实国家战略部署，完成向国家开发银行、中国进出口银行的注资工作，助力开发性和政策性金融机构深化改革。二是继续加强国际合作，组建中拉产能合作投资基金和中非产能合作基金，加上已投入运作的丝路基金，打造支持国家战略的三大投融资平台。

五、人民币国际化

（一）人民币流出机制及现状

目前人民币的流出机制主要包括以下几个方面：

1. 跨境贸易人民币结算

自 2009 年开展跨境贸易人民币结算试点以来，人民币在跨境贸易中的作用不断增强。近年来，通过跨境贸易人民币结算的渠道，境外已经积累起数额较大的人民币存量。2016 年，在美元强势背景下，在岸人民币累计跌幅 6.9%，亦影响到人民币跨境业务表现。根据央行公布的数据，2016 年跨境人民币贸易结算业务金额为 5.23 万亿元人民币，较上年同期下跌 27.7%（见图 7-4）。

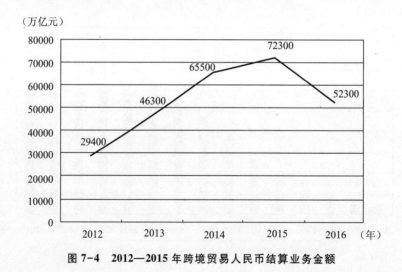

图 7-4　2012—2015 年跨境贸易人民币结算业务金额

数据来源：中国人民银行。

2. 人民币跨境直接投资

中国的境外投资规模和人民币境外投资额显著增加。据商务部统计，2015 年中国境内投资者共对全球 155 个国家或地区的 6532 家境外企业进行了直接投资，累计实现非金融类直接投资 7350.8 亿元人民币，同比增长 16.3%。其中，以人民币结算的对外直接投资额 7362 亿元，同比增长 294.53%。2016 年，受到人民币汇率中间价形成机制改革的影响，许多企业加快了全球配置资产的步伐，使得以人民币结算的对外直接投资规模直线上升，全年对外直接投资额达 10619 亿元，达到人民币国际化启动以来的峰值（见图 7-5）。

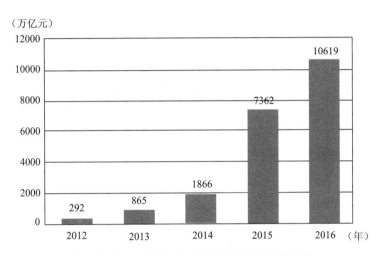

图 7-5　2012—2015 年人民币跨境直接投资金额

数据来源：中国人民银行。

3. 货币互换协议

2015 年，中国人民银行与白俄罗斯、阿拉伯联合酋长国、土耳其、澳大利亚、乌克兰以及英国第二次续签协议，与马来西亚第三次续签协议。截至目前，中国人民银行已与 33 个国家和地区的货币当局签署货币互换协议，货币互换余额为 3.31 万亿元。不同于发达经济体间签订的旨在应对危机的货币互换协议，中国人民银行与境外货币当局签订本币互换协议的目的不仅包括维护区域金融稳定，还包括促进双边贸易和投资。

除了在央行层面签订货币互换协议，清算行制度也在市场层面为人民币流动性提供了保障。2015 年，中国人民银行分别授权在吉隆坡、曼谷、悉尼、卡塔尔、智利、南非等地建立了人民币清算行，为当地使用人民币提供便利和支持。2015 年 11 月 30 日，美国多位金融及工商界领袖宣布，成立人民币交易和清算工作组，探讨在美国建立人民币交易和清算机制，以便美国机构使用和接收人民币付款，降低交易成本并提高效率。

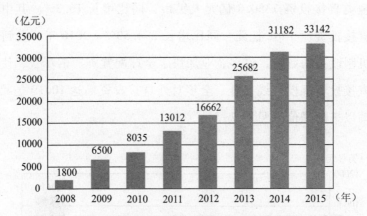

图 7-6　2008—2015 年人民银行与其他货币当局货币互换余额

数据来源：中国人民银行。

（二）人民币回流机制及现状

目前人民币的回流机制主要包括以下几个方面：

1. 贸易回流

在跨进贸易人民币结算中，国内出口商寻求以人民币支付结算出口贸易，是促进人民币有序回流的有效途径。国务院常务会议 2009 年 4 月 8 日正式决定，在上海和广州、深圳、珠海、东莞等城市开展跨级贸易人民币结算试点。这将迈开人民币走向国际化的关键一步，有利于人民币国际地位的逐步提升。2015 年底，跨境贸易人民币结算业务实收 6.19 万亿元，同比增长 126.74%；实付 5.91 万亿元，同比增长 54.71%。结算收付比由 2014 年的 1∶1.40 显著下降至 2015 年的 1∶0.96，首次出现人民币国际化以来跨境人民币实收低于实付的局面，反映出套利性资本流入下降，人民币的收入与支付更加均衡。2016 年，全国跨境人民币收付金额合计 9.85 万亿元，人民币是我国第 2 大跨境支付货币，为世界第 6 大国际支付货币和第 8 大外汇交易货币。特别是 2016 年 10 月人民币正式加入 SDR 货币篮子后，进一步得到国际社会的普遍认可。

2. 跨境人民币直接投资

2015 年，中国实际使用外商直接投资金额 1262.5 亿美元，其中以人民币结算的外商直接投资显著增加，累计达到 15871 亿元，较 2014 年增加 7251 亿元，增长

84.12%。受到 8 月人民币汇率形成机制改革的影响，外商为了规避汇率风险，在直接投资中大量采用人民币进行结算，使得 9 月人民币外商直接投资额出现峰值。2016 年，受美元走强等国内外因素的影响，以人民币结算的外商直接投资有所减少，累计为 13988 亿元（见图 7-7）。

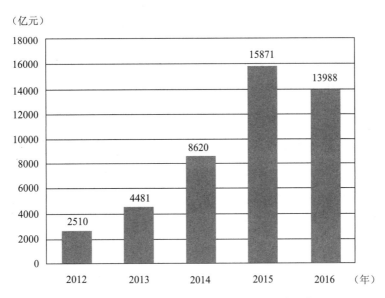

图 7-7　2012—2016 年跨境人民币直接投资总额

数据来源：中国人民银行。

3. 人民币合格境外投资者（RQFII）

RQFII 机制规定了境外中央银行（或货币当局）、港澳人民币业务清算行和境外参加行等三类境外机构可以运用通过货币合作、跨境贸易和投资人民币业务获得的人民币资金投资银行间债券市场。随着中国金融市场的逐渐开放，非居民投资股票和债券的热情上升，投资规模逐渐扩大，人民币合格境外机构投资者（RQFII）就是境外机构投资者投资国内金融市场的重要途径之一，2015 年，我国 RQFII 新增 68 家，同比增长 57.63%，总数达到 186 家。截至 2015 年底，我国银行间债券市场的准入机构包括 40 家合格境外机构投资者、131 家人民币合格境外机构投资者、84 家境外银行和 16 家境外保险公司。2015 年外资机构参与银行间债券市场现券交易共成交 177625 笔，共计 159316.55 亿元。总体上看，人民币金融资产具有越来越多的国际吸引力，境外机构持有的境内股票、债券和贷款等都有一定幅度的增加。

（三）人民币境外使用的概况

2016 年是离岸人民币市场举步维艰的一年，自 "811" 汇改以来，人民币贬值预期反复升温，逐渐熄灭海外投资者对人民币资产的热情，以致离岸人民币资金池持续收缩。香港金管局数据显示，香港离岸人民币存款连续 14 个月录得按年跌幅，规模从 2015 年 7 月的 9941 亿元跌至 2017 年 10 月的 6625 亿元，跌幅达 33%。人民币的贬值，也使贸易商使用人民币结算的意愿降低。再加上中国 2017 年贸易情况不甚乐观，因此 9 月香港与跨境贸易结算有关的人民币汇款总额按年减少 48%。

为了打击投机势力，中国央行还时有干预离岸人民币市场的迹象，使离岸人民币隔夜拆息分别于 2016 年 1 月、2 月、9 月和 12 月出现抽升的情况。继 1 月中国央行对离岸人民币存款征收准备金后，监管部门更是陆续推出本外币资金外流监管措施。近期资本管制的升级，包括禁止资本项下大额资金流出等，意味着离岸人民币融资成本可能在中短期内会有较大波动。此外，当局对资本外流的管控也从外币蔓延至人民币，11 月底中国央行宣布收紧人民币资金跨境业务，对人民币跨境流动的直接管控或导致离岸人民币资金池进一步收缩。

跨境贸易上人民币使用的减少和离岸人民币市场流动性的收缩，推高了离岸人民币借贷成本。相反，中国央行 2014 年底以来多次减息和降准，以及资产荒下债券配置需求大增，使在岸债券发行成本持续走低。2016 年 10 月底，两年期与五年期离岸比在岸人民币债券的息率分别高出 65 个和 54 个基点。两岸借贷成本的差异导致点心债市缩水，英国退欧之后的宽松预期一度造就债牛，却还是无法改变点心债市的颓势，据统计，2016 年初至 12 月 8 日，除存款证以外点心债发行总量为 1079 亿元，较上年的 1477 亿元减少了近三成。

当然，离岸人民币市场的发展也并非完全悲观。内地、香港两地的互联互通则为香港带来了一定的人民币流动性。数据显示，2014 年 11 月 17 日至 2016 年 12 月 7 日，港股通平均每天净流入资金为 8.7 亿元。在美国政府令美元进入下一个强势周期的背景下，人民币贬值压力未能充分释放，这将再度推高资金南下的热情。另外，香港交易所集团未来将争取把 ETF 品种纳入互联互通范围，甚至是推出债市通。由于境内资金（包括散户和机构投资者如险资）对于香港市场的战略性配置才刚刚开始，预期未来会有更多资金流入香港，这在一定程度上也将为香港带来人民币的流动性。

六、金融监管合作

（一）银行业监管合作

2015 年，银监会与新西兰储备银行、科威特中央银行、印度尼西亚金融服务局、立陶宛中央银行、英国审慎监管局签署了双边监管合作谅解备忘录或合作换文。截至 2015 年底，银监会共与 63 个国家和地区的金融监管当局签署了监管合作协议。同时，银监会积极参与多边和区域合作机制建设。通过对世界银行等国际组织政策文件研提意见、参与 EMEAP 银行监管工作组会议、IMF 工作磋商，以及多项跨部委组织协调工作和各层次口径答复，进一步增进我国监管机构对多边/区域性合作机制的参与度。截至 2015 年，银监会参与的多边和区域性合作机制主要包括：国际货币基金组织（IMF）、世界银行、二十国集团（G20）、联合国、经济发展与合作组织（OECD）、亚太经合组织（APEC）、东亚及太平洋地区中央银行行长会议组织（EMEAP）、国际金融协会（IIF）、中国—中东欧 16 国、中非论坛、上合组织、金砖国家、亚洲基础设施投资银行等。

（二）证券业监管合作

2015 年，中国证监会成功申请加入负责制定跨境执法国际标准的 IOSCO 多边备忘录遴选小组，参与证券化市场激励协调机制、货币市场基金监管等专题评估，以及资本市场数字化、公司治理等研究课题，并在华举办 IOSCO 第三委员会工作例会。同年，证监会与波兰金融监督管理局、哈萨克斯坦国家银行、阿塞拜疆国家证券委员会 3 家境外监管机构签署了证券期货监管合作谅解备忘录。截至 2015 年底，证监会共与 58 个国家（或地区）的证券期货监管机构签署了 62 个监管合作谅解备忘录。此外，证监会积极参与和国际组织间的国际交流活动，继续参与在 20 国集团（G20）、金融稳定理事会（FSB）、国际货币基金组织（IMF）、世界银行（WB）、世界贸易组织（WTO）、经济合作与发展组织（OECD）、亚太经合组织（APEC）、亚洲开发银行（ADB）等多边框架下的合作。

（三）保险业监管合作

2015 年 2 月，我国保险业第二代偿付能力监管体系（简称"偿二代"）开始进入试运行过渡期。相比于此前以规模为导向的"偿一代"，"偿二代"是以风险为导向，是一套国际可比的偿付能力监管体系，在监管理念、监管框架和监管标准等方面，符合国际资本监管的改革方向，为我国保险业的国际监管合作奠定了基础。

2015 年 11 月，中国保监会与俄罗斯中央银行在莫斯科共同签署了《中俄保险监管合作谅解备忘录》。备忘录建立了双方保险监管信息交流和相互协作机制，标志着中俄保险监管合作进入全面深化的新阶段。随着中俄两国经贸关系深入发展，双方保险领域合作不断扩大，加强两国保险监管和业务合作，将为中俄经贸往来和双向投资良好发展注入新的动力，对于服务中俄重点投资项目建设、支持"一带一路"倡议实施具有积极意义。

七、金融开放重大事件回顾

（一）粤、闽、津三大自贸区挂牌

2015 年 4 月 21 日，广东、福建、天津自贸区统一揭牌，第二批自贸区建设正式启动，标志着我国自贸区建设正式步入新时代。粤、闽、津三地自贸区是新形势下中国全面深化改革和扩大开放的试验田，均服务于"一带一路"倡议和国家整体开放战略，但由于区位优势不同，各地在自贸区功能定位上并不一样。广东自贸区聚焦粤港澳经济的一体化，特别是在服务业方面，在 CEPA 框架下的粤港澳基本上实现了服务贸易自由化，这是其所独有的。天津自贸区则强调京津冀的协同发展，通过天津的口岸来带动内陆地区的发展。福建自贸试验区则主要聚焦海峡两岸产业、经济区的融合发展，以及"一带一路"的建设。

（二）人民币加入 SDR

北京时间 2015 年 12 月 1 日，IMF（国际货币基金组织）正式宣布，人民币将于 2016 年 10 月 1 日加入 SDR（特别提款权）。该决议的通过，对中国来说又是一个被称为载入史册的事件，将会对中国的金融改革和人民币汇率走势产生重要影响。同时，人民币将成为与美元、欧元、英镑和日元并列的第五种 SDR 篮子货币。

（三）亚洲基础设施投资银行

2015 年 12 月 25 日，由中国倡议成立、57 国共同筹建的亚洲基础设施投资银行正式成立，全球迎来首个由中国倡议设立的多边金融机构。截至亚投行正式成立当天，包括缅甸、新加坡、文莱、澳大利亚、中国、蒙古国、奥地利、英国、新西兰、卢森堡、韩国、格鲁吉亚、荷兰、德国、挪威、巴基斯坦、约旦等在内的 17 个意向创始成员国已批准亚投行协定并提交批准书，股份总和占比达到 50.1%。亚投行初期投资重点领域包括能源与电力、交通和电信、农村和农业基础设施、供水与污水处理、环境保护、城市发展以及物流等，首批贷款已于 2016 年中正式批准立项。

（四）深港通正式开通

2016 年 12 月 5 日，深港通正式启动，内地和香港投资者可以正式通过当地证券公司或经纪商买卖规定范围内的对方交易所上市的股票。深港通主要制度安排参照沪港通，遵循两地市场现行的交易结算法律法规和运行模式。深港通开通，是内地与香港金融市场互联互通的又一重大举措，标志着深、港两地资本市场进一步协同发展取得了新突破。

八、展望及建议

在过去的几年，我国金融开放取得了突破性的进展，除商业性金融机构外，政策性、开发性金融机构也在服务"走出去"方面发挥着重要作用。随着"一带一路"倡议的全面铺开，"十三五"期间，将会有越来越多的中国企业"走出去"，可以预见，金融机构也将随之掀起新一轮"出海潮"。但不可否认的是，由于我国金融开放的起步时间较晚，目前仍旧面临着经验积累不够丰富、金融机构对国际业务重视程度不够、部分金融业务模式尚未接轨国际等许多不足。面对未来的机遇与挑战，需要尽快明细我国金融开放的发展目标，主要可以归纳为以下三方面：

（一）鼓励金融机构国际化发展

未来几年，可以考虑制定金融机构国际化发展规划，着力培养具有国际影响力的大型跨国金融集团，努力实现海外业务规模、收益、雇员在集团内占比达到国际一流跨国公司水平。

为实现这一目标，应进一步提升金融机构总部对国际化战略的认识和重视程度。同时，要全面推进金融市场化改革；稳步实现资本项目开放和更加有弹性的汇率制度；推动大型国有商业银行海外分支机构布局。此外，还要鼓励金融机构模式创新、产品创新和服务创新；加强适合我国金融"走出去"新形势的宏观审慎监管和行为监管制度，包括加强国际监管合作，对接国际监管标准等；继续加大政府间国际金融合作，加强与相应国家的沟通力度，为我国金融机构"走出去"铺平道路。

（二）推进我国国际金融中心建设

中国作为一个发展中的经济大国，加快建设和发展自己的国际金融中心，聚集更多的国际金融机构、资金和人才，对提升我国在国际金融体系的地位和影响力具有重要作用。

对于如何推进我国国际金融中心建设，首先，要把握好国家经济实力提升和人民币国际化的有利时机，依托国内金融行业和市场的开放与发展，以政府政策为主导，形成以服务国内经济为主、离岸金融业务不断壮大的国际金融中心。其次，依托上海、深圳等国内自贸区建设的契机，适当放松金融管制，构建适应离岸金融中心的发展环境，对国内金融中心进行适当的法律授权。同时，推动简政放权改革，授予属地监管部门在国际金融中心方面更多的事权，提升行政效率。

（三）提升我国金融国际话语权

在我国步入新常态、迈向全面小康社会的特殊历史时期，提升国家在国际金融体系中的地位既是我国国际经济地位不断提升的必然选择，也是通过世界市场拓展、全球资源配置、价值链跨国转移实现国内经济转型升级的必要保障。作为世界第2大经济体，如何提升我国在国际金融体系中的地位具有重要的现实意义。

借人民币加入 SDR 货币篮子的有利时机，我国应当稳步放松金融管制，平衡好扩大汇率弹性和人民币汇率相对稳定之间的关系，降低因人民币汇率波动过大而造成国内和国际金融危机的可能性，迅速提高人民币跨境使用的规模。同时，结合国家"一带一路"倡议的推进，深化沿路各国之间的国际经贸和金融合作，大幅增加人民币计价的金融交易份额，提升各方持有人民币的意愿。在市场发展变化中，积极找寻在大宗商品贸易中人民币计价结算的机会，扩大人民币在国际贸易中的网络外部性。

第八章　物流业开放

——"走出去"战略助推物流产业快速转型升级

2015—2016年，随着"一带一路"倡议的逐步推进和国内自贸区建设取得突破性进展，我国已基本形成东中西协调、陆海统筹的对外开放新格局。在此背景下，中欧铁路货运班线线路逐渐增加，中西部和东北地区新设自贸区，物流业发展迎来了新的契机。与此同时，我国国际货运航空网络进一步完善，港口、机场、高铁等领域对外投资规模日益扩大，国内港口运营商、快递企业"走出去"的步伐不断加快。我国物流业进入全方位对外开放的新阶段。

一、重点领域开放的现状

（一）港口水运与远洋运输

1. 2016年全国港口发展基本情况

2016年全国港口吞吐量上涨有所上升。规模以上港口完成货物吞吐量118.3亿吨，同比增长3.2%，增速较上年回升1.3个百分点。前三季度增速保持在2.3%左右，四季度增速明显提高，达5.8%。其中外贸完成37.6亿吨，增长4.1%，占全年港口货物吞吐量总量的31.78%；内贸完成80.7亿吨，占全年港口货物吞吐量总量的68.22%。规模以上港口完成集装箱吞吐量2.2亿标准箱，同比增长3.6%。

2. 全球集装箱港口排名

2016年，我国有7个港口集装箱吞吐量排名世界前10，分别是上海港、深圳港、宁波—舟山港、香港港、广州港、青岛港和天津港。与上年相比，2016年全球前10港口阵营中未有新面孔出现，位次变化也仅有广州港和青岛港互相交换第七和第八名的位置，其余港口仍保持上年原位不动。

表8-1　2016年全球前10位集装箱港口排名

排名	港口名称
1	上海港
2	新加坡港
3	深圳港
4	宁波—舟山港
5	中国香港港
6	釜山港
7	广州港
8	青岛港
9	迪拜港
10	天津港

数据来源：根据中国港口网（http：//www.chinaports.org/）公开资料整理。

3. 港口水运的开放

国家水运口岸开放逐步加大。2015年4月国务院发布《国务院关于改进口岸工作支持外贸发展的若干意见》，提出扩大口岸开放，提升对外开放水平。2016年11月《国家口岸"十三五"规划》正式印发，提出要主动服务于"一带一路"、京津冀协同发展和长江经济带等国家重大战略的实施与周边外交大局的需要，大力提升口岸服务、扩大口岸开放和促进国家对外经济贸易发展的能力。

表8-2　2016年我国开放的水运口岸

省份	开放口岸
湖北省	如花山港区、金口港区等
山东省	青岛港董家口港区口岸
河北省	黄骅港综合港区口岸

数据来源：中华人民共和国海关总署，2016年。

4. 中资企业投资境外港口

随着我国"一带一路"倡议的不断推进，中资企业响应国家号召积极"走出去"。中资企业与国际上各个国家和地区深入合作，参与港口基础设施建设，推动当地港口水运环境的发展。

表 8-3　中资企业投资境外港口情况

时间	投资内容
2015 年 9 月	中国远洋集团下属中远太平洋有限公司与招商局国际有限公司和中投海外直接投资有限公司通过各自持股公司共同设立的卢森堡公司（SPV）收购了土耳其 Kumport 集装箱码头约 65% 股份
2015 年 10 月	中国岚桥集团与澳大利亚北领地区政府达成价值 5.06 亿澳大利亚元（1 澳大利亚元约合 0.72 美元）合作协议，将达尔文港土地、附属 EastArm 码头设施（包括达尔文海事供应基地），以及 Fort Hill 码头赁予岚桥集团，租期 99 年
2016 年 8 月	中远集团以 3.685 亿欧元的价格从希腊比雷埃夫斯港口管理局手中购得 67% 的股权。已成为比雷埃夫斯港口管理局的多数股份持有者，并接管了港口的管理和经营权
2016 年 9 月	中国电建集团与凯杰签订框架合作协议，共同开发及建设马六甲皇京港项目中 4 个岛屿中 3 个岛上已规划的旅游、商业、房地产和临海工业园等项目

数据来源：根据中国"一带一路"官网等公开资料整理。

（二）机场与航空运输

1. 机场与航空运输基本情况

2016 年，全国完成货邮吞吐量 1510.4 万吨，比上年增长 7.2%。其中，国内航线完成 974.0 万吨，比上年增长 6.1%（其中内地至香港、澳门和台湾地区航线完成 93.6 万吨，比上年增长 4.2%）；国际航线完成 536.4 万吨，比上年增长 9.1%。

2. 新开通的国际航线情况

随着我国对外开放的不断深入，中国与国际其他国家和地区的贸易、人员往来更加频繁。2016 年国际航线完成 81.0 万架次，比上年增长 16.9%。我国国际航线的开通呈现较快的增长，据不完全统计，2015 年中国新开定期航线及固定包机航线 257 条，2016 年新开飞 260 条国际航线。

表 8-4　2015—2016 年我国新开通部分国际航线情况

时间		开通航线
2015 年	1 月	成都—烟台—釜山往返航班
	2 月	成都—科伦坡的定期往返航班
	3 月	北京—墨尔本往返航班
	5 月	北京—明斯克—布达佩斯往返航班
	7 月	上海—沙巴往返航班
	10 月	北京—孟买往返航班
		北京—吉隆坡往返航班
		北京—纽瓦克往返航班
		成都—京都—成田往返航班

时间		开通航线
2016 年	2 月	成都—布拉格往返航班
	3 月	上海—芝加哥往返航班
	6 月	广州—莫斯科往返航班
	7 月	上海—马德里往返航班
	9 月	上海—圣何塞往返航班
		长沙—悉尼往返航班
		北京—华沙往返航班
	11 月	成都—悉尼往返航班
		西安—墨尔本往返航班
	12 月	广州—多伦多往返航班

数据来源：根据国际航空港信息网和民航资源网等公开资料整理。

3. 对外投资情况

在国际航线不断开通的同时，中国企业积极"走出去"，也逐步参与国外机场和航空公司的投资，为我国的对外开放奠定了坚实的基础。

2015 年 7 月 30 日，海航集团以 27.3 亿瑞士法郎（约合人民币 175 亿元）全资收购世界最大地面服务及货运服务供应商瑞士国际空港服务有限公司。

2015 年 10 月 7 日，中国光大控股有限公司完成收购地拉那国际机场，即阿尔巴尼亚首都机场的 100% 股权，并接管地拉那国际机场的特许经营权至 2027 年。地拉那国际机场是阿尔巴尼亚最重要的交通枢纽，也是欧洲增长最快的机场之一。

2016 年 10 月 6 日，海航旗下的渤海租赁的子公司 Avolon 宣布以 100 亿美元收购 CIT Group Inc. 的飞机租赁业务，CIT 的商用飞机业务是全球前十大飞机租赁业者之一，旗下拥有超过 350 架飞机，目前服务于全球 50 多个国家。

2016 年 12 月 5 日，中国际遇派（天津自贸区）有限公司全资收购了日本株式会社 CONTRAIL 通航服务公司，日本株式会社 CONTRAIL 是全日本 8 家通用航空服务公司之一，这意味着中国企业正式进入日本通用航空市场。

4. 行业政策的改革开放

在政府简政放权、全面深化改革的大背景下，政府逐渐加快推进国内航空运输价格市场化改革。2015 年底，《中国民用航空局关于推进民航运输价格和收费机制改革的实施意见》继续深化民用机场收费、空管服务收费、飞行校验服务收费和航空油料销售价格改革，加大推进国内航空运输价格市场化改革，到 2017 年，民航竞争性环节运输价格和收费基本放开。这能更好地为民航业发展营造良好的价格收费环境。

随着我国对外开放的不断深入，中国民航运输业将在未来 20 年保持快速增长，国家发改委将增加机场布局，到 2030 年，将实现机场周边 100 千米覆盖所有县域中心区。因此，深化机场建设的对外开放度，进一步向民间资本和境外资本敞开大门势在必行。2016 年 10 月，民航局发布《关于鼓励社会资本投资建设运营民用机场的意见》全面放开通用机场建设，对投资主体不作限制，激发社会资本积极参与民用机场经营性项目建设的积极性。

（三）陆路运输与第三方物流

近年来，随着电子商务、O2O 等新型业态的快速发展，快递行业需求旺盛、发展迅速，快递业的对外开放和国际化发展也成为我国第三方物流领域的开发重点。

2014 年，国务院提出全面开放国内包裹快递市场，让国内外快递企业同台竞争，倒逼国内企业改善经营管理能力，提升服务水平。2015 年，《国务院关于促进快递业发展的若干意见》提出支持快递企业兼并重组、上市融资，加快形成若干家具有国际竞争力的企业集团，鼓励"走出去"参与国际竞争。2016 年，《国务院关于大力发展电子商务加快培育经济新动力的意见》鼓励国家政策性银行在业务范围内加大对电子商务企业境外投资并购的贷款支持，推动电子商务"走出去"。

1. 外资进入的情况

随着 2014 年全面开放国内包裹快递市场，外资快递企业加快国内市场布局。2015 年外资快递企业业务量完成 1.5 亿件，同比增长 7.2%，实现业务收入220.3 亿元，同比增长 7.9%。其中，DHL（德国敦豪）、FedEx（美国联邦快递）、UPS（美国联合包裹）和 TNT（荷兰天地）已成为国内快递市场的国际快递四大巨头。

表 8-5 外资快递企业投资情况

时间	投资情况
2016 年 1 月	联邦快递宣布在中国大陆推出全新的"联邦快递优先定制服务",使用专用车辆取派货物,根据客户需求设计特定的解决方案和运输线路,适用于从中国大陆出口到全球以及从美国和主要亚洲国家进口的货物
2016 年 6 月	DHL 电子商务宣布,计划将 DHL 电子商务在中国的整体规模提高超过 50%,以满足中国出口跨境电商业务的飞速发展。为此,DHL 电子商务将启用全新的 DHL 电子商务深圳包裹操作中心,同时扩大上海与香港现有包裹处理中心的规模,支持中国出口跨境电商业务的发展
2016 年 12 月	UPS 宣布该公司中国至欧洲的铁路货运服务新增六个站点,现有站点为郑州站、成都站、长沙站、重庆站、苏州站和武汉站

数据来源:根据 DHL、UPS 等企业官方网站公开资料整理。

2. 我国快递业的"走出去"

随着海淘、跨境电商的迅猛发展,2016 年我国快递企业加速"走出去",国际市场已成为快递业新蓝海,包括 EMS、顺丰、"三通一达"、百世汇通在内的国内七大快递巨头正朝国际化发展。

2016 年 1 月 13 日,圆通正式上线旗下跨境进口电商平台"一国一品"。

2016 年 10 月 28 日,中通在纽约证券交易所(以下简称"纽交所")正式挂牌交易,股票代码为 ZTO,拟募资总额为 14.05 亿美元,这是继 2014 年阿里巴巴之后最大规模的中国企业赴美 IPO。

2016 年 11 月 1 日,一架申通全包租赁的全新波音 747-800 全货机从中国香港起航,飞往捷克布拉格。申通成为中国第一家拥有跨大洲全货机包机的快递公司。

2016 年 12 月,顺丰国际重货新开通韩国、新加坡、马来西亚流向服务,目前顺丰国际快递服务覆盖美国、欧盟、墨西哥等 51 个国家和地区,国际小包服务网络已覆盖全球 200 多个国家和地区。

(四)铁路领域的开放

随着区域经济一体化的发展,跨区域互联互通基础设施的需求日益增长,全球基础设施建设正迎来新一轮发展机遇。中国视基础设施建设为对外投资合作的重点领域,支持和鼓励中国企业与世界各国和地区开展基础设施领域的互利合作。中国目前已经成功拥有世界先进的高铁集成技术、施工技术、装备制造技术和运营管理技术,具有较强的竞争力和组团出海的实力。高铁,这张中国"新名片",在"走出去"中取得了丰硕的成果。另外，随着我国"一带一路"建设的推进，国际铁路货运班列逐年增加，目前已有 26 个城市开通在运中欧、中亚班列线路 39 条，成为打通中欧、中亚商贸"大动脉"、增进中欧、中亚贸易关系的重要交通方式。

1. 政策的改革与开放

2015 年 7 月 30 日，发展改革委等部门发布了《关于进一步鼓励和扩大社会资本投资建设铁路的实施意见》，明确将全面开放铁路投资与运营市场，拓宽投融资渠道，完善投资环境，重点鼓励社会资本投资建设和运营城际铁路及支线铁路等。同时要求推进投融资方式多样化，支持社会资本以独资、合资等多种方式建设和运营铁路，向社会资本开放铁路所有权和经营权，明确将利用 PPP 模式来支持放开铁路投资运营。

政府各部门和铁路总公司积极推进铁路投融资建设改革。2015 年 9 月铁路总公司出台关于规范非控股合资铁路建设项目管理的指导意见，进一步鼓励和扩大社会资本投资建设铁路。2016 年 1 月发改委公布了首批 8 个社会资本投资铁路示范项目，希望发挥示范项目带动作用，探索并形成可复制推广的成功经验，进一步鼓励和扩大社会资本对铁路的投资。铁路开放正在逐步推进。

2. 铁路对外投资

铁路是国民经济大动脉和大众化交通工具，是国家关键基础设施和重要基础产业。"一带一路"倡议的提出，为新形势下推动铁路"走出去"指明了方向。围绕铁路"走出去"服务"一带一路"，中国企业积极参与，近年来，铁路建设项目和技术装备"走出去"取得重要进展。

表 8-6 中国铁路的对外投资情况

时间		投资情况
2015 年	4 月	中国与巴基斯坦签署了两国关于开展 1 号铁路干线（ML1）升级联合可行性研究的框架协议
	12 月	在老挝首都万象举行中老铁路奠基仪式
		连接一类口岸区域性干线铁路、国家实施"一带一路"倡议、建设孟中缅印经济走廊的重要项目——大理至临沧铁路开工建设
		中泰铁路奠基，中泰铁路合作项目启动仪式在泰国大城府邦芭茵县清惹克侬火车站举行，这意味着中国高铁驶上"出海"轨道

时间		投资情况
2016 年	1 月	印度尼西亚首条高速铁路——雅加达至万隆高铁正式开工,标志着中国和印度尼西亚铁路合作取得重大进展
	8 月	中铁股份有限公司与孟加拉铁路公司(BR)签署"帕德玛大桥铁路连接线项目"工程总承包合同,项目总金额为 3498.8 亿塔卡,是孟历史上最大的铁路项目
	11 月	中国铁建下属中国土木工程集团有限公司在卢萨卡与赞比亚交通与通信部签署了赞比亚奇帕塔经佩伦陶克至塞伦杰铁路(赞比亚东线铁路)设计施工合同
		中国交建代表中方联合体与塞尔维亚政府签署了匈塞铁路塞尔维亚第一段商务合同,这标志着中匈塞三国合作的匈塞铁路迈向实施阶段

数据来源:根据铁道网(http://www.railcn.net/)公开资料整理。

3. 中欧国际铁路货运班列

随着国家"一带一路"建设的逐步展开,中国与"一带一路"沿线国家和地区的经贸合作更加紧密,文化交流和友好往来的新通道也更加顺畅,加之这些国家和地区对"丝绸之路经济带"建设的重视和参与程度不断增加,中欧班列迎来历史发展机遇。

表 8-7　2015—2016 年中欧国际铁路货运班列

名称	开通时间	进出国别	主要货品
哈尔滨—汉堡中欧班列	2015 年 6 月	中国、俄罗斯、波兰、德国、捷克	电子产品、电脑配件、机械工具等
厦门—罗兹中欧班列	2015 年 8 月	哈萨克斯坦、俄罗斯、白俄罗斯、波兰	物流企业代运的服装、婴儿用品、食品、机械设备等
东莞至杜伊斯堡中欧班列	2016 年 4 月	经俄罗斯、白俄罗斯、波兰、德国	家电、家具、机械配件、通信器材等
武汉—里昂中欧班列	2016 年 4 月	哈萨克斯坦、俄罗斯、白俄罗斯、波兰、德国、法国	机械产品、电子产品及服装等
西宁—安特卫普中欧班列	2016 年 9 月	中国、哈萨克斯坦、俄罗斯、白俄罗斯、波兰、德国,比利时	手工丝毛、丝绒藏毯、手工纯丝毯、机织羊毛藏毯等
线—莫斯科中欧班列	2016 年 12 月	中国、哈萨克斯坦、俄罗斯	机械设备和配件、家居、灯饰、饮水机、制冰机、铝型材、服装、电子设备等

数据来源:根据中国铁路总公司(http://www.china-railway.com.cn/)公开资料整理。

（五）海关特殊监管区域

近年来，随着我国加快构建对外开放新格局，我国各类海关特殊监管区域得到了较快的发展，国内自贸区建设取得积极成效。

首先，初步形成了周边自贸平台和全球自贸区网络，与自贸区伙伴的贸易往来占贸易总额的比重也在不断增加。其次，自贸协议的利用水平逐步提高，越来越多的企业利用自贸协议的优惠税率对外出口，降低了成本，增强了在当地市场的竞争力。再次，随着自贸区建设的不断推进，中国自贸协议项下关税水平逐步下降，使自贸区伙伴的出口企业以及中国双边和多边合作的进口企业均获得更多实惠，也使中国消费者能够以更低廉的价格获得更丰富的商品。最后，随着中国自贸协议项下进口产品关税水平的逐步降低，关税优惠规模不断扩大，促进了中国从自贸伙伴进口额的增长。

自贸区建设方面，2013 年和 2014 年，上海、天津、福建、广东 4 个自由贸易试验区正式获批成立后，2016 年 8 月，国务院决定在辽宁省、浙江省、河南省、湖北省、重庆市、四川省、陕西省新设立 7 个自贸试验区。

表 8-8　2016 年获批自由贸易区

名称	获批时间	面积 （平方千米）	侧重点/定位
中国（辽宁）自由贸易试验区	2016 年 8 月	119.89	以与东北亚全方位经济合作为方向，建设现代物流体系和国际航运中心
中国（浙江）自由贸易试验区	2016 年 8 月	119.95	以国际海事服务为方向，建设国际海事服务基地、东北亚保税燃料油加注中心和国际油品储运基地
中国（河南）自由贸易试验区	2016 年 8 月	119.77	以现代物流、国际商贸为方向，打造多式联运国际性物流中心，建设"一带一路"现代综合交通枢纽
中国（湖北）自由贸易试验区	2016 年 8 月	119.96	以现代服务业为发展方向，建设成为战略性新兴产业和高技术产业集聚区
中国（重庆）自由贸易试验区	2016 年 8 月	119.98	着力打造高端产业与高端要素集聚区、加工贸易转型升级示范区和多式联运物流转运中心
中国（四川）自由贸易试验区	2016 年 8 月	119.99	建设成为重要区域性综合交通枢纽和成渝城市群南向开放、辐射滇黔的重要门户

续表

名称	获批时间	面积 （平方千米）	侧重点/定位
中国（陕西）自由贸易 试验区	2016 年 8 月	119.95	重点发展战略性新兴产业和高新技术产业，建设成 为联通欧亚、承东启西的丝绸之路经济带第一枢纽

数据来源：根据新华网（http://www.xinhuanet.com/）等网络公开资料整理。

综合保税区方面，自 2006 年我国批准成立第一个综合保税区——苏州工业园综合保税区至今，我国批准设立的综合保税区已有 40 余家。其中，据不完全统计，2015 年，批准成立 6 家；2016 年，批准成立 9 家。2015—2016 年度新设立的综合保税区，主要集中在我国的中西部地区。

表 8-9　2015 年获批的综合保税区

名称	获批时间	面积（平方千米）
贵安综合保税区	1 月	2.2
常州综合保税区	2 月	1.66
武进综合保税区	2 月	1.15
东营综合保税区	5 月	3.1
芜湖综合保税区	9 月	2.17
南宁综合保税区	11 月	2.37

数据来源：中华人民共和国海关总署，2016 年。

表 8-10　2016 年获批的综合保税区

名称	获批时间	面积（平方千米）
江阴综合保税区	1 月	1.2
泉州综合保税区	1 月	2.05
昆明综合保税区	2 月	2.0
扬州综合保税区	2 月	2.2
南昌综合保税区	2 月	2.0
武汉新港空港综合保税区	3 月	4.05
哈尔滨综合保税区	3 月	3.29
威海综合保税区	6 月	2.29
马鞍山综合保税区	8 月	2.01

数据来源：中华人民共和国海关总署，2016 年。

保税物流中心方面，自 2004 年我国批准成立第一家保税物流中心——苏州工业园区海关保税物流中心（B 型）至今，我国共批准成立 50 余家保税物流中心。据不完全统计，2015 年批准成立 6 家，2016 年批准成立 9 家。

表 8-11　2015 年获批保税物流中心

名称	获批时间	面积（平方千米）
成都铁路保税物流中心	11 月	0.18
安庆（皖西南）保税物流中心	11 月	0.067
重庆南彭公路保税物流中心	12 月	0.137
宜昌三峡保税物流中心	12 月	0.2
襄阳保税物流中心	12 月	0.28
青海曹家堡保税物流中心	12 月	0.073

资料来源：中华人民共和国海关总署，2016 年。

表 8-12　2016 年获批保税物流中心

名称	获批时间	面积（平方千米）
商丘保税物流中心	1 月	0.13
昆明高新保税物流中心	1 月	0.028
腾俊国际陆港保税物流中心	1 月	0.095
宜宾港保税物流中心	5 月	0.15
海安保税物流中心	6 月	0.12
江苏海安保税物流中心	6 月	0.1154
合肥空港保税物流中心	7 月	0.12
石嘴山保税物流中心	11 月	0.16
福州翔福保税物流中心	12 月	0.18

数据来源：中华人民共和国海关总署，2016 年。

制度创新方面，各自贸区依托其定位，依据国际通行规则，不断开展海关监管制度创新，以提高自贸试验区贸易便利化水平，至今已形成了一批可复制、可推广的经验。2016 年 11 月，《国务院关于做好自由贸易试验区新一批改革试点经验复制推广工作的通知》根据广东、天津、福建、上海 4 个自贸试验区不同条件下的运行情况，总结经验教训，得出在全国大部分地区具有普遍推广性的 19 项经验，并向全国范围内复制推广。随着自贸区的扩围，未来还将有更多的成熟经验被加速复制。

二、中国物流业开放评估

国际机构对中国物流业开放的评估,将沿用《中国开放报告 2012—2013》中所采用的两大指数。全球知名第三方物流企业 DHL 和世界银行,分别从全球链接度和物流绩效的角度,对全球主要国家和地区物流业的开放水平和竞争能力进行了评估和排名,是国际层面评价中国物流业开放水平的重要参考指标。

(一)物流与全球链接度

全球链接度(DHL Global Connectedness Index 2016,DHL GCI)是由全球知名第三方物流企业 DHL 发布的,旨在对全球各国与其他国家的连通性进行详尽的分析,发掘全球经济增长的潜力。该指数通过各国经济与全球经济接轨的深度与广度两个维度进行测算,每个维度中又具体包含了贸易流、资本流、信息流和人流四个组成部分。

宏观背景层面,全球经济持续低迷,地缘政治波动,移民危机和恐怖行动引起全球经济发展不稳定因素增加,面对美国新任总统特朗普上台后保护主义政策的明确倾向,欧洲政治左右摇摆的不确定性以及全球经济增长的乏力,普遍认为,世界已经进入了一个去全球化阶段,也为进一步促进贸易自由带来了一定阻力。

微观数据层面,2016 年全球链接度指数是基于 2015 年度采集的数据。其中,荷兰蝉联第 1 名的位置,中国排在第 68 位,较两年前下降了 3 位。链接度前 10 位的国家中,有 8 名是来自于欧洲地区。亚洲地区的新加坡、阿拉伯联合酋长国、中国香港、中国台湾以及日本都具有较高的链接度。整体上来看,相比两年前,以欧洲国家为代表的经济发达地区的全球链接度仍然保持着领先水平。

表 8-13　2016 年部分国家和地区的 GCI 排名

国家名称	排名
荷兰	1
新加坡	2
爱尔兰	3
瑞士	4

国家名称	排名
卢森堡	5
比利时	6
德国	7
英国	8
丹麦	9
阿拉伯联合酋长国	10
中国香港	17
中国台湾	21
日本	38
中国	68

数据来源：DHL Global Conectedness Index 2016，DHL，2016 年。

对于中国在全球链接度各个方面的表现，除去没有统计结果的人才流动，信息流方面表现最好，位居全球第52位，其次是资本的流动，位居第53位，两项指标较2014年的排名均有所上升。而贸易流方面，与2014年相比，排名下降了10位，位居第56位，由于贸易流指标选取的变量主要是产品和服务进出口贸易相应的统计数据，受宏观经济下行的影响，该项指标在2016年的排名中出现下降。

表 8-14　中国的全球链接度情况

指标	2016 年排名	2014 年排名	变化
总体	68/140	65/140	−3
深度	125/140	128/140	3
广度	16/140	16/140	0
贸易流	56/140	46/140	−10
资本流	53/140	58/140	−5
信息流	52/140	57/140	5

数据来源：DHL Global Connectedness Index 2016，DHL，2016 年。

（二）物流与国家竞争力

世界银行的物流绩效指数（Logistics Performance Index，LPI）是基于对全球货运代理商及快递公司在内的物流运营商的调查，对全球 160 个国家与地区的物流能力进行数值评分和比较。

LPI 包括国际物流绩效指数和国内物流绩效指数两个方面。国际物流绩效指数的调查对象为跨国货运公司，主要从海关、基础设施、国际运输、物流能力、货运追踪和及时性 6 个方面综合评价各国的物流绩效表现。国内物流绩效指数的调查对象为各国当地货运公司（仅在国内设点运营的货运公司）及跨国货运公司，包含物流服务收费水平、基础设施品质、物流能力及服务品质、流程效率、重大延误缘由及 2007 年以来物流行业环境的变化等 6 个方面（评分采用 5 分制）。

2016 年全球物流绩效指数表明，各国的物流服务水平持续提升，2016 年位居第 1 位的德国比 2014 年的得分提升了 0.11 分，而位居末位的叙利亚比 2014 年的得分提升了 0.17 分，物流绩效较低的国家提高其总体 LPI 得分的幅度要大于高物流绩效的国家。2007 年以来，低收入、中等收入国家物流绩效的优化提升通常来自于基础设施和贸易边境管理的改善，以及更加完善的物流服务。这也表明发展中国家正在缩小与高收入国家在交通运输基础设施方面的差距。研究还表明，绩效排名最高的国家都建立并保持着公共与私营部门的合作伙伴关系与对话，在政策制定者、从业人员、行政管理人员和学术界之间开展良好的合作，在发展交通运输服务、基础设施和高效率物流方面采取综合性方式。

根据 2016 年世界银行发布的 LPI 显示，德国在 160 个国家和地区物流绩效排名中名列榜首，同时德国也是 2007 年以来的最优物流绩效国家。卢森堡列第 2，瑞典、荷兰、新加坡、比利时、奥地利、英国、中国香港、美国进入前 10 名。中国 LPI 的得分与排名分别为 3.66 分和 27 位，较 2014 年总分提高 0.13 分，排名上升 1 位，六大分项指标和发达国家（地区）相比，仍然保持着一定的差距。索马里以 1.77 分的最低得分位居末位。

表 8-15　2016 年度部分国家和地区 LPI 指数排名情况

	LPI 排名	LPI 指数	海关	基础设施	国际运输	物流能力	货物追踪	及时性
德国	1	4.23	2	1	8	1	3	2
卢森堡	2	4.22	9	4	1	10	8	1

	LPI 排名	LPI 指数	海关	基础设施	国际运输	物流能力	货物追踪	及时性
瑞典	3	4.2	8	3	4	2	1	3
荷兰	4	4.19	3	2	6	3	6	5
新加坡	5	4.14	1	6	5	5	10	6
比利时	6	4.11	13	14	3	6	4	4
奥地利	7	4.10	15	12	9	4	2	7
英国	8	4.07	5	5	11	7	7	8
中国香港	9	4.07	7	10	2	11	14	9
美国	10	3.99	16	8	19	8	8	11
中国台湾	25	3.7	34	26	28	13	31	12
中国	27	3.66	31	23	12	27	28	31

数据来源：*The Logistics Performance Index and Its Indicators*，世界银行，2016 年。

（三）物流业开放现状评估

2016 年，随着"一带一路"倡议进入实施阶段、自由贸易试验区试点范围扩大并进展顺利，"渝新欧""汉新欧""蓉新欧""郑新欧"等中欧铁路货运班列形成常态化运行，海、陆、空、铁等交通物流基础设施领域对外投资规模日益扩大，我国物流业的对外开放领域更加全面、产业合作更加纵深，取得的效果更加深远；但同时，在中国物流业对外开放的进程中，依然存在着一系列有待进一步完善的问题。

1. 物流基础设施对外开放程度进一步提升

物流基础设施对于中国物流业的对外开放能力建设呈现出支撑性作用，总体上看，2016 年我国物流基础设施的对外开放程度有了明显的提升。内河航运领域，我国正加快和扩大沿边地区口岸开放，完善"一带一路"在内陆地区的口岸支点布局，统筹推进全国的一体化通关。港口运输领域，中资企业不断与国际上多个国家和地区合作，共同开展港口基础设施建设。航空运输领域，我国国际航线的开通呈现出较快增长。快递运输领域，随着电子商务及跨境电商、O2O 等新型业态的快速发展，中国快递企业也纷纷布局海外仓等国际物流节点。

2. 国际物流与供应链运营的参与能力有待提升

随着我国加快构建对外开放新格局，我国以自由贸易试验区为代表的各类海关特殊监管区域得到了较快的发展，也为我国物流企业参与国际物流、跨国供应链运营提供了良好的发展土壤与环境。然而，我国物流业在于国际接轨过程中，深受国际政治环境、市场环境、产业环境、法律环境、金融环境、文化环境等多种因素的交错影响，还需要时间去适应国际惯例以及调整自身的战略与策略选择，从而进一步提升自身的国际地位。以中国高铁"走出去"为例，目前依然面临着资金筹措、技术标准、商务谈判与投标、定价与溢价权、跨国营运等异常困难与严峻挑战，如何将国内成功的商业模式与外部市场现实环境有效结合，成为国内物流企业的一大战略考量。

3. 全球链接度与国际物流绩效水平有待加强

相比上年度，2016 年中国全球链接程度有所下降，国际物流绩效水平则小幅提升。2016 年，中国全球链接度排在第 68 位，较 2014 年下跌 3 位；物流绩效指数（LPI）得分与排名分别为 3.66 分和 27 位，较 2014 年总分提高 0.13 分，排名上升 1 位。从指标反映的情况来看，中国物流业在参与国际业务的纵深程度、贸易规模、信息互联上还有待加强；同时，中国物流行业自身的运营水平，尤其是运输及时性方面，也需要取得新的突破。横向对比全球链接度与国际物流绩效指数可以发现，中国的物流能力高于其全球一体化程度，这也从侧面反映出中国物流业的对外开放仍然具有广阔的发展空间。

三、展望与建议

当前，世界经济仍然处于国际金融危机以来的深度调整阶段，全球经济不确定性较强。而我国经济正处于从高速增长阶段向中高速增长转换的关键时期，"一带一路"成为"新常态"下中国经济破局的重要战略举措。与此同时，以互联网为核心的科技革命大量应用物联网、大数据、云计算、人工智能等新一代信息技术与设备，促进了物流与供应链管理领域的标准化、智慧化以及新旧业态的加速融合。"全方位、多层次、宽领域"对外开放新格局的形成和新一轮科技革命的启动，给我国物流业的对外开放带来新的挑战和机遇。

（一）物流业开放的前景

1. 全球化纵深和开放新格局带来物流市场扩张机遇

全球化推动我国与世界经济的联系和相互作用日益加深，从中长期来看，我国国际贸易仍将有相对较高的增长，带动国际物流继续高速发展。随着我国加快沿边开放步伐、扩大内陆地区对外开放以及推进"一带一路"建设，我国西向国际物流规模和一些重要节点城市物流发展机会大大增加。国际产能合作规模的扩大，以及国际物流合作本身的发展，为中国和相关国家物流系统建设、运营，以及依托物流企业的物流服务，实现物流产业的扩张发展带来了巨大的机遇。把握国际贸易格局变化的新特点，以建设"丝绸之路经济带"和"21世纪海上丝绸之路"为契机，我国物流业将深化国际合作，加强与国际连接，提升国际竞争力，融入世界物流市场，利他共生，共创共享，互利共赢。

2. 企业大力实施"走出去"战略助推物流产业转型升级

开放的环境吸引了跨国物流企业全面进入，并将深度渗透我国的传统物流领域，推动物流市场朝着更高层次的竞争发展。物流市场主要竞争手段将从以价格为主转向以服务、品牌、创新、社会责任等非价格竞争方式为主，专业性国际物流企业和在专业化基础上的综合性国际物流企业将会得到更大的发展。物流与"走出去"产业布局的紧密结合，依托于国际物流设施投资和运营，打造由中国投资、建设和运营的"物流、产业、城市（园区）"一体化国际产能合作平台，实现物流与关联产业的联动发展，为物流产业提高发展层次和水平带来了机遇。

（二）相关政策建议

随着"一带一路"等国家对外开放政策的进一步实施，物流业的发展也迎来了新的机遇和挑战。配合"一带一路"的实施要求，国家应加强沿线国家物流资源布局，发挥物流先导作用。要跟随国内企业"走出去"发展，建设与国际贸易需求相配套的国际物流服务网络，提升国际物流话语权。逐步加强对全球物流、商流、信息流资源的整合，加大全球供应链掌控能力，提升对国际市场的影响力和控制力，做好我国对外开放的物流支撑。

第一，深化物流服务对外开放。有序推进铁路、航空等运输服务开放，可选择国际货运班列、部分航线进行试点。依托主要港口、铁路物流中心、公路货运枢纽、枢纽机场及主要口岸，大力发展公水、公铁、海铁等多式联运，积极推进多式联运装备标准化和交通物流标准化体系建设，探索开展多式联运对外开放试点，选择部分物流枢纽城市，进行多式联运对外开放试点，加快提升我国多式联运发展。

第二，加快内陆地区物流市场对外开放。以内陆地区铁路、航空枢纽城市为依托建立新型内陆国际物流枢纽，构建对外经济新通道，提升内陆地区服务全国和对接国际市场的物流能力。优化枢纽空间布局，加强中西部国际性综合交通、物流枢纽建设，提高全国性、区域性和地区性综合交通枢纽水平，推进沿边重要口岸枢纽建设，提升枢纽内外辐射能力。

第三，推动物流企业"引进来"和"走出去"，加速构建国际物流网络。出台鼓励政策支持境外物流公司、大型物流企业总部、区域中心、快递企业总部等落户我国。建立物流产业发展基金，吸引大型物流企业及保险资金、社保基金、风险投资基金、私募股权基金等机构投资者，引导长期资本支持物流企业兼并重组及股权投资。鼓励发展物流资产投资公司，促进物流基础设施投资、运营的市场化和专业化发展。支持优势物流企业加强联合，联合、兼并和重组周边、欧美、新兴市场等国家的物流企业，构筑与周边国家、世界其他国家有效衔接的对外国际物流网络，打造全球性有竞争力的物流企业，构筑连接世界的全球物流通道，形成全球物流服务体系。

第四，促进物流领域知识共享和信息互联互通。加强知识创新中心国际合作与交流，引入更多国际先进的高等教育、中高层人才培养、物流咨询、技术研发等方面的资源，建设具有国际水准的物流知识创新中心。搭建P2P、O2O、O2P等形式物流平台，大力发展"互联网+现代物流"，建设现代智能物流平台和信息化体系，逐步完善互联互通、服务世界的国际型物流信息服务平台。

第五，建立与国际通用标准对接的行业标准化体系。随着人工智能时代的临近，物联网、云计算、大数据、区块链在物流领域的应用效果逐步显现，智能仓库、仓储机器人、无人驾驶、无人机配送进入实质性探索阶段。伴随科技革新而来的新技术、新业态的不断涌现与跨界融合，对物流行业标准的制定和物流安全监管提出了新的要求，例如，无车承运人试点要求税收、保险制度跟进，车型标准化促进组织优化、技术改造和装备升级等等。

第六，加快探索对物流产业节能减排的政策支持，加强对绿色和低碳物流的引导扶持政策。推广使用清洁能源，推行绿色运输、绿色仓储、绿色包装和绿色配送，制定与绿色物流相关的标准规范，发挥对国际环境治理的影响力，加快与国际接轨的步伐。以节能环保为切入点，促进技术装备升级，提高排放标准，降低能耗水平，以绿色发展引导效率提升。

参考文献

［1］罗明，张天勇."一带一路"背景下我国物流业发展面临的机遇与挑战［J］.物流技术，2015（34）：72-74.

［2］何黎明.我国物流业"十二五"发展回顾与"十三五"展望［J］.中国流通经济，2016（30）：5-9.

［3］德勤研究.中国物流产业投资促进报告2015—2016［R］，2016.

［4］商务部新闻办公室.自贸区建设取得积极进展［J］.中国外资，2016（3）：22-23.

［5］国家邮政局.2015年邮政行业发展统计公报，2015.

［6］民航总局.2016年民航机场生产统计公报，2016.

［7］DHL. Global Connectedness Index 2016，2016.

［8］世界银行.The Logistics Performance Index and Its Indicators 2016，2016.

第九章　科技领域开放
——北上深引领布局全球创新网络

2015—2016 年是我国积极布局全球创新网络的新起点。习近平总书记在 2015 年的中科院院士大会和 2016 年的全国科技创新大会、两院院士大会和中国科协第九次全国代表大会上发表了重要讲话，要求落实党的十八大以来提出的创新驱动发展战略，吹响建设世界科技强国的号角。作为创新驱动发展战略的重要一环，2015—2016 年我国实施新一轮科技开放，北京、上海、深圳作为国家创新型城市前三强，代表国际率先深入布局全球创新网络，在更高水平上开展国际经济和科技创新合作，助力优化全球创新版图和全球产业分工格局，为我国增强参与全球经济、贸易规则制定的实力提供了重大支撑。

一、科技开放年度概况及特点

（一）全国科技开放持续提质、增效

2015—2016 年我国科技开放工作再接再厉，取得了新的更大成就：

一是高端人才加速引进，重大创新不断涌现。2015 年，通过国家"千人计划"共引进 1028 名海外高层次人才。截至 2015 年底，"千人计划"分 11 批累计引进 5208 名海外高层次人才；近 5 年回国人才超过 110 万，是前 30 年回国人数的 3 倍。一些专家在关系未来长远发展的信息技术、能源技术、材料装备、生命科学等应用技术层面取得重大革命性创新，打破国外封锁和垄断，成为"中国创造""中国设计"不断涌现的重要源泉。

二是技术贸易网络扩容，技术出口层次升级。截至 2015 年底，我国技术贸易网络覆盖 132 个国家和地区，技术贸易内容从成套设备、生产线为主，向专利技术、专有技术许可、合作研发等高附加值"软技术"转变。2015 年，我国技术贸

易进出口总额达到 545 亿美元，近 10 年累计额超过 3800 亿美元。从技术进口来看，电子及通信设备制造业成为引进、消化、吸收和再创新的主力，2015 年引进技术 66 亿美元，占同期技术进口总额的 24%。从技术出口来看，尽管 2015 年总额下降，但高附加值技术出口却逆势增长，其中技术费 232.4 亿美元，同比上升 30.4%，占合同金额的 88%，比上年提高 25.3%。"软技术"出口高速增长，2015 年专有技术许可或转让合同出口金额为 24.4 亿美元，同比增长 81.3%，专利技术许可或转让合同出口金额为 16.5 亿美元，同比增长 24.7 倍。

三是国合专项量质并进，国际影响显著提升。2015 年，国家国际科技合作与交流专项（简称"国合专项"）共立项支持 414 个项目，中央财政支持经费 11.98 亿元，引导社会投入资金 25.67 亿元。从网络布局来看，国合专项共涉及约 40 个国家、地区和国际组织，主要集中于欧洲、北美洲、亚洲和大洋洲。与发展中国家合作项目约占 3.6%，比上年增加 36%。从研发性质来看，技术创新型项目（包括应用研究、实验发展、产业化开发）占 72%，基础研究型项目占 28%，后者比上年增加 23%。从应用领域来看，专项项目涵盖节能环保、新能源、生物医药、新材料、电子信息等应用领域，取得一大批国际先进水平的技术成果，攻克了我国在相应发展产业中的若干技术瓶颈。

四是产品贸易基本持平，对外投资并购激增。2015 年，在我国进出口总额下滑 8.1% 的环境下，高新技术产品进出口总额约 12033 亿美元，下降 0.7%，占全国进出口总额比重为 30.4%，提升 2.2 个百分点；机电产品进出口总额约 21169 亿美元，下降 2.2%，占全国比重为 53.6%，提升 3.3 个百分点。从出口总额看，高新技术产品出口额 6552 亿美元，下降 0.8%；机电产品出口额 13107 亿美元，与上年持平。我国科技公司大举投资海外是 2015 年亚洲科技圈的一大特点。英国《金融时报》旗下 fDi Markets 的数据显示，2005—2015 年，科技企业在软件、IT 以及消费电子领域的海外投资仅有 291 宗，仅排名全球第 14 位；2015—2016 年上半年我国绿地科技投资数量升至全球第 7，领先于日本。国内科技巨头如阿里巴巴 2014—2016 年 6 月投资了 15 宗绿地项目，近半数位于美国。

五是园区环境持续优化，开放创新能级提升。2015 年，147 家国家级高新区以更大的开放举措，引进建设了大量创新载体，实现创新环境持续优化。根据《国家高新区创新能力评价报告（2016）》，2015 年国家高新区创新能力总指数为 180.9 点，较 2014 年提高了 15.3 点。其中，创新资源集聚指数达 162.6 点，比上年增长

1.1 点，创新创业环境指数 298.8 点，同比增长率达 33.4%。2015 年，国家级高新区工业总产值达 18.6 万亿元，营业收入 25.37 万亿元，净利润 1.6 万亿元。在全球出口贸易低迷的环境下，国家级高新区出口增速高出全国平均水平 6.9 个百分点。147 家国家级高新区中，3 个高新区营业收入超过 1 万亿元，63 个高新区营业收入超过 1000 亿元，10 家高新区规模增速在 20% 以上，42 家高新区的 GDP 占所在城市比重超过 20%。

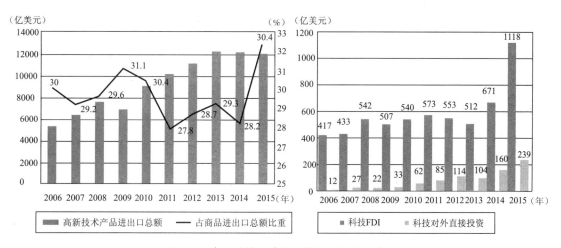

图 9-1　我国科技开放主要指标历年变化情况

数据来源：中国统计年鉴、中国科技统计年鉴．

表 9-1　国家级高新区经营情况

年份	工业总产值（亿元）	出口（亿美元）
2003	17257	510
2004	22639	824
2005	28957.6	1116.5
2006	35899	1361
2007	44377	1728
2008	52685	2015
2009	61151	2007
2010	75750	2476
2011	105680	3181
2012	128604	3760

续表

年份	工业总产值（亿元）	出口（亿美元）
2013	154000	4133
2014	169937	4351
2015	186018	4733

资料来源：中国科学技术部。

表 9-2　2015 年我国科技开放的主要成就

序号	开放类别	主要指标		2014 年	2015 年	比 2014 年增长（%）
1	科技要素引进	高新技术产品进口（亿美元）		5514	5481	0.6
		科技型 FDI（亿美元）		671	1118	66.6
2	国际科技交流合作	国家国际科技合作专项	立项数（个）	—	414	—
			中央财政专项经费（亿）	—	11.95	—
		国家自然科学基金海外及港澳学者合作研究基金项目	受理申请（项）	405	327	—
			批准项目（项）	122	116	—
3	科技输出与"走出去"	高新技术产品出口（亿美元）		6519	6552	0.5
		对外科技投资（亿美元）		159.7	238.9	49.7
4	开放载体与平台建设	国家高新区	新增数量（家）	1	31	—
			工业总产值（亿元）	169937	186018	2.3
			出口（亿美元）	4351.4	4732.7	5.1

注：本表的"科技型 FDI"与"对外科技投资"数据口径主要包括制造业、信息传输、计算机服务和软件业、科学研究、技术服务和地质勘查业。

数据来源：中国高新技术产业开发区年鉴（2015）。

（二）北上深引领全球创新网络布局

2016 年 8 月，国务院印发了《"十三五"国家科技创新规划》，这是党的十八大以来我国吹响建设世界科技强国号角后的第一个科技创新规划，明确实施科技创新国际化战略，成为指导我国主动深入布局全球创新网络的重大纲领。北京、上海、深圳作为全国三甲之列的创新型城市，在落实国家创新驱动战略、建设创新资源整合平台、融入布局全球创新网络方面发挥着引领、示范和带动作用。

1. 北京：以中关村核心区为先锋，链接世界创新资源

（1）顶层设计

2014 年习近平总书记视察北京时，提出北京要坚持和强化首都全国政治中心、文化中心、国际交往中心、科技创新中心的核心功能。2015 年 10 月 29 日，北京市海淀区政府发布《中关村核心区促进企业国际化发展三年行动计划（2014—2016 年）》，旨在提高核心区企业国际科技资源配置能力，推动技术和产品"引进来，走出去"，积极推进核心区企业融入全球创新网络。2016 年 9 月 18 日，国务院发布《北京加强全国科技创新中心建设总体方案》，要求北京聚集全球高端创新资源，构筑全球互动的技术转移网络，成为全球科技创新的引领者和全球科技创新网络的重要节点。

（2）重点举措

北京采取"平台搭建—支持链条—落地亮点"相结合的科技开放工作思路：

平台搭建指以会议、网络等形式为创新产业全球布局搭建平台，如定期在京举办跨国技术转移大会、国际创新论坛、外交官科技通报会等（2015 年举办中国（北京）跨国技术转移大会科技园区的国际化和跨国合作论坛，2016 年举办科技创新中心国际论坛），整合海外技术转移机构和国内技术中介机构，建设"国际技术转移协作网络"；利用北京的外交资源推动建设"驻外科技外交官创新合作与技术转移服务体系"和"外国驻华科技参赞交流网络"；建立推广"国际技术转移协作网络"和"国际企业在线技术对接系统"。

支持链条指针对平台中引进的国际科技合作项目，通过"项目—人才—基地"模式进行链条式支持。一方面，整合政府部门资源，对国际高端人才引进、国际科技人员交流、国际化人才团队培养进行支持。另一方面，通过择优认定"北京市国际科技合作基地"，以研发服务、拨投联动、企业上市、风险投资等多种方式支持企业或项目"走出去"和"引进来"。

落地亮点指打造一批国际科技合作和海外创新布局的亮点项目，如建设一批国际创新示范园，集中展示国际上的先进技术；建设一批国际产业孵化园，建设一批国际科技产业园，建立一批中外联合研究院室，帮助知名跨国公司在京设立研发中心及推动北京企业在海外设立研发中心等。

北京市国际科技合作基地

为深入贯彻创新驱动发展战略，加快北京具有全球影响力的科技创新中心建设，助力实现"政府造船、企业出海"，北京市于 2011 年开始北京市国际合作基地的认定工作，由北京市科委负责实施。

截至 2016 年 9 月，经北京市科委的 4 批认定，北京市国际科技合作基地达到 370 家，包括国际科技创新与产业园区类基地 15 家，国际技术转移第三方机构 28 家，国际科技合作联合研究机构及项目示范类基地共 327 家。位于海淀区的基地数量最多，有 163 家，占基地总数的 44%。

从技术领域看，基地涵盖了 10 个重点领域，其中生物医药、电子信息、新能源领域基地分别占总数的 28%、15%、12%。

从合作网络看，基地单位与 43 个国家和地区的 582 家机构开展合作，建立起遍布全球的国际科技合作网络。

从合作案例看，亦庄生物医药园北京市国际科技合作基地与美国旧金山昭衍创新科技园及麻省医学院生物创新园开展合作，联合建设生物医药共性技术平台，引进 Novo Nordisk、Syngenta 等 10 家国际龙头企业落户昌平生命科学园。建筑与材料检验认证技术北京市国际科技合作基地，依托中国建材检验认证集团股份有限公司，引领主导制定了 7 项国际标准，与国际标准化组织和检验认证机构建立合作关系，与 13 个国际一流实验室实现资质互认。

（3）主要成效

一是高端要素加速聚集，截至 2016 年底，在京外资总部企业 280 家，外资研发机构 548 家。从中关村看，2015 年"《财富》世界 500 强"已有 99 家在园区设立子公司或研发机构。2015 年 4 月，中关村成为英特尔的首批合作伙伴，全球首个"英特尔众创空间加速器"在中国正式启动。目前，园区集聚国内外技术转移机构近 120 家，包括亚洲产业科技创新联盟等国际机构，完成国际技术转移项目近 200个。截至 2016 年 6 月底，园区已引进入选国家"千人计划"的海外高层次人才

1091 人，入选北京市"海聚工程"人才 512 人。海外人才落户所带来的境外创业投资量占全国的近一半。

二是全球布局步伐加快，截至 2016 年底，北京与 40 余个国家的 400 余个国际技术转移机构建立长期合作关系。2015 年中关村开拓欧盟、美国、韩国等国际科技合作渠道 1000 多条，近 600 家企业在海外设立分支机构。不仅联想、百度、用友、清华控股等龙头企业在海外开设研究院、孵化器等研发机构，而且四代时代、广联达、京蒙高科等后起之秀也展开跨国并购，不少细分领域的隐形冠军也启动了全球化布局。一批高科技企业登陆纳斯达克和纽交所进行融资，海淀境外上市企业已达 63 家。

2. 上海：力促离岸创新和外资研发中心"反向创新"

（1）顶层设计

习总书记 2015 年视察上海时要求上海要适应新常态，在建设"四个中心"之外，向具有全球影响力的科技创新中心进军。2015 年 5 月 26 日，上海市委、市政府发布《中共上海市委 上海市人民政府关于加快建设具有全球影响力的科技创新中心的意见》，要求打造与我国经济科技实力和综合国力相匹配的全球创新城市。2016 年 4 月，国务院印发《上海系统推进全面创新改革试验 加快建设具有全球影响力的科技创新中心方案》，要求发挥自贸试验区制度创新优势，集聚全球创新资源，推动形成跨境融合的开放合作新局面。2016 年 8 月，上海市政府印发《上海市科技创新"十三五"规划》，提出要积极参与高端领域国际合作，成为我国融入全球化创新的深度参与者和主导者。

（2）重点举措

一是利用"双自联动"优势，大力发展离岸创新。秉承"不求所在、但求所有"的创新思维，依托上海自贸试验区和自主创新示范区的联动优势，打造离岸创新平台，对全球范围高层次人才、高科技项目的服务前置（即"海外预孵化"），提高海外高层次人才引进和创新创业项目落地成功率。2016 年 10 月，国家外国专家局和上海市政府签署了《国家外国专家局、上海市人民政府共同推进张江国家自主创新示范区建设国际人才试验区合作备忘录》，提出建立健全外国人才管理服务机制，如推进"外国专家来华工作许可"和"外国人入境就业许可"整合工作；2016 年 11 月，中国人民银行上海总部发布《关于进一步拓展自贸区跨境金融服务功能支持科技创新和实体经济的通知》，正式启动自由贸易账户的个人服务功能。这为开展离岸创新和高端人才引进提供了政策与机制保障。

二是营造优越的政策环境，鼓励外资研发中心"反向创新"。2015年上海市政府印发了《上海市鼓励外资研发中心发展的若干意见》，鼓励外资研发中心与上海市机构开展合作，支持外资研发中心参与政府科技计划项目，大力引导外资研发中心高新技术成果就地产业化。随着国内市场前景和影响力的持续提升，外资研发中心通过对中国市场特点问题进行研究，研发适应本地市场的产品或服务，取得成功后向发达国家辐射，形成了"反向创新"的技术逆向扩散机制。

三是发挥自贸金融优势，引进与服务国际创新资源。中国人民银行上海总部发布的《关于支持中国（上海）自由贸易试验区扩大人民币跨境使用的通知》，利用跨境双向人民币资金池，使跨国公司研发总部不需要经常项贸易背景，就可以实现集团内资金的跨境归集与调剂，推动本地研发业务快速发展和壮大。利用自贸区政策服务资本"走出去"，根据国内转型需求，有针对性地吸纳国际先进科技创新资源，通过资本所有权掌控境外科技项目合作主导权。

四是依托会议会展平台，丰富国际科技交流活动。依托浦江创新论坛、中国（上海）国际技术进出口交易会、上海国际工业博览会等重大国际性科技交流活动，打造具有国际影响力的创新思想交流互动平台和科技创新成果展示、发布、交易平台，为对接融入全球创新网络服务。

（3）主要成效

一是跨国公司研发中心持续增加。2015年1—10月，共新增跨国公司地区总部38家（其中管理性总部31家），投资性公司12家，研发中心11家。截至2015年10月底，外商在上海累计设立跨国公司地区总部528家（其中亚太区总部39家），投资性公司309家，研发中心392家（占国内比重约1/4）。2016年，新增跨国公司地区总部45家（其中亚太区总部15家），新增外资研发中心15家，总部功能从采购销售加快向投资决策、资金结算、科技研发等拓展升级。2016年11月上海社科院与联合国工业发展组织签署了《推进包容性工业可持续发展全球创新网络建设》文件，"联合国工业发展组织上海全球科技创新中心"将落户上海，旨在引入国际先进技术到中国、到上海地区合作发展，将中国已得到验证的应用最佳技术方案，通过联合国多边合作机制转移到其他发展中国家。

二是科技创新网络布局日趋广泛。上海企业"走出去"网络已覆盖178个国家和地区，与 14 个 "一带一路" 沿线国家重要节点城市建立了经贸合作伙伴关系。近 5 年来，上海企业在高新技术领域境外投资新设和并购累计金额超过 60 亿美元，占对外投资总额近 1/4，境外投资整合境外高新技术企业成为主流。中美合作的张江—波士顿企业园于 2016 年 2 月正式启动，依托麻省理工学院的开放性实验室，与国外创客学术交流，共同寻找有潜在市场化价值的技术思路。同时，争取州政府支持，规划打造中美地方政府层面的科技自贸区。2016 年 6 月，上海市科委、上海市科技创业中心在境外打造创新中心，如上海创新中心（伦敦）和上海技术交易所伦敦分中心、服务中法创业者的 "欧创慧" 等。

三是离岸创新创业平台陆续落成。2015 年 8 月，上海自贸试验区海外人才离岸创新创业基地陆续揭牌，主要面向海外人才，探索 "区内注册、海内外经营" 的离岸模式。基地首批实体平台设在上海自贸试验区张江片区、陆家嘴片区和保税区片区。位于张江片区的浦东国际人才城约 4000 平方米，其特点是社会组织运作，侧重离岸研发创新。位于保税区片区的人才大厦约 4000 平方米，其特点是国有企业运作，侧重离岸贸易服务。位于陆家嘴片区的陆家嘴创业街区约 2 万平方米，其特点是民营企业运作，侧重于金融与科技对接。张江科技园举办了四期 895 创业营，对接全世界最著名的创业孵化器如 Ycombinator 等，全力连接海外创新资源。与此同时，上海以张江、紫竹、杨浦、漕河泾、嘉定、临港 6 大创新集聚区为范围，首批认定了上海杨浦科技创业中心有限公司、上海同济科技园孵化器有限公司、上海漕河泾新兴技术开发区科技创业中心等 18 家有实力对接海外创业者的众创空间。

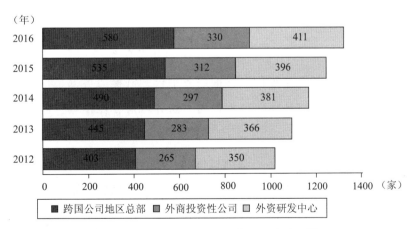

图 9-2　上海近年引进外资总部及研发中心情况

数据来源：2015/2016 年上海对外开放形势分析报告

3. 深圳：深化深港创新合作，打造海外创新孵化网络

（1）顶层设计

《中华人民共和国国民经济和社会发展第十三个五年规划纲要》提出要加快建设深圳国际科技、产业创新中心。2016 年 3 月，深圳市政府出台《关于促进科技创新的若干措施》《关于支持企业提升竞争力的若干措施》和《关于促进人才优先发展的若干措施》，"三箭齐发"力促创新。其中，《关于促进科技创新的若干措施》提出强化对外合作，深化深港创新合作，统筹国际、国内创新资源，打造开放创新引领区。

（2）重点举措

一是加快构建深港科技创新圈。在《"深港创新圈"合作协议》和《深港创新圈三年行动计划（2009—2011）》的基础上，2015—2016 年持续推动双方合作常态化，开展实施产学研基地、创新创业基地、服务平台、重大专项、人才培养等科技合作联合资助计划，支持深、港两地合作单位积极参与粤港联合创新计划，大力推动深港联合创新中心建设，在深港边界地区规划打造深港科技走廊，增强合作紧密性和互补性。

二是着力打造海外创新孵化网络。深圳市科技创新委员会 2016 年启动了打造十大海外创新中心的选址调研工作，确定选取美国旧金山、波士顿、法国大巴黎地区作为第一批海外孵化器建设试点地区，集聚和配置全球高端创新资源。

三是搭建平台服务科技企业"走出去"。在政府的引导下，由企业、机构和商（协）会共同发起"走出去"战略合作联盟，加强与中信保等金融机构合作，为科技企业"走出去"提供信息、人才、金融和风险防范等综合服务；建设对外投资、对外承包工程和对外劳务合作等信息咨询服务平台，链接商务部、世界各地投资推广机构的信息服务，发布对外投资国别指南、对外投资合作信息、海外风险预警信息等。

四是政企介合作打造国际性"深圳标准"，为企业开拓布局全球市场提供坚强后盾。如华为公司制定的无线通信系列标准；深圳市市场和质量监管委、深圳市无人机行业协会、深圳大疆科技创新公司合作制定无人机行业国际标准。

（3）主要成效

一是深港创新合作成效显著。2015 年两地累计投入 4 亿元联合资助科技合作项

目，6 所香港知名高校在深设立产学研基地。落实中央惠港政策，深港共建深港青年创新创业基地，促进两地青年创新创业。截至 2016 年底，6 所香港院校累计在深联合培养各类人才 9211 名，在深设立科研机构 72 家，承担国家、省部级及市级科技项目 1128 个，获得专利 110 余项，转化成果及技术服务 269 项；注册企业 79 家，注册资金约 2.9 亿港元。

二是海外创新布局持续提速。深圳一批拥有自主知识产权的科技企业在技术创新、生产外包、市场开拓、营销服务等领域全球布局，初步形成龙头企业领跑、广大中小企业跟随的"群雁效应"。根据深圳市政府部门和民间咨询机构联合发起的一项调查显示，11% 的企业真正成为全球性布局企业，39% 的企业进入区域型的跨国企业阶段，50% 的企业处于出口阶段。截至 2015 年底，深圳企业在境外新设投资 1000 万元以上的研发企业达 255 家，技术贸易额突破 54.3 亿美元；华为、比亚迪、华大基因等龙头企业在全球各地设立了研发中心，其中华为在全球已设立 16 个研发中心、45 个培训中心、36 个共享中心。2016 年，深圳光启集团在特拉维夫成立全球创新共同体孵化器；大疆公司在美国加州组建了专攻自动驾驶的顶尖研发团队；中集、创维、比亚迪、海普瑞等深圳企业完成 147 项海外并购。

三是高端创新资源纷纷落地。引进微软、英特尔、三星等 58 家世界 500 强在深设立研发机构和科技服务机构，累计引进英国 Isis、澳大利亚 Csiro、美国 Honeywell 等国外技术转移机构。2016 年 5 月，中俄首个合办大学——深圳北理莫斯科大学（筹）在深圳市正式奠基。2016 年 10 月，高通（Qualcomm）深圳创新中心正式挂牌，该中心将配备全球顶级实验室，设立美国之外的全球首个无线通信和物联网技术展示中心。

二、效应评估和问题分析

（一）积极效应：在全球创新版图的分量和形象加速提升

总体而言，2015—2016 年我国从被动应对到主动融入全球创新网络，创新资源配置能力和全球创新治理参与能力显著提高。国内众多创新型企业在海外设立研发机构，构筑起覆盖广泛的全球创新网络。《自然》杂志 2015 年发布针对全球顶尖 67 本科技与工程期刊论文合作情况的统计则显示，中国一半以上的高水平期刊论文发表源于国际合作，略低于美国的水平（60%）。美国国家科学基金会发布的《2016年美国科学与工程指标》显示，中国已稳居世界第2研发大国。我国科学家积极参与气候变化、极地研究、节能减排、粮食安全等重大全球问题的国际科学研究计划，如我国成为第四代核能系统国际论坛——超临界水冷堆（GIF-SCWR）的主席国，我国科学家当选GIF-SCWR系统指导委员会主席等，提升了我国国际科技规则话语权。

北京、上海、深圳三大创新型城市率先布局全球创新网络，创新能力显著强化，在我国国际科技影响力不断提升的过程中发挥了重要的支撑作用。北京市通过集中资源助力中关村科技企业国际化发展，在基础研究领域产生了一批重大成果，提升了科技创新的国际地位。我国达到国际领先水平的219项技术中，北京占55.7%。北京地区获得国家科学技术奖项目占全国的31.5%，创制了一批国际标准并推广到国际市场，中关村示范区企业累计发布国际标准229项，比2013年增长40%。中关村物联网产业联盟40余家机构涵盖了物联网的整个产业链。国际半导体照明联盟是首个总部设立在中国的战略性新兴产业联盟。2016年，科技对北京经济增长的贡献率超过60%。上海市通过"双自联动"强化科技创新国际化优势，积极链接全球创新资源服务国家发展全局，将具有全球影响力的科技创新中心建设工作推向深入。2016年上海52项成果获国家科技奖，获奖总数比2015年增加了10项。在2项国家科学技术进步特等奖、3项国家技术发明一等奖、17项国家科学技术进步一等奖中，均有来自上海科创力量的重要贡献。深圳市通过深港合作与"引进来、走出去"，夯实了创新产业、创新平台和技术产出的国际领先地位，在更多领域实现核心技术由跟跑向并跑、领跑转变。2016年中国PCT专利申请数量超过43000件，与排名第2的日本（约45000件）差距很小，其中深圳PCT专利申请量占全国的46.6%。在PCT专利申请前50家企业中，中国企业占据5席，来自深圳的中兴、华为两家公司分列冠亚军。以国际专利申请量为依据，在全球25个重要的科技创新区域中，深圳—香港区域排在第2位。深圳科技创新核心区——南山区的123个优势科技产业领域中，光纤通信、移动通信、无线宽带路由、移动智能终端、移动存储芯片、触摸屏控制芯片、超材料等24个领域达到国际先进水平。加之，美国高通公司、苹果公司等全球高科技金字塔尖企业的引进，以及在美国、欧洲、以色列等地布局的海外创新孵化网络，显著提升了深圳在全球创新版图中的地位。

（二）存在的问题：融入全球创新网络对我国创新驱动的支撑作用亟待强化

当前，我国仍处于布局全球创新网络的初期阶段，通过配置全球创新资源服务我国创新驱动发展战略的成效仍有待加快显现。我国科技原创能力与世界科技强国还有很大的差距，关键领域核心技术受制于人、许多产业处于全球价值链中低端、科技对经济增长贡献率不够高的局面尚未根本改变，80%的高端芯片，以及数控机床、飞机发动机、光纤设备等高科技产品高度依赖进口。

从北京、上海、深圳三大创新型城市看，仍然不约而同地存在基础研究能力不足、缺乏有国际影响力的工业自主创新平台、知识产权保护体系不健全、科研成果与市场需求不匹配、创新资源自由流动受限制、高端人才集聚不足和发挥作用不够等共性问题，严重紧缺真正具有国际水准的大师级人物。上海的外资研发中心"尚未在全球技术创新链中扮演重要角色"；深、港两地政府管理模式和方式的差异，使得两地创新资源自由流动受限制，双方不能互认专业资格和共享教育资源，深港科技合作深度广度、区域创新能级与国际影响力尚未实现全面升级。

三、展望和建议

（一）2017 年全球创新布局展望

1. 北京：面向全球引才用才，建设一批国际合作平台

北京市 2017 年将继续深入落实《北京加强全国科技创新中心建设总体方案》要求，明确出台工作实施方案，高标准规划建设三大科学城，超前布局重大引才工程，加快建设亚欧创新中心、中意技术转移中心等一批国际合作平台，推进服务标准、市场规则等制度规范与国际接轨，积极参与到全球创新治理；围绕"一带一路"和国际产能合作，通过共同开发、海外并购、建设第三方市场等方式，积极推动先进适用技术和产品"走出去"，打造全球创新网络重要节点。

2. 上海：鼓励在沪外资研发中心升级，加快海外创新布局

上海 2017 年将继续吸引知名科技组织和企业来沪设立分支机构、区域总部，促进在沪外资研发中心升级成为参与其母公司核心技术研发的大区域研发中心和开

放式创新平台。上海还将结合自身需求，建立和完善跨国科技创新对话机制，加强与国外高水平研究机构的交流合作。

张江科技园 2017 年将在欧洲荷兰、伦敦、德国等地，新加坡设立更多海外孵化园；上海市科委、上海市科技创业中心拟将境外创新中心延伸至美国—硅谷站、韩国—首尔站、以色列—特拉维夫站。张江科技园还将在海外（首站美国）设立高端人才基地，深入推进人才离岸孵化合作试点，将"张江首席科学家 500 计划"、浦东"百人计划""张江人才"评选等引才计划直接推送到海外，广泛集聚全球人才资源、创新资源和项目资源。

3. 深圳：深港合作开发落马洲河套地区，启动建设十大海外创新中心

深圳 2017 年按照建设国际科技、产业创新中心的要求，预计将落实深港推进落马洲河套地区共同发展的合作意向，在落马洲河套地区合作建设"港深创新及科技园"，推动两地创新要素的无缝对接和合理流动，共同建设具有国际竞争力的"深港创新圈"。与此同时，深圳市将逐步建立面向全球、面向全国的重大技术发现和挖掘机制，启动建设十大海外创新中心，深化和拓展"孔雀计划"，加强源头创新布局。预计 2017 年在美国旧金山、英国伦敦、法国伊夫林等地建设海外创新中心将取得突破性进展。预计到 2022 年，海外创新中心将成为深圳创新资源的重要来源，以及深圳在全球科技生态圈的合作枢纽。

（二）深度融入全球创新网络的建议

创新产出全球化和跨国知识流动频繁正成为新趋势。从科技论文产出看，根据美国国家科学委员会 2016 年发布的《科学与工程指标》统计，2013 年地球科学、数学、生物科学、物理学等领域超过 20% 的科研论文是国际合作的产物。在天文学领域，这一比例更是高达 52.7%。从专利产出来看，参与国际专利合作的国家和地区越来越多。抓住这一趋势带来的机遇，加快完善国际科技合作和引才引智的平台，打造一批全球创新资源集聚辐射的重要枢纽节点，对于提升国家科技创整体实力和全球影响力具有重大的战略价值。

为了更高效地融入全球创新网络，提出以下建议：

1. 围绕三大重点开展全球创新网络布局

我国要建设具有全球影响力的科技创新中心，必须围绕加强知识创新、培育人

才队伍和打造创新型经济三个领域开展全球资源配置。探索试行技术移民，改革国内科技管理体制，培养和聚集一批顶尖的科学家和知识团队，为国际人才来华学习、就业、交流、生活、发展等方面提供充分便利。不断引进推出一批新经济、新模式，加强创新型企业的国际品牌培育与输出，使其成为高端经济增长极。

2. 深度参与全球科技创新治理规则制定

强化国家层面的战略指导、资源投入与政策保障，结合国家战略需求、现实基础和优势特色，主动设置全球创新议题，组织实施国际大科学计划和大科学工程，深入推进"创新对话"，参与国际标准制定。充分利用现有国际组织与渠道，促进与主要发达国家和发展中大国的科技合作，逐步强化利益协调与解决方案提供能力，在全球科技共同体中发挥应有的作用。

3. 北上深要强化全球创新布局先锋作用

瞄准国家战略需要，围绕"一带一路"和国际产能合作，北京要继续发挥中关村的核心作用，依托"三大科学城"建设，引进更多高水平研发机构和技术转移机构，以龙头企业为先锋带动产业集群向全球创新资源、人才富集的地区设点布局。上海要继续发挥国际化优势和"三区联动①"优势，依托张江科技园的核心作用，推动跨国公司研发总部扩容升级，打造更多高水平的离岸创新创业基地。深圳要继续发挥深港合作和市场化优势，全面促进深港创新资源双向流动与开放，引进世界水平的科学家、科技领军人才、卓越工程师和高水平创新团队，优化海外创新中心建设布局，积极支持龙头企业或产业联盟参与国际标准制定。

与此同时，要进一步夯实现有的海外创新网点布局，加快完善海外创新布局的本土化机制和与国内创新对接联动机制，做好系统的服务与人才支撑，充分发挥全球创新网络建设对创新驱动发展模式的支撑作用。

参考文献

［1］中华人民共和国科学技术部.国家科技计划年度报告［R］，2004—2014.

［2］科学技术部国际合作司 国家国际科技合作专项办公室.国家国际科技合作与交流专项 2015 年度报告［R］，2016.

［3］中国科学院.2016科学发展报告［R］，2016.

---

① 即自贸试验区、自主创新示范区和国家全面创新改革试验区联动发展。

［4］北京科学技术委员会．2016首都科技创新发展报告［R］，2016.

［5］上海市人民政府发展研究中心．2015—2016年上海对外开放形势分析报告［R］，2016.

［6］上海市科学学研究所．上海科技创新中心指数报告2016［R］，2013.

［7］上海市科学技术委员会．2016年上海科技进步报告［R］，2017.

［8］深圳市科技创新委员会．深圳市科技创新委员会2016年工作总结及2017年工作计划
［Z］，2016.

第十章　海洋经济开放

——共赢海上丝绸之路

一、海洋经济开放发展的新特征

海洋为"一带一路"倡议提供了重要的贸易通道、投资领域、产业空间及合作方向，海洋经济的开放与合作是"21世纪海上丝绸之路"建设的战略重心所在。借势"21世纪海上丝绸之路"开发开放建立跨区域合作平台，推动与海上丝绸之路沿线国家和地区在更宽领域、更高层次上开展海洋经济的合作与交流，能够进一步提升我国的海洋经济开放发展水平。

《推动共建丝绸之路经济带和21世纪海上丝绸之路的愿景与行动》明确了21世纪海上丝绸之路的重点方向是从中国沿海港口过南海到印度洋，延伸至欧洲；从中国沿海港口过南海到南太平洋。海上以重点港口为节点，共同建设通畅安全高效的运输大通道。拓展相互投资领域，积极推进海水养殖、远洋渔业、水产品加工、海水淡化、海洋生物制药、海洋工程技术、环保产业和海上旅游等领域合作。国家"十三五"规划纲要提出"拓展蓝色经济空间"，要发展远洋渔业，推动海洋工程等行业开展国际产能和装备制造合作，推动装备、技术、标准、服务走出去，同时，统筹运用各种手段来维护和拓展国家海洋权益。

随着"21世纪海上丝绸之路"建设的加速，我国海洋经济开放发展呈现一系列新特点。

一是海洋产业走出去成为"一带一路"建设新亮点。港口建设是"一带一路"重要的战略方向，也是我国海洋交通运输业"走出去"的主要经营形式。招商局已在全球19个国家和地区拥有50个港口，包括吉布提港、也门亚丁港、缅甸皎漂港、孟加拉国吉大港、斯里兰卡科伦坡港、马尔代夫港、希腊比雷埃夫斯港等。我国企业正越来越多地在海外参与港口项目，建成和正在建造的港口码头遍布航运要道，巴哈马北阿巴科岛新建港、斯里兰卡汉班托塔港、巴基斯坦瓜达尔港和孟加拉国吉大港等均位于国际航运中转中心。我国是世界上主要的远洋渔业国家之一，渔业的"走出去"已成为"21世纪海上丝绸之路"建设的重要亮点。远洋渔业生产布局从西非、北太平洋、南美、西南太平洋和南亚5个地区，逐步扩展到太平洋、印度洋、东南太平洋和西南大西洋，目前已建立一批海外基地。其中，位于毛里塔尼亚的综合基地成为目前我国境外投资规模最大的远洋渔业基地。我国境外远洋渔业基地建设不仅为国内企业在开发国际资源、开拓国外市场提供了根基和支撑，还成为我国深化远洋渔业国际合作乃至外交合作的重要平台。

二是国际海洋合作交流搭建新平台。2015年是"中希海洋合作年"，也是我国首次以海洋合作为主题举办的双边友好年，中希两国在海洋基础设施建设、海洋科技、海洋运输、修造船、海洋旅游、海洋文化等诸多领域开展了务实交流与对话，取得近30项涉海合作成果，不仅丰富了双边关系，也为我国与南欧及其他欧洲国家扩大海洋合作发挥了良好的示范引领作用。国家海洋局与德国教研部和冰岛外交部分别签署了海洋科研和极地科考方面的合作协议，建立了长期合作机制。与此同时，我国将进一步加强与意大利、西班牙、葡萄牙、希腊、塞浦路斯、马耳他等南欧六国的全方位海洋合作，大力推进港口基础设施建设，开展临港临海产业园区规划，壮大海洋交通运输、海洋旅游、渔业和渔产品加工等传统产业，发展海洋新兴产业。

三是南海及其周边海洋国际合作成为新热点。《南海及其周边海洋国际合作框架计划（2011—2015）》第一期5年计划目前已执行完毕，我国与南海及其周边国家低敏感海洋领域国际合作取得了诸多务实成果。包括与南海、印度洋和南太平洋周边15国签署了19份政府间海洋领域合作文件和17份所际间海洋合作文件，已建成3个海外合作平台，建立了广泛的海洋合作伙伴关系；向印度尼西亚、马来西亚等东南亚国家提供了4个海洋观测站的仪器设备和共享我国自主创制的海浪—环流耦合环境预报系统；通过实施中国政府海洋奖学金计划，共资助了27个发展中国家（地区）的71名学生在华攻读涉海专业的硕士或博士学位，为周边国家培养了一批海洋科技与管理人才。此外，积极申请和利用"中国—印度尼西亚海上合作基金"和"中国—东盟海上合作基金"，开展了中印度尼西亚海洋与气候联合研究中心及观测站、东南亚海洋环境预报及减灾系统、东南亚海洋濒危物种研究、北部湾海洋与海岛环境管理、中国—东盟海产品交易所等项目的建设。

二、主要海洋产业发展进展

（一）海洋交通运输业

1. 我国海洋交通运输业的总体发展情况

我国已经成为全球第一港口大国，建立了完善的港口标准化体系，积累了港口工程建设、投资、经营的实力，拥有资本、管理和人才优势，具备对外投资的基础实力。2016 年全球港口集装箱吞吐量前 100 名中，中国大陆有 20 个港口入选，总集装箱量吞吐量达 2.03 亿 TEU。在前 30 大集装箱港口中，中国港口表现抢眼，以 13 个港口数量共完成 53.4% 的箱量，且整体增速达 2.31%，高于全球前 30 大集装箱港口整体水平的 1.77%。全球货物吞吐量前十大港口中，中国占 8 席，全球集装箱吞吐量前十大港口中，中国内地占 6 席，包括香港在内中国总共占 7 个。从全球前十大集装箱港口排名来看，依次为上海港、新加坡港、深圳港、宁波舟山港、中国香港港、釜山港、广州港、青岛港、迪拜港及天津港，与 2015 年相比，没有明显的改变，上海港以 3713 的箱量稳居第一，中国港口依旧占据七席，从总量来看中国已遥遥领先。

2. 我国港口和航运发展成就和展望

（1）我国参与"一带一路"港口建设的成就和经验

随着"一带一路"倡议的稳步推进，海外港口投资和建设不断深入，中国企业海外投资运营港口取得初步成功。我国的对外集装箱码头投资主要是由中远海运集团和招商局集团完成的。其中招商局是国家"一带一路"倡议的重要参与者和推动者，是我国最大的、世界领先的港口开发、投资和营运商。在巩固我国港口业务的基础上，招商局港口积极向海外市场拓展，并已成功在非洲、东南亚、欧洲及北美等国家和地区布局。海外首个以 BOT 形式进行开发建设的码头——斯里兰卡科伦坡港（CICT），2016 年累计完成集装箱吞吐量突破 200 万 TEU，同比增长 29.1%，创下历史新高。西非多哥洛美集装箱码头项目（"LCT"）2016 年完成集装箱吞吐量 53.0 万 TEU，同比增长 5.1%。吉布提项目完成 98.7 万 TEU，同比增长 10.1%。除此之外，招商局在尼日利亚拉各斯、土耳其均有投资经营码头。另外，招商局也在全球港口营运商 Terminal Link 中拥有 49% 的股权。中远海运集团和招商局集团海外扩张实现了初步的成功，一是海外集装箱码头生产大幅增长，招商局集团科伦坡港码头、中远集团比雷埃夫斯港码头均已发展成为区域吞吐量领先的枢纽港。二是企业实现本地化发展，融入当地社会。招商局的海外投资企业中，本地员工占比超过90%，为当地创造了数千个优质的就业岗位。海运企业联合国内金融企业一起出海，发挥了海运企业的专业管理优势和金融企业的资本优势，为企业"走出去"提供了新的思路。2016年，招商局吉布提"丝路驿站"试点项目取得突破性进展，"蛇口模式"第一次在海外落地。

除集装箱码头之外，我国对外散货码头的投资也取得了成就。对散货码头的投资主体较多，在对外投资散货码头过程中，逐步形成了国有企业、民营企业以及当地企业之间的良好互动，既促进了当地经济社会的良性发展，又积累了对外投资散货码头的经验。例如，烟台港集团、魏桥创业集团、韦立航运集团和几内亚当地企业的成功合作，建立起了铝土矿开发、港口输出、海运、港口接卸以及加工的产业链。

我国港口工程建设企业、勘察规划设计企业、港口机械制造企业等均在"一带一路"沿线国家港口建设中拥有一席之地，其中最具代表性的企业是中国交通建设集团。截至2016年，中国交建共在海外建设深水泊位95个，出售集装箱桥吊754台。中国交建开展科技支撑体系建设，参与主编行业标准，在境外推荐使用中国标准实施项目，推动国内技术和标准国际化，目前开工项目中使用中国标准的港口有中缅原油工程—管道码头及航道、喀麦隆克里比深水港一期、莫桑比克贝拉渔码头重建项目及苏丹萨瓦金港项目、吉布提ASSAL盐湖盐业出口码头、苏丹牲畜码头一期水工项目。

海外投资港口有助于完善我国的海运网络，促进我国对外贸易发展。通过我国海外投资港口，我国海运、物流企业获得了进入当地市场的便利条件，扩大中国与投资国之间的海运互联互通。部分海外港口投资项目创新发展模式，打造"港口+工业园"模式，带动产能合作。在我国港口的发展过程中与临港经济互相促进，极大地提高了港口效益，促进经济发展。我国已形成的各类临港经济发展政策和模式，如保税港区、综合保税区、出口加工区等都取得了良好的政策效果，并形成可复制、可推广的发展模式。通过港口带动临港产业，最终可实现港产城融合发展。

（2）我国航运业进展

截至2016年底，代表我国航运业领先水平的招商集团航运业务船队总运力达3479万载重吨，世界排名第三。集团投入运营的VLCC有39艘，手持VLCC订单

14 艘，拥有世界一流、全球领先的超级油轮船队；并拥有和管理世界规模领先的超大型矿砂船队 VLOC（8 艘，手持订单 20 艘）和 LNG 船队；VLCC 和 VLOC 的规模均排在世界第一位。

2016 年 4 月，航运业最大的联盟诞生，标志着全球班轮运输联盟重新洗牌。中国远洋海运集团所属中远集运与达飞轮船、长荣海运和东方海外，就成立"海洋联盟"（OCEAN Alliance）并签署了合作备忘录。这是业界运力排名第三、第四、第五以及第九的集装箱航运公司组建的新联盟。按照 Aplphaliner[①] 的最新数据推算，海洋联盟成员总运力超过 600 万 TEU，而新联盟的成立也意味着以前的几个联盟面临重新选择合作伙伴和市场份额变化的现实。"海洋联盟"已在上海正式签署联盟计划运作的航线产品清单，随后对外发布覆盖全球 500 多个港口的 41 条合作航线。

（3）"21 世纪海上丝绸之路"港口与航运联通展望

我国港口行业具备参与"21 世纪海上丝绸之路"建设的实力和优势，港口企业走向海外，促进了我国港口行业的可持续发展。我国港口行业企业在海外取得了巨大的成功，积累了丰富的经验。港口行业的走出去与国家"一带一路"倡议高度契合，顺应了中国经济发展和战略需求，实现了国家战略和商业利益以及中国利益和所在国利益的多赢。

以企业为主体、以市场为导向。国际港口行业是高度市场化的行业，中国港口企业拥有资本、管理和技术层面的核心竞争力，有能力走出一条可持续发展之路。对少数具有重要外交价值、战略价值的项目，在融资环节可采取援外建设、低息贷款等方式支持建设，但运营环节则应以商业化经营为主。

推进港口行业参与"21 世纪海上丝绸之路"建设。港口行业参与"21 世纪海上丝绸之路"建设有赖于政府营造的良好的政策环境并提供支持措施。一方面，促进国际货物贸易、人员往来和投资的便利化，避免双重征税，积极签署双边、多边贸易、投资、税收协定。另一方面，建立公平的争端解决机制，利用香港特区法律体系比较完备、广受国际社会认可的优势，推动香港成为服务"一带一路"的法律纠纷处理中心。

（二）海洋油气业

1. 油气价格持续地位徘徊

2016 年，油气价格总体保持低位运行。在年初跌破 30 美元/桶之后，上半年，

---

① alpaliner 是一家法国的航运咨询网站。

油价爬升态势尤为明显，从最低点的 26 美元/桶涨至年中的 51 美元/桶，几乎翻了一番，期间油价上涨主要是由区域性原油供应短缺驱动，同时美国页岩油产量持续下滑、OPEC 冻产预期不断升温、美元指数走低等因素也对油价上涨起到了重要的推动作用。下半年，随着影响供给中断的因素逐渐消退、美元指数重归上行通道以及美国陆上钻机数量出现反弹，国际原油价格停止上涨，在 40~50 美元/桶的区间内持续震荡；12 月，OPEC 及非 OPEC 主要产油国出乎意料达成减产协议，油价回升至 50~55 美元/桶。

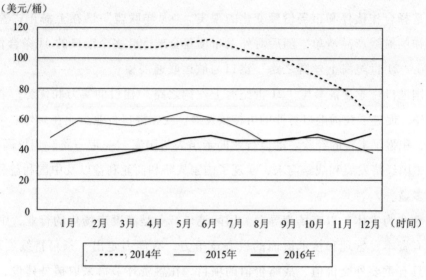

图 10-1　2014—2016 年布伦特原油现货价格

数据来源：根据公开资料整理。

在持续低油价的冲击下，油气勘探开发投资持续下降。2014 年下半年以来，国际油价出现断崖式下跌，低油价迫使石油公司大幅削减投资总量，其中，上游投资降幅最为显著，勘探投资降幅更是首当其冲。我国油气业在 2015 年上游投资下降的基础上，2016 年油气勘探开发投资进一步下降，而且开发投资的降幅明显大于勘探投资。据国土资源部统计，2016 年全国油气勘查、开采投资分别为 527.5 亿元和 1333.4 亿元，同比下降 12.1% 和 29.6%，比 2007 年还分别下降了 14.4 亿元和 197.4 亿元。

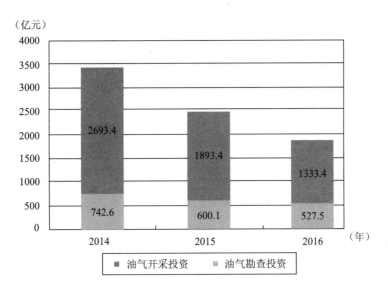

图 10-2　2014—2016 年全国油气勘察、开采投资情况

资料来源：国土资源部。

2. 我国海洋油气企业"走出去"步伐加快

20 世纪 90 年代以来，我国与中亚、俄罗斯、中东、东南亚等国家和地区积极开展油气互利合作。自"一带一路"倡议提出以来，中国与沿线国家之间的油气合作取得了积极的进展，同时，国家陆续出台相应政策，鼓励油气企业进一步加强与"一带一路"沿线国家的互通合作。

"一带一路"区域是中国石油企业最重要的油气合作区，其油气投资和产量分别占海外总投资和产量的 50% 以上。尤其是 2016 年，中国石油企业总体处于调整期，改变全球撒网寻找机会的做法，发展重点聚焦在更具优势的陆上常规领域和"一带一路"区域，并逐步形成了"1+1、1+2、1+N"等多样化合作模式。其中，民营企业和地方国企等中小企业抓住了低油价机会全面"走出去"，全年并购金额超过 40 亿美元，呈现地域更广、领域更宽、方式更灵活的特点。合作地区扩展至非洲、中亚、俄罗斯、欧洲和拉美，合作领域延伸至中下游，合作方式从以财务投资为主转向直接运营项目，中小企业逐渐成为中国油气对外合作的一支不可忽视的力量。

截至 2016 年底，以中国石油、中国石化、中国海油为主的中国石油企业已在海外 50 多个国家拥有了 200 多个油气投资项目，2016 年海外油气权益产量当量达 1.55 亿吨，同比增长 3%，较 2010 年翻了一番。其中，中国石油、中国石化和中国海油的权益产量分别为 7800 万吨、4400 万吨和 2300 万吨，三大石油公司权益产量占总产量的 90% 以上。

2016 年，中国海油海外原油总产量达 3142 万吨，天然气总产量为 116 亿立方米。中国海油的业务足迹遍及亚洲、欧洲、非洲、美洲等 30 余个国家和地区，并在油气勘探开发、专业技术服务、液化天然气储运等多个领域建立起了合作共赢关系。近五年，中国海油完成尼克森收购交易、"海洋石油 981"走出国门、亚马尔（YAMAL）LNG 项目首个核心工艺模块顺利装船并运往北极等，中国海油深耕"一带一路"沿线能源开发，拓展海外业务，深化对外合作。

表 10-1　中国海油"一带一路"重点项目表

重点项目名称	项目简介
海洋石油 981	"海洋石油 981"承钻的第一口海外深水探井在缅甸安达曼海开钻。在北海作业的"创新号"荣获 Statoil 首个"完美井"作业称号。
缅甸 Za-wtika1B 项目	海油工程获得缅甸 Za-wtika1B 项目的总包合同，这是海油工程首次拿下大型 EPCIC 总承包合同。
亚马尔项目	海油工程在巴黎成功签下俄罗斯北极亚马尔项目的大宗订单，合同额上百亿元人民币。这是中国首次承揽 LNG 核心工艺模块建造项目。
文莱 BSP 项目	文莱 BSP 项目 CP-DP49 组块装船，这是我国自主建造的海洋石油平台首次进入文莱海域。
印度尼西亚 FPSO 项目	海油发展在印度尼西亚中标 FPSO 项目，取得了海外市场的重大突破。
伊拉克公司项目	中海油所属伊拉克公司米桑油田群日输能力 50 万桶的原油外输管线一次性投产成功。
尼克森公司项目	中海油完成收购尼克森公司的交易，收购尼克森的普通股和优先股总对价约 151 亿美元。2016 年 8 月 3 日，尼克森公司 Buzzard 油田生产出第 6 亿桶石油，成为其开发史上的一个重要里程碑。
澳大利亚昆士兰州柯蒂斯项目	位于澳大利亚昆士兰州的中国海外首个世界级 LNG 生产基地柯蒂斯项目建成投产。

资料来源：根据公开资料整理。

3. 海洋油气业发展面临的挑战

"一带一路"沿线国家油气资源比较丰富，但也存在着政局动荡等诸多不稳定因素，增加开展国际油气合作的难度，给石油公司海外项目建设带来了诸多风险。当前国际油价的持续低迷除了有利于我国石油企业并购海外油气资产以外，也会产生一定的负面影响，即影响"一带一路"油气资源国的经济增长，加剧局势动荡。同时，原油进口也主要集中在中东等地缘政治不稳定的地区、海上运输过于依赖马六甲海峡、陆上跨国管道突发事件等风险依然存在。

（三）海洋工程装备业

1. 我国海洋工程装备业的总体发展情况

世界海洋高端装备产业形成了三大阵营。欧美企业处于第一阵营，逐渐脱离制造环节，重心在设计、关键设备研制和总包环节等。韩国和新加坡组成了第二阵营，在制造环节处于领先地位，其中韩国凭借其在造船行业多年的经验，在浮式生产储油船（FPSO）、钻井船等领域具有一定优势，而新加坡在自升式钻井平台、半潜式钻井平台等领域优势明显。近年来，我国海洋高端装备制造业取得了快速发展，总体上看，我国已经进入世界海洋高端装备制造的先进列。当前国际原油价格暴跌并持续低位徘徊，给世界海洋高端装备制造业造成了严重的冲击。我国海洋高端装备制造业抓住机遇快速提升，已逐步进入第二阵营。第三阵营包括巴西、俄罗斯、伊朗等国家，其海洋高端装备产业发展处于起步和追赶阶段。

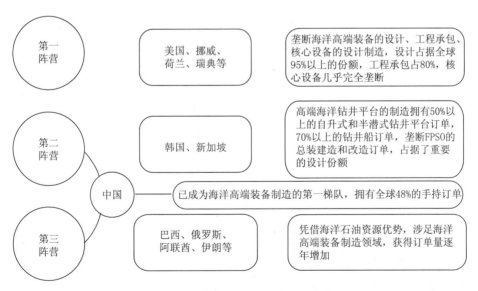

图 10-3　全球海洋高端装备产业布局

在长达两年多的低油价环境下，全球海上油气开发活动持续疲软，海洋工程装备需求萎靡不振，海洋工程装备建造市场每况愈下。2016 年全球共成交各类海洋工程装备81艘/座、52.3亿美元，同比分别下滑56%和53%，继2015年萎缩七成的基础上再次重度下挫，成交额不足2012年的十分之一。从成交结构看，移动钻井平台、移动生产平台和海洋工程船的成交额分别为10.0亿美元、6.1亿美元和36.2亿美元，其中由海上油气设施退役以及海上风电场建设需求带来的特种海工作业船订单成为市场的核心力量。从接单格局看，我国接单份额达到48%，几乎占据半壁江山。我国尽管自升式钻井平台和海工支持船接单受阻，但是海工作业船订单仍相对可观，2016年共承接海工作业船32艘/座、23亿美元，其中包括招商局重工的两座大型半潜式起重船和中集来福士的三座半潜船）等大型装备。同时，我国船厂利用在自升式钻井平台方面的设计建造经验，斩获包括Liftboat（自航自升式多功能服务平台）、风电安装船、自升式生产平台等在内的自升式类平台11座共4.4亿美元。受此支撑，2016年我国总接单额达到24.8亿美元，尽管同比下滑约35%，但全球市场份额却较2011—2015年增长20个百分点至48%。但值得注意的是，我国70%~80%的订单源自于国内客户，或有国内资本参与，说明内需已经成为我国海工装备市场需求的重要支撑力量。

在此国际背景下，我国对海洋工程装备的支持力度逐渐加大，于2015年发布《中国制造2025》，将海洋工程装备和高技术船舶作为十大重点突破领域之一，明确提出"大力发展深海探测、资源开发利用、海上作业保障装备及其关键系统和专用设备。推动深海空间站、大型浮式结构物的开发和工程化。形成海洋工程装备综合试验、检测与鉴定能力，提高海洋开发利用水平。突破豪华邮轮设计建造技术，全面提升液化天然气船等高技术船舶国际竞争力，掌握重点配套设备集成化、智能化、模块化设计制造核心技术。"2015年5月16日，国务院制定发布《关于推进国际产能和装备制造合作的指导意见》，提出了将我国产业优势和资金优势与国外需求相结合，大力推进国际产能和装备制造合作，有力促进国内经济发展、产业转型升级，船舶和海洋工程作为重点行业，要提升产品和服务水平，不断开拓船舶和海洋工程装备高端市场。

2. 我国海洋工程装备企业国际地位持续提升

我国以中集集团、中国海油、三一重工、中船重工、中远船务、招商局重工等为代表的海工龙头企业凭借技术和资金实力，在若干技术领域打破国际垄断，不断积累国际竞争力；天津、青岛、无锡、珠海等地继续加强海工产业布局，集群效应显现。2016 年 12 月 28 日，中国深远海海洋工程装备技术产业联盟（简称中国海工联盟）在北京成立。中国海工联盟由代表我国海洋工程装备制造骨干力量、工信部公布的首批 7 家"海工白名单"企业发起，国内主要海洋石油开发企业、科研院所、高校、关键系统和设备供应商及相关金融机构、产业基金共同参与成立，集合了我国海工装备"产学研用融"产业链上的优质资源，标志着为"十三五"时期打造世界级海工装备制造企业集群、抱团"走出去"奠定了坚实基础。

表 10-2　海工装备企业"走出去"重点项目

企业	日期	项目	国家
中国南车	2015.4	中国南车旗下子公司株洲南车时代电气股份有限公司（简称"南车时代电气"）斥资约 1.3 亿英镑（约合 12 亿人民币）正式收购世界知名海工企业 Specialist Machine Developments Limited（简称 SMD）100% 的股权，英国 SMD 公司是全球深海机器人第二大提供商和国际领先水平海底工程机械制造商。	英国
中集集团	2015.11	中集来福士为挪威 North Sea Rigs Holdings 公司建造的"维京龙"深水半潜式钻井平台在烟台完工命名。这是我国建造的首座适合北极海域作业的深水半潜式钻井平台，中集来福士拥有 80% 的自主知识产权。"维京龙"满足挪威海事局（NMD）和挪威海上工业标准（NORSOK）要求，适合北海、巴伦支海的海域作业，能够抵御北海百年一遇的风暴。该平台最大工作水深 500 米，可升级到 1200 米，最大钻井深度 8000 米；配置了 DP3 动力定位系统和 8 点系泊系统；最低服务温度为零下 20℃，满足冰级需求，入级挪威船级社。	挪威
中国石油集团海洋工程有限公司	2016.2	正式交付俄罗斯亚马尔 LNG 模块建造项目 FWP5 工程包在青岛完成装船。项目历时 1 年，也是亚马尔项目全球 20 多个工程包中首个完成的工程包。	俄罗斯
中集集团	2016.3	中集海工挪威设计公司 Brevik Engineering AS 确定为挪威国家石油公司（Statoil）的 Njord 油田浮式储油装置提供概念设计。此项目旨在帮助挪威国家石油公司延长 Njord 油田使用期。Brevik Engineering AS 将为 Statoil 提供三种浮式储油装置的概念设计。	挪威
招商局工业集团	2016.8	荷兰 OOS Internationa 投资 10 亿欧元，建造 2 艘半潜式起重船（SS-CV）。新船将命名为"OOS Serooskerke"号和"OOS Walcheren"号，由招商局重工（江苏）建造，分别在 2019 年第二季度和第三季度交付。	荷兰
振华重工	2016.11	振华重工在阿布扎比国际会展中心成功交付由振华重工建造的自升式居住平台"SEP-750"。该项目是阿布扎比国家石油建造公司（NPCC）向振华重工订购，并由振华重工完成该平台全部的设计与制造工作。平台全长 67 米，型宽 35 米，配备四条衍架式桩腿、主辅吊机，最大可容纳 217 人同时居住，是一艘集起重与居住于一体的高端海上石油辅助船舶。	阿布扎比

续表

企业	日期	项目	国家
中远船务	2016.12	世界海工装备巨头 MODEC 公司改装的海上浮式生产储油卸油船（FPSO）"斯塔德"号完工开航，即将运往巴西海域交由巴西国家石油公司运营使用。该轮是大连中远船务交付的第 11 个 FPSO 改装项目，也是中国船厂 2016 年交付的唯一超大型 FPSO 改装项目。	日本

3. 海洋工程装备业发展存在问题

长期以来，我国因为自主创新能力不足，技术优势缺乏，只能进行"两头在外"的加工，凭着劳动力优势支撑产值的增长，核心技术、附加值高的产品多在海外本土加工，我国海洋工程装备制造业现阶段从事的产品也多位于产业价值链的低端，缺乏关键设备的核心技术和产权。缺乏自主创新能力以及产品自主产权低严重阻碍了我国海洋工程装备制造业向高端市场的发展，严重影响了其在全球市场上的国际竞争力。同时，国家对海洋工程装备制造业的法律法规尚不完善，有关海洋产业的法律法规屈指可数，为了巩固海洋工程装备制造业的战略性产业地位，确保海洋工程装备制造业良性发展，避免在发展过程中产生不必要的问题麻烦，有关部门应尽量出台相关法律法规，营造海洋工程装备制造业良好的竞争环境，加强相关企业的规范管制以及行业管理，在推行优惠产业政策的同时不忘对其进行定期的监督管理，确保产业优惠政策的落实和执行，促进行业良性竞争。

（四）海洋船舶工业

当前，国际主流船舶市场需求持续低迷，高技术船舶和海洋工程装备市场急剧萎缩，世界造船业全面陷入"接单难、融资难、交船难、盈利难"困境，我国船舶工业正面临金融危机以来最为严峻的挑战，同时在国家"海洋强国"以及"一带一路"、鼓励大型船舶企业兼并重组、海外并购等政策背景下，我国船舶企业也面临着产能和资本一同"走出去"，有可以实现弯道超车的历史性机遇。

1. 我国海洋船舶行业运行基本情况

（1）三大造船指标同比下降

2016 年，全国造船完工量为 3532 万载重吨，同比下降 15.6%；承接新船订单量为 2107 万载重吨，同比下降 32.6%；截至 2016 年 12 月底，手持船舶订单量为 9961 万载重吨，同比下降 19%。造船完工量、新接订单量、手持订单量三大指标分别占世界市场份额的 35.6%、65.2% 和 43.9%，总体保持世界领先，其中完工量居第二位，新接订单和手持订单均位居第一。

（2）船舶行业经济效益下降

2016 年 1~11 月，全国规模以上船舶工业企业有 1459 家，实现主营业务收入 6975.7 亿元，同比下降 1.6%。其中，船舶建造业 3421.9 亿元，同比下降 3.1%；船舶配套业 936.1 亿元，同比增长 0.8%；船舶修理业 184.7 亿元，同比下降 4.6%；海洋工程专用设备制造 675.5 亿元，同比增长 15.3%。

规模以上船舶工业企业实现利润总额 147.4 亿元，同比下降 1.9%。其中，船舶建造业 123.1 亿元，同比增长 5.3%；船舶配套业 51.8 亿元，同比增长 18.2%；船舶修理业 5 亿元，同比下降 35.2%；海洋工程专用设备制造亏损 41.9 亿元。

（3）船舶出口金额同比下降

2016 年 1~11 月，我国船舶出口金额为 215 亿美元，同比下降 19.4%。我国出口船舶产品中，散货船、油船和集装箱船仍占据主导地位，其出口额合计 122.5 亿美元，占出口总额的 57%。我国船舶产品出口到 160 多个国家和地区，亚洲仍然是我国船舶出口的主要地区。我国向亚洲出口船舶金额为 100.9 亿美元，占出口总额的 47%；向欧洲出口船舶金额为 40.1 亿美元，占 21%；向拉丁美洲出口船舶金额为 15.4 亿美元，占 7.2%。

2. 我国海洋船舶行业运行主要特点

（1）船舶行业外向型特征突出，国际市场份额保持前列

2016 年出口船舶在全国造船完工量、新接订单量、手持订单量中所占比重分别为 94.7%、77.2%、92.6%。目前，中国船舶行业 75% 以上的订单来自海外市场[①]，中国船舶重工集团和中国船舶工业集团海外业务收入规模都在百亿以上。据中国船舶工业经济与市场研究中心统计，2016 年中国 4 家船厂获得共 40 条 VLOC 订单，占据国际造船市场半壁江山，其中，我国上海外高桥造船将 14 艘 VLOC 收入囊中，以 560 万载重吨的接单吨位排名全球第一，占据全球 20% 的市场份额。其他跻身全球接单前 10 位的还有北海船舶重工、江苏新扬子造船、大宇造船海洋、现代三湖、现代重工、金海重工、三星重工、招商局重工。2016 年，工业和信息化部联合发展改革委、财政部、人民银行、银监会、国防科工局等五部委出台《船舶工业深化结

---

① 魏媛媛，孙文韬. 需求低迷不振，行业寒冬持续——船舶制造业微问答［J］. 中债资信，2016，(42).

构调整加快转型升级行动计划（2016—2020年）》，明确提出结合"一带一路"建设，促进船舶行业全方位对外开放。

（2）积极推进国际产能合作，努力提高国际话语权

2016年，我国船企深入落实"一带一路"倡议，积极推进国际产能和装备制造合作，加大"引进来、走出去"的实施力度。中船集团与意大利芬坎蒂尼集团等公司共同推进大型豪华邮轮建造项目；中船重工海装公司5兆瓦海上风电机组装备成功布局英国市场；中远海运重工收购希腊比雷埃弗斯船厂完成签约；上海船用柴油机研究所在巴基斯坦电厂煤电码头总包项目（EPC）正式开工。船舶工业基础技术研究能力快速提升，国际标准的制定权和话语权有所提高。中国船协积极推进活跃的造船专家联盟（ASEF）申请国际海事组织（IMO）观察员地位，上海船舶研究设计院双燃料船舶EEDI中国方法终获IMO全面认可和批准，《中国造船质量标准》和《中国修船质量标准》两项标准中英文发布实施。中国船协首次成功参加亚洲修船会议（31st Asian Ship Repair Conference 2016，Thailand-SHIRECON①），扩大了中国船协的国际影响力。

（3）健全完善行业标准，大力推行绿色修船

发布《中国造船质量标准》《中国修船质量标准》，全面对接国际先进标准和国际海事新公约规范，对亚洲乃至"一带一路"沿线修船行业的可持续发展，将做出积极和有价值的贡献；发布《中国修船价格指引（2016版）》，填补了新船型空白，完善了大型船规格；多次组织会议，大力推行绿色修船，成立修船业超高压水技术联盟，推广智能涂装作业机器人实现绿色坞修，提升我国修船产业的竞争力。

3. 海洋船舶行业发展存在问题

（1）手持订单持续下滑，船企开工不足压力增大

2016年，新船市场有效需求严重不足，船企接单愈加艰难。全球承接到新船订单的船企仅占全球活跃船企比例的34%，我国新接订单船企占国内活跃船企的41%。多数船企仍处于一单难求的状态，订单严重不足，手持订单持续下滑，船台（坞）放空情况与日俱增。按年末手持订单和实际产能测算，我国船企订单保障系数已下降到目前的1.5年，开工船舶明显不足，企业生产持续面临严峻挑战。

（2）船舶市场持续低迷，船配企业经营风险加剧

---

① SHIRECON是由亚洲主要修船企业参加的年会，自1986年开始筹办，至今已有30年历史。

2016 年，受船舶和海工装备市场持续走低的影响，船舶配套企业面临较大经营压力。据统计，我国低速柴油机完工 301 台/510 万千瓦，台数和功率数同比分别下降 22.2% 和 8.8%，船用曲轴、甲板机械、船用发电机等主要配套设备产量也有所下降。新接订单的大幅萎缩，严重影响企业后续的生产安排，部分产品价格重签或延期撤单，给企业货款回笼带来困难，船舶配套企业经营风险不断加剧。

（3）造船行业研发技术水平有待提升

虽然中国已成为全球第一大造船国，但造船行业研发技术方面的劣势对我国在"一带一路"海外国际发展市场中占据长远优势有较大制约。相比韩、日及欧洲，中国造船产业的整体发展水平仍相对落后，高端产品占比很小，船舶设计、船配尤其是高技术含量船配产品生产能力薄弱，现代化及数字化造船模式的应用水平低，竞争力主要来源于成本优势，目前我国造船业除在全球的市场份额提升明显外，产业结构调整、生产效率提升均未达标。

（五）海洋旅游业

随着"一带一路"建设的持续推进，海洋旅游扮演着越来越重要的角色，2016年，我国滨海旅游业实现增加值 12047 亿元，比上年增长 9.9%。作为平衡环境保护与经济增长、协调人与自然和谐相处的新兴产业，海洋旅游已经成为推动我国海洋经济持续、健康、快速发展的增长点，以邮轮旅游为代表的海洋旅游新业态成了发展热潮。

邮轮旅游是国际旅游业中增长最快的板块，国际上多个沿海城市成功借助"邮轮经济"这一杠杆撬动区域经济高速发展。目前全球邮轮旅游活动的主要区域为加勒比海区域、欧洲、地中海、亚洲、南太平洋、阿拉斯加等地区，其中加勒比海地区和地中海区域是最为密集的邮轮旅游活动区。主要的邮轮消费区域为美国和欧洲，新兴经济体将是未来邮轮旅游发展的重要引擎。目前来看，邮轮公司总部被美国垄断，三大邮轮集团（嘉年华集团、皇家加勒比邮轮集团及丽星邮轮集团）控制了全球邮轮旅游市场 80% 的份额。8 大邮轮公司中，6 家总部在美国，亚洲与欧洲分别 1 家。

表 10-3　全球八大邮轮公司概况

全球八大邮轮公司	所属邮轮集团	成立时间	总部位于	邮轮数量
嘉年华邮轮	嘉年华邮轮集团	1972	美国	22
荷美邮轮公司		1989	美国	15
公主邮轮		1965	美国	18
歌诗达邮轮		1959	意大利	15
皇家加勒比邮轮	皇家加勒比邮轮集团	1968	美国	28
精致邮轮		1989	美国	11
挪威邮轮	云顶香港有限公司	1966	美国	16
丽星邮轮		1993	中国	24

近年来，世界邮轮市场重心逐渐呈现东移之势，亚洲地区的增长速度已明显高于世界平均值，未来中国有望成为世界邮轮市场新的重要增长极。随着国际知名的邮轮公司纷纷布局中国，我国邮轮市场逐渐进入了高速发展的黄金期。2015 年 8 月，在《国务院办公厅关于进一步促进旅游投资和消费的若干意见》中，明确表示推进邮轮旅游产业发展。2015 年，我国邮轮旅客出入境 248 万人次，同比增长 44%；其中以中国游客为主的母港航次出入境 222 万人次，同比增长 50%，我国正在成为全球最大的新兴邮轮旅游市场。

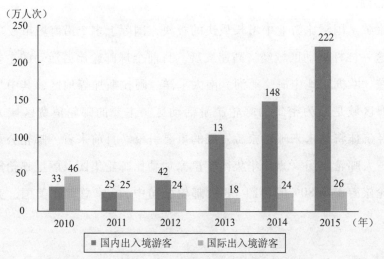

图 10-4　2010—2015 年我国邮轮接待游客情况

数据来源：中国交通运输协会邮轮游艇分会

邮轮产业的高速发展为我国企业带来了新的发展机会和利润增长点，以中船集团为代表的一批龙头企业积极参与国际合作，加紧布局邮轮板块业务。2015年10月13日，中船集团与嘉年华集团、芬坎蒂尼集团、中投公司、英国劳氏船级社、上海市宝山区政府宣布创立邮轮产业合作六方国际联盟。2015年10月21日，在中英两国元首的见证下，中船集团联合中投公司与嘉年华集团签署了邮轮运营三方合资协议。2016年5月，中船集团相继成立中船邮轮科技公司、中国邮轮产业投资公司，并于当年7月4日联合中船邮轮科技公司与芬坎蒂尼集团签署邮轮造船合资协议。2016年9月23日，中船集团联合中投公司与嘉年华集团、芬坎蒂尼集团签署了13.35万总吨大型豪华邮轮建造意向书。2015年1月，招商局蛇口工业区有限公司与美国嘉年华集团签署了合作备忘录，双方将共同打造中国本土邮轮品牌。2016年4月，招商蛇口先后与云顶香港以及意大利邮轮品牌银海邮轮签署合作协议，将开展以太子湾为母港的旅游航线。

2016年5月，国内首个世界级邮轮行业组织——世界旅游城市联合会邮轮分会正式成立，青岛当选为邮轮分会理事长单位，确定分会秘书处常设青岛，并审议修订了邮轮分会章程和《世界旅游城市联合会邮轮分会青岛共识》，中国青岛、希腊雅典、阿根廷布宜诺斯艾利斯、韩国釜山、美国嘉年华邮轮集团、摩洛哥卡萨布兰卡、丹麦哥本哈根等13家邮轮分会理事单位代表达成了"高品质的邮轮服务有助于提高邮轮产业的发展""大力培育邮轮旅游市场是提高邮轮产业发展的重要源泉"等重要共识。同年，国家旅游局先后批准在深圳蛇口太子湾、青岛分别设立中国邮轮旅游发展实验区。邮轮旅游实验区为我国邮轮产业持续、健康发展和深化改革创新创造了有利条件，标志着我国的邮轮经济发展迈出了坚实一步，对于拓展邮轮旅游发展的新空间、加强21世纪海上丝绸之路沿线区域的旅游合作具有十分重要的作用。

从海洋旅游业发展的外部条件来看，我国与"一带一路"国家在互联互通领域的尚存在两个方面的短板。一是交通方面。以太平洋岛国为例，目前与我国建交的太平洋岛国中只有2个国家（斐济和巴布亚新几内亚）与香港开通直航，而与大陆城市均无直达航线，前往其他太平洋岛国需转机。二是签证方面。尽管部分国家对我国游客免签证的政策给我国游客带来了很大的便利，但由于需要转机，游客仍受经停国家的过境签证政策限制。交通通达性、旅途时间、手续繁简以及旅行费用成为影响游客数量的关键因素之一。

（六）远洋渔业

2015—2016 年，是我国远洋渔业由快速扩张向调整稳定转变的关键期，其发展特点主要表现在以下几方面。

1. 渔业急剧扩张态势得到有效控制

2016 年，农业部在青岛组织召开专题会议，明确了"十三五"期间我国远洋渔业的发展的总体思路和重点工作，即适当调整远洋渔业发展节奏、严格控制远洋渔船规模、加快推进产业转型升级、发挥政策杠杆的调控作用、进一步强化规范管理，并明确提出在"十三五"末期将全国远洋渔船控制在 3000 艘以内。从实际发展来看，我国远洋渔业急剧扩张态势已经得到有效控制。2016 年和 2015 年，我国远洋渔船总数分别为 2571 艘和 2512 艘，新增渔船数分别为 59 艘和 52 艘，相比2013 年和 2014 年，渔船新增量急剧减少。受此影响，2016 年，我国远洋渔业产量198.75 万吨，同比下降 9.33%。

2. 渔业"走出去"步伐明显加快

在海洋强国战略和"一带一路"倡议的推动下，我国渔业国际合作成果丰富，国际渔业权利得到巩固，周边渔业关系和渔业秩序保持稳定，双边渔业合作进一步拓展，助推渔业"走出去"步伐明显加快。目前，我国远洋渔船作业海域扩展到40 多个国家和地区的专属经济区以及太平洋、印度洋、大西洋公海和南极海域，外派船员达 4.8 万人。

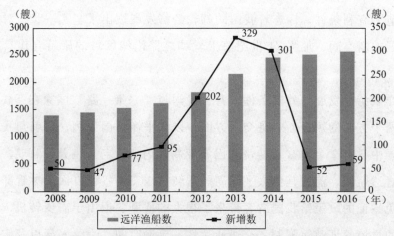

图 10-5　2008—2016 年我国远洋渔船总数及其新增情况

数据来源：历年中国渔业统计年鉴。

3. 渔业海外基地建设成为新亮点

渔业海外基地代表着渔业"走出去"战略发展的新形态，对于提升我国远洋渔业的综合竞争力具有重要的意义。目前，福州宏东远洋渔业有限公司投资1亿美元建立的毛里塔尼亚综合基地，成为目前我国境外投资规模最大的远洋渔业基地；山东靖海集团有限公司在印度尼西亚马老奇建设的远洋基地项目实际投资达5000万美元左右；深圳市联成远洋渔业有限公司及其战略合作伙伴在太平洋岛国建立了6个基地，为我国渔业海外基地建设发挥了良好的示范带动作用，不仅能更好地服务于企业自身发展的需要，也成为我国与入渔国在互惠互利中深化远洋渔业合作的重要内容。

4. 远洋渔船境外检验基地建设快速推进

科学设置远洋渔船境外检验点，不仅是提高境外检验工作效率和质量，服务远洋渔业企业的迫切需求，也是落实"一带一路"倡议、服务支撑我国远洋渔业"走出去"战略的要求。近年来，国家密切结合企业需求，积极推进远洋渔船境外检验基地建设，境外检验范围显著扩大，境外公共服务短板快速提升。截至2015年，我国境外远洋渔船现场检验点已经遍及世界三大洋、五大洲的30多个国家（地区），是2010年10多个国家（地区）的3倍，短期境外检验点从3个增加到8个，每年在境外完成的检验任务均超过全年检验总量的50%。

但同时，受国际政治经济环境及我国渔业结构等深层次问题影响，我国远洋渔业发展正面临着空间拓展和产业链延伸的"双重制约"，亟须加强突破。一方面，随着全球需求增长和捕捞技术不断提升，海洋渔业资源越来越稀缺，各国海洋渔业规划也不同程度地由"捕捞型"向"养护型"转变，纷纷通过设置政策和技术壁垒，限制本国海洋资源对外开放，导致由渔业印发的海洋争端频发，如2015年，印度尼西亚政府单方面废止刚签署3个月的渔业协议，2016年，我国"鲁烟远渔010号"渔船被阿根廷海警船击沉，这对我国远洋渔业空间拓展造成强大压力；另一方面，我国远洋渔业作业的大部分目标国基础设施比较落后，渔业码头、渔船修造厂、冷库及加工厂等硬件严重不足，致使我国在渔业产业链上长期处于以捕捞为主的低价值产业环节，在鱼货价格上缺乏话语权。

三、对策建议

一是强力支持海外综合服务基地建设。以海上丝绸之路互联互通建设为契机，结合市场需求，加强政策扶持，加大银行授信、直接融资、跨境融资、汇兑等领域财政金融的支持力度，鼓励国内港口、渔业、旅游等龙头企业，通过收购、参股、租赁等方式，积极参与海外港口及其后方陆域的投资、开发和运营，大力发展港口、仓储、物流、加工、补给、维修以及气象、救助等配套服务功能，率先建成一批具有战略支点作用的海外综合服务基地，为我国涉海企业"走出去"提供强有力的海外服务网络。

二是促进海洋产业高效协同发展。加强海洋产业海外布局的系统设计，积极推动产业合作平台建设和信息共享，支持企业"抱团"走出去。依托海外港口支点建设，与周边国家合作建设临港海洋产业园区，吸引国内涉海企业到园区落户，提高投资效率，规避投资风险，优化产业链条，促进产业集群发展；积极推进船舶和海洋工程装备国际产能和装备制造合作，鼓励龙头企业积极开展海外并购，在海外投资建厂、建立海外研发中心、实验基地和全球营销及售后服务体系，加快推进产能合作和技术输出；支持渔业企业在海外建立远洋渔业和水产品加工物流基地，延伸发展水产养殖、海水淡化、海洋能开发及冷链物流等产业链，提升传统产业价值链；开展国际邮轮旅游，与周边国家建立海洋旅游合作网络，促进海洋旅游便利化。

三是推动海洋公共服务领域的合作交流。结合海洋科技重点需求、国际科技合作总体布局，支持海外联合研究中心（实验室）建设，开展海洋与气候变化研究及预测评估合作；推动建立并完善海洋科技教育合作机制和海洋科技论坛，联合举办各类海洋教育培训班，推动涉海职业培训合作、涉海资格互认；加强海洋气象灾害及海上救援国际合作，提升"21世纪海上丝绸之路"沿线国家海洋灾害预警能力，进一步完善海上救援合作机制，强化海洋公共安全保障。

四是完善支撑服务体系。建立海洋产业海外投资信息库，定期发布各国投资环境信息报告，引导投资主体或中介机构建立行业细分信息交流平台；建立沿线国家对外合作风险评估与预警机制，降低企业海外投资风险；完善海外投资保险业务，鼓励和引导国内保险机构结合实际，自主开发涉海企业海外投资风险险种。

第四部分

中国社会文化领域的开放

第十一章　人员国际流动

——特朗普新策与我国机会

2017 年，习近平总书记就深化人才发展体制机制改革做出重要指示："综合国力竞争说到底是人才竞争。要加大改革落实工作力度，把《关于深化人才发展体制机制改革的意见》落到实处，加快构建具有全球竞争力的人才制度体系，聚天下英才而用之。"总理在会见 2016 年度中国政府"友谊奖"获奖外国专家时特别强调："中国政府将继续实施更加开放包容的人才政策，中国人才引进的大门将越开越大！中国政府将为外国专家提供更加便利的工作和生活条件，吸引更多外国人才、外国智力以各种方式前来参与中国的现代化建设，推动中国与世界经济文化的交流合作。"2016 年 2 月，中共中央办公厅、国务院办公厅印发了《关于加强外国人永久居留服务管理的意见》，指出"当前，我国已进入全面建成小康社会的决胜阶段。随着国家综合实力和国际人才竞争加剧，迫切需要以更加积极主动、开放自信、灵活务实的态度，创造更为良好的对外开放环境。"两年来，各有关部门及北京、上海等城市，积极推进人才开放改革创新，完善服务管理政策，吸引了一大批国际人才来华创业、就业、旅游等。从一般的人员国际流动来看，这两年来人员国际交流频繁，增速较快，2015 全国出入境人员首次突破 5 亿人次大关，2016 年达到 5.5 亿人次，分别占全国内地总人口的比重达到 38.04%、41.21%，首次突破 40%。

一、两年来人的对外开放总体情况

（一）全国出入境人次总体情况

从出入境人次总量看，2015 年、2016 年，全国出入境人员分别达到 5.23 亿、5.5 亿人次，首次突破 5 亿人次大关。从出入境人次增速来看，2015 年、2016 年，我国出入境人次分别比上年增长 6.73%、5.16%，保持加速趋势。

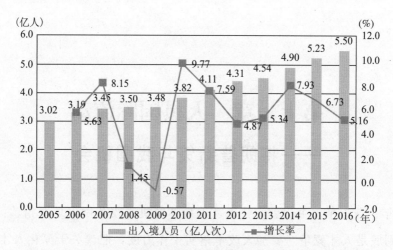

图 11-1　2005—2016 年我国出入境人次情况

数据来源：公安部。

从出入境人次增量情况看，2015 年、2016 年，我国出入境人次分别比上年增加 0.33 亿、0.27 亿人次，增加量保持稳定。

从出入境人次占人口比重看，2015 年、2016 年，我国出入境人次占全国内地总人口的比重逐步攀升，分别达到 38.04%、41.21%，首次突破 40%，说明出入境人次增速快于人口增长速度。

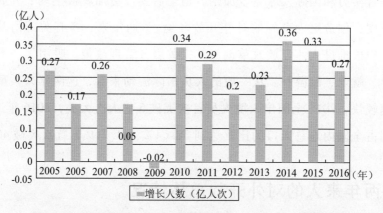

图 11-2　2005—2016 年各年我国出入境人次较上年增加量情况

数据来源：根据公安部数据测算。

2015 年，在 5.23 亿出入境总人次中，内地居民 2.55 亿人次，港澳台居民 2.16 亿人次，外国人 5190 万人次，占比分别为 49%、41%、10%。2016 年，在 5.5 亿出入境总人次中，内地居民 2.73 亿人次，港澳台居民 2.21 亿人次，外国人 5653 万人

次，占比分别为 50%、40%、10%，内地居民、港澳台居民、外国人出入境人次均
有增长。

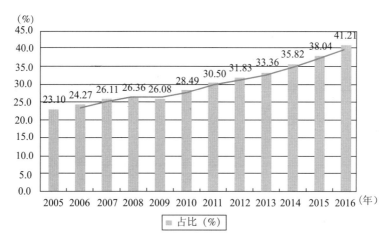

图 11-3　2005—2016 年我国出入境人次占人口总数的比重

数据来源：结合中国统计公报、公安部数据测算，其中人口总数为全国内地总人口。

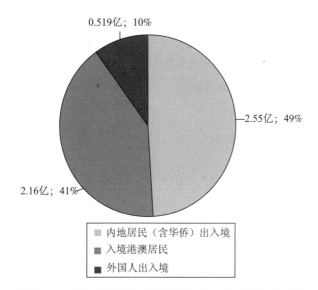

内地居民（含华侨）出入境
入境港澳居民
外国人出入境

图 11-4　2015 年和 2016 年我国出入境人次区域结构情况

数据来源：根据公安部数据测算。

从出入境边检总站来看，深圳边检总站各年检查出入境人次最多，约占全国出
入境人次总数的一半。随着改革开放的进一步深入，出入境更加便利，国际交流往
来更加密切。近几年来，深圳各口岸出入年境客流居高不下、持续上升，罗湖、皇
岗口岸客流长期超饱和运行。数据显示，2015 年和 2016 年深圳边检总站检查出入

境人次均为 2.39 亿。随着国际交流的日益密切，出入境活动更趋频繁，以及文锦渡口岸旅检区域重新开通、深圳机场新航站楼的启用、西部沿海高速和厦深铁路的通车运行，深圳口岸出入境客流将进一步增加。

从深圳边检总站各年检查出入境人次占全国出入境人次来看，总体上深圳仍旧占据重要地位，约为45%左右。但从趋势看，占比有下降趋势，说明随着国家对外开放政策的全面推进，我国各地边检总站出入境越来越活跃，出入境人次增加迅猛。

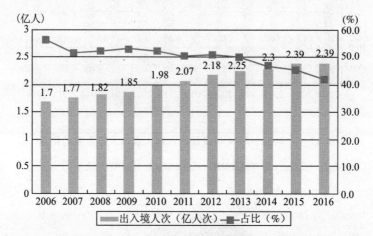

图 11-5　2005—2016 年深圳边检总站检查出入境人次

数据来源：公安部、深圳出入境边防检查总站。

（二）内地居民出入境情况

从内地居民出入境总人次来看，2015 年和 2016 年来我国内地居民出入境人次增长迅猛，分别达到了 2.55 亿和 2.73 亿人次，增长速度有所放缓。

从内地居民出入境人次增长量来看，2015 年和 2016 年分别比上年增长 0.22 亿和 0.18 亿人次，增速进入平稳阶段。

从内地居民出入境总人次占全国出入境总人次的比重来看，一直处于上升趋势，2015 年和 2016 年均为 49%，说明随着我国更加主动的对外开放政策，尤其是更加主动的人的对外开放政策的实施，人的对外开放交流更加频繁。

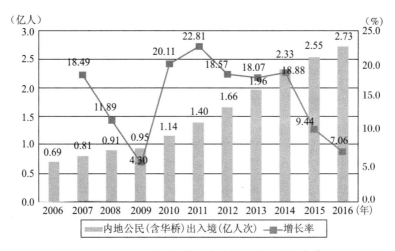

图 11-6　2006—2016 年我国内地居民出入境人次情况

数据来源：公安部。

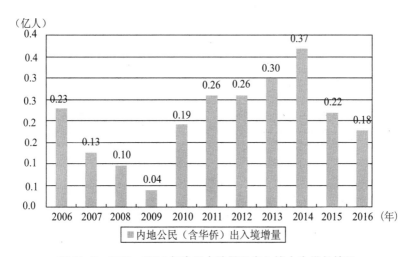

图 11-7　2006—2016 年我国内地居民出入境人次增长情况

数据来源：根据公安部数据测算。

从内地居民出入境总人次占全国出入境总人次的比重来看，一直处于上升趋势，2015 年和 2016 年分别达到 49% 和 48%，占比在近三年稳定在 50% 左右。

2015 年和 2016 年内地居民出境前往国家或地区居前五位的均为：中国香港、中国澳门、泰国、韩国、日本。

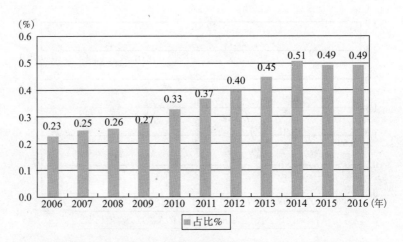

图 11-8 2006—2016 年我国内地居民出入境人次占总体的比重

数据来源：根据公安部数据测算。

（三）外国人入出境情况

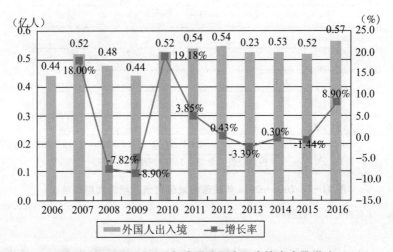

图 11-9 2006—2016 年我国外国人入出境人次及增速

数据来源：公安部。

从外国人入出境人次来看，在 2016 年出现了爆发式增长，2015 年为 5191 万人次，2016 年为 5653 万人次。从增速速度来看，2006—2015 年，外国人入出境人次一直在 5200 万人次左右间上下浮动，而在 2016 年外国人入境人次有了明显增长，达 5653 万人次，增长率 8.9%。

图 11-10　2006—2016 年我国外国人入出境人次情况

数据来源：数据来源：公安部。

从外国人入境人次来看，2007—2016 年基本保持稳定，维持在 2600 万人次左右，而在 2016 年，外国人入境人次增长迅速，达到 3811 万人次，同比增长 46.6%，主要是 2016 年观光旅游和其他目的入境的外国人增长迅速。

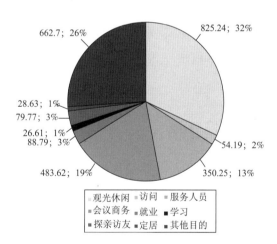

图 11-11　2015 年外国人入境目的结构示意图

数据来源：公安部。

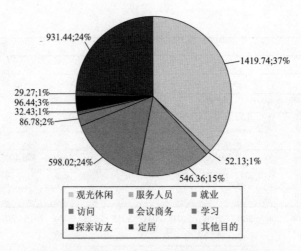

931.44;24%

1419.74;37%

29.27;1%
96.44;3%
32.43;1%
86.78;2%

598.02;24%

52.13;1%

546.36;15%

■ 观光休闲	■ 服务人员	■ 就业
■ 访问	■ 会议商务	■ 学习
■ 探亲访友	■ 定居	■ 其他目的

图 11-12　2016 年外国人入境目的结构示意图

数据来源：公安部。

从入境目的来看，入境观光休闲、访问、服务员工、会议商务、就业、学习、探亲等成了外国人入境的主要目的。2015 年和 2016 年，观光休闲入境人次比重分别达到 32% 和 37%，仍为入境第一目的。

从我国外国人入境人员来源国来看，韩国、日本、美国、俄罗斯、蒙古、马来西亚、菲律宾、新加坡、印度、泰国等是我国主要的外国人入境来源国。2015 年和 2016 年，前三位外国人入境国家分别是韩国、日本、越南和韩国、日本、美国。

（四）港澳台居民入出境情况

一直以来，港澳台居民出入境人次都是我国人员出入境人次的重要组成部分。在 2015 年和 2016 年，港澳台居民依旧呈现"绝对数饱和、相对数降低"的发展态势。2007 年，港澳台居民出入境人次达 2.33 亿人次，占全国出入境人次的比重为 64.9%，而到了 2016 年，港澳台居民出入境人次仅为 2.21 亿人次，占全国出入境人次的比重快速下降到 38.8%。从这一点也说明，我国人的对外开放正发生重大变化，国与国之间的交流继续深入将是常态。

从内部结构看，香港居民一直是港澳台居民出入境中的主力，2008—2016 年平均保持在 1.55 亿人次以上，而澳门则保持在 0.45 亿人次左右，台湾大约保持在 0.1 亿人次左右。

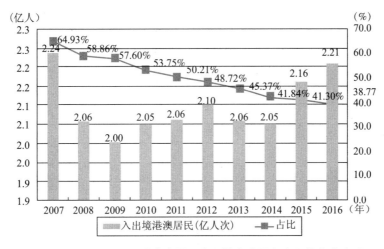

图 11-13　2007—2016 港澳台居民出入境人次及占出入境人次比重

数据来源：公安部。

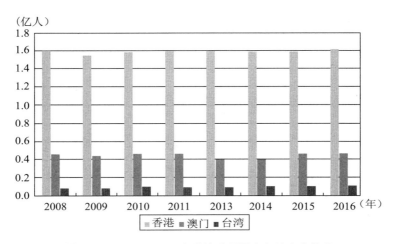

图 11-14　2008—2016 年港澳台居民出入境人次情况

数据来源：公安部（2012 年数据未获得）。

（五）旅游开放情况

出境旅游是国内居民出入境的第一目的，发展速度较快。从 1991—2000 年，出境旅游者人数年均增速保持在 20% 以上。2001—2010 年，出境旅游者人数年均增速约为 19%。2015 年我国出境旅游人次接近 1.17 亿人次、2016 年为 1.22 亿人次，中国世界第一大出境旅游客源市场与第一大出境旅游消费国的地位进一步巩固。

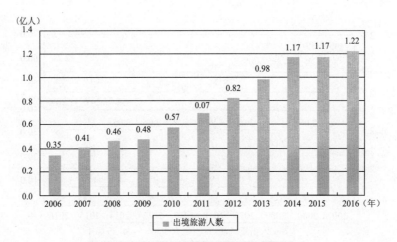

图 11-15　2006—2016 年我国出境旅游人次

数据来源：中国旅游研究所。

从旅游目的地来看，除中国香港、澳门、台湾地区外，目前我国出境旅游主要以东南亚的韩国、马来西亚、日本、泰国、越南等国家为主。此外，美国和法国也是我国出境旅游的重要目的地。从旅游目的看，观光游仍旧是出境游的第一目的。

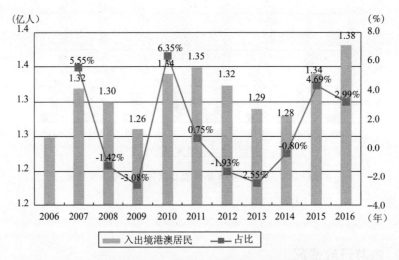

图 11-16　2006—2016 年我国入境旅游人数及同比增速

数据来源：国家旅游局。

与出境旅游相比，我国入境旅游人次相对较少、发展速度相对较慢，其中 2008年、2009 等年份因疾病、宏观经济环境恶化等因素，我国入境旅游者人数出现负增长。2012 年、2013 年、2014 年我国入境旅游人数分别为 1.32 亿、1.29 亿、1.29 亿人次，分别下降 1.9、2.5、0.4 个百分点，降幅不断收窄。到 2015 年和 2016 年，入境旅游市场逐步回暖，我国境旅游人次开始稳步增长，增长率为 4.69% 和 2.99%。

在 2016 年 1.38 亿入境旅游人次中，香港同胞最多达到了 8106 万人次，占比超过 59%；其次是外国旅游者 2815 万人次，占比约为 20%；再次是澳门同胞 2350 万人次，占比约为 17%；最少的是台湾同胞 573 万人次，占比约为 4%。

自 2010 年以来，外国人入境旅游人次总体保持在 0.27 亿人左右；香港同胞入境旅游人次保持在 0.79 亿人左右；澳门同胞入境旅游人次保持在 0.22 亿人左右；台湾同胞入境旅游人次保持在 0.05 亿人左右，各年度详细入境旅游人次如图所示。

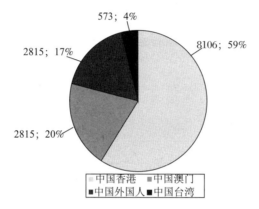

图 11-17　2016 年外国入境旅游区域结构图

数据来源：国家旅游局。

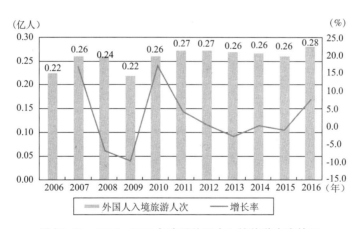

图 11-18　2006—2016 年我国外国人入境旅游人次情况

数据来源：国家旅游局。

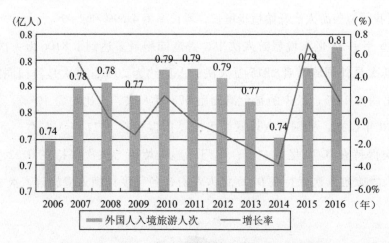

图 11-19　2006—2016 年香港同胞入境旅游人次情况

数据来源：国家旅游局。

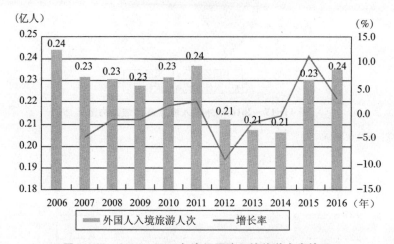

图 11-20　2006—2016 年澳门同胞入境旅游人次情况

数据来源：国家旅游局。

当前，观光休闲仍旧是外国入境旅游的第一目的，亚洲旅游者是入境旅游人次来源最多地区，2016 年达 2124.9 万人次，占比达高 67.5%；其次是欧洲，再次是美洲，大洋洲和非洲则相对较少，占比分别为 17.3%、10.7%、2.6%、1.9%。从来源国家看，2016 年全年，我国主要客源市场前 17 位国家如下：韩国、越南、日本、缅甸、美国、俄罗斯、蒙古、马来西亚、菲律宾、新加坡、印度、泰国、加拿大、澳大利亚、印度尼西亚、德国、英国。

图 11-21 2006—2016 年台湾同胞入境旅游人次情况

数据来源：国家旅游局。

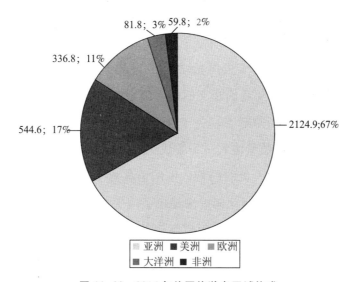

图 11-22 2016 年外国旅游者区域构成

数据来源：中国旅游研究院。

国际旅游收入继续保持平稳增长。相关数据显示，2002 年我国国际旅游收入为 204 亿美元，2007 年突破 400 亿美元，2013 年突破 500 亿美元，2015 年迅速增长至 1136.5 亿美元，2016 年达到 1200 亿美元。

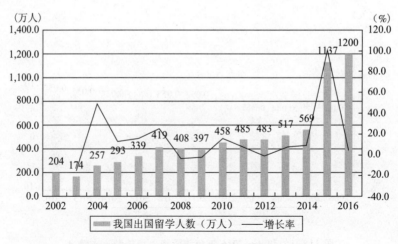

图 11-23　2002—2016 年国际旅游收入情况

数据来源：中国旅游研究院。

（六）国际教育（留学）情况

我国留学大潮的掀起，始于公派留学。20 世纪 50 年代到 60 年代，我国向苏联、欧等社会主义国家以及与我国建交的西方国家和周边国家派遣留学生。1978 年 6 月 23 日，邓小平同志在听取教育部关于清华大学的工作汇报时，对派遣留学生问题指出："我赞成留学生的数量增大……要成千成万地派，不是只派十个八个。"这拉开了中国大规模派遣留学人员的序幕，中国留学史从此进入了一个全新的时代。此后的 1978 年 7 月 11 日，教育部向中央提出了《关于加大选派留学生的数量的报告》。1985 年，我国取消了"自费出国留学资格审核"，中国向外派留学生的大门才完全打开。1993 年，党的十四届三中全会把这"支持留学，鼓励回国，来去自由"十二字方针正式定为出国留学方针。其后，教育部、人事部、科技部、公安部、财政部等部门陆续出台相关政策措施，鼓励出国留学，回国服务。

21 世纪以来，随着经济全球化发展和我国经济水平不断提升，我国出国留学热情持续高涨，我国出国留学人员数量急剧上升。2002 年以来，我国出国留学人员持续快速上升，大部分年份保持高速增长，2015 年突破 50 万人，2016 年达到了 54.45 万人，比上年增长了 3.97%，达到年度新高。在 2016 年所有出国留学人员中，自费留学人员占据主导到位，达 49.82 万人，国家公派 3 万人，单位公派 1.63 万人。

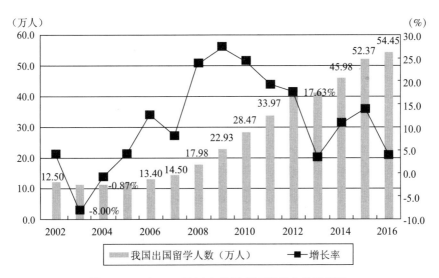

图 11-24 2002—2016 年我国出国留学人数及增速

数据来源：教育部。

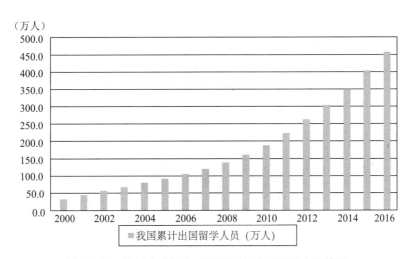

图 11-25 2016 年截至年底我国累计出国留学人员情况

数据来源：教育部。教育部数据显示，20 世纪 50 年代初我国出国留学人员仅为 5600 多人；20 世纪 60 年代初则增长到 1.8 万多人。1978—2016 年底我国各类出国留学人员总数达 458.66 万人。其中 136.25 万人正在国外进行相关阶段的学习和研究；322.41 万人已完成学业；265.11 万人在完成学业后选择回国发展，占已完成学业群体的 82.23%。

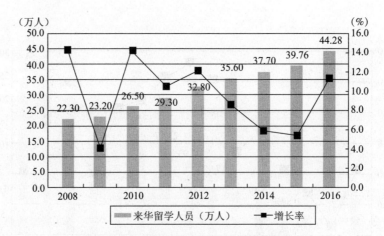

图 11-26　2008—2016 年来华留学人员及增速

数据来源：教育部。

来华留学教育方面，我国高度重视来华留学教育，来华留学工作取得显著成绩。教育部统计数据显示，2016 年达到 44.28 万，同比增长 11.53%，总体上数量保持上升趋势。

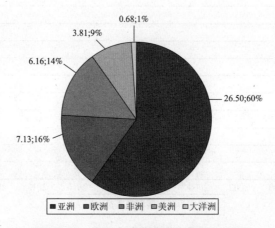

图 11-27　2016 年来华留学人员洲际比重

数据来源：教育部。

从洲际分布来看，亚洲和欧洲是来华留学人员主要来源地。2016 年，亚洲来华留学人员数达 26.5 万，占比为 58.9%，其次欧洲为 7.1 万，占比为 16.1%，再次是非洲为 6.2 万，占比为 13.9%，美洲和大洋洲分别为 3.8 万、0.7 万，占比分别为 8.6% 和 1.5%。

2016 年，排名前十的来华留学人员国家的总来华留学人员数达 23.59 万人，占当年所有来华留学人员的比重为 43.3%。排名第一的是韩国，超过 7 万人。

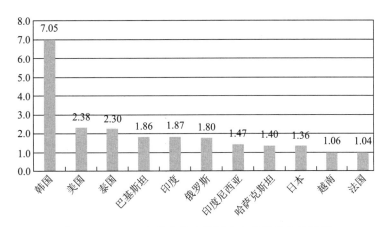

图 11-28　2016 年排名前十位国家来华留学人员情况

数据来源：教育部。

二、开放政策一览

2015—2016 年来，国家领导人高度重视人才开放，出台了相关政策文件。北京、上海等地方积极响应，加快推进改革开放创新。一批智库为人才开放提供决策咨询研究。2016 年 2 月，中共中央办公厅、国务院办公厅印发了《关于加强外国人永久居留服务管理的意见》（以下简称《意见》）。《意见》指出"外国人永久居留制度是吸引和服务外国人来华创业投资、工作生活的重要手段。我国外国人永久居留制度实施以来，在服务国家人才战略、吸引海外投资、涵养侨务资源等方面发挥了重要作用，但同时仍存在申请条件设置不够合理、签发对象偏窄、待遇落实不到位等问题。进一步加强和改进外国人永久居留服务管理工作，对于新形势下落实人才强国战略、促进经济社会发展、增强国家吸引力、构建和谐社会具有十分重要的意义。"《意见》还指出要"坚持聚天下英才而用之的战略目标，实行更加积极有效的外国人永久居留服务管理政策，进一步理顺体制机制，健全政策法规，优化申请条件，简化工作流程，落实资格待遇，加强日常管理，形成更为科学合理、开放务实的外国人永久居留服务管理工作格局。要聚焦国家人才战略，突出'高精尖缺'重点，在积极服务重点引才计划基础上，建立以市场为导向的人才认定机制，放宽外国人才申请永久居留的条件，吸引和集聚更多优秀人才。"《意见》特别还提出要"设定灵活务实的永久居留申请条件，包括积引进外国高层次人才、建立以市场为导向的人才永久居留申请标准、完善外国人从工作居留向永久居留的转换机制、调整来华投资外国人申请永久居留条件、为外籍突出贡献人员申请永久居留提供便利、积极回应家庭团聚人员永久居留的合理需求等。"另外，《意见》还针对永久居留服务管理体制机制、规范和优化永久居留受理审批程序、永久居留资格待遇、日常服务管理等方面提出了具体的意见措施。

为支持上海科技创新中心建设，公安部发布了 12 项出入境政策措施，将从加大海外高层次人才吸引力度、加大对创业初期人员孵化支持力度、促进国内人才流动、提高出入境专业化服务水平等方面，为上海科创中心建设提供最便捷的出入境环境、最优良的外籍人才居留待遇、最高效的出入境服务。为支持北京创新发展，公安部颁布实施了 20 项出入境政策措施，涉及外国人签证、入境出境、停留居留等方面。同时，公安部中关村外国人永久居留服务大厅今天起正式对外办公，受理、审核永久居留申请，提供咨询服务。这是继中共中央办公厅、国务院办公厅印发《关于加强外国人永久居留服务管理的意见》后地方的第一个试点。

表 11-1　2015—2016 年我国开放重大事件一览

时间	重大事件
2015 年 3 月	中国政府正式发布了《推动共建丝绸之路经济带和 21 世纪海上丝绸之路的愿景与行动》。"一带一路"倡议的实施，不仅标志着我国国家发展战略和外交战略新的开端，同时也为我国教育的改革与发展，特别是教育的对外开放提出了新的挑战，并提供了新的机遇。教育将会承担起时代赋予的历史使命和责任，为推进国家战略服务
2015 年 4 月	中国与全球化智库、联合中国国际人才专业委员会、国际大都会组织共同举办了"2015 国际移民与人才流动论坛"，是迄今为止国内首次高规格的国际移民与人才流动论坛，获得政府间国际组织国际移民组织（IOM）的鼎力支持
2015 年 7 月	公安部试点签发 2015 版台湾居民来往大陆通行证，进一步便利台湾同胞来往大陆，提高台湾居民来往大陆通行证的签发和查验效率，增强证件防伪性能 中国政府和美国政府在 2015 年第六轮中美人文交流高层磋商期间共同宣布以下声明：双方将巩固中美两国政府间的教育政策交流，继续实施好中美教育交流的重要合作项目，支持中美在多个领域开展形式多样的教育交流活动，支持两国教育机构高水平战略合作，推动人才培养和合作办学项目
2015 年 12 月	上海出入境管理部门出台 6 项政策措施，不断健全完善与上海科技创新中心建设相匹配的政策体系，包括：落实外国人 144 小时过境免签等政策；出台以市场为导向的"职业清单"；扩大永久居留资格的受益面；积极争取让聘雇外籍家政服务人员的政策惠及港澳台人才；人才聚集地增设境外人员服务站；升级服务手段优化办证体验等

续表

时间	重大事件
2016 年 2 月	中共中央办公厅、国务院办公厅印发了《关于加强外国人永久居留服务管理的意见》
2016 年 3 月	中共中央印发了《关于深化人才发展体制机制改革的意见》，指出要构建具有国际竞争力的引才用才机制，完善海外人才引进方式，健全工作和服务平台，扩大人才对外交流
2016 年 6 月	中国外交部副部长王超会见了来华访问的国际移民组织（IOM）总干事斯温，并提交了关于中国申请加入国际移民组织的函 总部设在日内瓦的国际移民组织 30 日举行特别理事会，通过决议批准中国、所罗门群岛和图瓦卢的加入申请，从而使该国际组织的成员国总数增加到 165 个
2016 年 7 月	教育部印发《推进共建"一带一路"教育行动》
2016 年 8 月	公安部批复广东省公安厅，决定自 2016 年 8 月 1 日起在广东实施支持广东自贸区建设和创新驱动发展 16 项出入境政策措施（其中 6 项适用于广东自贸区，10 项适用于广东全省），为外籍高层次人才和创新创业人才提供出入境和停居留便利
2016 年 9 月	具有开创性意义的跨文化全球领导力项目——清华大学苏世民学者项目举行开学典礼，迎接首届入学的来自 31 个国家的 110 名苏世民书院的学生。中国国家主席习近平和美国总统奥巴马分别发来贺信，表达对首届学生的祝贺与期待
2016 年 10 月	我国已与欧盟机构以及欧盟 28 个成员建立了稳定的教育交流与合作关系，并且与法、德、意、荷、葡等 19 个欧盟成员国签署了高等教育学历学位互认协议
2016 年 11 月	截至目前，中国已与 127 个国家缔结各类互免签证协定，包括 8 个全面免签协议；与 39 个国家达成 63 份简化签证手续协定或安排。中国护照"含金量"大幅提高 由全联民办教育出资者商会主办，北京世纪智库人才服务有限公司承办的"2016 国际教育实践与国际人才引进"主题论坛在北京开幕。此次论坛以"中外学校国际办学实践交流、国际教育投资与人才引进经验分享"为议题，深入开展了相关学术讨论和经验交流，业内专家们分享了最新的教育投融资行业信息，探讨了当今教育人才国际化配置的新趋势
2016 年 12 月	公安部支持上海科创中心建设出入境政策"新十条"正式实施。与出入境人才政策"十二条"相比，"新十条"有三大鲜明亮点：政策覆盖面拓宽到国务院批准设立的"大众创业、万众创新"示范基地（简称"双创"）地区先行先试；更加注重外籍人才在华的家庭需求；激发外籍华人回国创业的热情

续表

时间	重要讲话
2016年2月	国务院总理李克强5日下午在人民大会堂亲切会见在华工作的部分外国专家并同他们座谈，李克强强调，中国对外开放的基本国策不会改变。我们将全面加大人才引进力度，提供更多国际化、便利化服务，依法更好保护知识产权，通过集众智、汇众力，助力中国经济从过度依赖自然资源转向更多依靠人力资源和人才驱动，保持中高速增长、迈向中高端水平。李克强指出，中国将全面加大人才引进来和走出去双向开放力度，降低国外人才引进门槛，简化投资兴业、出入境等手续，让拿"绿卡"更加便捷、创业就业一路畅通、程序公开透明。加强"软环境"建设，在公共产品和服务等方面提供更多国际化"窗口"，让更多外国人才愿意来、留得住，使中国成为各类人才创新创业的沃土

时间	重大事件
2016年3月	在参加十二届全国人大四次会议上海代表团的审议时，习近平强调，要以更加开放的视野引进和集聚人才，加快集聚一批站在行业科技前沿、具有国际视野的领军人才 在出席十二届全国人大四次会议解放军代表团全体会议时，习近平强调，人才是创新的核心要素，加紧集聚大批高端人才是推动我军改革创新的当务之急。要积极创新人才培养、引进、保留、使用的体制机制和政策制度，以更加开放的视野引进和集聚人才，努力培养造就宏大的高素质创新型军事人才队伍 习近平在听取北京冬奥会冬残奥会筹办工作情况汇报时，强调要开拓选人用人视野，遴选优秀人才参与冬奥会筹办，加快培养一支专业化、国际化的人才队伍
2016年4月	我国是科技人才资源最多的国家之一，但也是人才流失比较严重的国家，其中不乏顶尖人才。在人才选拔上要有全球视野，下大气力引进高端人才。随着我国综合国力不断增强，有很多国家的人才也希望来我国发展。我们要顺势而为，改革人才引进各项配套制度，构建具有全球竞争力的人才制度体系。不管是哪个国家、哪个地区的，只要是优秀人才，都可以为我所用。这项工作，有些企业、科研院所已经做了，我到一些企业、科研院所去，也同这些从国外引进的人才进行过交谈。这方面要加大力度，不断提高我们在全球配置人才资源能力 ——习近平主持召开网络安全和信息化工作座谈会并发表重要讲话
2016年5月	办好中国的事情，关键在党，关键在人，关键在人才。综合国力竞争说到底是人才竞争。要加大改革落实工作力度，把《关于深化人才发展体制机制改革的意见》落到实处，加快构建具有全球竞争力的人才制度体系，聚天下英才而用之。要着力破除体制机制障碍，向用人主体放权，为人才松绑，让人才创新创造活力充分迸发，使各方面人才各得其所、尽展其长。要树立强烈的人才意识，做好团结、引领、服务工作，真诚关心人才、爱护人才、成就人才，激励广大人才为实现"两个一百年"奋斗目标、实现中华民族伟大复兴的中国梦贡献聪明才智 ——学习贯彻《关于深化人才发展体制机制改革的意见》座谈会在京召开，习近平就深化人才发展体制机制改革做出重要指示

时间	重大事件
2016 年 9 月	"我们要以识才的慧眼、爱才的诚意、用才的胆识、容才的雅量、聚才的良方，广开进贤之路，把党内和党外、国内和国外等各方面优秀人才吸引过来、凝聚起来，努力形成人人渴望成才、人人努力成才、人人皆可成才、人人尽展其才的良好局面" ——习近平在中国共产党成立 95 周年大会上的讲话 "中国政府将继续实施更加开放包容的人才政策，中国人才引进的大门将越开越大！"李克强总理 9 月 30 日会见 2016 年度中国政府"友谊奖"获奖外国专家时特别强调。"我们始终坚定地维护和推进全球化进程，主张文明多样性和互鉴交流，推进世界和平发展合作。"李克强最后说，"中国政府将为外国专家提供更加便利的工作和生活条件，吸引更多外国人才、外国智力以各种方式前来参与中国现代化建设，推动中国与世界经济文化的交流合作"

三、特朗普新策给我国引进人才的机遇与建议

（一）保护美国本土劳动者利益的移民政策倾向

这里的特朗普新策主要是指特朗普强硬的移民政策立场和不断收紧发放外国人工作签证的态度。在特朗普"将工作还给美国人、美国人第一"理念的支配下，美国人才政策趋紧，更多外国人可能会选择其他国家的就业机会。过去一年多来，特朗普重视移民问题，要求劳工部调查所有可能滥用签证项目，从而避免美国本土劳动者的利益受到损害。在竞选过程中，特朗普公开抨击 H-1B 签证，他认为每年发放给 8.5 万名外国技术人员和研究生毕业生 H-1B 签证，大多数都从事科技产业，并最终取得永居权或移民美国。他认为这样这对商业十分不利，对美国的工人也不利，而且不公平。美国不应该继续这样下去。

2018 年 4 月，美国总统特朗普签署行政命令，要求联邦部门紧缩临时工作签证，确保只有外国高级的专业人才，才能获得这一签证在美国工作。H-1B 工作签证是外国留学生获得美国合法身份的最主要的渠道。一是名额少，概率低。由于外国留学生数量多，H-1B 名额少，只有通过抽签方式获取，其中本科毕业生的中签率不足 25%，硕士研究生的中签率不足 75%。二是成本不断提高，中小企业难以应对。申请人在申请 H-1B 签证时，雇主必须按照美国劳工部指定"通行工资"（Prevailing Wage）来支付 H-1B 外籍员工的工资，否则不予批准。"通行工资"标

准使得很多雇主不在万不得已的情况下，都不愿雇佣 H-1B 的外籍员工。三是相关费用成本增加，雇主压力增大。美国雇主在申请 H-1B 工作签证时，必须要支付1500 美元（25 人以下的小企业减半为 750 美元）的费用，或许还要提高，用于培训和提升美国工人的"21 世纪竞争能力"。四是存在"H-1B 依赖性企业"惩罚性"申请费"。根据美国移民法律，如果雇主雇佣的 H-1B 的外籍员工比例过高，那么就可能被政府认定为"H-1B 依赖性企业"，雇主必须为每一位 H-1B 外籍员工额外缴纳数千美元的惩罚性"申请费"。

相比美国收紧移民政策的趋势，加拿大的移民政策更加开放，海外技术人才更容易获得工作签证。对未来美国政府移民政策趋紧的担忧，硅谷和其他地方的不少高科技人才考虑转投加拿大。借助与美国西雅图及旧金山临近的联系，温哥华这个加拿大第三大城市正掀起一股科技热潮，吸引成千上万的技术工人和初创公司到来。在世界上最宜居的城市排行榜上，温哥华常位列前茅。因此，很多全球大型科技公司早已在这里开设分支运营。亚马逊希望在温哥华新增员工，微软也在温哥华开设办事处。

（二）如何利用好"人才分流"的可能机会

从长远来看，特朗普的人才政策将影响到美国企业招聘外籍人才，以及外籍人才前往美国的意图。而这恰恰给我们国家带来了利好。李彦宏认为，对其他国家来讲，特朗普的政策是它们吸引硅谷高级技术人才离开美国的潜在机会，也为中国公司吸引"越来越多其他国家和地区的人才"带来了希望。在特朗普人才新政的国际人才分流机会，我国应该要把握机会，力争吸引更多国际人才为我国的全方位发展提供智力支撑。

（1）深化实施《关于深化人才发展体制机制改革的意见》

我们必须坚持对外开放战略，不断满足人口开放的需求，深化实施《关于深化人才发展体制机制改革的意见》，促进各领域各行业人口开放，完善人口开放环境、积极吸引一批国际高端人才，切实提升我国人口开放水平，服务我国经济对外开放。

（2）优化营商环境，抢抓国际人才机遇

国际移民失衡、国际人才流动逆差等问题仍旧是我国人才对外开放面临的主要问题，如何扭转现状，尽早享受"移民红利"是我国目前移民面临的最大挑战。一方面，建议国家依托北京、上海、广州、深圳等先发城市和一大批新兴城市，着力营商环境，为国际人才提供创新、创业、创富的发展软环境和硬条件，吸引国际人才分流。二是推动永久居留制度改革。一方面要放宽绿卡申请条件，另一方面提高永久居留资格待遇，同时还要完善和简化相关申请程序。近年来，北京、上海、深圳等一大批城市陆续出台相关人才政策，吸引国际人才落户，支撑经济社会发展。比如，深圳市近年来就陆续出台相关政策，其中最高级别的"杰出人才"享有总额接近 100 万美元的安居补贴费，计划面向包括美国在内的 24 个国家，意在吸引各类各个层次的人才。此外，支持"海外人才"在深圳创业，可获得 15 万美元创业津贴。

（3）打造国际化的创新创业环境，吸引留学生回国

我们建议，一是营造良好的自由市场经济环境、人才流动市场，为留学生提供前提条件；二是完善留学人员回国服务政策体系，着力健全留学人员回国工作服务体系，深入实施留学人员回国服务重点工程项目；三是鼓励留学生回国创业，大力开展大众创新、万众创业，为留学生提供更多机会。

与此同时，我们还要注重留学生引进，留住更多的国际留学生。比如，可参照美国、日本和新加坡的做法，均允许留学生毕业后，在本国居留一段时间找工作。加大留学中国的奖学金规模，更多地通过政府奖学金招收来华留学的招生数量和培养质量。允许国际资本在我国开办教育机构，支持合作办学，提高教育国际化程度。支持高等学校、科研院所与海外高水平教育、科研机构建立联合研发基地。

第十二章 行政体系开放

——信息与涉外法治服务的提升

一、开放的状况和特点

（一）开放的状况

1. 政府信息公开现状

2015—2016 年来，政府信息公开与服务的水平进一步提升，政府部门积极利用政府网站，加强简政放权工作的相关信息公开、服务优化等，在政府转变职能方面发挥了较为明显的作用。根据中国软件评测中心（工业和信息化部计算机与微电子发展研究中心）对 2015 年中国政府网站绩效进行评估的结果，商务部继续保持部委网站第一名，质检总局、税务总局并列第二名，林业局第三名，交通运输部、工业和信息化部分列第四名和第五名。2016 年，商务部、交通运输部、工业和信息化部、农业部、发展改革委位列国务院组成部门网站前 5 名。2015—2016 年，国务院组成部门网站评估结果前 5 名如下表所示。

表 12-1　2015 年各部委政府网站绩效评估排名一览表

排名	名称	健康指数	信息公开指数	办事服务指数	互动交流指数	回应关切指数	网站功能指数	优秀案例指数	总分
1	商务部	0.87	0.69	0.68	0.74	0.74	0.72	0.90	84.6
2	质检总局	0.88	0.65	0.65	0.73	0.79	0.65	0.85	83.3
2	税务总局	0.87	0.67	0.61	0.72	0.76	0.71	0.90	83.3
3	林业局	0.84	0.65	0.63	0.76	0.69	0.73	0.90	82.3
4	交通运输部	0.88	0.68	0.62	0.74	0.69	0.48	0.85	80.2
5	工业和信息化部	0.83	0.64	0.63	0.72	0.79	0.67	0.60	78.7

表 12-2　2016 年各部委政府网站绩效评估排名一览表

排名	名称	政务公开指数	政务服务指数	互动交流指数	日常保障指数	功能与影响力指数	优秀创新案例指数	总分
1	商务部	0.85	0.72	0.72	0.93	0.90	0.92	94.9
2	交通运输部	0.82	0.73	0.77	0.73	0.75	0.95	91.4
3	工业和信息化部	0.61	0.79	0.77	0.93	0.80	0.94	88.8
4	农业部	0.89	0.84	0.77	0.87	0.55	0.27	86.3
5	发展改革委	0.91	0.75	0.61	0.93	0.55	0.30	83.3

在省一级政府中，2015 年中国政府网站绩效评估中，北京、上海、四川位列省级政府网站前三名，广东、浙江位列第四、第五名。2016 年，北京、上海和广东（并列第2），四川、浙江、福建位列省级政府网站前 5 名。2015—2016 年，省级政府网站评估结果前 5 名如下表所示。

表 12-3　2015 年省级政府网站绩效评估排名一览表

排名	名称	健康指数	信息公开指数	办事服务指数	互动交流指数	回应关切指数	网站功能指数	优秀创新案例	总分
1	北京	0.89	0.85	0.73	0.83	0.63	0.78	0.90	89.4
2	上海	0.88	0.83	0.70	0.82	0.65	0.76	0.90	88.3
3	四川	0.82	0.86	0.71	0.81	0.65	0.78	0.90	87.3
4	广东	0.85	0.81	0.76	0.78	0.60	0.72	0.90	86.4
5	浙江	0.83	0.78	0.79	0.75	0.54	0.72	0.90	84.8

资料来源：http://wzpg.cstc.org.cn/2015/zbg/pgbg_detail.jsp？id=127547。

表 12-4　2016 年省级政府网站绩效评估排名一览表

排名	名称	政务公开指数	政务服务指数	互动交流指数	日常保障指数	功能与影响力指数	优秀创新案例指数	总分
1	北京	0.77	0.73	0.89	0.97	0.90	0.97	89.5
2	上海	0.86	0.82	0.79	0.93	0.90	0.34	88.0
2	广东	0.86	0.82	0.77	0.73	0.70	0.76	88.0
3	四川	0.89	0.75	0.77	0.73	0.90	0.80	86.6
4	浙江	0.93	0.86	0.87	0.67	0.65	0.25	85.7
5	福建	0.62	0.78	0.81	0.73	0.90	0.95	84.7

此外，中国社科院法学研究所也持续对政府信息公开透明度进行评估。《中国政府透明度指数报告（2015）》对 54 家国务院部门、31 家省级政府和 49 家较大的市政府的政府信息公开情况进行了评估。报告结果显示，国务院部门中政府信息公开透明度最高的前五位是海关总署、运输部、中国证券监督管理委员会、国家食品药品监督管理总局等；省级政府中，政府信息公开透明度的前五名是上海、北京、河南、福建、江苏。在 49 家较大的市中，政府信息公开排在前面的有厦门、成都、宁波、淄博、汕头。

《中国政府透明度指数报告（2016）》则对 49 个较大的市和 100 个县级政府的透明度进行了评估。较大的市中排名前五的有厦门、广州、成都、合肥、宁波。县级政府中排名前五的有上海市浦东新区、安徽省宁国市、安徽省怀远县、天津市武清区、北京市顺义区。

中国社科院法学研究所与中国软件评测中心的评估结果并不十分一致，主要是两家机构测评的角度与选取的指标不一样，中国软件评测中心主要以政府网站绩效为出发点，对政务公开指数、政务服务指数、互动交流指数、日常保障指数、功能与影响力指数、优秀创新案例指数等指标进行评估，中国社科院法学研究所报告主要从政府透明度为切入点，对政府信息公开的评价要素分别有信息公开专栏、规范性文件、财政信息、行政审批信息、环境保护信息、政府信息公开年度报告等指标进行测评。不同的第三方机构的评估，也从侧面反映了政府信息公开建设越来越受到独立客观的监督，有利于推动信息公开服务的规范性、高效性、全面性发展。

2. 涉外法治服务与国际合作现状

2015—2016 年，我国涉外法律服务业进一步发展，涉外服务领域日益拓展，服务质量逐步提升，涉外法律服务队伍不断壮大，为维护我国公民、法人在海外正当权益、促进对外开放发挥了重要作用。尤其是在国际合作方面，积极参与有关国际立法活动，多层次多领域展开国际法治对话和法学交流，国际反腐败合作和司法协助工作取得一系列成果。

一是积极推进国际反腐败合作和司法协助工作。中俄反腐败合作方面，签署了《中俄联合声明》，首次将加强反腐败合作写入与外国签署的联合声明中。中美反腐败合作在多个层次展开。高层对话层面，在加强和推动《联合国反腐败公约》、二十国集团（G20）和亚太经济组织（APEC）等多边框架下的反腐败倡议方面继续开展合作。并通过中美执法合作联合联络小组反腐败工作组这一主渠道开展双边反腐败合作，共同打击各类跨国腐败犯罪活动。2015 年，与比利时、法兰西、意大利、越南、马来西亚、智利等国家签订有关条约，为与各国在司法领域加强合作进一步奠定了法律基础。

二是积极参加有关国际立法活动。国际海洋法方面，出席《联合国海洋法公约》第 25 次缔约国会议，并指出，海洋的可持续发展是 2015 年后发展议程的重要方面，在全球政治经济和人类社会发展中的地位和作用日益凸显，并就此提出有关建议。并出席在牙买加举行的国际海底管理局第 21 届会议，阐述了有关探索和可持续利用国际海底资源、保护海洋环境、服务全人类利益等方面的主张。气候变化、极地法律方面，出席《联合国气候变化框架公约》第 21 次缔约方会议暨《京都议定书》第 11 次缔约方大会，为大会最终达成《巴黎协定》做出了积极贡献。此外，在网络空间法方面与国际刑事法等方面，也积极参与大型国际会议，提出应同采取有力行动，以推动新时期的国际协调和合作再上新台阶。

三是注重对交流平台的积极创建和深度挖掘。比如，与东盟方面的法治对话交流，在中国—东盟法律论坛框架下，积极开展各种研讨会，开展各种层次类别的合作。近两年，在亚非法协框架下的对话交流活动也取得类似进展。此外，中外政府间的条法司长磋商机制，虽然级别有限，但在推进国家间法治对话、协调国际规则制定方面具有重要作用，近年来这一机制的运用扩展也很明显，效果也逐渐彰显。

（二）开放的成就和特点

1. 信息公开服务方面

一是行政权责清单更加透明。在国家大力推进简政放权放管结合和推行行政权力清单制度的过程中，省、市各级政府网站全面公开发布行政权力清单、责任清单，将清理调整之后的部门权力、责任信息详细地向社会公众展示，包括部门主要职责、部门职责边界、事中事后监管制度、公共服务事项、责任追究机制等，以及行政许可、行政处罚、行政强制等行政职权及其法律依据、实施主体、运行流程、监督方式等信息。政府部门的权责更加清晰、透明，表明政府施政理念更加开明、开放，也是政府信息公开向前迈进的重大突破。

二是政府信息公开力度进一步加大。政府持续加大重点领域政府信息的公开力度。部委、省、市、区县政府网站开通了公共资源配置类、食品药品安全类、环境保护类、安全生产类等重点领域的公开专栏，着重围绕社会关注热点，开展热点专题，较好引导网络舆论。对公共资源配置类、食品药品安全类、环境保护类、安全生产类等民生领域信息服务开设公开专栏，加大开放力度，提供更多便民服务。

三是网上办事服务更加规范化、人性化。政府从用户角度提供各类实用的办事服务，将互联网服务的理念融入服务内容。逐步建立健全资源共享平台，积极向社会公众和企业提供业务方面较为全面、专业、深度的支撑服务，加强与实体大厅的对接与融合，加强数据共享通道，提供一站式服务，极大地方便了公众和企业前来办事。在数据开放方面，向公众提供更多的数据类目、移动 APP 应用以及可下载的数据资源，部分政府网站还面向用户提供了定制化服务。此外，在与公众互动方面，部分网站开始探索智能互动平台，面向用户提供自动化、及时化的交流服务，对用户提交的问题实现系统主动响应和自动答复。

2. 涉外法治方面

2015—2016 年，我国法治领域的国际交流合作以及"一带一路"的法律制度保障方面工作，主要有如下特点。

一是我国对国际规则的引领性作用明显增强。近年来，中国积极参与国际反腐败条约活动，寻求各国司法协助支持，大力倡导新的国际反腐败规则，引领规则制定。如 2016 年 G20 峰会主导通过《二十国集团反腐败追逃追赃高级原则》《二十国集团 2017—2018 年反腐败行动计划》，体现了其引领性。此外，还在 G20 峰会上积极推动《巴黎协定》，积极引领国际气候变化规则的制定和实施。随着国家利益不断扩展，更加深度参与规则制订进程，切实维护我国的长远利益。比如积极运筹外空、深海、极地、网络等新兴领域规则博弈，在诸多方面取得了实质性的进展，在相关领域全球治理中发挥着重要且积极的作用。

二是运用国际规则和国际组织平台维护领土等核心权益，更加熟练和高效。如在反制菲律宾南海仲裁案问题方面，积极向国际社会郑重发表政府声明，组织高级别国际法律论坛等，体现出成体系、有协调、有力度的国际法律斗争特点，全力保证我国外交决策和行动"道义上有理、政治上有利、法律上有据"。

三是"一带一路"的法律制度保障工作成果显著。在官方的法治对话，学术性法学研讨、多边机构中的讨论议题以及双边交流中的探讨重点中，很多都与"一带一路"法制保障密切相关，内容广泛、成果丰富，体现出开展国际法治对话交流工作"围绕中心、服务大局"的积极性和主动性，涉外法治在"一带一路"推进的过程中发挥了重要的作用。

二、开放的政策评估和存在的问题

（一）开放的政策

1. 信息公开相关政策

近两年，信息公开在权力清单、互联网网站整治、大数据发展等方面出台了相关的政策，进一步推动了政府对外信息公开服务的水平。

如《国务院办公厅关于印发 2015 年政府信息公开工作要点的通知》指出，认真落实《中华人民共和国政府信息公开条例》，推进重点领域信息公开，加强信息发布、解读和回应工作，强化制度机制和平台建设，不断增强政府信息公开实效，进一步提高政府公信力，使政府信息公开工作更好地服务于经济社会发展，促进法治政府、创新政府、廉洁政府和服务型政府的建设。

《关于推行地方各级政府工作部门权力清单制度的指导意见》（中办发〔2015〕21 号）明确，将地方各级政府工作部门行使的各项行政职权及其依据、行使主体、运行流程、对应的责任等，以清单形式明确列示出来，向社会公布，接受社会监督。通过建立权力清单和相应责任清单制度，进一步明确地方各级政府工作部门的职责权限，大力推动简政放权，加快形成边界清晰、分工合理、权责一致、运转高效、依法保障的政府职能体系和科学有效的权力监督、制约、协调机制，全面推进依法行政。

《国务院关于印发促进大数据发展行动纲要的通知》（国发〔2015〕50 号）指出，通过促进大数据发展，加快建设数据强国，释放技术红利、制度红利和创新红利，提升政府治理能力，推动经济转型升级。《关于印发〈党政机关、事业单位和国有企业互联网网站安全专项整治行动方案〉的通知》（公信安〔2015〕2562 号）指出，坚持重点整治与源头治理相结合、安全管理与技术防范相结合、督促整改与依法打击相结合，建立并完善党政机关、事业单位和国有企业网站安全防护工作机制，使网站运行安全和数据安全得到切实保障。

2. 涉外法治建设相关政策

涉外法治还包括很多方面，如竞争法、对外贸易法、对外投资和外商投资、国际经济合作、知识产权、市场流通、行政法律等。其中国际经济合作方面，2015 年出台了较多政策。如，商务部令 2015 年第 1 号《对外援助项目实施企业资格认定办法（试行）》、商务部令 2015 年第 3 号《对外援助成套项目管理办法（试行）》、商务部令 2015 年第 4 号《对外援助物资项目管理办法（试行）》、商务部令 2015 年第 5 号《对外技术援助项目管理办法（试行）》、商务部令 2016 年第 1 号《对外援助标识使用管理办法（试行）》等，提升了对外援助的保障力度。

此外，2016 年 5 月 20 日，中央全面深化改革领导小组第二十四次会议通过了《关于发展涉外法律服务业的意见》，涉外法律服务业已被定位为我国推进全面依法治国的重要举措，《意见》着眼于适应构建对外开放型经济新体制要求以及服务我国外交工作大局和国家重大发展战略，提出了健全完善扶持保障政策、进一步建设涉外法律服务机构、发展壮大涉外法律服务队伍、健全涉外法律服务方式、提高涉外法律服务质量、稳步推进法律服务业开放，更好维护我国公民、法人在海外及外国公民、法人在我国的正当权益的目标和任务，这是新时期推动我国涉外法律服务业发展的纲领性文件，使涉外法律服务业的发展获得了政府的制度性保障。

（二）开放存在的问题

1. 信息公开服务水平有待提高

政府的信息公开服务水平除了在信息公开的规范性、及时性、准确性等方面仍需加强，在易获取度、公开质量、服务功能等方面也还需要完善。

一是政府公开信息的易获取度有待改善。在政府信息公开实践中，政府在丰富公开渠道的同时，需要深化应用新媒体及移动终端设备、公共图书馆等公众拥有数量多或介入门槛低的渠道来公开信息。但是，由于我国政府信息化建设缺乏全国统一的规划，每个部门及每个地方都按照不同的标准进行政府信息化基础设施建设，导致部门信息共享与整合非常困难，公众对信息的易获取度也不高，在同一个政府网站获取到所需的完整信息往往存在诸多不便，获取的往往是碎片化服务，难以享受到集成式政府信息公开服务。

二是政府信息公开网站中信息的数量及质量有待提升。很多地方政府均已在官网中设立"信息公开"栏，然而进一步查看，会发现其中的信息含量极其有限，时效性较弱、更新不及时、公开的信息实用性不强，或者欠缺对于信息的合理分类，不能满足公众从中获取有效信息的需求。

三是信息公开网站的咨询服务功能需进一步加强。虽然各地政府已开始重视网络平台在信息公开中的作用，但对于平台作用的定性过于狭隘，阻碍了"互联网+信息公开"的全面发展。例如，多数政府信息公开网站只有查询功能而未设置互动性服务栏目，或者设有咨询服务功能，但是公众咨询未能及时得到回应，客观上影响了政府信息公开的便民性。

2. 涉外法治建设仍有待提升

我国涉外法律服务业起步较晚，当前涉外法律服务业仍然面临一些问题和挑战，主要表现在：基础薄弱，涉外法律服务业的工作制度和机制还不完善，政策措施还不健全，涉外法律服务业的国际竞争力还不强，高水平涉外法律服务人才缺乏，整体水平还不能完全适应我国实施更加积极主动对外开放的发展需要，是我国对外开放"走出去"软实力的"短板"。尤其是在涉外法律人才方面，后续人才培养缺乏有效途径，涉外法律服务人才主要依赖于自身留学和在外国执业期间获得的专业技能，知识更新跟不上，复合型人才缺乏。由于精通外国法律、具备外国执业经历的高端人才稀缺，国内涉外律师事务所在与外资律师事务所的竞争上存在明显劣势。此外，涉外法律服务的市场拓展力度不够，缺乏与外资公司、想要"走出去"的内资企业等进行有意义、高层次的交流平台。

在"一带一路"等国家重大发展战略的推动下，涉外法律服务业开始逐步从传统的在境内提供具有涉外因素的法律服务为主的模式，转化到延伸至境外提供法律服务的新模式。虽然目前涉外法律服务还处在不成熟的发展阶段，但是在相关领域的涉外法律服务将面临新机遇，如为"一带一路"等国家重大发展战略提供法律服务，为中国企业和公民"走出去"、为加强我国外交工作、为打击跨国犯罪和追逃追赃工作等方面提供法律服务，涉外法律服务业将在我国适应经济全球化进程、形成对外开放新体制、应对维护国家安全稳定新挑战起着重要的作用。

三、展望和政策建议

（一）信息公开服务方面

1. 完善政策法规体系，健全法律制度

完善法律基础和配套的政策体系，确保政府信息开放的合法性，为政府数据资

源社会化应用创造基础条件。通过建立政府信息市场化开发利用的法律保障体系，完善法律体系。建议将《中华人民共和国政府信息公开条例》提升为《中华人民共和国政府信息公开法》，以强化政府信息公开的法律地位。同时，可以专门制定一部《中华人民共和国政府数据开放法》，对政府在数据开放的范围、数据开放的边界、数据开放的深度、数据开放的标准、数据开放的质量、免除开放的例外等方面进行明确。另外，应当加快与之配套的数据安全和个人隐私保护等方面的立法，以法律来保护政府信息公开、数据开放和公众使用数据过程中的信息安全和个人隐私安全。

2. 加强与新媒体平台对接，增强信息易获取度

社会化媒体平台主要包括微博、微信、社交网络等新媒体，随着新媒体对社会信息传播所带来的影响不断深化，政府网站应遵循互联网信息传播新规律，利用微博、微信等社会化新媒体平台，拓展网站信息传播渠道，提升网站的互联网影响力，增强政府公开信息的易获取度。积极增加政府信息公开渠道，在巩固现有公开渠道的基础上，进一步深化应用新媒体渠道和公共图书馆。推进政府网站在移动终端设备上读取更为便利，设计手机阅读版，让公众不受时间和地点限制便利地获取所需信息。为公共图书馆开展政府信息公开服务给予一定的财政支持，鼓励公共图书馆通过设置政府信息公开数字化显示屏或对政府公开的信息进行简单加工成册，供广大公众查询、查阅所需的信息。

3. 提高信息公开的质量，推进信息的类型化、精细化

加强政府信息公开的类型化、精细化。重点在政府信息公开的及时性、主动性、明确性等方面加大力度，健全互联网政务信息数据服务平台和便民服务平台。

第一，制定政府数据资源开放共享标准体系。依托现有的信息公开和交换目录体系，制定统一的信息资源采集、整理、运维、开放和利用的标准规范，各个部门和机构根据标准中规定的要求，规范政府机构搜集、整理、开放和提供相关应用服务的行为，使得政府机构开展工作时有标准可依，提高政府信息资源的质量，提升政府数据资源的可用性、可靠性和易用性。其次，合理规划、细化、分类信息公开目录。细化信息公开目录内容，使得目录分类符合公众的查询习惯，同时按照各部门公开的信息体裁、主题、产生部门等方式进行分类，完善政府信息公开的监督和保障制度。

第二，提高准确性，政府在正式公开信息前，应严格规范的程序进行确认、审核，确保信息真实。因履行职能产生的信息可能涉及两个或多个政府部门，政府应建立信息发布协调机制，避免出现信息相矛盾的现象。

第三，加快平台建设，尽快推出数据开放平台。政府数据开放，社会影响大、涉及部门多，在政府部门内部难免会存在很多顾虑和争议。推出全国性的政府数据开放平台，首先开放人口、地理、交通、环境等争议不大的基础数据，在实践中逐步完善平台建设，不断推出更多的数据集。

第四，增强政府信息公开服务的用户导向性政府应借鉴私营企业收集用户需求的做法，利用大数据技术，抓取公众在政府网站上的浏览、搜索等行为数据，进行数据挖掘分析，找出公众的信息偏好或潜在的需求，据此提供信息公开服务。

4. 积极宣传和推广社会机构和个人的广泛参与

宣传和推广社会机构的参与，通过进行宣传介绍、在一站式门户上公布详细开发教程、开展教育培训、组织应用开发比赛、鼓励个人开发者介入、主动和企业合作等多种方式手段，在政策引导下，大力促进社会广泛参与，充分引入民间力量，最终形成完整的政府数据资源开发产业链。建立"电子公众中心"入口，畅通政府与公众的沟通交流等，搭建政府与公众之间的双向沟通对话平台。充分借助新媒体如博客、微信等，吸引公众参与政务管理，满足公众参与的多样化需求，通过建立网络民意调查平台，保证政府及时把握和回应公众需求。采取积极宣传、资金支持、教育培训、组织竞赛等方式，引导公众积极参与对数据的开发和应用。另外，在数据开放平台中，应当增加公众申请信息、政府与公众互动、公众交流社区、数据应用教程等功能，以方便公众的参与。

（二）涉外法治方面

当前，我国对外开放面临新形势和新任务，涉外法律工作在国家法治建设中的分量日益突出，作用更加重要。需要加强涉外商事法律服务，运用法律手段有效维护我国公民、法人在海外及外国公民、法人在我国的正当权益。

1. 全面参与国际商事规则的修改完善，加强涉外法律风险防范力度

通过组建智库、向有关国际组织派遣专家、为企业搭建对外交流平台、代表企业建言发声等途径，参与国际经贸规则的修改完善，增强在国际经贸规则和标准制定中的话语权及塑造力，为我国企业在"一带一路"推动过程中的"走出去"争取有利的国际环境。大力着眼于提高企业防范涉外商事法律风险和应对国际经贸纠纷的能力，加强法律培训和服务工作，鼓励企业开展外经贸法律制度、自贸区协定、相关国际公约、国际商事规则、外国法治环境等方面的培训，强化企业开展国际经贸活动的法治观念、规则意识和契约精神。推进"走出去"企业尤其是中小企业的涉外商事法律服务，指导和帮助企业依法开展国际经贸合作，通过担任法律顾问、参与对外谈判、拟定涉外合同等法律服务，提高企业防范法律风险意识，助推企业安全"走出去"。

2. 不断加大涉外知识产权服务，积极应对贸易摩擦

着力推进知识产权国际交流，构建海外知识产权风险防控机制，强化涉外专利商标代理，提高企业知识产权创造、运用、保护和管理的能力。同时，有针对性地与对华贸易摩擦高发国家的政府部门、商协会组织加强对话，增强互信，降低贸易摩擦风险。推动涉外法律服务人员帮助企业知识产权的保护、涉外知识产权争议解决的应诉。对于新型涉外法律争端领域如反倾销、反补贴、反垄断、投资者与东道国政府的投资国际仲裁，规范专业化的涉外法律人员提供精准的法律服务。加强法律抗辩和境外游说工作，争取公平稳定的国际经贸环境。

3. 加强涉外律师事务所建设

加快律师事务所规模化、专业化、国际化进程，尽快形成一批规模大、实力强、有国际竞争力的律师事务所。积极扶持我国律师事务所在"一带一路"沿线国家设立代表机构，扶持推动一批中外律师事务所建立联合经营和业务联盟关系，资助我国律师参加国际律师组织活动和会议。大力支持国内律师事务所通过在境外设立分支机构、海外并购、联合经营等方式，在世界主要经济体所在国和地区设立执业机构，从资金、人才等方面加大投入，争取在税收、外汇对外支付上试行创新政策。同时，聘请外籍法律顾问，帮助国内律师事务所延伸法律服务，为中国企业"走出去"提供一站式服务。推荐优秀涉外法律服务人才和律师参加国际有广泛影响的律师组织，如国际律师协会、环太平洋律师协会、国际律师联盟等组织。

4. 加强涉外法律人才队伍建设

加强涉外法律服务人才培养，争取将涉外法律服务人才纳入各种高端人才培养和引进计划，积极推动涉外法律人才回归国内。建立涉外律师人才库、举办涉外律师领军人才培训班，加快涉外律师人才培养。努力将涉外法律服务人才引进和培养纳入"千人计划""万人计划"等国家重大人才工程，打造涉外领军人才培养计划升级版，建设涉外法律人才培养基地，探索建立律师事务所聘请外籍律师担任法律顾问制度,加快发展涉外企业公司律师队伍,特别是在外向型国有企业建立公司律师队伍,为企业参与国际交流合作、开展投资贸易活动提供法律服务。

5. 提升涉外法律服务质量

在跨国融资与并购、国际贸易、反垄断、涉外仲裁、涉外知识产权等各个领域进一步提升涉外法律服务,积极为我国企业和公民走出去提供坚实的法律服务保障,把提高涉外法律服务质量摆在更加优先发展的位置。加快打造品牌,培养一批在业务领域、服务能力方面具有较强国际竞争力的涉外法律服务机构,开展国家和地方涉外法律服务机构示范单位、项目认证工作。推动中国企业"走出去",积极为企业提供外国有关法律制度和法律环境的咨询服务,帮助中国企业了解驻在国家和地区的有关法律制度,参与企业涉外商事交易的尽职调查,开展风险评估、防范与控制,协助企业建立健全境外投融资风险防范和维护权益机制,防范法律风险。创建以我为主的国际法律服务论坛,抓紧发起建立"一带一路"律师联盟,建设发展涉外法律服务网络。此外,建立涉外法律服务信息平台,组织中国律师和中外企业经营管理人员参加,围绕企业在涉外经济活动中遇到的问题,以典型案例剖析为主要形式,分享成功经验,探究失败原因,开展互动式学习交流研究,学习国际经贸新规则和"一带一路"相关国家和地区法律制度,从而提高企业防范风险能力和提升中国律师办理涉外法律业务的实务能力。

6. 深化涉外法律服务的进一步开放

通过开放,增强中外律师间的交流与合作,学习和借鉴国外同行的先进经验和成熟做法。要积极走出国门,推荐优秀涉外法律服务人才进入国际经济、贸易组织的专家机构、评审机构、争端解决机构以及国际仲裁机构,提升我国律师在国际组织中的话语权,建立健全律师为我驻外使领馆提供法律服务的工作机制。将为"一带一路"国家战略提供法律服务作为契机,为我国政府或企业从事的交通、能源、通信等基础设施重大工程、重大项目的立项、招投标等活动,提供全方位的法律服务,防范投资风险。在我国政府外交、经贸合作的法律服务方面,进一步推进对外开放,尤其是对外谈判、协商、签订众多双边自由贸易协定、双边投资协定、多边经贸类条约,其中涉及国际贸易、国际投资、国际金融等法律内容,积极探索创新机制,鼓励高端涉外法律服务人员提供优质的法律服务。

参考文献

[1] 王友奎，周亮，张少彤，汪敏．"互联网＋"战略下中国政府网站发展的新要求与新趋势 [J]．电子政务 E-GOVERNMENT，2016（2）．

[2] 张少彤，张楠，王友奎，周亮．2015 年中国政府网站绩效评估：结果、亮点、不足 [J]．电子政务 E-GOVERNMENT．2016（2）．

[3] 姜增伟．加强涉外商事法律服务 [J]．紫光阁，2015（2）．

[4] 周慧，卢安霖．论我国政府信息公开存在的问题及对策研究 [J]．理论观察，2016（3）．

[5] 龚柏华．涉外法律服务业发展将迎来新的机遇期 [N]．法制日报，2017-01-08．

[6] 2016 年中国政府网站绩效评估．http：//www.mofcom.gov.cn/article/zt_ jpg2016/．

第十三章 教育领域开放

——共建"一带一路"教育行动

改革开放 40 周年来，我国基本形成了全方位、多层次、宽领域的教育国际交流合作格局。"开放发展"是引领我国未来五年乃至更长时期发展的新发展理念之一。教育对外开放是我国改革开放事业的重要组成部分，在新的历史时期已进入内涵发展、提升水平的新阶段。习近平总书记在主持中央全面深化改革领导小组第十九次会议审议通过《关于做好新时期教育对外开放工作的若干意见》时指出，要服务党和国家工作大局，统筹国内国际两个大局，提升教育对外开放质量和水平。

一、新时期我国教育对外开放的主要政策

2016 年 4 月，中共中央办公厅、国务院办公厅印发了《关于做好新时期教育对外开放工作的若干意见》（以下简称《意见》），被称为新中国成立以来第一份全面指导我国教育对外开放事业发展的纲领性文件。《意见》提出，坚持扩大开放，做强中国教育，推进人文交流，不断提升我国教育质量、国家软实力和国际影响力，为实现"两个一百年"奋斗目标和中华民族伟大复兴的中国梦提供有力支撑。

随后不久，教育部印发《推进共建"一带一路"教育行动》（以下简称《教育行动》）的文件，作为国家"一带一路"倡议在教育领域的落实方案，并公布了教育领域推进"一带一路"建设的重点内容和举措。

（一）《意见》对新时期教育对外开放工作的重点部署

1. 加快留学事业发展，提高质量

通过完善"选、派、管、回、用"工作机制，规范留学服务市场，完善全链条留学人员的管理服务体系，优化出国留学服务。通过优化来华留学生源国别、专业布局，加大品牌专业和品牌课程建设力度，构建来华留学社会化、专业化服务体

系，打造"留学中国"品牌。通过加大留学工作行动计划实施力度，加快培养拔尖创新人才、非通用语种人才、国际组织人才、国别和区域研究人才、来华杰出人才等五类人才。

2. 完善体制机制，提升涉外办学水平

通过完善准入制度，改革审批制度，开展评估认证，强化退出机制，加强信息公开透明度，建立成功经验共享机制，重点围绕国家急需的自然科学与工程科学类专业建设，引进国外优质资源，全面提升合作办学质量。通过鼓励高等学校和职业院校配合企业走出去，鼓励社会力量参与境外办学，稳妥推进境外办学。

3. 加强高端引领，提升教育实力

通过引进世界一流大学和特色学科，开展高水平人才联合培养和科学联合攻关，加强国际前沿和薄弱学科建设，借鉴世界名校先进的管理经验，完善内部治理结构，加快建设具有中国特色的现代大学制度，助推一流大学和一流学科建设。通过支持高等学校参与国际重大科学计划和科学工程，建设一批高水平国际合作联合实验室、国际联合研究中心，面向全球引进高层次科技创新人才，促进高校科技国际协同创新。通过选派高等学校优秀青年教师、学术带头人等赴国外高水平机构访学交流，加快引进世界名校师资，完善教师专业标准体系，推进外籍教师资格认证，加快建设高水平师资队伍。

4. 丰富中外人文交流，促进民心相通

通过整合搭建政府间教育高层磋商、教育领域专业人士务实合作、教师学生友好往来平台，完善中外人文交流机制的相关制度，打造一批中外人文交流品牌项目，积极开展国际理解教育，加强人文交流机制建设。通过深化与世界各国语言合作交流，加强在汉语推广和非通用语种学习中的互帮互助，推进与世界各国语言互通，拓展政府间语言学习交换项目，联合更多国家开发语言互通共享课程，促进中外语言互通。通过把讲好中国故事、传播好中国声音作为教育对外开放的重要内容，聚集广大海外留学人员爱国能量，主动宣传祖国发展成就，积极发挥来华留学人员和外籍教师的宣介作用，积极传播中国理念。

5. 促进教育领域合作共赢

通过加强与国际组织的合作，建立和完善双边多边教育部长会议机制，增进次区域教育合作交流，推动大学联盟建设，深入推进友好城市、友好学校的教育深度合作，深化双边多边教育合作。通过提升发展中国家在全球教育治理中的发言权和代表性，选拔推荐优秀人才到国际组织任职，完善金砖国家教育合作机制，拓展有关国际组织的教育合作空间，积极参与全球教育治理。通过发挥教育援助在"南南合作"中的重要作用，加大对发展中国家尤其是最不发达国家的支持力度，加快对外教育培训中心和教育援外基地建设，积极开展优质教学仪器设备、整体教学方案、配套师资培训一体化援助，开展教育国际援助，重点是投资于人、援助于人、惠及于人。

6. 实施"一带一路"教育行动，促进合作

加强教育互联互通、人才培养培训等工作，对接沿线各国发展需求，倡议沿线各国共同行动，实现合作共赢。扩大中国政府奖学金资助规模，设立"丝绸之路"中国政府奖学金，每年资助 1 万名沿线国家的新生来华学习或研修。对在"一带一路"教育合作交流和区域教育的共同发展中做出杰出贡献、产生重要影响的国际人士、团队和组织给予表彰。

（二）《教育行动》为教育领域推进"一带一路"建设提供重要支撑

推动共建"一带一路"教育行动，已列入 2016 年推进"一带一路"建设工作部署和"十三五规划纲要"中我国要实施的 100 个重大项目。印发《教育行动》的首要考虑是明确教育定位，围绕"一带一路"重点共建的"五通"（政策沟通、设施联通、贸易畅通、资金融通、民心相通），提供两方面支撑：一是促进民心相通，二是为其他"四通"提供人才支撑。

1.《教育行动》在构建合作愿景方面提出了新思路

《教育行动》提出教育交流为沿线各国民心相通架设桥梁，人才培养为沿线各国政策沟通、设施联、贸易畅通、资金融通提供支撑。倡议沿线各国携手行动起来，增进理解、扩大开放、加强合作、互学互鉴，谋求共同利益、直面共同命运、勇担共同责任，聚力构建"一带一路"教育共同体，全面支撑共建"一带一路"。

2.《教育行动》提出了共建"一带一路"的重点合作内容

沿线各国教育特色鲜明、资源丰富、互补性强、合作空间巨大。《教育行动》提出，中国将以基础性、支撑性、引领性三方面举措为建议框架，开展三方面重点合作，对接沿线各国意愿，互鉴先进教育经验，共享优质教育资源，全面推动各国教育提速发展。

3.《教育行动》设计了"教育行动五通"作为基础性举措，开展教育互联互通合作

一是加强教育政策沟通。将开展"一带一路"教育法律、政策协同研究，构建沿线各国教育政策信息交流通报机制。将积极签署双边、多边和次区域教育合作框架协议，制定沿线各国教育合作交流国际公约，逐步疏通教育合作交流政策性瓶颈，实现学分互认、学位互授联授。

二是助力教育合作渠道畅通。将推进"一带一路"国家间签证便利化，鼓励有合作基础、相同研究课题和发展目标的学校缔结姊妹关系，举办沿线国家校长论坛，支持高等学校建立国际合作联合实验室（研究中心）、国际技术转移中心，打造"一带一路"学术交流平台，逐步深化拓展教育合作交流。

三是促进沿线国家语言互通。将拓展政府间语言学习交换项目，联合培养、相互培养高层次语言人才。将扩大语言学习国家公派留学人员规模，倡导沿线各国与中国院校合作在华开办本国语言专业。将集聚更多社会力量助力孔子学院和孔子课堂建设，加强汉语教师和汉语教学志愿者队伍建设，全力满足沿线国家汉语学习需求。

四是推进沿线国家民心相通。将鼓励沿线国家学者开展或合作开展中国课题研究，增进沿线各国对中国发展模式、国家政策、教育文化等各方面的理解。将建设国别和区域研究基地，与对象国合作开展经济、政治、教育、文化等领域研究。将加强"丝绸之路"青少年交流，逐步把理解教育课程、丝路文化遗产保护纳入沿线各国中小学教育课程体系，加强青少年对不同国家文化的理解。

五是推动学历学位认证标准连通。将推动落实联合国教科文组织《亚太地区承认高等教育资历公约》，支持教科文组织建立世界范围学历互认机制，实现区域内双边多边学历学位关联互认。将呼吁各国完善教育质量保障体系和认证机制，加快推进本国教育资历框架开发，助力各国学习者在不同种类和不同阶段教育之间进行转换，促进终身学习社会建设。将共商共建区域性职业教育资历框架，逐步实现就业市场的从业标准一体化。将探索建立沿线各国教师专业发展标准，促进教师流动。

4.《教育行动》设计了"四个推进计划"作为支撑性举措，开展人才培养培训合作

一是实施"丝绸之路"留学推进计划。将设立"丝绸之路"中国政府奖学金，未来5年，每年资助1万名沿线国家的新生来华学习或研修，为沿线各国专项培养行业领军人才和优秀技能人才。将全面提升来华留学人才培养质量，把中国打造成为深受沿线各国学子欢迎的留学目的地国。将以国家公派留学为引领，未来3年，每年面向沿线国家公派留学生2500人。

二是实施"丝绸之路"合作办学推进计划。将发挥政府引领、行业主导作用，促进高等学校、职业院校与行业企业深化产教融合。将鼓励中国优质职业教育配合高铁、电信运营等行业企业"走出去"，探索开展多种形式的境外合作办学，培养当地急需的各类"一带一路"建设者。将整合资源，积极推进与沿线各国在青年就业培训等共同关心领域的务实合作。

三是实施"丝绸之路"师资培训推进计划。将开展"丝绸之路"教师培训，加强先进教育经验交流，提升区域教育质量。将加强"丝绸之路"教师交流，推动沿线各国校长交流访问、教师及管理人员交流研修，推进优质教育模式在沿线各国互学互鉴。将大力推进沿线各国优质教学仪器设备、教材课件和整体教学解决方案输出，跟进教师培训工作，促进沿线各国教育资源和教学水平的均衡发展。

四是实施"丝绸之路"人才联合培养推进计划。将推进沿线国家间的研修访学活动。将鼓励沿线各国高等学校在语言、交通运输、建筑、医学、能源、环境工程、水利工程、生物科学、海洋科学、生态保护、文化遗产保护等沿线国家发展急需的专业领域联合培养学生，推动联盟内或校际间教育资源共享。

5.《教育行动》设计了"四方面内容"作为引领性举措，共建丝路合作机制

一是加强"丝绸之路"人文交流高层磋商。将开展沿线国家双边多边人文交流高层磋商，商定"一带一路"教育合作交流总体布局，协调推动沿线各国建立教育双边多边合作机制、教育质量保障协作机制和跨境教育市场监管协作机制。

二是充分发挥国际合作平台作用。将发挥现有双边多边合作机制作用，增加教育合作的新内涵。将借助联合国教科文组织等国际组织力量，推动沿线各国围绕实现世界教育发展目标形成协作机制。将支持在共同区域、有合作基础、具备相同专业背景的学校组建联盟，不断延展教育务实合作平台。

三是实施"丝绸之路"教育援助计划。将发挥教育援助在"一带一路"教育共同行动中的重要作用，逐步加大教育援助力度，重点是投资于人、援助于人、惠及于人。将发挥教育援助在"南南合作"中的重要作用，加大对沿线国家尤其是最不发达国家的支持力度。将加强中国教育培训中心和教育援外基地建设，为沿线国家培养培训教师、学者和各类技能人才。

四是开展"丝路金驼金帆"表彰工作。将对在"一带一路"教育合作交流和区域教育共同发展中做出杰出贡献、产生重要影响的国际人士、团队和组织给予表彰。

二、新时期教育对外开放及推进共建"一带一路"教育行动取得的主要成果

日臻完善的政策支持体系，加快了我国教育对外开放的步伐。近年来，我国教育对外开放呈现出出国留学与学成归国同步扩大、来华留学与攻读学位同步增长的新局面。与此同时，《推进共建"一带一路"教育行动》印发后，相关部门紧紧抓住教育在"一带一路"建设大局中，"促进民心相通，提供人才支撑"的定位，国家、地方共同推进，在文件提出的与沿线各国开展三方面重点合作，对接沿线各国意愿方面收获了先期成果。

（一）新时期教育对外开放取得的主要成果

1. 统筹谋划，不断提升留学工作的质量和水平

（1）努力开创留学工作新局面

习近平总书记于 2014 年底对留学工作作出重要指示：留学工作要适应国家发展大势和党和国家工作大局，统筹谋划出国留学和来华留学，综合运用国际国内两种资源，培养造就更多优秀人才，努力开创留学工作新局面。

据教育部国际司统计，从 1978—2015 年底，我国各类出国留学人员总数达404.21 万人。仅 2015 年度我国出国留学人员总数为 52.37 万人，其中国家公派2.59 万人，单位公派 1.60 万人，自费留学 48.18 万人。我国已成为全球最大留学人员生源地国。2015 年度各类留学回国人员总数为 40.91 万人，其中国家公派 2.11万人，单位公派 1.42 万人，自费留学 37.38 万人。年度出国与年度回国人数比例从 2006 年的 3.15∶1 下降到了 2015 年的 1.28∶1。2015 年度共有来自 202 个国家和地区的 39.76 万名各类外国留学人员在 31 个省、自治区、直辖市的 811 所高等学校、科研院所和其他教学机构中学习。预计到 2020 年将实现来华留学 50 万人，使

我国成为亚洲最大的国际学生流动目的地国。在留学事业快速发展的同时，我们还要进一步坚持统筹谋划的战略思路，坚持出国留学和来华留学并重，公费留学和自费留学并重，规模和质量并重，依法管理和完善服务并重，人才培养和发挥作用并重，统筹推进我国留学事业发展。

（2）提高留学工作质量，发挥留学人员作用

2016年，我国选派各类国家公派出国留学人员2.9万名，其中要重点培养国家现代化建设急需、紧缺、薄弱、空白、关键领域的拔尖创新人才和行业领军人才，同时加快培养服务国家外交工作需要的国际组织人才、非通用语种人才、国别与区域研究人才。在来华留学工作中，要加快培养知华、友华，以及致力于中外友好事业的人才。目前，已有279所中国大学承担中国政府奖学金生的培养任务，人才培养层次和水平进一步提高，着力打造"留学中国"品牌。

留学人员是我国现代化建设的战略人才资源。1985年，我国制定了"支持留学，鼓励回国，来去自由"的留学工作方针。2013年，习近平总书记增加"发挥作用"四个字，为出国留学工作方针画龙点睛。十六字方针准确把握新时期留学工作的新问题、新矛盾、新趋势，将工作重点放在提升留学的社会效益上。从留学工作来看，作用能否发挥好，关键在于政策设计、资源配置、绩效评估等是否有助于提供留学人员大展宏图的环境。致天下之治者在人才，实施创新驱动发展战略、科教兴国战略、人才强国战略，留学人员是重要力量。要完善法律法规，创新体制机制，优化环境氛围，搭建平台舞台，鼓励留学人员回国工作或者以多种形式为国服务，让他们回到祖国有用武之地，留在国外有报国之门，成为大众创业、万众创新的生力军。

2. 加强高端引领，请进来与走出去并重

一方面，引进国外优质的教育资源，大力发展中外合作办学，是我国教育国际合作与交流的重要组成部分。以优质教育资源"请进来"为重点，引进世界一流大学和特色学科，开展高水平人才联合培养和科学联合攻关，促进高校科技国际协同创新，加快高水平师资队伍建设，助推我国一流大学和一流学科建设，提升我国教育实力和创新能力。据不完全统计，我国与世界各国举办各级各类合作办学机构和项目已达2469个，涉及30个国家或地区的830所外方高校，以及理工农医人文社科等12大学科门类和200多个专业，各级各类中外合作办学在校生总数约55万人。截至2015年底，我国已批准设立宁波诺丁汉大学、上海纽约大学等5所中外

合作大学，批准设立包括上海交通大学密西根学院、北京航空航天大学中法工程师学院等在内的中外合作办学机构和项目，为满足人民群众多元的教育需求发挥了重要作用。

另一方面，以教育"走出去"为重点，加强统筹谋划，扩大与发展中国家教育合作交流，稳步推进境外办学。在习近平总书记和约旦国王共同见证下，中约两国签署共建"中约大学"框架协议并开始筹建，厦门大学马来西亚分校等已开始招生，英国政府自2014年以来每年邀请上海数学教师前去讲学等，反映出我国教育的影响力在不断扩大。此外，我们还推动学历学位互认，目前已与43个国家和地区签署了学历学位互认协议。

3. 推动教育国际化转型，开放办学势在必行

"一带一路"倡议向全球展示了我们实现中国梦的信心，为我国教育主动面向世界提出了前所未有的新要求和新任务。推动教育国际化转型，已经成为"一带一路"倡议的迫切需要。

因此，国内很多高校已经开始部署国际化战略路径。据中国教育国际交流协会国际教育研究中心的相关资料介绍，2016年，教育部委托中国教育国际交流协会开展的中国高等教育国际化发展状况调查显示，54.6%的高校已经或计划完善"选、派、管、回、用"工作机制，加强全链条留学人员管理服务体系，优化出国留学服务。其中，79.7%中央部属高校已经或准备启动专项工作；54.8%的高校已经或计划完善来华留学体制机制，创新来华留学人才培养模式，注重优化来华留学生国别、专业布局，提高学历生比例。其中83.1%的中央部属高校已经或准备启动专项工作。

4. 积极参与全球教育治理，不断提升国家文化软实力

在深化双边多边教育合作过程中积极参与全球教育治理。一是完善教育国际交流合作格局，加强与大国、周边国家、发展中国家及国际组织的务实合作，形成重点推进、合作共赢的教育对外开放局面。二是积极承担国际责任，开展教育国际援助，通过提供中国政府奖学金和设立专门奖项，开展短期培训项目，派遣志愿者教师，支持高校对口合作，在联合国教科文组织设立援非信托基金和直接捐赠等形式，帮助发展中国家培养和培训专门的人才。三是积极参与教科文组织等联合国机构和其他国际组织多边教育行动，主动在全球教育发展议题上提出新主张、新倡议和新方案，主动参与国际教育规则和标准制定。2012年，联合国秘书长潘基文发起全球教育第一倡议，我国受邀为倡导国之一。我国积极参与教科文组织《2030 年教育行动框架》的制定，为推动包容、公平的优质教育和全民终身学习做出自己的贡献。今后还要有计划地培养选拔优秀人才到国际组织竞聘，为国际组织提供人才支持。

另外，通过教育国际交流合作传播中国声音，讲好中国故事，不断提升国家文化软实力。孔子学院作为我国国家文化软实力的重要载体，对加强中国与世界各国教育的文化交流合作，发展中国与外国的友好关系，促进世界多元文化发展，构建和谐世界做出重要贡献。目前，孔子学院、课堂已遍布 139 个国家和地区，成为世界认识中国的一个重要平台和中外语言文化交流的窗口和桥梁。习近平总书记多次亲自出席孔子学院签字或揭牌仪式，希望孔子学院秉承"相互尊重、友好协商、平等互利"的校训，为传播文化、沟通心灵、促进世界文明多样做出新的更大贡献。我们要继续办好孔子学院，增强对外话语的创造力、感召力、公信力，讲好中国故事，传播好中国声音，阐释好中国特色，向世界展现一个真实、立体、全面的中国。与此同时，还要聚焦海外学生学者爱国热情，发挥来华留学人员和外籍教师宣介作用，不断扩大国际社会对中华文化、中国道路、中国模式的理解认同。继续深化内地和港澳、大陆和台湾地区教育交流合作，用当地青少年听得懂的语言传承中华优秀传统文化，宣传祖国发展的伟大成就，凝聚民族复兴的情感力量。

（二）推进共建"一带一路"教育行动取得的主要成果

1. 教育互联互通合作得到强化

在加强政策沟通方面，先后与 46 个国家和地区签订了学历学位互认协议。其中，"一带一路"国家 24 个，包括中东欧 8 国（波兰、立陶宛、爱沙尼亚、拉脱维亚、匈牙利、罗马尼亚、保加利亚、捷克）；东南亚 5 国（泰国、越南、菲律宾、马来西亚、印度尼西亚）；中亚 5 国（哈萨克斯坦、土库曼斯坦、吉尔吉斯斯坦、乌兹别克斯坦、亚美尼亚）；独联体 3 国（俄罗斯、乌克兰、白俄罗斯）；南亚 1 国（斯里兰卡）；东亚 1 国（蒙古）；北非 1 国（埃及）。具体情况见我们提供的详细签约清单。

在助力教育合作渠道畅通方面，根据中央部署，教育部和中央外办等部门合作起草并由中办、国办转发了《关于加强和改进教学科研人员因公临时出国管理工作的指导意见》，为广大教学科研人员扩大和深化国际学术交流提供了政策支持，得到了广泛的欢迎和肯定。

在促进沿线国家语言互通方面，教育部国际司与北京外国语大学签署合作协议，支持该校通过引进国外师资、公派留学、与国外高校开展合作等多种方式，使该校开设的外国语言专业在 2018 年达到 94 种，实现外语专业设置全覆盖。

在推进沿线国家民心相通方面，重点组织开展国别和区域研究，全面加强对沿线国家经济、政治、教育、文化等各方面的了解和理解，为推进民心相通提供智力支撑。一是设立专项课题，共发布了 141 项研究课题，其中 70 项涉及"一带一路"的 46 个沿线国家；二是形成系列智库报告，设立"一带一路"沿线国家研究智库报告课题，系列报告覆盖 66 个沿线国家，一国一本，共计 66 本。

在推动学历学位认证标准连通方面，推动落实联合国教科文组织《亚太地区承认高等教育资历公约》，协调世界银行编写了《关于国际教育趋势及经验的政策建议》，由我国牵头组织制定了《亚太经合组织教育战略》《中国落实联合国 2030 可持续发展议程国别方案》。

2. 人才培养培训合作得以深化

在实施"丝绸之路"留学推进计划方面，实施《留学行动计划》，2016 年共选拔 226 名国别区域研究人才赴 34 个国家，选派 908 名涉及 37 门的非通用语种人才出国培训进修。"留学中国"品牌逐步形成。注重来华留学高端人才培养，设立卓越奖学金项目，培养发展中国家青年精英和未来领导者；设立"丝绸之路"中国政府奖学金项目，每年向沿线国家额外提供总数不少于 3000 个奖学金新生名额。优化来华留学政策法规环境，构建完整的来华留学政策链条，新出台了《学校招收和培养国际学生管理规定》等文件、大幅提升政府奖学金学历生比例（已达 90%）、加强来华留学质量建设、建立质量标准体制和质量保障机制，推动品牌专业和品牌课程建设不断升级。推动高校加强来华留学品牌课程、专业建设，评选出第二期来华留学英语授课品牌课程 150 门。

在实施"丝绸之路"合作办学推进计划方面，一是中外合作办学水平稳步提升，已进入"提质增效、服务大局、增强能力"阶段。截至目前，经审批的各类中外合作办学共有 2539 个。其中，本科以上层次项目和机构 1248 个，高职高专层次项目和机构 928 个。推动了一批示范性高水平中外合作办学项目，包括深圳北理莫斯科大学、浙江大学爱丁堡联合学院等 15 个中外合作办学机构，57 个合作办学项目。二是境外办学稳妥推进。截至 2016 年，我国高校已在境外举办了 4 个机构和

98 个办学项目，分布在 14 个国家和地区，大部分在"一带一路"沿线地区。4 个机构分别是老挝苏州大学（2011 年批复设立）、厦门大学马来西亚分校（2013 年批复设立）、云南财经大学曼谷商学院（2013 年批复设立）、北京语言大学东京学院（2014 年批复设立）。开设专业包括中国语言文学、中医药、中医针灸、中国传统武术、体育教育学、工商管理、法律、教育学、金融与投融资管理、哲学、法律、学前及特殊教育、航海技术、烹饪工艺与营养、新闻及传播学等。

3. 共建丝路合作机制得以推进

在加强"丝绸之路"人文交流高层磋商方面，2016 年，人文交流蓬勃发展，各项活动举办水平达到了新高度，刘延东副总理用"非常顺利、非常成功、非常满意"给予了高度评价。2016 年通过包括中俄、中印尼在内的六大人文交流高层磋商机制，共签署 86 项合作协议，取得 400 余项成果，共有 10 万多名中外来宾与会参加相关活动，为我国外交健康发展进一步夯实了社会与民意基础，教育国际合作在人文交流机制平台上得到了实质性推进，如中国—东盟启动实施"双百职校强强合作旗舰计划""千名中小学教师交流计划"等，今后还将新拓展中德和中南非高级别人文交流高层磋商机制。

在实施"丝绸之路"教育援助计划方面，开展了"中非高校 20+20 合作计划"教育援外行动，在中非各选择 20 所高校开展一对一长期稳定合作，鼓励合作双方在各自优势学科、特色学科领域开展实质性合作与交流，包括合作科研、教师培训、学术交流、师生互访、共同开发课程、联合培养研究生等。2016 年针对"中非高校 20+20 合作计划"开发了网上申报系统，共有北京大学等 18 家高校申报了 25 个项目。

三、展望和政策建议

（一）教育对外开放是我国改革开放事业的重要组成部分

教育对外开放承担着推动实施创新驱动发展战略、科教兴国战略、人才强国战略的国家使命。为提升国际交流合作的质量，教育对外开放要"请进来"与"走出去"并重。一方面，加强高端引领，以优质教育资源请进来为重点，引进世界一流大学和特色学科，开展高水平人才联合培养和科学联合攻关，促进高校科技国际协同创新，加快高水平师资队伍建设，助推我国一流大学和一流学科建设。另一方面，以教育走出去为重点，加强统筹谋划，扩大与发展中国家教育合作交流，稳步推进境外办学。

教育对外开放要提升留学工作的质量和水平。目前，我国已成为全球最大的留学人员生源地国，预计到 2020 年将实现来华留学 50 万人，使我国成为亚洲最大的国际学生流动目的地国。

与此同时，教育对外开放还要提升人文交流的质量和水平，在改革开放新时期，立体推进人文交流发展，进一步发挥人文交流在国家对外工作大局中的支柱作用，用好人文交流机制，加强国际合作教育，提升国家文化软实力。我国约有 2.6 亿名学生，有 1500 万名教师，他们是推动人文交流的中坚力量。

（二）"一带一路"倡议为我国教育发展带来重要机遇

"一带一路"倡议蕴含着巨大的教育能量，为我国教育主动面向世界提出了前所未有的新要求和新任务，也为中国教育带来了新机遇。

"一带一路"倡议促进我国与周边国家开展经济合作，这需要各领域人才的支撑。有学者指出，教育必须适应和服务于"一带一路"建设，着力培养相关人才。语言不通不可能人心相通，鉴于此，非通用语种人才的培养势在必行，这将是高等院校及部分职业院校的机会。

而随着各国间经济合作领域的扩大，很多国家更需要的是应用技术型的专业人才。对此，许多民办院校注重应用技术型人才的培养，与市场需求紧密结合，所以民办院校在人才输出上比公办院校更具优势。

也有学者提出，"一带一路"是在穿针引线，将中国各地区、各民族更加有机地联系起来，这将更自觉地推进国家一体化进程，进一步促进中华民族意识的觉醒，推进中华民族多元一体格局的形成。而我国边境少数民族地区作为连接中国与"一带一路"倡议众多邻国的门户和纽带，理应发挥"人才高地"和"文化高地"的作用。这都会引发我们对中国民族教育发展方向的新思考，也是促进民族教育发展的重要机遇。

（三）不断探索"一带一路"沿线各国教育合作交流机制与模式

"一带一路"沿线国家贯穿了亚欧非大陆，目前有 100 多个国家和国际组织都参与其中。这些国家大多也是新兴经济体和发展中国家，普遍都处于经济发展的上升期，经济互补性比较强，合作的潜力和空间也很大。我国应倡议沿线各国加强战略规划对接和政策磋商，探索教育合作交流的机制与模式，增进教育合作交流的广度和深度，追求教育合作交流的质量和效益，构建"一带一路"教育共同体，共创人类美好生活的新篇章。在理念层面上，建立"一带一路"的教育共同体，增进理解、扩大开放、加强合作、互学互鉴，直面共同命运，勇敢承担共同的责任，全面支撑共建"一带一路"。在操作层面上，积极签署双边、多边国家之间的教育合作协议，同时制定沿线各国教育合作交流的国际公约。

（四）从体制机制上保障共建"一带一路"教育行动形成合力

政府通过加强顶层设计和统筹引导，实现扎实有序推进，防止一哄而上。一是中央政府引导推动。加强国内各部门各地方的统筹协调工作，对接沿线各国教育发展的战略规划。二是地方政府重点推进。各地发挥区位优势和地方特色，有序沿线国家地方政府建立"友好省州""姊妹城市"关系，打造教育合作交流区域高地，助力做强本地教育。三是各级学校有序前行。各级各类学校有序与沿线各国学校扩大合作交流，整合优质资源走出去，选择优质资源引进来，共同提升教育国际化水平和服务共建"一带一路"能力。四是社会力量顺势而行。鼓励开展更大范围、更深层次、更高水平的"一带一路"教育民间合作交流，吸纳更多民间智慧、民间力量、民间方案、民间行动。

参考文献

[1]《国家中长期教育改革和发展规划纲要（2010—2020 年）》，教育部网站．

[2]《国家教育事业发展第十三个五年规划》，教育部网站．

[3]《关于做好新时期教育对外开放工作的若干意见》，国务院网站．

[4]《推进共建"一带一路"教育行动》，教育部网站．

[5]赵小雅．"一带一路"：增进教育合作交流的广度和深度——访教育部国际合作与交流司司长许涛［J］．中国民族教育，2017（1）．

[6]白刚．发挥教育合作与交流在"一带一路"建设中的关键作用［J］．世界教育信息，2017（2）．

[7]蒋亦璐．教育对外开放与比较教育的时代使命——中国教育学会比较教育分会第十八届年会

综述［J］. 世界教育信息, 2017（3）.

　　［8］裴倩敏. 让"一带一路"愿景与行动在教育领域落地生根——教育部有关负责人就《推进共建"一带一路"教育行动》答记者问［J］. 中国大学生就业, 2016（21）.

　　［9］郭伟, 张力玮. 新时期中外合作办学发展趋势：提质增效、服务大局、增强能力——访厦门大学中外合作办学研究中心主任林金辉［J］. 世界教育信息, 2016（15）.

　　［10］孔子学院助推"一带一路"建设大有可为［J］. 孔子学院, 2017（1）.

第十四章 医疗卫生开放

——"健康中国"和"互联网+"驱动国际合作

医疗服务作为一种关乎民众生命健康的特殊商品，其需求往往随着收入增长、从技术进步呈现加速增长趋势作为应对，医疗开放成为各国缓解医疗服务供需矛盾的共同选择。从全球范围看，各国都在不同程度的强调，最大限度地保持市场机制在医疗服务中的作用。无论是在美国、英国、德国等发达国家，还是中国等发展中国家，在医疗服务领域均表现出营利性医院数量快速增长的现象。随着我国城镇化水平的不断深入发展，城市发展由城市建设向城市服务发展提升。当前，我国医疗服务市场潜力巨大，但供需矛盾还较为突出。随着我国经济的发展，人民收入的快速增长带动了医疗服务的需求。城市居民在衣食住行等基本生活需要得到满足之后，开始追求高品质的健康生活，因而刺激了医疗服务需求的显著增长。随着我国城镇化改革的不断深入，消费水平得到稳步提升，人们随之追求更好的健康服务，这也将进一步拉动医疗服务的刚需。我国进入人口老龄化阶段的趋势逐渐明晰，老龄人口比例上升导致的患病率及居民就诊次数的增加，直接推动了消费者对医疗、康复、养老等医疗健康服务的需求。

一、医疗卫生进入全面开放阶段

2014 年全面启动外资独资机构开放政策两年来，我国医疗健康事业开放取得了较大成绩，国际医疗合作成为我国医疗服务发展的新趋势。在《"健康中国 2030"规划纲要》的引领和"互联网+"的推动下，我国医疗服务发展和国际医疗合作逐步深入发展。由美国华盛顿大学健康指标和评估研究所统计研究 1990—2015 年全球 195 个国家和地区的"医疗服务可及性和质量指数"结果显示，全球医疗服务可及性和质量均有进步，平均医疗质量指数从 1990 年的 40.7，上升为 2015 年的 53.7。中国医疗服务可及性和质量是全球进步幅度最大的 5 个国家之一，我国医疗质量指数为 74.2，全球排名第 61 位，而在 1990 年，我国只有 49.5，排名第 113 位。

2015 年，全国居民人均可支配收入 21966 元，比上年增长 8.9%，扣除价格因素，实际增长 7.4%；全国居民人均可支配收入中位数 19281 元，增长 9.7%。按常住地分，城镇居民人均可支配收入 31195 元，比上年增长 8.2%，扣除价格因素，实际增长 6.6%；城镇居民人均可支配收入中位数为 29129 元，增长 9.4%。随着收入的增长，我国居民关注健康消费并逐步增加对医疗消费的比重，同时，医疗消费由国内消费开始向国际消费发展。

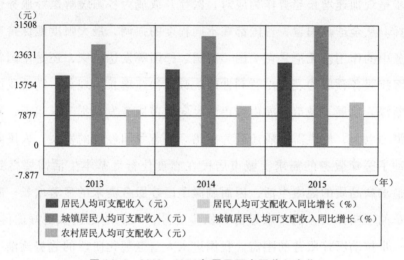

图 14-1　2013—2016 年居民可支配收入变化

我国医疗服务开放进入了以医疗全面开放的阶段。在全面开放的过程中，突出两大发展的趋势，第一，国家在健康中国的规划引领下，医疗投资和建设成为投资热点，但现有的国内医疗服务水平与国内医疗需求还存在较大的差距，引入国际医疗资源成为医疗服务的投资热点。医疗服务机构在全球范围内筛选优质的医疗资源，为国人提供定制化的海外医疗解决方案。第二，随着"互联网+"的发展技术推动，移动医疗成为医疗技术和商业模式的新领域。海外就医整个行业正在发生变化，包括国外医疗机构对中国医疗服务市场的参与程度加深，海外医疗服务机构开始向实体医疗机构转型。国际旅游医疗资源通过互联网方式进入中国市场。依托互联网平台的移动医疗企业开始进军海外医疗。第三，随着"一带一路"倡议的深入实施，我国医疗服务逐步向沿线国家布局和拓展，其中，以中医药为主导的中国医疗服务走出去为突出的特点。

自 2012 年起，随着一系列利好政策的出台，中国医疗卫生领域的投资迎来了春天。根据国家卫计委公布的数据，2015 年末，全国医疗卫生机构总数达 983528 个，其中：医院 27587 个，基层医疗卫生机构 920770 个，专业公共卫生机构 31927 个。医院中，公立医院 13069 个，民营医院 14518 个。医院按等级分：三级医院 2123 个（其中三级甲等医院 1236 个），二级医院 7494 个，一级医院 8757 个，未定级医院 9213 个。2015 年全国卫生总费用预计达 40587.7 亿元，其中：政府卫生支出 12533.0 亿元（占 30.88%），社会卫生支出 15890.7 亿元（占 39.15%），个人卫生支出 12164.0 亿元（占 29.97%）。人均卫生总费用 2952 元，卫生总费用占 GDP 百分比为 6.0%。

随着中国人口进入老龄化阶段，医疗服务需求不断增长，人们也越来越多地关注健康，医疗健康类支出持续增加，健康医疗服务市场需求旺盛海外医疗正在从初期依靠宣传推广的粗放生长形态，逐步向深度合作、实体机构以及互联网医疗等新形态转变。国内外医疗环境的差距成为跨境医疗源关键因素。随着健康意识逐渐高涨，以及对医疗服务水平的要求，以及与国内医疗环境和质量形成落差，中国高收入人群逐步将健康医疗的眼光望向国际医疗。受利益的驱使，发达国家也把跨境医疗的目标人群纷纷瞄向中国富裕阶层。调查数据显示，2015 年中国富裕阶层人数同比增长了 15.9%，截至去年底，中国大众富裕阶层（家庭年收入在 100 万元以上）人数达到 3700 万人。医疗资源有优势的境外国家和地区放宽对中国公民的签证政策，则成为跨境医疗快速增长的催化剂。譬如，日本为了吸引中国富人赴日治疗推出了 3 年多次往返签证和可停留半年的医疗签证，美国等多个国家则索性在华发放长达 10 年期的多次往返签证。

2015 年中资医疗企业的海外并购愈加频繁，并购金额较 2014 年同比暴增了 75%。中国企业对海外医药行业的直接投资呈现快速上涨的趋势，从 2013 年的 2900 万美元升到 2015 年的 1.9 亿美元，合计 3.63 亿美元。单个项目平均规模增加明显，可以看出中国药企对外投资的情况。

016 年初至今两年多的时间，"境外医疗资产配置"成了国内企业的热门项目。中国企业争先恐后地在迈向国际化医疗市场。所有案例涉及到的总金额超过 58 亿美元（超 400 亿人民币），单起并购交易金额屡创新高。

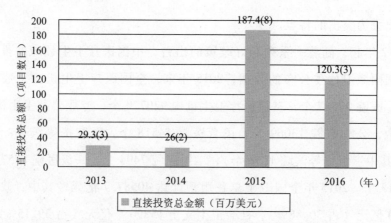

图 14-2　2013—2016 年 6 月我国医药行业对外直接投资情况

数据来源：FDI markets.

二、医疗卫生开放的现状和特点

在国内优质医疗资源紧缺、看病难看病贵问题突出的大背景下，挖掘海外医疗资源的热度持续升温。当前阶段主要表现为两种形式：二是以海外就医、海外体检为主的"走出去"，二是以引入医疗技术、管理体系为主的"引进来"。在引进来方面，中国拥有巨大的人口数量，以及经济高速增长下越来越强的支付能力，是国际高端医疗服务机构青睐中国的关键因素。

1. 高端医疗服务需求为国内消费人群需求国际医疗资源的主要推动力

伴随国民收入水平的提高，国内市场对高端医疗服务的需求逐渐增长，需求增长来自于富裕人群对医疗服务提出新需求，医疗旅游的兴起，以及高端医疗保险产品的日益丰富。国内中高端人群开始在世界范围内寻找更好的医疗资源。但伴随着一线城市高收入人群的大幅增加和医疗资源的日益紧张，越来越多人对医疗服务、环境与质量提出更为个人化的要求。相关统计显示，全国约有 3000 万左右的人群需要高端医疗服务。这类人群对高端医疗的需求逐步由国内转向国际。国际的高端医疗市场正在蓬勃发展。例如，梅奥 2014 年有超过 300 名中国病人前去就诊，预计今年的增长幅度约为 50%。春雨国际医疗已经能够提供美国、中国香港近 2000名优秀医生的远程在线问诊功能。

2. "一带一路"沿线国家成为我国医疗服务走出去的重点地区

为推进"一带一路"建设，坚持经济合作与人文交流共同推进，促进我国同沿线国家卫生领域的交流与合作，国家卫生计生委出台《推进"一带一路"卫生交流合作三年实施方案（2015—2017）》。携手打造"健康丝绸之路"，着力深化医疗卫生合作，加强在传染病疫情通报、疾病防控、医疗救援、传统医药领域互利合作。目前我国医疗服务的领域由传统的非洲等向巴基斯坦、中东欧等国家发展。各地方结合自身区位优势和医疗条件，探索国际合作新模式。

新疆凭借与全国同步的医治方法和丰富的医疗资源，为周边国家患者提供医疗救助，推进国际医疗合作，加快丝绸之路经济带核心区医疗服务中心建设。新疆以打造"五大中心"推进丝绸之路经济带核心区建设，其中，医疗服务中心就是重点建设的领域。目前，新疆维吾尔自治区人民医院、自治区肿瘤医院等5家医院开放500张床位开展对外医疗服务。通过专业领域联盟建设，推动机构间合作，倡议成立中国—中东欧国家公立医院合作网络、推进中俄医科大学联盟和中阿医疗健康合作发展联盟，成立中国—老挝医疗服务共同体等，鼓励学术机构、医学院校及民间团体开展教学、科研和人员交流活动。

3. 中医药走出去成为走出去的主要领域。

中医药作为中国医疗服务的灵魂，在国际医疗合作中也发挥着重要的角色，成为走出去的重点领域。推进"一带一路"海外中医药中心建设项目，2015年设立首批中医药国际合作专项，启动中国—捷克中医中心建设项目等10个"一带一路"海外中医药中心建设项目，投入经费约8000万元，支持范围涵盖在海外建立中医药中心等国际交流与合作重点领域；2015中国—东盟传统医药健康旅游国际论坛（巴马论坛），论坛就共建中国—东盟传统医药健康旅游合作机制等议题开展研讨，以推进传统医药与健康旅游融合发展，发挥产业集聚功能与示范带动效应，提升传统医药健康旅游品牌形象和市场影响；举办第三届中国（宁夏）民族医药博览会，加大向阿拉伯国家和穆斯林地区宣传传统医药的力度，促进回医药技术合作和经济贸易。

中医药的"治未病"理论与医疗养生旅游概念契合。中药走出国门66种中药材收入欧洲药典。截至2016年5月，我国已有66种中药材进入欧洲药典，未来的目标是把中医最常使用的至少300种中药材纳入欧洲药典。目前已进入欧洲药典的中药材包括人参、陈皮、白术、大黄、水红花子、虎杖、三七等66种，占欧洲药典里184种草药数量的三分之一以上。这66种中药，在安全性、质量、疗效等方面有了欧洲认可的标准规范，为中药在国外被更广泛的接受和使用奠定基础，也是中药成药打开出口通道的第一步。

4. "互联网+"的深入推进，促进国际医疗合作的新业态

互联网医疗企业纷纷布局国际市场，通过在线技术，搭建国际医疗和国内服务的连接。据不完全统计，截至 2016 年 9 月底，共有约 30 家互联网医院宣告成立，其中超过 20 家是在 2016 年成立的，2016 年堪称互联网医院的爆发元年。以春雨国际、就医 160 等在线医疗厂商为代表，更针对更大群体的消费者提供高性价比产品，并依托互联网尤其是移动互联网平台为消费者搭建高透明化的跨境平台服务体系。在线医疗厂商正在更有效的沟通国内外医疗资源，它们依托各自的优势，按照市场资源能力和创新能力差别，目前已经形成三级阵营。

在线医疗企业引领行业进入全球医疗布局。春雨国际签约美国西达—赛奈医疗中心，推动海外综合性医院与国内互联网医疗合作，为中国患者赴美就医再开绿色通道。西达—赛奈医疗中心与春雨国际的合作将延伸至移动互联网领域，将在线上或线下与春雨平台上的医生、患者作深度交流。西达—赛奈医疗中心国际健康中心授权春雨国际为其中国官方转诊机构。未来西达—赛奈在医疗研究上的新进展，将会第一时间在春雨国际的平台上授权同步更新；春雨国际平台上有相应需求的患者，将由西达—赛奈的相关权威医生先行进行远程咨询评估，在预判确有医疗结果改善的前提条件下，由春雨国际协同办理出境就医业务。患者归国后，春雨国际将提供私人医生服务协助患者与西达—赛奈进行长期随访。此外，春雨国际与美国知名医疗连锁集团坎布里奇健康建立医疗联盟，引入创新基础医疗模式，打造以患者为中心的新型社区诊所，为社区居民提供高标准国际化的全科医学（家庭医生）医疗服务。春雨国际对准国内社区诊所面临重塑的机会，将国际化的医疗标准与服务引进国内，这种创新型的国际社区诊所势必将为国内居民提供更优质的医疗服务与健康管理服务。首次引进美国的全科医生，打造高标准美式社区诊所，着力培养具备美国全科医学（家庭医生）理念的稳健国际化医疗团队。将美国全科医生引进到国内社区，同时培训出大批具备美国全科医生医疗技术、服务及理念的国际化医疗团队，通过这种新型的国际社区诊所让广大居民更加便捷的享受国际化、高质量的医疗服务。

丁香园与麻省医疗构建战略合作关系，以推动中美医疗行业快速发展为目的，全面提高中美间医疗产业信息的沟通合作，为国内患者提供国际医疗平台，全力推动哈佛医学院资源在中国疑难病诊研究方面的接入。麻省医疗与丁香园还将在医院管理、医院信息化工程、学科建设、人才培养、新技术开发、临床诊疗等方面展开全方位合作，共同举办多种形式的医学专业学术会议，整合双方资源优势展开科研领域的深入合作。

就医160采用医院"直连"+海外服务供应商模式，直接与国外政府相关部门合作，拿到正规医院授权。外语流利、具备海外独立生活能力的用户，可以在就医160官网选择直接与海外的医疗机构预约。对于需要得到进一步落地与个性化服务的用户，可以根据自己的消费能力，选择海外落地的供应商在本地提供服务。与此同时，就医160的呼叫中心可以全程跟踪用户状态，对供应商的服务进行持续评价。

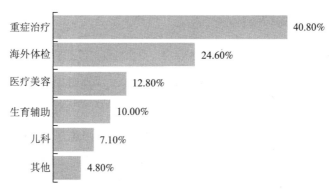

图14-3　2016年在线海外医疗产品结构统计

根据消费者人群需求（即健康人群和重症人群），目前海外医疗产品体系主要由重症治疗、海外体检、医疗美容、生育辅助、儿科诊疗等项目组成。其中，海外医疗产品重症治疗（癌症、肿瘤等）占比最高达40.8%，体检产品次之，二者总占比超过50%。

在线海外医疗企业与海外医疗机构开展了深入广泛的合作，春雨国际和就医160和为目前与海外权威医疗机构合作最多的企业，合作数量均接近50家。以春雨国际为代表的在线医疗企业依托互联网技术搭建平台，构建了沟通国内客户与海外医疗机构的交流渠道。

6. 香港继续发挥我国医疗开放的前沿阵地作用

香港医疗机构在国内发展一直处于我国医疗开放的前沿，2012年，香港大学深圳医院投入运营，开展外资医疗管理团队新模式，深圳希玛林顺潮眼科医院在深圳开办独资医院。2016年10月瑞典卡罗琳医学院的首个海外分支刘鸣炜复修医学中心于香港开幕。此中心为瑞典卡罗琳医学院的首个海外分支，来自世界各地的研究员将在此进行复修医学领域的研究，并以能复修受损或坏死细胞组织为目标。

刘鸣炜复修医学中心落户于香港科学园第三期，已经邀请五个研究团队，聘请近50名科研人员。刘鸣炜复修医学中心将进行与干细胞和再生医学相关的三大领域的重要研究，包括心脏、肝脏及神经系统，并配合生物工程、基因编辑、生物资讯及高端生物成像等尖端技术的应用。

香港在医学方面的发展潜力非常大，大学及医院的技术均首屈一指，"我们团体内有这方面的专家，有良好的医疗体制，有资源去主打这几个器官（心脏、肝脏及神经系统）的研究。另外，我们并非只有大学及教授的研究，也有相对完善的司法制度，我们的长处是拥有一个完善的基础。"刘鸣炜指出。香港背靠内地，相信有很大发展空间。

7. 各地以国际合作打造区域医疗中心

我国医疗服务水平与发达国家还有较大差距。为快速提升医疗服务水平以及满足社会的需求，不少地区加强国际医疗合作，引进国际一流的医疗设备，打造区域性医疗中心。在对全球多个国家考察之后，湖南依托湘雅医院与匹兹堡大学医学中心（UPMC）进行实质性的合作，2015年开设国际医疗部，2016年，该国际医疗部获得了国际医疗卫生机构认证联合委员会（JCI）的认定，正式接收全球各地患者。沈阳提出到2020年年底前打造中美、中德、中日、中法、中澳等五家国际医疗合作基地，建设一批国内一流、东北顶尖的品牌专科诊疗中心，提供优质的国际化医疗服务。深圳市政府加大医疗方面的投入，通过实施此项民生工程，力争到2020年，全市拥有100名具有较大社会影响力的名医，建设80个国家级和省级医学重点学科，建成10家以上在国内外享有盛名的综合医院或专科医院，以及3~5家诊疗中心，实现医疗技术水平显著提升，建设国际医疗中心城市。2015年12月深圳市第二人民医院与加拿大麦吉尔大学蒙特利尔神经病学研究所/神经病学医院签订合作协议。深圳市康宁医院在2016年下半年与墨尔本大学开始共同建设墨尔本大学深圳精神卫生交流与合作中心。

三、政策评估和问题分析

（一）医疗政策的评估

1. 《"健康中国 2030"规划纲要》发挥规划引领作用

《"健康中国 2030"规划纲要》提出，推进健康中国建设，是积极参与全球健康治理、履行 2030 年可持续发展议程国际承诺的重大举措。未来 15 年，是推进健康中国建设的重要战略机遇期。经济保持中高速增长将为维护人民健康奠定坚实基础，消费结构升级将为发展健康服务创造广阔空间，科技创新将为提高健康水平提供有力支撑，各方面制度更加成熟更加定型将为健康领域可持续发展构建强大保障。依托现有的机构，建设一批引领国内、具有全球影响力的国家级医学中心，进一步优化政策环境，优先支持社会力量举办非营利性医疗机构，推进和实现非营利性民营医院与公立医院同等待遇，逐步扩大外资兴办医疗机构的范围。实施中国全球卫生战略，全方位积极推进人口健康领域的国际合作。以双边合作机制为基础，创新合作模式，加强人文交流，促进我国和"一带一路"沿线国家卫生合作。加强"南南合作"，落实中非公共卫生合作计划，继续向发展中国家派遣医疗队员，重点加强包括妇幼保健在内的医疗援助，重点支持疾病预防控制体系建设。加强中医药国际交流与合作。充分利用国家高层战略对话机制，将卫生纳入大国外交议程。积极参与全球卫生治理，在相关国际标准、规范、指南等的研究、谈判与制定中发挥影响，提升健康领域国际影响力和制度性话语权。

加快医药产品管理、质量、标准、注册体系与国际接轨，充分利用国际资源要素，加强产业全球布局和国际合作。

2. "互联网+"政策深入推进促进国际医疗服务发展

"互联网+医疗"为我国医疗开放开辟了新的发展空间。随着医疗机构与互联网发展融合，消除了很多国际医疗机构进入中国的壁垒。

2014 年 8 月国家卫计委颁发了《国家卫生计生委关于推进医疗机构远程服务的意见》，将远程医疗服务体系建设纳入区域卫生规划和医疗机构设置规划，为远程医疗服务的发展营造适宜的政策环境。

2015 年《国家发展改革委办公厅、国家卫生计生委办公厅关于同意在宁夏、云南等5省区开展远程医疗政策试点工作的通知》，同意宁夏回族自治区、贵州省、西藏自治区分别与解放军总医院、内蒙古自治区与北京协和医院、云南省与中日友好医院合作开展远程医疗政策试点工作。

2015年，国务院《关于积极推进"互联网+"行动的指导意见》（国发〔2015〕40号）提出，"互联网+"是把互联网的创新成果与经济社会各领域深度融合，推动技术进步、效率提升和组织变革，提升实体经济创新力和生产力，形成更广泛的以互联网为基础设施和创新要素的经济社会发展新形态。要求推广在线医疗卫生新模式。具体包括：发展基于互联网的医疗卫生服务，支持第三方机构构建医学影像、健康档案、检验报告、电子病历等医疗信息共享服务平台，逐步建立跨医院的医疗数据共享交换标准体系。

2016年6月国务院办公厅印发了《关于促进和规范健康医疗大数据应用发展的指导意见》，部署通过"互联网+健康医疗"探索服务新模式、培育发展新业态，并计划到2020年建成国家医疗卫生信息分级开放应用平台，努力建设人民满意的医疗卫生事业，为打造健康中国提供有力的支撑。

（二）我国医疗服务开放存在的问题

随着我国医疗服务改革不断向纵深推进，我国医疗服务体系不断完善，医疗服务水平实现了较快速的提升。但是，伴随老龄化、城镇化等社会经济转型过程，居民基本健康需求增长迅速，呈现出多样化特点，我国医疗供给侧结构性问题仍旧突出，医疗机构布局不均衡，各级医疗机构之间的能力还有差距，国际医疗接轨和配套医疗政策还不完善。

1. 医疗服务配套政策限制国际医疗消费

商业模式落地难。以医疗互联网平台为例，其收费对象主要包括药企（为其提供广告和问卷调查服务）、医生（根据地理位置、保险状态及专业专长等信息将其推荐给患者，并提供预约服务）、保险公司（基于软件经济价值吸引其承保）。与此相比，我国互联网医疗商业模式除了收取广告费和向上游药企收费外，还处于不断探索的过程中，大部分企业的生存主要依赖融资。

行业标准缺失。一方面，目前各类移动医疗设备未形成统一、标准的数据接口，难以实现数据互通，既影响个人健康信息的全面整合，也不利于健康数据的汇总和分析利用。另一方面，由于现有医疗体制的不足，我国的病种编码、收费代码、药品和耗材数据库等都是各省、各医院各自为政，阻碍了信息的共享和流通。

行业监管缺位。在我国，目前仅有 2009 年卫生部颁布的《互联网医疗保健信息服务管理办法》。该办法属于部门法规，法律效力极为有限，互联网医疗的监管尚处于准真空状态。知识产权保护不力，互联网医疗 APP 的同质化现象严重，市场无序竞争现象突出。个人隐私安全保护不足，既制约需求潜力释放，也存在数据泄露的巨大风险。

2. 人才制约国际高端医疗实现本地化运营

目前和睦家的外籍患者和国内患者比例基本持平。为此，和睦家在海外医疗本土化上也是煞费苦心。不仅前台的工作人员能提供 24 小时不间断的双语服务，同时，客户服务部提供 24 小时日语、韩语、西班牙语和其他主要语种的翻译服务。而且，和睦家的官方语言是英语，所有的护理人员和行政人员都能熟练地使用中英双语。高端医疗如何在短时间内，获取这么多对语种有高要求的医护人，是目前高端医疗机构面对的主要问题，这就要求国内护理改革必须加快，市场必须开放，国内护理人员必须认清形势，尽快学习国际护理理念和知识，掌握医护英语等。

3. 跨境医疗服务的质量监管缺失

在政策监管层面，各个国家政策、法律法规各不相同。我国关于国际医疗还没有具体的法律法规，平台需要谨防各国政府政策变动对于行业的风险。其次，在跨国医患纠纷方面，由于海外医疗针对的大多是重症、难症，医疗本身所具有的个体差异性和风险性，如果发生跨国医患纠纷，将大大增加取证成本与难度。同时，跨境就医准入门槛低，任何有出境游资质的旅行社都可以开展医疗旅游。传统中介途径转型移动医疗海外医疗将会导致行业混乱和过度竞争等问题。

在质量管理风险方面，一般患者对于海外医疗机构缺乏了解，存在信息不对称、语言障碍，移动医疗平台参与其中后，如果不能对医疗服务进行整体把控，提供标准化、安全化的流程，患者海外就医的服务质量就难以得到保障。在法律风险方面，一些重病患者到海外就医需求迫切，看中的是国内没有的药品和治疗手段，比如美国新药上市比中国早，印度因专利强制许可拥有很多廉价仿制抗癌药。但如果由跨境医疗平台进行类似药品的代购和销售，非自用目的又难以合法的报关，因此，存在一定的法律隐患。

4. 国际优质服务产业间协同不够

根据 GATS，医疗服务对外开放涵盖跨境交付、境外消费、商业存在和自然人存在四种方式，从而伴随着人员、资本、技术或信息的国际或区际流动。人员问题涉及各国移民和就业政策，投资资本关涉国际收支、外汇管理等国家金融安全，技术信息交流事关互联网等通讯服务和知识产权等法律政策，所以医疗服务开放需要相关产业间的政策协调与技术互动，外贸行业或医疗行业的单独举措不足以保障。

5. 面临法律政策的限制

各国对本国医疗服务市场的保护通常较为严格，限制外国服务提供者进入，并规定本国居民如果去海外就医，则不能享受医疗保险待遇。"一带一路"沿线国家多数属于发展中国家，这些国家的卫生法制相对不完善，非法行医现象普遍存在，各国间对医疗专业资格互认等问题长期存在分歧。这些都是我国必须面对的问题。倘若应对不当，将阻碍我国医疗服务"走出去"。

四、展望和建议

随着我国医疗服务市场的不断增长，中国医疗开放的程度将会进一步提升和扩大。预计到 2020 年，我国人口将超过 14 亿人，大量人口往城镇转移，医疗服务需求持续释放，优质医疗资源富集的大城市，医疗服务短缺更加严重。根据波士顿咨询公司的调研数据显示，到 2020 年，中国医疗科技市场的规模会跃居全球第二。其中，中产阶级和富裕消费者将占城市家庭总数的 59%，越来越多的人能为医疗保健支付更高的费用，迅速推动医疗保健产品与服务需求的增长。目前，国内医疗需求处于爆发阶段，互联网已逐渐深入到医疗卫生的各领域，成为医疗卫生事业发展的重要引擎。建立国际互联网医疗平台、推动通信手段和医疗技术的结合、引进国外顶级医疗资源已成为新趋势，预计到 2020 年，国内跨境医疗市场规模将从 2016 年的 89 亿元人民币增长到 531 亿元人民币。

（一）继续加大国际医疗市场准入，推动多元办医和有序竞争

放开医疗市场准入，扩大医疗服务的有效供给。按照统一标准实施市场监管和医保政策，营造公立和非公立医疗机构的公平竞争环境。卫生部门担负医疗服务市场监管职责，应对公立医院和民营医院一视同仁，使公立民营平等竞争。加快公立医院改革转型，加快部分公立医院的改制步伐，提高其服务质量，降低其服务成本。医保机构应对公立和非公立医疗机构实施完全一致的医保政策。

（二）优化互联网医疗发展环境

优化产业发展环境。一是加强卫生、工信、工商、公安等部门的协作，营造规范有序的市场环境，促进医疗健康服务与互联网的有效对接。二是推进优势企业强强联合，加大对新产品的研发力度，培育壮大互联网医疗品牌。三是密切关注行业的发展动向，切实将国家支持互联网医疗发展的政策落到实处。

建立和完善行业标准体系。一是统筹和推进全国互联网医疗信息标准化工作，加快实现数据交换与共享，构建医疗信息大数据平台。二是规范互联网医疗硬件和软件产品，加快实现设备标准化生产。三是加快出台互联网医疗行业准入标准，规范行业准入条件，防止低水平重复开发。

（三）加强跨境医疗的监管和国际合作

加强行业监管。一是明确行业监管机构，加强对互联网医疗行业的监管。二是出台相关细则，明确对互联网医疗主体资格审查备案、知识产权保护、纠纷处理、消费者维权等问题的解决办法。三是加强互联网医疗的信息安全管理，确保医疗信息在发放、传输和传递过程中的安全性。

（四）深入推进"一带一路"的医疗合作，加快中医国际化

与国家战略相结合，推进中医药服务贸易融入国家战略；"走出去"与"请进来"相结合；传统与现代相结合；对于不同的地区、不同的国家，在策略上要有区别，在东亚、南亚、中亚、西亚、非洲和欧洲，要根据地区现状和特点采取不同的策略。加强中医药和医疗服务的政府合作，加强对其的评估、认证并规范管理。

参考文献

［1］张美奇．德勤中国医疗服务市场2015年将达到5000亿美元［DB］．中国经济网．

［2］张一琴．外资医院谨慎试水．［J］今日中国（中文版），2012（11）．

第十五章 社会组织开放

——发挥社会组织在"一带一路"建设中的作用

"一带一路"倡议自 2013 年提出至今，成果越来越丰硕，"朋友圈"不断扩大，已经有 100 多个国家和国际组织参与其中。"一带一路"倡议本着共商、共建、共享的基本原则，通过加强传统陆海丝绸之路沿线国家政策沟通、设施联通、贸易畅通、资金融通、民心相通，促进欧亚地区的共同发展，共同构建安全共同体、责任共同体和命运共同体。"一带一路"建设的推进，为中国各地发挥自身优势、推动对外商贸合作、加强对外文化交流提供了难得的契机。在建设"一带一路"的过程中，除了需要政府和企业的积极参与，也应该重视和强调社会组织在其中扮演的重要角色。

一、社会组织是"一带一路"建设的主要参与者

社会组织是承担公共治理和公共服务的重要力量，具有组织性、非政府性、非营利性、自治性、志愿性等特征。社会组织在社会体系和结构中有着不同于企业和政府的功能，能弥补"市场失灵"和"政府失灵"。作为现代社会主体的三大支柱之一，社会组织从第三方的角度推动"一带一路"建设，在政策沟通、设施联通、贸易畅通、民心相通发挥重要的作用。

（一）助推政策沟通

"政策沟通"是"一带一路"建设的重要保障，也是开展各方面务实合作的根本前提。通过构建多层次政府间宏观政策沟通交流机制，促成沿线国家形成趋向基本一致的战略、决策、政策和规则，深化利益融合，促进政治互信，达成合作新共识。政策沟通既包括国家之间的双边沟通和多边沟通，还包括经济体之间的内部协调和外部交流、部门和地区层面的国际交流，以及非政府层面的社会交流等多个层

次，需要构建以政府高层互访为引领、以政府间战略沟通为支撑、以地方和部门间政策协调为助力、以企业和社会组织等项目合作为载体的多层次、多主体的沟通渠道。

由此可以看出，作为一项影响全球发展和国际经济秩序新格局的倡议，"一带一路"是一个高度复杂、综合的政策体系，包括国家层面、区域层面和国际层面的各种政策，政府是宏观政策沟通的主导者，社会组织在其中能够发挥重要的政策协调和倡导作用。

（二）促进设施联通

设施联通是"一带一路"建设的优先领域。"一带一路"倡议提出以来，以基础设施互联互通规划和技术标准对接为切入点，务实推进与沿线国家在铁路、公路、水运、民航、邮政等领域的深度合作，采用"工程承包+融资"和"工程承包+融资+运营"、BOT（建设—经营—转让）、PPP（政府和社会资本合作）、股权收购等方式，推动基础设施项目建设，缓解沿线发展中国家因基础设施投资不足而制约经济增长潜力发挥的状况，促进沿线国家与地区的经济持续增长。

此类基础设施投资项目资金投入大、建设周期长，除了面临商业性风险以及对象国政治、安全、法律风险外，还会受到环境和社会风险的制约，基于环保诉求、群体利益等因素对中国企业投资项目的制约效应日益凸显。社会组织作为世界通行的制度安排，由于其非营利、非政府的特点以及其提供公共服务特殊性容易被国际社会接受，在规避对外基础设施投资面临的群体利益等风险、协助中国海外投资企业主动承担社会责任、严格保护生物多样性和生态环境等方面发挥了积极的协调的作用。

（三）推进贸易畅通

投资贸易合作是"一带一路"建设的重点内容。通过与沿线国家和地区共同研究解决投资贸易便利化问题，消除投资和贸易壁垒，构建良好的营商环境，共同商建自由贸易区，拓展相互投资领域，推动新兴产业合作，优化产业链分工布局等合作，共同探索新的开放开发之路，形成互利共赢、多元平衡、安全高效的开放型经济体系。

在"一带一路"建设和新型全球化推进过程中，需要致力于满足碎片化需求、分散化需求、个性化需求和本地化需求，推动一个公平、创新和良治的全球化，可发挥社会组织在经济发展和对外交流中的"助推器"的作用，积极影响参与"一带一路"的企业等各类市场主体的行为，鼓励更多社会组织"走出去"，与国际社会组织加强沟通、建立联系、共同合作，形成参与国际经济合作与竞争的新优势。

（四）增进民心相通

民心相通是"一带一路"建设的社会根基。通过广泛开展文化交流、学术往来、人才交流合作、媒体合作、旅游合作、卫生合作、科技合作、体育交流、青年和妇女交往、志愿者服务等，传承和弘扬丝绸之路友好合作精神，为深化双多边合作奠定坚实的民意基础。

社会组织是民间外交的主体之一，应该充分支持和鼓励社会组织积极行动起来，加强沿线国家民间组织的交流合作，重点面向基层民众，广泛开展教育医疗、减贫开发、生物多样性和生态环保等各类公益慈善活动，促进沿线贫困地区生产生活条件改善，把"一带一路"建设成"民心之路"。2017 年 5 月在北京举行的"一带一路"国际合作高峰论坛上，启动《中国社会组织推动"一带一路"民心相通行动计划（2017—2020）》和"丝路沿线民间组织合作网络"，将进一步加强中国社会组织与"一带一路"沿线国家民间团体之间的沟通交流与务实合作，真正让民间力量在"一带一路"民心相通中发挥作用。

二、社会组织参与"一带一路"建设面临的挑战

1984 年，我国国际社会组织合作促进会的成立，帮助大量我国社会组织与国际非政府组织建立了联系，达成了环保、扶贫、妇女权利、社会边缘群体救助等项目合作，我国社会组织开始进入国际社会，在全球事务中发挥作用。但我国社会组织的国际合作和"走出去"尚处于发展初期，在参与"一带一路"建设中还存在着不小的差距。

（一）中国社会组织"走出去"相对滞后

一是社会组织"走出去"的规模较小。据民政部的统计数据显示，截至2010—2014 年，国际及涉外组织类的社会组织从 464 家增长到 529 家，占 2014 年

底社会组织 60.6 万家的 0.09%，增长速度低于社会组织平均水平①。而根据《国际组织年鉴》统计，1985—2015 年全球国际组织的数量从 14000 多家增长到 68421 家，平均每年增加 1200 多家②。相比之下，中国社会组织"走出去"的规模较小，增长速度较低。与此同时，我们缺乏真正意义的国际非政府组织，而美国的国际非政府组织超过 7000 家，日本超过 300 家。

二是社会组织"走出去"的影响有限。1995 年中华妇女联合会成为我国第一家在联合国获得谘商地位的社会组织，到 2016 年 9 月拥有的联合国一般咨商地位、特殊咨商地位和注册咨商地位的中国社会组织 56 家（含港澳台），占全世界 4360 家机构的 1.1%，而美国达到 951 家，是中国近 19 倍。同时，在环保、扶贫等领域，中国社会组织参与少、影响小，议程设置和话语权主要掌握在西方或印度等新兴国家手中。

（二）中国社会组织"走出去"政策环境亟待完善

一是社会组织"走出去"的法律、法规不健全。到目前为止，我国还没有涉及社会组织参与国际事务的规定的法律，国际性社会组织作为社会组织的一种特殊类型，仍然缺乏登记成立的整套流程和具体要求。目前的社团、民非和基金会三个管理条例，也没有社会组织在海外设立办事处或分支机构的依据。而对于管理制度还存在着审批方式和方法规定也不十分清晰以及多头管理的现象。与此同时，也缺乏鼓励社会组织参与国际发展援助等事务的法律支撑，社会组织向海外捐赠现金和物资也面临着法规障碍。

二是我国社会组织和政府之间的沟通机制不畅。这也给社会组织国际交往带来很多问题，如缺乏总体规划和宏观指导，资源分散，未形成合力；政府资金支持不足；政府对外援助项目中也缺乏社会组织的身影，政府外援项目中缺乏参与机会，参与程度低，社会组织在政府外援项目中发挥的作用十分有限。政府对社会组织的国际化服务不足，国际交往管理服务不到位，多头管理，底数不清。

（三）中国社会组织"走出去"的能力不足

一是专业性和人才不足。中国社会组织还缺乏像国际美慈组织那样发展以市场

---

① 民政部《社会服务发展统计公报（2011—2014 年）》，http://www.mca.gov.cn/article/sj/.
② 国际组织统计年鉴，http://www.uia.org/yearbook.

驱动的专业方法，大多数中国社会组织的国际项目参与主体有限，缺乏市场化的操作，常常导致项目的可持续性不强。中国社会组织缺乏熟悉当地语言、跨国管理经验以及市场化运作的人才，导致其活动能力、管理能力、创新能力以及扩张能力都不强，尤其是未经长期调研就仓促上马的项目，使得很多海外执行的项目陷入困境。

二是"走出去"的资金不足。我国政府没有设立支持社会组织"走出去"的专项资金；社会对社会组织尤其是对公益慈善类社会组织"走出去"不理解，也影响了"走出去"的社会资金筹集；社会组织筹资能力不强，尤其是公益慈善组织参与国际事务时筹资的目标人群不明确，都造成了社会组织"走出去"的筹资难问题，致使中国很多社会组织国家级项目的开展都需要依靠海外的大型基金会，其国际化进程存在对国际组织的过分依赖。

三是社会组织"走出去"的理念和经验缺乏。中国社会组织的国际化起步较晚，鲜有社会组织具有国际化经营理念，很多海外项目都是处于零星分散的状态，工作经验不足，很多中国社会组织参与的事务，大部分仍局限于参加国际会议及与海外 NGO 的交流合作，在海外开展的项目周期比较短，有些仅仅参与一些紧急救援的任务，公益慈善组织很少与国际各地慈善组织进行数据共享和信息互通。很少在海外设立办事处，建立执行团队，聘请海外雇员，基本上还处于无办事处、无专职员工、无经常性项目、无稳定资金的"四无"状态。

三、推动社会组织参与"一带一路"建设的相关建议

社会组织是"一带一路"建设的主要参与者之一，发挥社会组织在建设"一带一路"中的作用是中国软实力的重要组成部分，也是中国社会组织参与国家援外事业的一个长期战略任务。社会组织的国际化将是中国"一带一路"建设的重要助力。为此，一方面要加大政府对社会组织参与"一带一路"的支持力度，完善法规政策、协调机制和支持体系；另一方面，同时也需要加强社会组织参与"一带一路"的能力建设，提升社会组织的国际化水平。

（一）完善社会组织"走出去"的相关法律及制度

针对社会组织参与"一带一路"建设和"走出去"面临的社会组织海外分支

机构缺乏法律依据、没有将社会组织纳入对外援助体系等问题，借鉴发达国家的经验，完善社会组织"走出去"法规。先进国家和地区经过长期的发展，形成了支持社会组织"走出去"的政策法规。例如，美国NGO国际化的重要表现是开展海外援助工作，在人道援助、慈善救助、发展援助、文化传播、民主实践、气候变化及环境保护等方面，美国非营利组织国际化发挥着日益重要的作用。美国从立法上保障了NGO参与对外援助、走向国际。"二战"时，美国NGO开始参与对外援助。1961年，美国修订了《对外援助法》，授予NGO对外援助的合法资格，美国NGO参与对外援开始快速增长。随后美国国会还通过法案要求美国国际开发署每年从年度预算中拿出资金资助NGO参与对外援助。

为此，需要从国家长远发展战略角度，完善支持社会组织"走出去"的法规，形成社会组织实施国家化战略、参与"一带一路"建设的法律基础。

一是完善社会组织的登记管理办法，明确我国社会组织在海外设立分支机或代表机构的要求，从立法上解决社会组织"走出去"的合法性问题。

二是将社会组织参与国家对外援助工作相关内容纳入《对外援助管理条例》，使社会组织参与"一带一路"建设和国家对外援助工作有章可循，有利于"官办民助"模式、动员社会资源参与相关政府的对外援助项目。

三是出台鼓励社会组织"走出去"的相关政策措施，包括物资出关、外汇管制、税收减免等相关规定，保障社会组织在海外实施项目的顺利开展，构建海外项目运作计划、执行和监督评估体系。

（二）建立社会组织"走出去"的协调机制

美国、日本等社会组织国际化发展较好的国家，都有较完善的社会组织国家化的协调机制。例如，美国1961年设立了国际开发署，负责对NGO参与对外援助的资助和监管，美国国际开发署还专门设立了一个发展伙伴办公室，发展和管理与NGO的合作伙伴关系、总结资助项目经验、创新资助方式与管理模式等，以提高对外援助的效率、创新性及影响。同时，积极推动NGO在开展对外援助过程中，与政府、跨国公司、国际NGO以及其他国家对外援助机构、国际组织等机构的合作。又如，日本政府1994年才在外务省设立民间援助支援室，1996年建立了NGO与外务省定期会议制度，2004年建立了NGO和政府外务省代表的全体会议制度，日本NGO国际化战略进入了与政府协作发展的新阶段。政府通过建立《外务省与

NGO 联合评估》制度，确定政府和非政府组织合作的方向；建立与政府之间有效的、固定沟通机制，构建政府不同部门、不同地区与 NGO 合作的网络；在政府支持下，进入联合国体系和国际志愿者，扩大日本社会组织在国际上的影响力。加强与受援国 NGO 建立合作的属地伙伴关系；日本 NGO 特别注重受援国的社区及人文发展，关注民生，通过与当地 NGO 的合作实现属地伙伴关系，促进当地的发展。

为此，建议结合"一带一路"建设，构建社会组织"走出去"的协调机制。

一是建立"走出去"的社会组织联络协调的专门机构，利用现有的援外部级协调机制，建议设立商务部、外交部、民政部、财政部、海关总署、外汇管理局等协调统一的办公室，推动社会组织参与国家的对外援助工作，统一协调社会组织参与国际化战略工作的具体事务。

二是构建海外关系网络，借助政府的管道及驻外领使馆等，与政府、海外中资企业、当地政府与社区、当地 NGO 以及其他世界非政府组织形成海外网络体系。尤其是在开展海外援助中注意与国际非政府组织网络建立联系，通过受援国的国际非政府组织获取所需要的信息和经验。

三是，政府部门要加强引导扶持，支持社会组织参与到国际及"一带一路"相关基金支持的民生民惠、社区发展、公益慈善和人道主义救助等项目合作之中，让社会组织在"一带一路"建设中真正成为促进民心相通的重要力量。

（三）加大社会组织"走出去"的资金支持

国际经验表明，政府是 NGO 国际化的一个重要的资助者。如，美国国际开发署统一协调 NGO 的海外援助资助工作，美国国会 1981 年通过法案要求美国国际开发署将每年年度预算的 12%～16%用于资助 NGO，国会 1985 年通过法案再次规定政府提供不少于 15%的援助资金给予 NGO。又如，日本的国际交流基金是一个政府出资支持、民间方式开展工作、政府主管部门归口管理的机构，是对外实施开发援助的主要机构之一。此外 1989 年日本还实施了 NGO 事业补助金制度，建立小额无偿资金合作；2002 年设立"日本非政府组织无偿援助资金合作机制"，加大政府对非政府组织的资金支持力度。

由此可见，在推进社会组织参与"一带一路"建设中，政府需要加大资金支持力度。

一是建议政府设立一个社会组织国际化发展专项基金，在每年对外援助的资金中按照一定的比例提取，用于鼓励社会组织参与对外援助和"一带一路"建设。

二是建议商务部牵头，会同民政部、财政部及发改委等政府机构，建立利用对外援助资金购买社会组织服务的模式和相关政策，为社会组织"走出去"提供资金保障。把政府的一部分对外援助项目以购买服务的方式委托给社会组织，重点委托社会组织参与对外援助的扶贫开发、环境保护、社区发展、能力建设、青年创业、人道救援等对外援助领域软件项目实施，鼓励社会组织利用官方援助开展国际交流、人道主义援助和人力资源培训事务，并逐步扩大规模和积累经验。

三是支持社会组织申请多边机构的援助金。精选一批优秀的社会组织走向国际，支持社会组织参与全球治理的专项基金或基金会，充分动员各全球治理行为体支持社会组织"走出去"，强化国际化战略实施的能力建设。

四是鼓励一批新成立的非公募基金会开展国际交流和公益项目合作，同时争取政府的配套资金加以支持。

（四）加强社会组织"走出去"的能力建设

日本的非政府组织起步较晚，但进入 21 世纪后，日本非政府组织在科索沃、阿富汗和伊拉克难民的人道援助方面受到了世人的瞩目。日本非政府组织能够得到长足发展，与日本政府注重强化日本 NGO 能力建设、为其"走出去"提供支持密切相关。日本通过 NGO 顾问项目、NGO 实习生项目、NGO 海外学习项目、NGO 研究会等俄日 NGO 提供技术支持和能力建设。NGO 顾问，是在国际合作领域经验丰富和业绩良好的日本 NGO 受日本外务省委托，就 NGO 国际合作活动、NGO 设立、组织管理和运营等问题，解答和回应市民及 NGO 的咨询，2014 年 NGO 顾问成员有 17 家组织。NGO 实习生项目，是外务省委托日本 NGO 培养致力于从事国际援助工作的年轻人员，2015 年招募了 14 个 NGO 组织，日本外务省提供 10 个月 190 万日元外加车马费给接收实习生的 NGO 组织。NGO 海外学习项目。是以日本 NGO 的骨干为对象，开展 1~6 个月的海外学习项目，学习分为"实务研修型"和"研修听讲型"，2015 年招收了 12 名培训人员。NGO 研究会则，是为了提高 NGO 的能力以及专业性，政府召开的各种主题的会议。日本政府通过这些举措，加快了 NGO "走出去"的步伐。

因此，政府还需要加强社会组织的能力建设，为社会组织参与"一带一路"建设提供支撑。

一是完善社会组织的治理结构。按照国际通行理念，依章程完善社会组织法人治理机构，规范会员大会、理事会、监事会的运作，吸纳国际视野和国际经验专业人士进入理事会；完善议事规则和运行机制，健全社会组织内部民主和制衡约束制度，健全财务、捐赠资产、人事等管理制度，为社会组织参与"一带一路"建设提供组织保障。

二是加强国际化的专业人才队伍，通过完善社会组织薪酬体系，将社会组织人才纳入人才管理体系，营造有利于社会组织人才成长、稳定发展的环境，积极培育、引进社会组织专门人才；开展社会组织发展的宏观性和基础性研究，培育社会组织领军人才；开展社会组织人才成长项目，针对社会组织的从业人员进行系统化、专业化培训；与国内高校合作建立定向引进社会服务人才的体制机制，为社会组织参与"一带一路"建设提供人力资源保障。

三是加强合作平台建设。加强与国际知名的非政府组织交流合作，建立伙伴关系，参与热点国际事务，推动社会组织国际化。加入联合国体系，获得"咨商地位"；立足本国，发展成区域性、国际性社会组织；建立"属地伙伴"关系，培训和聘用属地人才为中国社会组织开展国际化战略提供必要的支持，了解当地国的政治、经济、法律、文化等，避免出现文化差异等带来的困境，提高项目运行的效果和质量。

四是培育中国的品牌项目。借鉴西方发达国家社会组织国际化项目运作和管理的经验，总结中国在扶贫开发等领域的一系列成熟的品牌项目与经验，并将这些行之有效的经验与品牌传播经验复制推广，帮助"一带一路"沿线国家和其他发展中国家进行扶贫开发工作。

五是提升社会组织动员社会资本参与"一带一路"建设的能力。根据参与的项目属性和特征，制定有效的募捐策略，分析潜在的捐赠人群及特点，通过各种宣传活动和生动直观的图片和新媒体平台，拉近受助群体和潜在捐助者的距离。争取公众募捐的持续性，与捐赠者建立长期的合作关系。

六是营造社会组织"走出去"的氛围。加强社会组织对国际化政策的研究，加大对中国社会组织国际化的宣传力度，对优秀的社会组织、个人、项目等进行表彰，引导社会舆论，提高社会的共识，让民众理解中国社会组织国际化的必要性和紧迫性，培养国民的大国意识，推广公共外交。

第五部分

中国区域的开放

第十六章　自由贸易试验区的开放
——从创新探索到经验推广

建立中国自由贸易试验区是党中央、国务院做出的重大战略决策，是深入贯彻党的十八大精神，在新形势下推进改革开放的重大举措。自上海、广东、天津、福建四大自由贸易试验区正式挂牌运行以来，在加快我国政府职能转变、推进管理模式创新、全面深化改革和扩大开放探索新途径等方面开展了积极探索，形成了一批可复制、可推广的重要经验。未来，中国自由贸易试验区将有望从沿海开放转向内陆开放，进一步扩容扩围，并加强与"一带一路"、金融开放等国家战略有机联动，不断推动我国融入更加开放的全球经济一体化发展环境。

一、自由贸易试验区开放成果与特征

2015—2016 年，上海、广东、天津、福建四大自由贸易试验区面对国际经济贸易发展的新形势，以开放促改革促发展，不断提高对外开放水平，在打造国际化的营商环境、促进投资贸易便利化、推动服务贸易自由化、推进事中事后监督改革和加快法制化建设等方面竞相开展创新试验，积累并形成了一批重要的可复制推广的经验。

（一）四大自贸区竞相开展各领域开放创新

1. 打造与国际接轨的营商环境

在国际人才、资源、资金、技术、市场竞争日益激烈的背景下，营商环境的优劣，深刻影响着企业经营效率和投融资活动，决定了高端要素资源的流动与集聚。2015—2016 年，沪粤津闽四大自贸区均把打造与国际接轨的营商环境作为自贸区开放的重中之重，并为之开展了一系列的探索实践（如表 16-1 所示）。

表 16-1 2015—2016 年沪粤津闽四大自贸区营商环境建设比较

自贸区	行政审批制度改革	工商登记制度优化	"单一窗口"建设
上海自贸区	1. 审批权下放。2015 年，上海将原本由发改、商务、国土规划、建设管理等 14 个职能部门行使的 71 项审批权和管理权下放至自贸区管委会。2. 简化行政审批权。浦东新区政府对授权上海自贸区管委会行政审批和管理事项进行梳理，通过减少审批材料、压缩审批时间等优化 232 项行政审批	1. 试行注册资本认缴制改革。取消自贸区普通公司最低注册资金限额、股东出资比例及期限要求。2. 实施"三证合一、一照一码"商市登记制度改革。由原先不同部门分别合法营业执照、组织机构代码证、税务登记改为核发社会信用代码的营业执照	由 2015 年的"单一窗口"1.0 版本提升至 2016 年的"单一窗口"2.0 版本。至 2016 年底，自贸区"单一窗口"涉及 9 大功能模块，联通 20 个监管部门，上线企业达到 1200 多家，服务范围涉及 2.6 万家外贸企业，货物申报数据项减少 1/3，船舶申报数据项减少 80%，大幅提高了口岸通行效
广东自贸区	下放和压缩行政审批事项。2015 年，22 个省直部门向 3 个自贸试验区片区下放了 60 项省一级管理权限。南沙片区取消 67 项行政审批事项和 43 项备案事项；前海蛇口片区制定并发布了行政权责清单，调整、取消、合并了一批行政审批事项；横琴片区完成行政权责清单编制，梳理了包括 9 个部门的 150 项行政审批、92 项行政服务和 1171 项行政执法事项	1. 启动"证照分离"改革试点。前海蛇口片区进一步深化"先照后证"改革，聚焦后置审批事项改革，实现商事主体资格和许可经营资格相分离。2. 实施"三证合一、一照一码"企业登记注册制。横琴片区率先在广东推行"三证合一、一照一码"企业登记注册制，各部门审批流程均实现限时办结	2016 年，广东自贸区"单一窗口"2.0 版在南沙片区正式上线，通过该平台，企业可一点接入、一次性递交满足监管部门要求的格式化单证和电子信息，实现"一个平台、一次递交、一个标准"。"单一窗口"2.0 版比 1.0 版增加了 8 个功能模块。具体涵盖海关、检验检疫、边检等 21 个部门的相关业务
天津自贸区	1. 审批权下放。天津自由贸易试验区成立以来，天津市审批办下放自贸试验区各片区 160 余项行政许可服务事项，涉及社会事务、经贸商务、建设交通等领域。2. 设立统一行政审批机构。自贸试验区三个片区建立了集中统一的行政审批机构，承接了 239 项市级审批和服务事项，审批效率大幅提高	实行企业名称自主申报和简易注销登记制度，降低了企业设立和退出成本。在全国率先实施"一照一码"登记制度改革，将涉税事项纳入联合审批，将负面清单以外的外资企业备案与企业设立合并受理，实现了企业设立"一照一码一章一票一备案"一天办结，形成了具有天津特色的商事登记制度改革成果	建立了国际贸易"单一窗口"，天津海关、天津检验检疫局分别出台了三批 29 项、四批 48 项通关通检便利化措施，大大提高了口岸监管服务效率。跨境电商综合信息服务平台上线运行，与海关系统全国版成功对接
福建自贸区	福建自贸区为进一步简政放权、创新政府管理方式，推动行政审批该备案管理，并率先在厦门片区试行	厦门片区实施企业注册"一照一号"登记制度，大大简化了审批环节，缩短了审批时限，减少了企业办事时间，最大限度减轻了企业负担，进一步为市场主体提供了便利，为全省"三证合一"登记制度改革累积了可复制、可推广的经验	厦门片区率先建设国际贸易"单一窗口"，实现了"一个窗口、一个平台、一次申报、一次办结"。进出口货物申报时间由原来 4 小时缩短至 10 分钟，船舶检验检疫申报时间由 50 分钟缩短至 5 分钟。率先创新"三互"口岸监管机制。关、检共用"一站式"查验平台，通关时间缩短 40%

四大自贸区在推动营商环境建设方面，主要通过改革行政审批制度、优化工商登记制度及推动"单一窗口"建设而展开。其中，上海自贸区的亮点是主动引导"单一窗口"建设由 1.0 版本提升至 2.0 版本，进一步简化了 2.6 万多家外资企业的申报流程，提升了口岸通行效率；天津自贸区的亮点是设立了统一的行政审批机构，极大地提升了自贸区审批效率，同时还上线了跨境电商综合信息服务平台，推动了与海关系统的对接。

2. 促进贸易投资便利化

实施贸易投资便利化战略，对于更好地融入世界经济一体化，培养全球经济竞争力，抢占世界经济发展制高点具有重要意义，因此也是我国自由贸易试验区建设的重要方面。2015—2016 年，沪粤津闽四大自贸区开展了一系列探索试点（如表16-2 所示），积极推动贸易投资便利化。

表 16-2　2015—2016 年沪粤津闽四大自贸区贸易投资便利化比较

自贸区	市场准入	海关监管	跨境贸易创新	金融创新
上海自贸区	率先在外商投资准入领域实施"负面清单"制度。2015 年，上海自贸区对负面清单进行进一步缩减，自贸区负面清单由最初的 190 项特别管理措施缩减 122 项，并实现了上海、广东、天津、福建四个自贸区使用同一份负面清单	实施"先入区，后申报"措施，探索区内企业货物流转自行运输制度，极大提高了通关效率。上海海关、自贸区管委会、上海市商委、上海市经信委、上海出入境检验检疫局等均参与自贸区海关监管制度创新。截至 2016年上半年，上海海关出台实施文件 36 部，联合参与制定文件 4 部	贸易管理制度框架正由关境便利化转向关境内便利化，逐步实现一线放开、二线管住、区内不干预的国际公认海关管理标准规范。极大简化手续、降低成本，使得区内人员和货物高效快捷流动，有利于对外经济贸易的发展	金融改革在"一行三会"出台的 51 条金融细则基础上，建立了包括自由贸易（FT）账户体系、投融资汇兑便利、人民币跨境使用、利率市场化、外汇管理改革 5 方面内容的宏观审慎的金融制度框架和监管模式
广东自贸区	从 2015 年 12 月开始，已在国务院的推动下在自贸区内推行负面清单试点，目前已在 CEPA 的基础上放宽了港澳资的投资准入	南沙片区退出"先进去，后报关"、保税展示交易制度、批次进出、集中申报制度等 19 项海关监管创新政策；前海蛇口片区在现有通关便利化措施基础上，探索适应保税港区货物贸易发展快速通关模式，打造货物经陆路口岸进出香港的物流直通通道	前海蛇口片区加快推进"三互""单一窗口""一站式作业"等改革，促进贸易便利化。积极发展跨境电子商务，完善相应的海关、检验检疫、退税、跨境支付等支撑系统，加快跨境电商配套平台建设	南沙片区推出"金融 15条"政策，聚焦航运金融和贸易金融；前海蛇口片区推出"金融 20条"，聚焦跨境金融和创新金融，重点发展香港跨境人民币创新业务；横琴片区聚焦商务金融，重点依托澳门开展跨境融资服务

续表

自贸区	市场准入	海关监管	跨境贸易创新	金融创新
天津自贸区	进一步扩大投资领域开放，对负面清单以外的外商投资企业设立及变更实行备案制。自设立以来到2016年底，自贸试验区新设外商投资企业1547家，占全市近60%，95%以上通过备案设立；注册资本3075亿元	天津海关分三批从四个方面出台29项具体措施支持自贸试验区建设，包括实施保税货物自行运输制度、实施"批次进出、集中申报"制度、实施认证企业（AEO）优惠措施清单制度等，节约贸易流转时间和成本	2015年获批全国跨境电商试点城市和综合试验区，天津自贸区的三个片区在跨境电商业务开展上实现了诸多突破，包括创新保税展示交易、进口商品直营模式、开展汽车平行进口试点等	"金改30条"核心政策70%落地实施，跨境本外币资金池、跨境融资、融资租赁收取外币租金等创新业务取得明显成效。金城银行、华运金租、汇丰银行等民营、外资金融机构入驻。截至2016年底，自贸试验区各类持牌金融机构达到132家，跨境收支额近800亿美元，跨境人民币结算1885亿元人民币
福建自贸区	复制上海自贸区经验，全面实行负面清单外资管理模式，对负面清单（122项）之外领域实行备案制。98%以上外资项目仅需备案	在全国率先实现对货物实施状态分类监管，海关特殊监管区内可以同时经营保税和非保税业务。关检合作信息互换、监管互认、执法互助走在全国前列，海关和检验检疫两个执法单位实现了作业空间合并、作业时间一致、作业系统并行，场所设施、查验设备等资源可以共享	海关、检验检疫等政府机构在福建自贸试验区内积极探索贸易便利化制度创新，不断优化"一线放开、二线安全高效管住"监管模式，相继出台了一系列改革措施，形成了一系列全国首创的通关便利化创新举措并得以推广复制，提升了自贸试验区内贸易便利化水平	在全国首创设立两岸征信查询系统，区内银行可以查询台资企业和台胞在台湾地区的信用信息，解决了征信难、担保难、融资难问题。截至2016年3月，对台跨境人民币贷款提款额占大陆试点业务总量的90%。设立跨海峡人民币代理清算账户48个，结算总量占大陆近10%

四大自贸区主要在市场准入、海关监管、跨境贸易创新及金融创新等方面开展了探索实践。其中在市场准入方面，各自贸区均采取外商投资准入"负面清单"制度，广东和福建自贸区分别放宽了港澳及台湾资本的准入限制。在跨境贸易创新方面，上海自贸区偏重于贸易管理制度框架的改革，广东和天津自贸区偏重于打通跨境电子商务的制度障碍，福建自贸区聚焦于通关便利化创新。在金融创新方面，各自贸区发展的重点各不相同，上海自贸区主要探索了自由贸易账户及人民币国际化和外汇制度改革，广东自贸区侧重于跨境人民币业务创新，天津自贸区侧重于融资租赁业务创新，福建自贸区则在设立跨海峡人民币代理清算账户方面有所实践。

3. 推动服务贸易自由化

根据上海、广东、天津、福建四大自贸区所公布的自贸区建设总体方案，自贸区主要在金融服务、航运服务、商贸服务、专业服务、文化服务和社会服务领域扩大对外开放，推动服务贸易自由化。

（1）金融服务

从金融服务领域的开放来看，上海自贸区允许设立外资银行、中外合资银行及外资医疗保险机构，允许试点有限牌照银行；符合条件的中资银行可试点离岸业务。广东自贸区除了复制上海经验外，基于CEPA框架扩大了对港澳投资者的开放力度，包括降低港澳金融机构进入试验区的门槛，制定针对港澳资本准入的负面清单等。2015年6月，横琴片区推出了针对港澳资本准入的负面清单，仅有90多项，其长度比其他自贸区的负面清单缩短1/4。天津自贸区允许民间资本设立中小银行等金融机构，支持试验区内符合条件的单位和个人按照规定双向投资于境内外证券期货市场，放宽区内企业在境外发行本外币债券的审批和规模限制。福建自贸区主要致力于两岸金融合作，其中厦门片区推动两岸金融合作先行先试，在对台小额贸易市场设立外币兑换机构、扩大清算机构范围等；福州片区致力于两岸金融创新，包括突破两岸人民币双向贷款，境外发行人民币债券等；平潭片区引进两岸银行、证券、信托、风投、基金等机构，打造金融合作平台。

（2）航运服务

从航运服务领域开放来看，上海自贸区在新一轮开放中，继续提出建立国际航运中心的开放措施。广东、天津、福建自贸区方案中都复制了上海经验，如先行先试外贸进出口集装箱在国内沿海港口和自贸区港口之间的沿海捎带业务之外，放宽中外合资、中外合作国际船舶运输企业的外资股比限制。与上海自贸区有所区别的是，广东和福建自贸区分别针对台湾和港澳制定了差异化的开放措施。其中，广东自贸区允许港澳服务提供者在自贸区设立独资国际船舶运输企业，经营国际海上船舶运输服务；福建自贸区允许台湾服务提供者在自贸区内直接申请设立独资海员外派机构，并仅向台湾船东所属的上传提供船员派遣服务，无须事先成立船舶管理公司。

（3）商贸服务

从商贸服务领域开放来看，上海自贸区允许外资企业经营特定形式的部分增值电信服务，允许外资企业从事游戏游艺设备的生产销售。广东、天津、福建自贸区方案中都复制了上海经验，但广东自贸区在对港澳开发商，提出允许以非企业形式举办社会服务机构、特定形式的部分增值电信业务、电子商务企业办理ICP资质许可的国民待遇；福建自贸区提出允许台湾服务提供者在试验区内试点设立合资或独资企业，提供离岸呼叫中心业务及大陆境内多方通信业务、存储转发类业务等。

（4）专业服务

从专业服务领域开放来看，上海自贸区在律师服务、资信调查、旅行社服务、人才中介服务、投资管理、工程设计、建筑服务、广告业等领域实施开放。天津自贸区复制了上海自贸区的经验。广东自贸区提出试行粤港澳认证及相关检测业务互认制度，适度放开港澳认证机构和进入自贸区开展合作认证检测业务，给予港澳服务者在内地设立的合资与独资认证机构、检查机构和实验室同等待遇。福建自贸区在专业服务领域对台开放力度较大，在旅游服务、建筑业服务、产品认证服务、专业技术领域均制定了对台开放的细则，实现了多方面的突破。

（5）文化服务及社会服务领域

从文化服务领域开放来看，上海自贸区由原先的演出经纪开放和娱乐场开放到中外合作制作电视剧、出版物印刷、大型主题公园建设开放。从社会服务领域开放来看，上海自贸区主要在教育培训、职业技能培训等方面允许中外合作经营性机构设立；允许设立外商独资医疗机构。天津、福建自贸区复制了上海自贸区的经验，广东自贸区允许港澳服务提供者在自贸区设立自费出国留学中介服务机构，允许港澳服务提供者发展高端医疗，开展粤港澳医疗机构转诊合作试点等。

4. 推进事中事后监管改革

自贸试验区加快政府职能转变，创新政府管理模式，体现了监管重点由事前监管向事中事后监管转变的思路，既发挥了市场主体作用，又守住了风险底线，为企业营造了符合国际通行管理的营商环境，有利于企业和人才的集聚。2015—2016年，沪粤津闽四大自贸区积极推动事中事后监管改革，取得了重要的成绩（如表16-3所示）。

表16-3　2015—2016年沪粤津闽四大自贸区适中事后监管比较

自贸区		重要举措
上海自贸区	健全社会信用体系	在市场监督、城市管理、社会治理、公共服务、产业促进等方面，扩大信用信息和信息产品应用，强化政府信用信息公开。依托市信用平台，自贸区子平台正在加快建设，已完成归类查询、异议处理、数据目录管理等工作
	健全信息共享制度	加快以大数据中心和信息交换枢纽为主要功能的信息共享和服务平台建设，扩大部门间信息交换和应用领域，逐步统一信息标准，2015年已汇集相关信息数据422万预调，涉及30个部门
	完善企业年报公示制度	采取书面检查、实地核查、网络监测、大数据对比等方式，对自贸区内企业年报公示信息进行抽查，依法将抽查结果通过企业信用信息系统向社会公示，营造企业自律环境

续表

自贸区		重要举措
上海自贸区	建立社会力量参与监督制度	通过扶持引导、购买服务、制定标准等制度安排，支持行业协会和专业服务机构参与市场监督。引入第三方专业机构参与企业信息审查等事项，建立社会组织与企业、行业之间的服务对接机制
广东自贸区	引入市场违法经营行为提示清单	横琴片区工商部门率先将清单管理模式引入市场监管执法领域，将查处的违法经营行为全部分类列出，并已查询软件形式提供社会免费查询。这份提示清单列明了国民经济 96 类行业 1748 中违法经营行为，划定了市场经营的"红线"和"雷区"
	推行市场监管信息平台	南沙片区于 2015 年建立了市场监管信息平台，汇集了 12 个部门提供的涵盖市场准入、食品安全、行政处罚、企业信用等 107 个专题数据约 13 万条，打破了市、区政府监管信息"孤岛"
	培育第三方认证机构	横琴片区成立第三方监测机构，通过第三方认证机构独立市场运作，为港澳及大陆视食品企业出口、欧美等发达国家的食品进入大陆市场提供检测及认证服务
天津自贸区	编制制度创新风险防控措施清单	自贸区管委会牵头编制了制度创新风险防控措施清单，详细梳理出 48 项风险事项、71 个风险点，提出 120 条风险防控措施，努力做到一份清单"风险事项全覆盖"
	监测区内企业公开信息	中心商务区应用"爬虫"软件，每天对区内企业的公开信息进行监测，凡涉及敏感点的都会预警，并进行相应干预
	实施企业年报公示、经营异常名录和严重违法企业名单制度	建立各类市场主体信用信息公示系统，实现全市 56 家市级行政部门信用信息归集，涵盖各行政机关的 4000 余项信息指标；实施信用风险分类管理，通过市场主体信用信息公示平台面向社会公示
福建自贸区	确立底线风险监管理念	市场监管专题组各成员单位针对自贸试验区放宽行业准入、扩大对外开放或机制体制创新，提出 55 个监管风险点及 88 条防控措施，在全国四个自贸试验区中建立了首份风险防控清单，其中针对涉及国家安全、意识形态、黄赌毒以及可能引发行业风险的有关事项确定了 18 个底线风险
	建立分级分类监管模式	工商、文化、住建等部门立足自贸试验区特点，改变了以往较为粗放的监管模式，采取了针对性较强的分级分类、达标评定、信用评价等管理措施，逐步向精细化、规范化、差异化监管转变
福建自贸区	实施动态监测预警机制	为及时跟踪、监控和应对自贸试验区放宽准入和体制机制创新后的新情况、新动态，有效实施动态监管，工商、地税、国税、国土资源、银监等部门在探索构建自贸试验区动态监测预警体系上下功夫，初步建立了一些监测预警系统，加大了自贸试验区监管风险防控
	启动灵活监管协调机制	按照积极探索的原则，物价、知识产权、商务、人行、食药监、财政等部门充分运用部门职能，主动改革创新，下放权限，争取授权，建立了有利于自贸试验区健康发展的较具特色和灵活的监管机制
	突出信息化现代监管手段	为适应自贸试验区对外开放度大、经济活跃度强、行政服务信息水平要求高等特点，各成员单位都突出依托信息化手段强化监管，建立了一系列较为便捷、智能、高效的网络监管平台

上海自贸区围绕健全社会信用体系、健全信息共享制度、完善企业年报公示制度和建立社会力量参与监督制度开展了相应探索；广东自贸区围绕引入市场违法经营行为提示清单、推行市场监管信息平台和培育第三方认证机构开展事中事后监管改革；天津自贸区围绕编制制度创新风险防控措施清单、监测区内企业公开信息、实施企业年报公示、经营异常名录和严重违法企业名单制度等开展创新；福建自贸区则确立了底线风险监管理念、建立了分级分类监管模式、实施了动态监测预警机制、启动了灵活监管协调机制以及突出了信息化现代监管手段。

（二）形成一批可复制推广的重要经验

1. 上海自贸区：启动国际贸易"单一窗口"2.0版本

建设国际贸易"单一窗口"，是上海自贸区监管制度创新的重要内容，也是遵循国际通行规则、降低企业成本费用、提高贸易便利化水平的重要途径。

上海国际贸易"单一窗口"由上海市口岸办牵头，参与建设的部门包括海关、检验检疫、海事、边检、发改、商务、交通、经信、金融、邮政、民航、外汇、税务、食药监、林业（濒管办）、机场、港务，共17个。"单一窗口"实现了"一个平台、一次提交、结果反馈、数据共享"，使企业的申报由原来基于单机的客户端模式，变为基于互联网的网页申报模式，并在国内首创货物报关报检大表录入方式，实现了申报模式的改革创新。

截至2015年9月底，在上海国际贸易"单一窗口"平台开户的各类企业超过1100家。通过申报大表进行报检报关作业约10万票；检验检疫全申报系统实现整体切换，完成申报200多万票；船舶申报基本覆盖了主要的船舶代理企业。

目前，上海在"单一窗口"1.0版基础上，进一步推进功能完善、拓展领域、使用便利、信息共享、运营管理等，形成了"单一窗口"2.0版建设推进方案。2.0版建设规划了16个项目和任务，主要包括：货物查验办理、自贸试验区一线进境入区提货、邮轮人员信息申报、原产地证书办理、出口退税手续办理、公布通关时限等信息公开、监管状态和结果信息共享以及"单一窗口"移动版等。参与部门增加了贸促会，数量达到18个。

2. 天津自贸区：探索京津冀区域检验检疫一体化新模式

实施京津冀区域检验检疫一体化，是天津自贸区落实京津冀协同发展战略的重要举措。天津检验检疫局所搭建的京津冀协同发展检验检疫新平台，开拓了京津冀检验检疫一体化新模式。

京津冀三地检验检疫局加强协作，共同实施，通过改革现有通关模式、监管模式和业务流程，打造了"三通"（通报、通检和通放）、"两直"（出口直放和进口直通）、"四放"（申报放行、验证放行、抽样放行和监管放行）、"五统一"（统一审单规范、统一业务规范、统一风险防控、统一信用管理、统一统计规则）和"无纸化"等为主要内容的检验检疫一体化新模式，促进通关便利化，推动京津冀区域协同发展。

截至 2015 年 9 月 30 日，京津冀三地共完成检验检疫 76.2 万批，涉及货值 1259.7 亿美元。各类检验检疫一体化便利措施，惠及企业 2 万余家。天津自贸区京津冀区域检验检疫一体化新模式对提升贸易便利化、加快区域合作和提升检验检疫监管效率发挥了重大作用，为我国其他区域推动检验检疫一体化探索提供了重要依据。

3. 广东自贸区：构建事前备案、事中采信、事后追溯的跨境电商管理新模式

广东自贸区探索跨境电商监管新模式，简化口岸环节，加强事中事后监管，构建质量追溯体系，对跨境电商企业及商品实行事前评估、入区备案、第三方检测、事后追溯等闭环监督管理，有效地促进了片区内跨境电商产业的发展。

由广东自贸试验区境内的海关、检验检疫部门牵头，会同商务、发展改革等部门，积极构建事前备案、事中采信、事后追溯的跨境电商管理新模式。一是对跨境电商企业和商品实行备案管理。区内电商企业开展跨境电商业务须先分别在海关、检验检疫部门申请备案，备案采取网上备案形式，并实施"一点备案，全关通用"。二是对电商商品出入境实施全申报管理。所有入境、出境的集装箱、货物及交通工具等的货主、代理人、承运人或生产单位，在有关物品与交通工具进出境前向检验检疫机构进行申报。三是对进口保税货物实施"先放后征"的快速通关模式。海关凭担保提前放行商品，电商、物流企业定期集中代缴税款，对大部分低风险商品实施快速放行，提高通关效率。四是建立跨境电商质量追溯体系。在全国建立首个跨境电商商品质量溯源平台，所有经广东自贸试验区南沙片区进出口的跨境电商商品质量信息都可登录质检口岸公共服务平台进行快捷查询。

通过实施跨境电商管理新模式，企业能更加方便进行申报，检验检疫效率大幅提升，实现了商品"源头可溯、去向可查"，并明显推动了跨境电商的发展。

4. 福建自贸区：实施投资管理体制改革"四个一"

福建自贸区平潭片区在投资管理体制改革"并联审批"的基础上，试点实施"综合审批"，将投资建设项目从招商对接到竣工验收涉及的所有行政审批事项整合为规划选址与用地、项目评审与核准备案、设计审查与施工许可、统一竣工验收等4个阶段，每一个阶段均采取"一表申请、一口受理、并联审查、一章审批"的综合审批。设立行政审批局具体负责办理，规划、国土、城建、交通、环保等职能部门，参与具体审批事项的审查，实现所有审批部门作为一个整体，统一面向市场主体。

按照《行政许可法》的规定，福建省人民政府在平潭片区设立行政审批局，具体负责实施投资建设项目的综合审批。主要做法：一是调整合并审批事项。将投资项目从招商对接到竣工验收涉及的116项审批事项合并为26项。二是所有审批事项均由行政审批局牵头办理，并采取统一的办理流程。对投资建设项目涉及的所有审批事项均实行"一表申请、一口受理、并联审查、一章审批"的"四个一"运行模式。三是并联审核并集成各类证、照、批复办理手续。投资建设项目按照"四个一"模式运作，在每一阶段，各职能部门按其分工依法行使行政许可审核权限。四是实行"超时默认""缺席默认"绩效管理倒逼机制。在不涉及公共安全、公共利益等情况下，当事人提交的申请材料符合法定申请条件的，相关职能部门缺席联合审查、超期不反馈或超期未会签的，视为默认同意。

截至2016年9月30日，平潭片区已经有42个投资建设项目适用"四个一"模式，共出具《综合审批决定书》113份，社会投资建设项目的审批办理时限压缩到93个工作日以内，整体行政效能提高近3倍。

二、自由贸易试验区开放存在的问题

尽管上海、广东、天津、福建四大自由贸易试验区运行数年以来取得了明显成效，但对标国际高标准自由贸易试验区仍存在一定差距，且尚未完成改革的预期设想，总体而言存在以下几方面问题。

（一）创新政策与实施主体的衔接问题

自由贸易试验区的重要功能之一在于开展政府管理模式的创新与探索，为进一步全面深化行政体制改革奠定基础。为此，各自由贸易试验区均制定了一系列促进行政体制机制创新的政策。但从实施效果来看，创新主要集中在操作层面，如优化行政审批流程、提升便利化程度、缩短审批时间等，而具有重大创新意义的举措并不多，并没有充分从企业的实际需求出发，推动政府在行政体制领域的关键性改革。其主要原因在于自贸区各项创新政策的实施主体由自贸区管委会承担。自贸区管委会作为协调机构，既要负责自贸区的开发建设，又要负责体制机制创新，但运作的独立性相对不足，在制度创新过程中如无国家部委的授权，则难以开展，此外，还需要协调与当地政府的各类政策衔接，导致改革创新的步伐难以真正迈开。

（二）区内开放与区外改革的适应问题

我国自由贸易试验区是在市场经济体制仍不完善的背景下设立的，力求通过特定领域的开放促进改革，因此需要区内开放与区外改革同步进行并相互协调。目前区内开放与区外改革不适应的方面主要在金融开放和商事登记制度改革方面。在金融领域，自贸区所开展的金融开放创新需要国内金融体制改革的同步协调，不然容易导致各类金融套利活动，给金融监管带来新的挑战。在商事登记制度方面，自贸区所开展的各类改革创新，如多证合一、缩短审批流程、实行注册资本认缴制、取消年检等，使得企业的进入门槛不断降低，吸引大量企业在自贸区内注册。但国内适中事后监管机制并未建立健全，信用体系也有待完善，这便导致许多企业在自贸区注册之后，能利用制度漏洞开展各类不合规的经营活动。

（三）政府主导与市场需求的协同问题

自贸区管委会作为政府的派出机构，代表政府主导自贸区各项制度改革创新，虽取得了重要成绩，但与国际先进自贸区相比，改革空间依旧很大。自贸区各项改革创新要释放的最大红利来自企业和市场，但由于改革主导者仍是政府自身，因此存在为改革而改革的现象，市场、需求和问题导向仍显不足，许多创新没能深入到制度的结构性创新中，制度创新存在碎片化现象。此外，政府在进行自贸区制度设计、制度创新中并没有充分让企业参与其中，对所制定的创新政策是否适用于企业，也存在较大不确定性，导致某些创新政策看似具有重要作用，但在企业实施过程中却经常存在效果不明显、操作性不强等问题。

（四）自贸区战略与"一带一路"、金融开放等战略的联动问题

自贸区战略与"一带一路"、金融开放等战略是我国在当下世界经济格局变动和规则重构过程中，扩大对外开放、构建对外开放新格局的必然选择，都是为了促进区域经济合作发展以及全方位对外开放的国家战略。但目前上海、广东、天津、福建四大自贸区在对接和融入"一带一路"、金融开放等战略方面仍缺乏相互联动，例如自贸区可行的政策经验一般无法直接适用于与"一带一路"相关国家的经济合作中，需要针对与相关国家的外交关系及经贸关系进行调整。而在金融开放战略方面，一方面自贸区金融开放受限于国家金融开放的整体框架，难以实现有效的突破；另一方面，国家金融开放则期望依托自贸区金融开放实现了一定的创新，因此都需要加强相互联动。

三、中国自由贸易试验区开放展望与政策建议

展望未来，中国自由贸易试验区将在已有的改革创新基础上，进一步推动贸易便利化、投资自由化和金融国际化等，对标国际高标准的投资贸易规则和通行惯例。在时机成熟时，自贸区有望由沿海开放转向内陆开放，自贸区扩容和扩围步伐还将继续加快，其功能扩展与制度创新的工作力度将不断加强。

（一）自贸区开放形势展望

1. 由沿海开放转向内陆开放

随着上海、广东、天津、福建四大自贸区对外开放程度的进一步加深，沿海自贸区所取得的重要开放经验将为内陆地区开放提供重要的借鉴。与沿海自贸区开放有所不同，内陆地区开放更多强调打破区域经济合作限制，加强中西部地区与沿海地区的经济联动。因此，沿海自贸区在行政体制改革、商事制度改革、加强职能部门合作等方面所取得的经验成果将首先在内陆复制与推广，进而引导内陆地区进一步深化开放。

2. 自贸区进一步扩容扩围

2017年，中国继续实施新一轮高水平的对外开放，加快构建开放型经济新体制，以开放的主动赢得发展的主动、国际竞争的主动。为加快构建全方位对外开放

新格局，在沿海设立自贸区的基础上，我国将推动自贸区的扩容扩围，设立一批内陆自贸区，逐步构筑起立足周边、辐射全球的自贸区网络。截至 2016 年底，已有包括重庆、成都、西安、武汉、郑州、兰州、长春等多个城市明确表示将积极申报自贸区，内陆自贸区的扩容扩围将成为中国推动内陆与沿海协同开放的重要抓手。

3. 自贸区开放政策不断拓展深入

中国自贸区各项开放政策对加强对内开放与对外开放相结合，创造公平开放的市场环境具有重要作用，随着各自贸区在开放政策方面形成了越来越多可复制可推广经验，未来自贸区的开放政策还将不断地拓展和深入。预计自贸区下一阶段的开放任务将集中在服务贸易、跨境投资、离岸业务等方面，中国自贸区将对标国际先进自贸区，将有更多细化的服务贸易开放、境外投资开放、离岸业务创新等政策出台。

（二）自贸区进一步开放的政策建议

1. 围绕自身定位开展自贸区有序开放

从最初的上海自贸区，到 2015 年增加的广东、天津、福建自贸区，再到未来还将设立的内陆自贸区，自贸区正由点到面在全国推广。未来自贸区的开放应围绕自身定位开展，避免"同质化"趋势，上海自贸区应着重于国家金融体制的改革开放，打造成为引领中国金融体系更高层次的示范区，探索区内和境内区外资金流动总量管控模式；广东自贸区应依托粤港澳大湾区建设和 CEPA 框架，努力推动粤港澳服务贸易自由化；天津自贸区应突出区域战略地位，在服务京津冀协同发展中发挥更大作用；福建自贸区应立足闽台合作，积极创新两岸合作机制，推进与台湾自由经济示范区合作对接，促进货物、服务、资金、人员等要素的自由流动。

2. 加强创新政策制定与实施的有机衔接

自贸区创新政策的制定，需要以能否可复制、推广运用作为重要的评判标准，重在体制机制调整、管理流程再造、模式发现和机制创新，适度增加政策实施单位、区内企业的政策制定参与度，有效提升创新政策的可实施性、可操作性。同时，要加大不同实施部门的协同，保障创新政策得到有效贯彻。例如，在推动海关监管创新方面，需要打通各监管部门的监管环节，加快建设海关、商检、外汇、税务等部门的信息共享平台，共同开展贸易便利化国际合作。

3. 促进自贸区开放与"一带一路"、金融开放等战略有效联动

自贸区要和国家战略结合，加大与"一带一路"、金融开放等国家战略的联动，共同构建我国对外开放的新格局。在这几大战略中，"一带一路"倡议侧重以基础设施为通道促进沿线经济体互联互通；自贸区区战略则强调降低贸易门槛、提升贸易便利化水平，并打造与国际规则向接轨的政务环境、营商环境和法制环境；金融开放战略强调进一步减少境内外资本的流动限制，推动境内外金融合作。三者相互依存、相互促进，因此自贸区作应发挥"一带一路"经贸合作的重要载体作用，将开放创新经验主动融入"一带一路"和金融开放等国家战略，推动区域内形成宽领域、深层次、高水平、全方位的合作格局，提升区域经济影响力和主导权。

参考文献

［1］黄建忠，陈子雷，蒙英华，等．中国自由贸易试验区研究蓝皮书（2015）［M］．北京：机械工业出版社，2015．

［2］胡加祥．上海自贸区三周年绩效梳理与展望［J］．东方法学，2017（7）．

［3］竺彩华，李锋．上海自贸区建设的主要成就与问题分析［J］．社会科学文摘，2016（3）．

［4］中华人民共和国商务部．关于印发自由贸易试验区"最佳实践案例"的函［EB/OL］．http：//wzs. mofcom. gov. cn/article/n/201512/20151201210390. shtml.

［5］中国（天津）自由贸易试验区滨海新区中心商务片区．天津自贸两周年总结八项成果提出四大方向［N］．http：//www. yup. gov. cn/xwzx/zmqxw/201704/t201704 20_ 20448. html.

第十七章　长三角开放

一、开放型经济发展

（一）对外贸易

1. 发展现状

外贸依存度又称为对外贸易化率，是衡量一国对外贸易状况的主要指标，它是一国（或地区）进出口总额与该国（或地区）国内生产总值的比值（进出口总额/GDP）。表 17-1 和图 17-1 是长江三角洲两省一市外贸依存度的变化趋势。总体上看，2000—2007 年长三角外贸依存度增长了将近 50 个百分点，2008—2009 年由于受到美国次贷危机引发的全球性经济衰退，长三角外贸依存度下跌幅度高达 30 个百分点，但是 2010 年又开始出现回升，2011—2013 年间，由于受到欧债危机以及全球经济增速减缓的影响，长三角地区外贸依存度有小幅回落，2014—2015 年间，由于国际市场需求不足和我国转变经济发展模式，长三角外贸依存度回落幅度扩大。从区域差异性看，江苏、浙江省外贸依存度变化趋势基本相同，呈"M"形走势。上海市在 2015 年扭转下降趋势，外贸依存度由 2014 年的 114.09% 上升到119.38%，增长 5 个多百分点，这主要是由于上海市 2013 年设立自贸区并不断深化改革开放而带来的变化。

表 17-1　2000—2015 年长江三角洲两省一市外贸依存度统计　　　　　　（%）

	上海市	江苏省	浙江省	长三角
2000	94.93	47.45	37.52	55.94
2001	96.74	44.69	39.35	55.53
2002	104.76	54.73	43.39	62.79
2003	138.97	75.56	52.37	82.47

续表

	上海市	江苏省	浙江省	长三角
2004	164.07	91.14	60.55	97.73
2005	165.08	102.19	65.56	104.39
2006	171.53	104.59	70.57	108.2
2007	172.22	102.19	71.71	107.49
2008	159.01	87.93	68.31	96.64
2009	126.09	67.17	55.78	75.79
2010	145.47	76.12	61.96	85.35
2011	147.18	70.99	61.83	82.58
2012	136.6	63.88	56.84	75.08
2013	126.6	58.56	56.23	70.59
2014	114.09	53.21	54.29	65.27
2015	119.38	48.47	50.36	45.48

资料来源：根据江苏、浙江、上海等各省（直辖市）统计局相关数据计算得到。

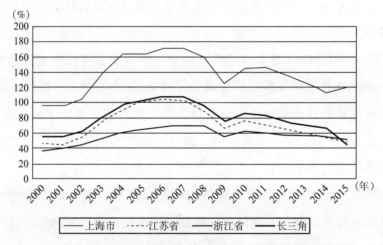

图 17-1　2000—2015 年长江三角洲两省一市外贸依存度统计

2. 面临的问题

（1）世界经济下行压力仍将持续

全球金融危机前推动世界经济增长的主要引擎先后进入换挡期，经济全球化处于危机后深度调整阶段，全球贸易量的增加不再显著，甚至面临萎缩。危机爆发 8 年以来，全球 GDP 增速仅 3.5%，低于危机前 5 年 1.6 个百分点。世界经济长期低迷于结构性改革滞后、有效需求不足、生产效率下降等多重因素。目前，上一轮科技革命带来的增长动能逐渐衰减，新一轮科技创新尚未形成有效的驱动力，世界经济仍然无法摆脱金融危机的深层影响，长三角将继续遭受世界经济下行带来的压力，贸易环境不容乐观。

（2）贸易保护主义抬头将形成新的贸易壁垒

随着金融危机对发达国家的持续影响，贸易保护主义不断抬头，针对我国乃至长三角地区的贸易摩擦不断增加，并已成为新常态。从相关统计资料看，中国作为全球遭受反倾销与反补贴（"双反"）调查最严重的经济体，已经连续多年成为反倾销最大目标。据世界贸易组织数据统计，2016 年上半年，我国出口产品共遭遇了来自 17 个国家（地区）发起的 65 起贸易救济调查案件，其中反倾销案 46 起，涉案金额达到 85.44 亿美元。

（3）全球贸易进入新变局

特朗普政府正在对美国过去 50 年的贸易政策运行架构进行大幅改革。在未来中美双边贸易关系中，可以预见的是，美国政府针对中国出口产品的反倾销调查、反补贴调查等措施的实施仍将维持高位，借此进一步遏制中国产品在美国市场的占有率。显然，美国的这种经济体倾向于利用单边、双边或者次多边行动来趋利避害，必然引发全球范围内更多的单边或区域性行动，导致有选择的贸易保护主义盛行，全球贸易环境在短期内存在恶化的风险，势必给长三角区域带来冲击。

（二）利用外资

1. 发展状况

外资依存度是用于衡量一国（或地区）对外投资开放程度的指标，它是一国（或地区）外来直接投资总额占该国（或地区）国内生产总值的比重，用于反映和衡量该地区吸纳外国生产要素的能力及对国外资本的开放程度。根据表 17-2 和图 17-2，2000—2003 年间，长三角两省一市外资依存度呈现较大幅度增长的趋势，其中长三角总体外资依存度在 2003 年上升到最大值 8.39%；2003—2015 年间，中间虽有波动，但总体呈缓慢下跌趋势，其中，2000—2004 年间，江苏省外资依存度最高，并在 2003 年达到峰值 10.5%，2004—2006 年间，浙江省外资依存度排名前位，2011—2015 年期间，上海市外资依存度在长三角两省一市中处于最高水平，且走势呈略微上升、并有复苏的态势，主要是因为 2013 年上海自贸区获批，促使上海再次成为外商投资的热土。

表 17-2　2000-2015 年长江三角洲两省一市外资依存度统计　　　　（%）

	上海市	江苏省	浙江省	长三角
2000	5.48	6.37	3.36	5.2
2001	6.98	6.4	5.42	6.23
2002	7.25	8.43	4.86	6.89
2003	7.23	10.5	6.46	8.39
2004	6.71	6.48	6.93	6.68
2005	6.07	5.91	8.51	6.8
2006	5.36	6.42	7.36	6.49
2007	4.82	6.4	5.81	5.86
2008	4.98	5.63	4.03	4.98
2009	4.78	5.02	3.23	4.4
2010	4.39	4.66	3.23	4.14
2011	4.24	4.23	3.08	3.86
2012	4.74	4.17	2.58	3.77
2013	4.89	3.54	2.64	3.5
2014	4.44	2.66	2.42	2.93
2015	4.88	2.16	2.46	2.72

资料来源：根据江苏、浙江、上海等各省（直辖市）统计局相关数据计算得到。

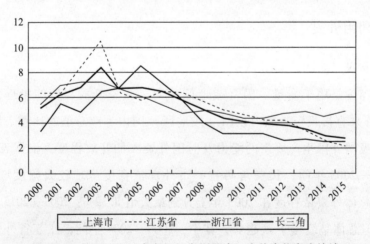

图 17-2　2000—2015 年长江三角洲两省一市外资依存度统计

2. 面临的问题

（1）全球经济总体复苏缓慢，跨国投资增长乏力

根据联合国贸易和发展组织的报告，金融危机以来，全球外国直接投资总量波动明显，2014 年下降 16%，2015 年上升 38%，2016 年下降 13%，预计 2017 年又将下降 10%～15%。我国 2016 年利用外资的全球排名从第一降到第三，进入总量趋稳的结构调整期。在这一背景下，长三角地区利用外资在总量上要有所提升难度不小。

（2）制造业吸引外资规模总体呈下降趋势，但高端制造业吸引外资有望提升

我国制造业当前面临发达国家和发展中国家的双向挤压，长三角制造业企业劳动力平均成本远高于大多数东南亚国家。与此同时，我国中西部地区的生产成本还相对较低，利用外资的水平在不断提高，使得长三角地区面临着更加激烈的国内竞争。此外，我国市场容量、人力资源、资金、科技、基础设施、产业配套能力等方面的优势持续增强，在这一方面，长三角具有一定的优势，应努力将高端和先进制造业打造成吸引外资的新亮点。

（3）服务业利用外资呈上升趋势，成为吸引外资的主力军

服务业利用外资的提升是确保利用外资总量提升的关键。2015 年，我国服务业实际利用外资占比达 61.1%，从 2011 年起已经连续 4 年超过制造业。一方面我国服务业不断扩大开放，外资服务业准入门槛进一步放宽，金融、医疗卫生、养老、文化艺术等领域成为外资流入的新热点；另一方面我国人才和科技实力的增强与现有外资转型升级、向价值链高端攀升紧密契合，跨国公司在我国更多地设立区域总部、研发中心、设计中心、物流配送中心、结算中心等功能机构。

（4）区域间利用外资政策竞争日趋激烈

在自贸区的改革举措没有得到复制推广之前，长三角既是"成本高地"，又是"制度和政策洼地"，同时面临来自三个区域的竞争压力。一是本已具有低成本优势的东南亚国家在加入 TPP 后又增添制度优势，二是东部沿海地区的广东、福建、天津自贸区的虹吸压力，三是中西部一些地区出台特殊的优惠政策，在吸引体量大、劳动密集型的制造业外资方面，对长三角形成了一定的冲击。

（三）企业走出去及对外投资

1. 企业"走出去"，增强企业的国际化经营能力

上海企业通过"走出去"战略来调配全球资源和开拓市场。上海企业对外投资合作的最主要驱动因素是通过全球资源的获取开拓国内市场，并通过收购、兼并或与国外知名品牌的战略合作以提升企业自身品牌影响力和市场竞争力。如上海华信

石油集团有限公司，先后通过参股海外多家上市企业，加快"走出去"的步伐，在加拿大、澳大利亚、东南亚等国家拥有多处能源、矿产资源，其在2015年就达到超过2300亿元的主营业绩收入。2015年上海市对外投资大幅增加，"走出去"实现跨越式增长。2015年1~9月，共备案对外直接投资项目923个，备案对外直接投资中方额327.6亿美元，同比增长304.2%。

江苏和浙江省企业不断加快"走出去"步伐。近年来，江苏省企业主动融入国家战略，紧扣转型升级和结构调整这一主线，紧扣降本增效和拓展市场这一需要，将企业发展战略与全省经济提质升级要求相结合，通过国际产能合作带动江苏省优势产能的转移、先进技术的引进、市场空间的开拓和资源能源的利用，实现企业更好更快发展。如江苏省企业中电光伏为了规避产能过剩发展瓶颈，追求业绩新突破，选择在能源短缺的土耳其建厂经营，截至目前已达到每年500兆瓦的产能，产品的99%销往欧美，年销售额超过2.5亿美元，年净利润达1000万元美元以上。浙江省制造业企业通过"走出去"战略，不断加快国际化发展，推进优势产能对外合作，形成新的经济增长点，并不断提升自身技术、质量和服务水平，增强整体素质和核心竞争力，推动制造业结构调整和转型升级，实现从产品输出向产业输出的提升。

2. 企业对外投资领域和规模进一步拓展

据上海市国民经济和社会发展统计公报，2016年上海市备案和核准对外直接投资项目为1425项，同比增长6.5%；签订对外承包工程合同金额为118.45亿美元，同比增长6.7%。对外劳务合作派出人员15290人次，增长6.4%。截至2016年底，上海对外承包工程和劳务合作涉及的国家和地区达178个。

据相关统计，2016年，江苏省新批全省境外投资项目数达到1067个，其中企业类型的有1049个，同比增长23.27%，中方协议投资额达到142亿美元，同比增长38.03%。而从行业类型看，第二产业的新批项目数达到396个，同比增长37.98%，增长最快。第三产业达到644，同比增长为12.3%。

据浙江省商务厅数据统计，截至2015年6月底，浙江省经审批核准或备案的境外企业和机构共计7321家，累计对外直接投资额319.08亿美元，覆盖142个国家和地区，对外直接投资数量稳居全国第一。2015年上半年，浙江省海外并购项目由以往平均每年3~4个迅速上升至54个，并购规模占到同期对外直接投资的75%，数量和规模均居国内前列。2016年，浙江省国外经济合作完成营业额474.00亿元

（折合 68.33 亿美元），同比增长 16.85%，呈现出稳定增长的态势。其中，对外承包工程完成营业额 462.77 亿元（折合 66.71 亿美元），同比增长 15.33%。在《2016 年我国对外承包工程业务完成营业额前 100 家企业》名单中，浙江省建设投资集团股份有限公司、浙江省东阳第三建筑工程有限公司分别以 79963 万美元和 31492 万美元完成营业额列居 33 位和 97 位，浙江省建设投资集团股份有限公司排名与 2015 年比上升了 15 位。

3. 面临的问题

（1）全球投资环境不甚明朗，企业"走出去"面临风险

由于全球经济仍徘徊于需求复苏的挣扎时期，国际环境下的有效投资仍无法满足全球经济发展所需，加之欧债危机仍未消散，众多贸易保护频频充当护栏，这些复杂的国际环境致使长三角企业的跨国投资风险居高不下。

（2）国际化水平欠佳，"走出去"实力受制约

从战略目标水平来看，长三角企业的国际化战略总体处于年轻时期，许多企业欠缺对外投资的长期发展战略，因此"走出去"的实施效果也往往不够理想。从国际化治理水平来看，长三角企业总体上仍缺乏大型投资管理和大型资本运作管理等方面的经验，而在国际市场竞争环境中，一般只按本土化模式参与经营，因此对国际市场变化做出的反应也相对滞后。

（3）竞争秩序仍显混乱，"走出去"效率难提高

"十二五"时期是长三角企业"走出去"的高峰阶段，这段时期内长三角企业对外投资发展迅猛，"走出去"的势头非常强劲。但伴之不完善的对外投资战略，使得长三角许多企业在"走出去"的过程中出现对外投资目标或者并购目标等趋同的情况，同质化竞争激烈，市场竞争秩序混乱。一旦市场竞争失序，将直接导致长三角企业对外投资的效益大幅下降，不利于长三角企业"走出去"战略的可持续发展。

（4）对国际环境认识模糊，国际化管理能力大打折扣

目前，长三角企业对国际环境的认识仍然比较模糊，对各个东道国的投资环境、文化底蕴、外商投资政策、国内消费市场特点等总体上缺少深入了解，这将对长三角企业国际化管理能力的提高带来一定的负面影响。以国际化高素质人才储备为视角，长三角企业在"走出去"战略规划时缺乏对国际化人才的目标定位，企业在吸引、留住国际化人才方面尤其欠缺经验，人才管理和培训机制也不完善。以社

会化创新模式为视角，长三角企业在国际化竞争风险、社会责任、品牌建设、企业文化等方面的能力也相对不足，导致其国际化管理能力大打折扣。

二、社会文化领域的开放

（一）发展现状

1. 教育国际化与对外开放进程加快

上海市中外合作办学蓬勃发展。截至 2015 年底，上海市共举办中外合作办学机构和项目 192 个，其中机构 29 个，项目 163 个；建成孔子学院和孔子课堂 93 个，其中孔子学院 47 所，孔子课堂 46 个，是 2010 年的 2.5 倍；建设外籍人员子女学校 36 所，比 2010 年增加了 6 所。并成功举办了全国第一所中美合作创建的国际化大学——上海纽约大学，它是我国教育中长期改革和发展规划纲要颁布后，第一所获批成立的由中国 "985" 院校和美国一流大学合作举办的高校，是国家教育开放的标杆和试验田之一，旨在培养具有全球视野的国际化创新人才。

江苏省教育国际化成果也颇为显著。截至 2015 年 7 月底，江苏省中外合作办学机构和项目共 316 个，总数占全国总量的 16%，居全国第一。江苏高校参与建设海外孔子学院达 29 所，孔子课堂达 21 个，遍布五大洲，孔子学院奖学金数量居全国前列，5 所孔子学院受到孔子学院总部表彰；老挝苏州大学的设立，开创我国高校境外办学先河。

浙江省教育国际化加快推进。2015 年，浙江省高校新开设全外语课程 2725 门、双语课程 2351 门，分别比上年增长 6.4%、17.43%；新审批本科及以上中外合作办学项目 4 个、高职高专项目 7 个；新设立和获准举办海外孔子学院 3 所。2015 年在浙江省高校就读海外留学生达到 25608 人，同比增长 7.5%，占浙江省全日制在校生总数的 2.46%；浙江省高校派出的交流生总数 7865 人，比上年增加了 6.73%；交换生总数 7465 人，比上年增加了 19.38%。

2. 国际文化交流与合作蓬勃发展

上海市国际文化交流发展较快。据统计，2015 年上海市接受国际学生近 8.6 万人，其中高等学校接收外国留学生 5.6 万，比 2010 年增加了 30%；招收外籍人员子女 27340 人，港澳台学生 9576 人。"十二五"期间，市教委累计资助 14600 名高校学生赴境外学习或实习，资助 2780 多名中青年教师出国深造，组织近 900 名教师出国培训，并聘请了 198 名海外名师来沪任教。2015 年上海市共举办各类展览会项目 851 个，总展出面积 1512.98 万平方米，比上年增长 22.0%。其中，国际展览会项目 292 个，展出面积 1124.06 万平方米，增长 24.8%；国内展览会项目 559 个，展出面积 388.92 万平方米，增长 14.4%。

江苏省也在积极地推进对外文化交流事业。"十二五"期间，江苏省积极举办"精彩江苏"进剑桥、纪念汤显祖和莎士比亚逝世 400 周年系列文化活动，引进爱丁堡艺术节优秀剧目来苏演出；积极参与文化部"欢乐春节"活动，组织江苏最具代表性的节目赴丹麦、荷兰、俄罗斯、智利、以色列等国开展"欢乐春节·精彩江苏"活动；积极组派江苏文博代表团赴加拿大安大略省，参加"庆祝江苏省—安大略省结好 30 周年系列人文经贸交流活动"等。2016 年，江苏省积极举办柏林"精彩江苏"文化年，推进本省与哥伦比亚大西洋省、荷兰北布拉邦省等友城的文化交流。此外，江苏省港澳台文化交流成果也十分显著。主要包括：积极承办 2015"两岸文学对话"活动，组团参加第 26 届澳门艺术节、"2015 台中元宵灯会"、香港"2015 中国戏曲节"、"海峡两岸合唱节"等系列活动。

浙江省国际文化交流成果显著。2016 年，浙江省共实施对外文化交流项目 832起，组织实施了多项高规格、高水平的对外文化活动，有力地服务了国家的整体外交。积极参与我国与"一带一路"沿线重点国家埃及、卡塔尔两国开展的国家文化年活动，全年执行"中国节"等项目 4 起，是中卡文化年活动的重点承办省份之一。此外，浙江省还积极深入开展港澳台文化交流。2016 年，浙江共实施对台文化交流项目 115 起，对港澳文化交流项目 67 起。主要表现为：组派浙江昆剧团携《牡丹亭》参加"2016 第七届香港中国戏曲节"深化国际文化交流；赴台举办"第十届台湾·浙江文化节"活动，持续打响"台湾·浙江文化节"品牌等。

（二）面临的问题

1. 国际教育有待进一步开放与完善

目前，我国在政府奖学金、来华留学生毕业就业创业方面虽有试点和突破，但总体上障碍还没有得到根本的扫除，根据《中国留学发展报告（2015）》统计，2015 年在外深造的中国留学生总数达 108.89 万人，而同期来华留学的人员只有37.71 万人，因此长三角高校在招收海外留学生工作方面还存在很多改进的空间。

其次，长三角涉外办学的体制发展相对较落后，仍未形成较有效的准入制度和评估认证机制。伴随着"一带一路"的推进，全球学习"汉语"的热潮高涨，来华留学人员的数量越来越多、质量要求越来越高，长三角高校教育国际化水平有待进一步加强，以拓展留学生来源，提升留学生成长空间。

2. 国际文化交流存在较多发展弊端

首先，尽管长三角对外文化交流取得较大成就，并优于国内其他省市，但是相关的国际文化产业面临着国际影响力不高、资本短缺、知名品牌缺乏、政府政策支持力度不够等弊端。与发达标杆城市相比，长三角差距仍然较大，对外文化艺术交流附加值不高，经济效益较低，对外文化贸易结构"硬强软弱"。其次，长三角对外文化艺术交流面临国际文化创新能力缺乏、国际市场营销体系不健全、主动权认识不足、商业化运作能力薄弱，有较强涉外贸易操作能力、有成功国际运作经验的高层次文化人才仍较匮乏。最后，长三角对外文化产业的国际贸易总体规模尚需扩大，龙头企业、重点企业的数量较少，缺乏较强实力的能吸引和占领国际市场的国际文化产品和知名文化品牌。

三、重点区域及载体的开放

（一）上海自贸试验区制度创新取得新成就

上海自贸试验区自挂牌成立至今，紧紧围绕制度创新这个核心，开展了系列改革开放先行先试，取得了显著成效。2016 年，上海自贸区进出口货值达 1.2 万亿元，占全市进出口总值的 41.1%。

1. 以负面清单管理为核心的投资管理制度创新

2015 年 4 月，国务院统一发布了适用于上海、广东、天津、福建四个自贸试验区的负面清单，将外商投资准入特别管理措施进一步减少到 122 项，负面清单开列方式明显改进，表述更加细化明确。根据全国人大常委会关于修改《外资企业法》等四部法律的决定，外商投资负面清单管理模式已于 2016 年 10 月起在全国范围内全面实施。此外，上海自贸试验区积极改革境外投资管理方式，对境外投资实行以备案制为主的管理方式。

2. 以贸易便利化为重点的贸易监管制度创新

2014 年 6 月，上海自贸试验区国际贸易"单一窗口"平台正式上线运行。2015 年 6 月启动 1.0 版，共有海关、检验检疫、海事等 17 个部门参与，拥有货物申报、运输工具申报、支付结算、企业资质、贸易许可、信息查询六大模块。2016 年初推出 2.0 版，涉及部门增加至 20 个，试点范围涵盖整个上海市，开户企业累计达到 1200 家。此外，上海自贸试验区建立了以信息化系统监管为主、海关现场监管为辅的基本架构，有效实现了从"物理围网"到"电子围网"的改变，极大地降低了企业的仓储物流成本。

3. 着眼于服务实体经济发展的金融开放创新制度创新

一是自由贸易账户体系建成运行，实现了资金跨境流动的"一线审慎监管、二线有限渗透"。2016 年 11 月，上海自贸试验区启动 FT 账户的个人服务功能，为引进的海外人才提供跨境金融服务，并将账户开设资格拓展到科技创新领域。二是建立了宏观审慎的本外币一体化境外融资制度，稳步推进人民币境外借款、跨境双向人民币资金池等业务。三是稳步推进国际金融交易平台建设，顺利启动"黄金沪港通"，促进外资银行和金融机构加速集聚。四是金融监管和风险防控能力显著增强。中国人民银行上海总部会同相关部门建立了跨部门的跨境资金监测分析与应急协调机制；上海市金融办会同有关部门制订了《上海市金融综合监管实施细则》，加快建立信息互联共享的综合监管模式。

4. 与开放型市场经济相适应的政府管理制度创新

一是不断深化商事登记制度改革。2016 年 4 月，上海自贸试验区在全国率先启动"证照分离"改革试点。此外，还在全国率先实施注册资本认缴制改革，推行"三证合一、一照一码"改革，开展企业住所登记改革、企业名称网上申报和电子营业执照改革试点。二是强化事中事后监管制度。2016 年 8 月，上海市政府发布《进一步深化中国（上海）自由贸易试验区和浦东新区事中事后监管体系建设总体方案》，进一步明确创新监管体制机制、加强监管基础平台建设等任务，率先在市场监管领域推行"三加一"改革，在知识产权领域推广"三合一"改革。

（二）海关监管区域获得新发展

长三角是中国沿海地区重要的对外经济贸易区域之一，区域内的保税区、出口加工区、保税港区、保税物流园区以及综合保税区等海关监管区域在拉动区域经济发展、加速国内外物流，增强辐射作用、强力释放国际贸易活力等诸多方面，贡献着不可或缺的力量。

1. 上海市海关监管区发展呈现新特点

一是经济贡献能力不断加强。上海洋山保税港区推进大宗商品交易、国际采购等重点功能，经济指标明显优化，有效地推动了区域经济实现两位数增长。2015年，上海洋山保税港区实现经营总收入2532亿元，同比增长23%；商品销售额1580亿元，同比增长45%；税收82.4亿元，同比增长53.4%；洋山港港区集装箱吞吐量1407.2万标箱，同比增长1.4%。二是货物分类监管试点不断扩大。目前，物流业务类型的试点范围覆盖上海自贸区所有海关特殊监管区，有业务需求并符合仓储管理系统要求的企业，都可以参与试点。2016年10月，国家税务总局、财政部、海关总署出台了《关于开展赋予海关特殊监管区域企业增值税一般纳税人资格试点的公告》，公告明确了加工贸易类型的货物状态分类监管的相关税收和监管政策，并把松江出口加工区列入试点范围。

2. 江苏省海关监管区发展呈现新面貌

一是贸易多元化试点取得成效。海关特殊监管区域贸易多元化试点是一项重大的改革创新，有利于区内企业充分利用和开拓国内国际两个市场、两种资源，满足企业进行全球采购、分拨、销售的多样性、多元化贸易需求，对于促进所在地的区域经济转型升级和发展具有重大意义。截至2016年9月底，苏州工业园综合保税区内累计注册316家企业，其中包括生产制造企业121家，物流企业52家，贸易企业138家，其中，贸易功能区工商累计注册贸易物流企业81家，累计进出口货值9417万美元，成效正逐步显现。二是获批企业增值税一般纳税人资格试点。目前，江苏省90%的海关监管区域已升级为综合保税区。2016年10月，昆山工业园综合保税区、苏州工业园综合保税区获批区内企业增值税一般纳税人资格试点并率先运作。该试点将有效推进综合保税区内企业积极参与国内市场，经营模式逐步向利用国内外"两种资源，两个市场"方向转变，从而激发企业技术升级、创新发展的内生动力，持续推动内外贸一体化发展，有力促进外贸回稳向好，不断增创开放型经济新优势。

3. 浙江海关监管区域建设新成就

2015年宁波保税区港口实现货物吞吐量11亿吨，居全球首位；集装箱吞吐量2257万标箱，居全球第四；区内集聚了全球60多个国家和地区的4800多家企业，外贸进出口额为 131.7 亿美元，已成为长三角地区重要的国际贸易企业集聚地和物流集散地。此外，宁波保税区还积极开展跨境进口业务试点。截至 2016 年 9 月底，宁波保税区跨境备案企业达 481 家，备案商品约达 10.7 万种，发送包裹 2738 多万单，销售额为 54.35 亿元，集聚了如天猫国际、网易考拉、苏宁易购、京东、蜜芽宝贝等一批重大知名跨境电商项目。

（三）总部经济发展呈现新气象

总部经济是指一区域利用资源优势吸引企业总部集群布局，形成总部聚集效应，并通过总部"（头脑）—制造（躯干）"方式辐射带动相关区域经济发展，由此实现区域分工协作、资源优化配置的一种经济形态。长江三角洲已经形成了"一个中心（上海）、两个副中心（南京、杭州）"的总部经济模式，苏州、宁波等市互相竞争、快速发展的格局。

1. 上海总部经济功能不断扩展

经过多年发展，上海吸引的外资总部经济居中国内地之首。截至 2016 年底，外商在上海累计设立跨国公司地区总部 580 家，投资性公司 330 家，研发中心 411 家。落户上海的跨国公司地区总部功能不断拓展，大部分地区总部已经成为集管理决策、采购销售、研发、物流分拨、资金运作、共享服务等多种职能为一身的"综合性总部"，其中包括亚太区总部 95 家，亚洲区总部 10 家，北亚区总部 5 家。目前，上海已将发展总部经济作为城市经济转型升级的重要抓手，在全球资源配置和产业分工体系中的地位也不断提升。

2. 江苏省总部经济辐射能力增强

苏州市作为江苏省第一经济强市，全国城市经济第七强，充当江苏省总部经济发展的"桥头堡"。随着"一带一路"和长江经济带建设政策的不断推进，苏州总部经济发展开始进入"快车道"。2015 年，苏州列入统计的总部经济达 82 家，比 2014 年新增 14 家，年增 20%，其中，82 家总部企业的户均资产比上年增长 11.5%，资产超百亿、营业收入超百亿的龙头企业分别有 17 家和 15 家，在经营规模、发展质量上形成了相对优势，发挥了总部企业良好的辐射和带动作用。

3. 浙江省总部经济发展稳中推进

近年来，浙江宁波市逐渐形成了符合经济发展、能够全面提升产业能级和城市品位的区域性公司总部基地，在最近发布的"中国 35 个城市总部经济发展能力评价"中，宁波市列位第十，位居第一方阵。其中宁波市江东区总部经济培养发展取得了卓著的经济成效，江东区是长三角南翼地区的核心区域，是宁波市委、市政府所在地，江东区总部经济起步早、扶持好、发展快，总部企业数量、产业带动呈现稳健增长态势，总部经济聚集发展、高端发展趋势也进一步显现。

四、重大事件与政策简析

（一）中国（上海）自由贸易试验区出台深化改革方案

1. 上海自贸改革 2.0 版：积极探索制度创新途径

2015 年 4 月 20 日，国务院正式印发《进一步深化中国（上海）自由贸易试验区改革开放方案》。根据《方案》，自贸区实施范围扩大至 120.72 平方公里，涵盖 4 个海关特殊监管区域以及陆家嘴金融片区、金桥开发片区、张江高科技片区。此次上海自贸区 2.0 版本的改革，涉及"加快政府职能转变""深化与扩大开放相适应的投资管理制度创新""积极推进贸易监管制度创新""深入推进金融制度创新""加强法制和政策保障"等各方面 25 项内容。国务院强调，进一步深化中国（上海）自由贸易试验区改革开放，是党中央、国务院做出的重大决策，是在新形势下为全面深化改革和扩大开放探索新途径、积累新经验的重要举措，对加快政府职能转变、积极探索管理模式创新、促进贸易和投资便利化、形成深化改革新动力、扩大开放新优势，具有重要意义。

2. 上海自贸改革 3.0 版：首次提出设立自由贸易港区

2017 年 3 月 31 日，国务院印发《全面深化中国（上海）自由贸易试验区改革开放方案》。这是上海自贸区设立以来，国家出台的第三个改革方案，被外界称为"上海自贸改革的 3.0 版"。方案首次提出设立自由贸易港区。制定上海自由贸易港区建设方案，已经列入 2017 年上海自贸试验区 24 项重点工作。根据方案，上海自贸试验区将在洋山保税港区和上海浦东机场综合保税区等海关特殊监管区域内，设立自由贸易港区。对标国际最高水平，实施更高标准的"一线放开""二线安全高效管住"的贸易制度。还将依托信息化监管手段，取消或最大程度简化入区货物的贸易管制措施，最大程度简化一线申报手续。

《方案》明确，上海自贸试验区要加强改革系统集成，建设开放和创新融为一体的综合改革试验区；要加强同国际通行规则相衔接，建立开放型经济体系的风险压力测试区；要进一步转变政府职能，打造提升政府治理能力的先行区；要创新合作发展模式，成为服务国家"一带一路"建设、推动市场主体走出去的桥头堡；要服务全国改革开放大局，形成更多可复制推广的制度创新成果。

（二）上海出台多项政策文件推进国际金融中心建设

2015 年以来，上海国际金融中心建设取得了显著的成就。主要体现在三个方面，一是与自贸试验区联动发展方面。相继出台了《进一步推进中国（上海）自由贸易试验区金融开放创新试点加快上海国际金融中心建设方案》《上海自贸试验区分账核算业务境外融资与跨境资金流动宏观审慎管理实施细则》《境外交易者和境外经纪机构从事境内特定品种期货交易管理暂行办法》。多家金融要素市场在区内建立面向国际的交易平台，黄金国际板正式运行。二是与科创中心联动建设方面。出台了《关于促进金融服务创新支持上海科技创新中心建设的实施意见》，提出着重推动科技金融服务创新，进一步推进科技与金融的深层次融合。三是进一步完善了金融监管和防范风险机制。通过建立监管协调机制，使跨境资金流动监测机制、"反洗钱、反恐融资、反逃税"监管机制，使金融宏观审慎管理措施不断完善。

（三）江苏省出台行动计划推动外贸优进优出

2016 年 11 月，江苏省出台了《江苏省对外贸易"优进优出"行动计划（2016—2020）》，大力推动外贸优进优出。计划具体包含国际市场拓展、自主品牌引领、产业竞争力提升、加工贸易创新、服务贸易升级、新型业态培育、进口提质增效、外贸环境优化的八项行动计划；以国际市场开拓、国际知名品牌培育、服务贸易发展和新型业态培育为抓手，力求体现江苏特色，提出优化进交会等重点展会布局、呼应"一带一路"倡议。该计划的意义在于推动江苏省外贸转型升级，形成以技术、标准、品牌、质量和服务为核心的竞争新优势，巩固其外贸大省的地位。

（四）浙江省对外贸易发展增添新活力和新平台

1. G20 峰会为浙江外贸增添新动力

2016 年 9 月 4~5 日，第十一次 G20 峰会在浙江杭州举办，这是浙江省对外展示、扩大国际影响力的一次重要机会，有助于提升浙江外贸领域整体关注度与知名度，提振外贸企业的信心与活力。浙江企业应抓住机会向各国与会经贸代表团宣传推介浙江投资环境，大力吸引国际知名企业来浙投资，推动本土企业与来访企业对接与合作，带领传统产业突围升级，推动新兴产业快速发展，展示"浙江制造"的金名片。G20峰会的直接效应是推动杭州乃至浙江会展业的发展和质量提升，后续效应将是旅游业、金融服务业等的增速提质。这些都有望推动杭州乃至整个浙江服务业的规模扩张和质量提升，加速浙江产业转型升级，提升资源配置效率。

2. 义甬舟开放大通道建设为浙江省对外开放提供新平台

2016年12月5日，浙江省省政府第77次常务会议审议通过了《义甬舟开放大通道建设规划》，规划指出，该大通道是以宁波舟山港、义乌陆港、甬金高速、金甬舟铁路为支撑，着力建成集江、海、河、铁路、公路、航空等六位一体的多式联运综合枢纽，形成内畅外联、便捷高效的大交通体系，充分彰显大通道的综合优势。将义乌和宁波舟山港连接起来，通过大通道建设，实现强强联手，建立起"买全球、卖全球"的贸易格局。规划明确，义甬舟大通道也是浙江融入长江经济带的重要平台，通过义甬舟大通道，浙江省外贸发展形成连通宁波舟山都市区和金义都市区的经济走廊、开放走廊，对内辐射长江经济带，对外辐射"一带一路"。

五、进一步促进长三角对外开放的政策建议

长江三角洲是我国经济最具活力、开放程度最高、创新能力最强、吸纳外来人口最多的区域之一，是"一带一路"与长江经济带的重要交汇地带，在国家现代化建设大局和全方位开放格局中具有举足轻重的战略地位。为进一步深化开放，全面提升国际化水平和全球资源配置能力，长三角地区应把握好以下几点。

（一）更高起点上推进自贸区制度创新，提升开放层次

1. 完善以负面清单管理为核心的投资管理制度创新

进一步改革创新外资管理体制，加大简政放权力度，简化管理程序，加强事中事后监管。完善外资政策法规体系，研究制定外资基础性法律，对于外资企业组织形式、经营活动等按照内外制一致的原则，适用统一的法律法规，适时调整外商投资产业指导目录，更好的体现负面清单特点。紧紧围绕我国正在进行的中美、中欧双边投资协定和区域自贸安排等重大涉外谈判的需要，将市场主体需求强烈的、涉

及扩大金融和服务业开放、提升贸易便利化，以及经贸规则谈判新议题的改革举措，在自由贸易试验区先行先试，在实践中发现问题、解决问题。

2. 完善以贸易便利化为重点的贸易监管制度创新

一是进一步完善贸易便利化制度环境。对标高标准贸易规则，深化"一线放开、二线安全高效管住"监管服务改革，完聚焦转口、离岸、集拼等贸易方式，简化进出境备案流程。创新通关监管机制和模式，探索便利跨境电子商务、供应链管理等新型服务模式发展的监管方式。深化国际贸易"单一窗口"建设。继续优化功能，进一步扩大参与部门的范围。试点建设全国国际贸易"单一窗口"管理系统，加强与国家相关部委许可证权限对接。开展国内区域间的单一窗口合作和互联互通，探索国际项目合作与交流。推进货物状态分类监管常态化运作。扩展试点业务类型，进一步创新集成电路全产业链保税监管模式和跨境再制造监管模式。二是深化高标准国际投资贸易规则先行先试。目前全球治理改革的总体方向是推进高水平、高标准的投资贸易自由化。围绕亚太自由贸易区和区域全面经济合作伙伴关系（RCEP），上海自贸试验区可以进行更多的改革开放试验。将关注点重新落到"边界上"，注重公平、互惠、包容的可持续增长，聚焦创新增长的理念，积极开展国际投资贸易新规则试验，探索构建体现发展中国家特点和利益诉求的国际投资贸易规则。

3. 加快建立符合国际惯例的税收制度

目前我国自贸试验区鼓励离岸业务发展的税制设计仍是空白，境外股权投资税收制度与发达国家做法差距很大，建议尽快建立鼓励离岸业务和境外股权投资发展的税收制度，对离岸贸易和离岸金融业务实行低税率。完善鼓励企业对外投资的税收体系。一是允许企业可以选择按国别（地区）分别计算，或者不按国（地区）别汇总计算其来源于境外经营活动的应纳税所得额，并按照规定分别计算其可抵免境外所得税税额和抵免限额。二是对企业取得的来源于境外所得，在计算境内应缴纳的企业所得税时，将其境外所得已在境外实际缴纳企业所得税性质的税额，视作按我国企业所得税法定税率计算的抵免限额。三是对从事境外股权投资的企业，按不超过对境外投资总额的一定比例计提海外投资的损失准备金，允许在企业所得税税前扣除。对境外投资者取得来源于中国境内的期货交易所得免征所得税。

（二）对接国家"一带一路"倡议，扩大开放广度

1. 立足重大设施布局，加强与国家战略协同联动

强化上海市在"一带一路"倡议中的支点作用，构建"一带一路"贸易服务枢纽和金融服务枢纽。依托上海国际金融中心建设，充分发挥亚投行与金砖银行的作用，加强与"一带一路"沿线金融中心的合作，打造服务"一带一路"的跨境投融资平台。结合亚太自由贸易区建设，构建面向未来的"互联网+跨境自贸区"数字化网络，为互联网跨境贸易企业构建物联网、云计算、大数据、电子认证和产品追溯等公共服务平台。积极推动自贸试验区石油天然气、铁矿石等大宗商品石等国际交易市场线上平台建设，开展线上线下联动的大宗商品国际现货交易市场。同时，拓宽境外投资者参与境内金融市场的渠道，提升金融市场配置境内外资源的功能，为长江经济带的企业提供更为便利的金融服务。

2. 顺应国家战略方向，扩大产业开放领域

在制造业领域，要进一步解除对钢铁、化工、汽车等产业的外资准入限制，在确保环保能耗的前提下鼓励外资参与上述产业的技术改造通过提升制造业利用外资水平，加快全市制造业转型升级步伐。依托外资大企业、大项目加快发展制造业产业集群，全力引进一批能够提升本市制造业发展优势、吸引上下游企业共同形成产业集群的基地型、龙头型外资企业，实行产业链前延后伸，加快形成新材料、集成电路、精细化工、生物医药、高端装备等先进制造业基地。在服务业领域，尽快在增值电信、金融服务、演出经纪、航空服务、教育培训等领域进一步扩大开放，加快推进教育、文化、医疗等领域开放，积极推动会计、法律、咨询等知识密集型行业进一步对外开放。鼓励外资参与新型城镇化建设和园区开发。结合长三角新型城镇化建设、推进产业园区转型升级的现实需求，在小城镇建设、老工业区转型、开发区建设等领域，探索引进外资参与整体性开发建设的可行性。

3. 强化长三角内部资源整合，打造国际竞争整体优势

积极推动长三角城市群合作，进一步加大制度创新、科技、产业升级、开放、环保等领域合作力度，共同建设具有全球影响力的世界级城市群。联动实施长三角城市群发展规划，积极争取国家政策支持，协同推进落实重大任务和项目。依托长江黄金水道，围绕上海国际航运中心、舟山江海联运服务中心建设，共同打造沿海，沿江发展带，形成分工合理、协同发展的长三角现代化港口物流体系。共同构

建长三角协同创新网络。以上海建设全球科技创新中心为引领，加强张江、苏南、杭州、合芜蚌等国家自主创新示范区合作互动，加快形成国际竞争新优势。整合资源搭建产业转移促进平台，发布国内投资项目信息，支持企业"走出去"及开拓国内市场。

（三）着力服务业扩大开放，打造开放高地

1. 以试点城市为龙头，率先打造服务业开放高地

发挥上海自贸试验区制度创新效应，扩大服务业开放。在自贸区内加快服务业领域和开放模式等方面先行先试，尽快在增值电信、金融服务、演出经纪、航空服务、教育培训等领域进一步扩大开放，增强项目落地的便利性。同时进一步深化文化、医疗、体育、养老和专业服务等服务业领域开放力度，扩大开放成果。抓住全球服务贸易高速增长的机遇，着力打破影响服务贸易发展的制度瓶颈，培育外贸竞争新优势。立足上海、杭州、苏州开展开展服务贸易创新发展试点，推进服务贸易领域供给侧结构性改革，健全服务贸易促进体系，探索适应服务贸易创新发展的体制机制和政策措施，着力构建法治化、国际化、便利化营商环境，打造服务贸易制度的创新高地。

2. 进一步推动贸易模式创新

加快培育外贸新增长点。继续推动进出口环节收费清理，大力推进跨境电子商务、平行进口汽车、外贸综合服务企业等新兴贸易模式发展。鼓励企业利用信息技术改造提升传统服务，积极发展跨境电商、全球维修、全球采购等服务。加强对跨境电商产业发展的顶层设计，探索实施高效、适应跨境电商特点的监管、扶持措施。探索创新服务贸易发展模式。积极探索信息化背景下服务贸易发展新模式，依托大数据、物联网、移动互联网、云计算等新技术推动服务贸易模式创新，打造服务贸易新型网络平台。加快建设中国（上海）跨境电子商务综合试验区。支持企业通过发展保税展示销售、增设口岸进境免税店，建立全球商品进口网络和资源渠道。认定若干个市级跨境电商示范区，推动第三方跨境电商平台发展。

3. 加强制度创新与政策配套，激发服务业开放活力

按照国家推进供给侧结构性改革的总体方向和要求，进一步深化财税、金融、保险和投资等领域的体制改革，为服务业发展提供制度保障。进一步转变政府职能，加强服务业行业协会的组织建设，重视发展各类服务行业协会，通

过政府授权，支持行业协会发挥服务企业、反映诉求、行业交流和自律、对外联络和开拓国际市场的功能。探索开展跨境交付和自然人流动开放。目前，上海自贸试验区服务贸易主要采取商业存在形式，但在信息技术支撑下许多服务都可以通过跨境交付来实现，也主要依靠人力资本投入。积极借鉴广东、福建自贸试验区的做法，争取在试点开展自然人流动和资质认可等方式，扩大服务业的对外开放水平。

（四）深化社会人文科技交流，增添开放内涵

1. 加强社会人文科技交流合作，提升开放软实力

在科教文体卫、旅游等领域广泛开展人文交流合作，构建官民并举、多方参与的社会人文交流机制，支持中外合作办学，互办文化年、艺术节、电影节、博览会等活动，鼓励丰富多样的民间文化交流。支持外资研发中心与长三角地区高校、科研院所、企业共建实验室、人才培养基地，促进创新要素跨境流动。重点加强长三角与"一带一路"沿线国家的教育合作，增设沿线国家小语种专业，逐步满足"一带一路"国家语言需要。重点推进与沿线国家的旅游合作，通过举办"一带一路"沿线国家文化节、旅游节，通过上海国际艺术节、丝绸之路国际电影节、上海国际电影节等节庆活动，加深与沿线国家的人文交流。

2. 引才引智人才培养并举，夯实开放基石

建立长三角紧缺国际人才清单和移民职业清单制度，重点招揽科技、投资、营销、创意等人才。建立海外高层次人才储备库和留学回国人员数据库，定期发布紧缺人才需求报告，拓宽国际人才招揽渠道。在制定外籍高层次人才认定标准基础上，全面放开科技创新创业人才、一线科研骨干、紧缺急需专业人才的永久居留政策，放宽其他国际人才长期居留许可的申请条件。放宽紧缺领域国际移民的准入限制，在上海率先探索放宽特殊人才国籍管理。完善外籍人员就医和子女教育政策，塑造开放包容、多元融合的社会氛围。建立和完善市场导向的国际化人才培养模式，支持企业成为国际化人才开发的主体。充分利用国际国内优质教育资源，采取合作办学、国（境）外培训、岗位实践等方式，加快培养具有国际视野、通晓国际规则和拥有跨文化交流与沟通能力的本土国际化人才。

第十八章　珠三角开放

——粤港澳大湾区渐入佳境

在中国经济进入新常态的大背景下，作为中国三大经济增长极之一，广东珠三角地区（以下简称珠三角）的开放型经济格局仍在不断发展和完善，对外开放水平逐年提高，竞争优势得到了保持和巩固，在全国经济发展格局中依旧保持着重要地位。

主要经济指标的稳定与增长，表明珠三角在国家和广东省的经济地位持续稳固。与此同时珠三角自身经济发展和开放水平面临着诸多不确定性因素，要保持和巩固珠三角的开放地位，需要珠三角各市在经济新常态下抓住机遇，实施创新驱动发展战略，尽早完成产业升级转型和发展动力转换。其中粤港澳大湾区就是最大的两个机遇之一（另一个是"一带一路"建设）。对于提升珠三角的对外开放水平而言，粤港澳大湾区十分关键。

一、珠三角开放型经济发展稳中有进

2015—2016 年珠三角开放型经济稳健发展，产业结构升级对贸易结构、市场结构、投资结构等逐渐产生影响，发展方向更合理、更健康，开放型经济呈现稳中有进发展的新态势。

（一）货物贸易总额持续下滑，外贸依存度回升

广东省货物贸易总额继 2014 年首次出现 1.4% 的负增长后，2015 年下滑至 −3.9%，2016 年开始企稳向好，较 2015 年同比微降 0.8%。

表 18-1 2015—2016 广东省货物进出口数据

指标	2016 年		2015 年	
	总额（亿元）	同比增长（%）	总额（亿元）	同比增长（%）
进出口总额	63029.47	-0.8	63559.67	-3.9
出口额	39455.07	-1.3	39983.07	0.8
其中：一般贸易	17093.40	-0.2	17146.42	11.7
加工贸易	15758.59	-9.8	17472.85	-11.3
其中：机电产品	26798.98	-1.5	27223.4	3.4
高新技术产品	14095.43	-2.5	14467.1	2
其中：国有企业	2906.96	-5.6	3080.25	0.8
外商投资企业	19049.44	-7.9	20686.69	-5.4
其他企业	17498.68	8.1	16216.13	9.9
进口额	23574.40	0.01	23576.6	-10.8
其中：一般贸易	10243.09	6.3	9633.41	-5.4
加工贸易	8710.09	-11.9	9886.92	-19.4
其中：机电产品	15911.88	2.8	15474.75	-0.9
高新技术产品	12520.11	4.2	12018.33	1.2
其中：国有企业	1659.07	-12.3	1892.14	-19
外商投资企业	11966.67	-8.2	13030.17	-8.9
其他企业	9948.67	15.0	8654.28	-11.8

资料来源：2015—2016 年广东省统计公报。

　　广东省贸易总额下降主要受国际、国内两方面的影响。国际方面，自 2008 年以来，美国、欧盟等国家和地区经济复苏缓慢，需求疲软，造成世界范围内的贸易量下降。根据联合国贸发组织（UNCTAD）和世界银行（WB）的统计，2012—2016 的五年间，世界商品贸易总额年均增长为-2.58%，近两年更是急剧下降，分别同比下降 13.27% 和 3.2%。国内方面，珠三角开始进入从投资驱动向创新驱动转变的过程，过去靠资源要素（原材料、劳动力等）投入实现经济增长和进出口贸易增加的方式正在发生变化，货物贸易大进大出的格局不再。

　　深圳是广东省货物贸易总额负增长的最大因素。在广州、东莞等城市货物进出口维持增长的情况下，深圳过去三年（2014—2016 年）外贸进出口总额增速分别为-9.2%、-8.2%、-4.4%。深圳贸易负出现增长的主要原因，一是受产业用地空间不足，租金价格高位上涨，劳动力成本增加，财政扶持政策减弱，以及内地城市配套日渐完善，东南亚国家对投资的吸引力提高等因素的影响，深圳市加工贸易产能外迁速度加快；二是成本急剧攀升给中小制造企业带来巨大生存压力，加上创新能力不足、融资难融资贵，大量制造业企业开始缩小规模，同时企业吸收外资能力也在下降，严重制约了制造业和贸易的发展；三是出口退税指标不足、汇率风险等影响了深圳外贸企业发展的积极性，人民币汇率不稳定影响企业报价，也加大了企业对外贸业务的担忧。

值得关注的是，2016年广东一般贸易总额首次超过加工贸易，而且一般贸易近年稳定增长、加工贸易持续下降，验证了广东制造业正走在转型的路上。从主要商品的出口变化情况看，以钢材、服装、鞋类等为代表的传统制造或者轻工业产品下降幅度加大，表明珠三角传统制造产业转型和淘汰速度加快。从主要商品的进口变化情况看，除谷物、食用油、氧化铝外，大部分产品的进口实现了减幅收窄或正增长。此外，机电产品和高新技术产品进口分别增长2.8%和4.2%，较2015年有所改善，表明珠三角制造业升级速度加快。

从主要国家和地区进出口总额情况看，广东对美国、俄罗斯和中国香港地区的进出口下滑幅度有所收窄，对欧盟、东盟、日本和韩国的进出口则实现了正增长。可能的原因，一是美国实行制造业回归政策，鼓励企业特别是美国本土企业在美国投资和生产；二是"一带一路"倡议的推进，促进了广东与欧盟、东盟的贸易；三是日本、韩国近年经济复苏节奏加快，市场需求相应增加。从贸易国家和地区比重来看，中国香港仍然是广东最重要的贸易伙伴，但比例在逐年降低，2016年占比与2014年相较下降了2.39个百分点。而美国、欧盟、东盟、日本等大部分国家和地区的占比均有所提升，广东贸易市场更加集中。

虽然进出口总额持续在下降、外贸格局正在发生变化，但近几年，珠三角外贸依存度呈现U型回升，充分表明珠三角经济开放型格局正在强化。

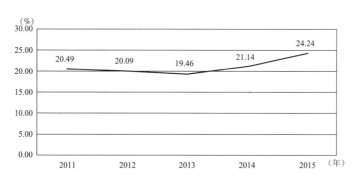

图 18-1　2011—2015 年珠三角外贸依存度走势

资料来源：2011—2015 年广东省统计公报。

（二）利用外资总额增速放缓，外资依存度扩大

2015 年，广东全省合同利用外资和实际利用外资均保持了正增长，但实际利用外资总额的增速明显放缓，由 2014 年的 7.69% 下降到了 2015 年的 0.01%。出现这一现象的原因，主要是我国于 2014 年成为资本净输出国，大量企业和资本在全世界范围内投资，逐步改变了资本的流入、流出结构。

2013—2015 年，广东实际利用外资中超过 75% 以上来源于亚洲，2015 年这一比例达到 84.42%。其中超过 60% 来源于中国香港，香港一直保持着广东及珠三角最大外资来源地的地位。粤港澳大湾区能更深层次的激发粤港澳之间的经济联动，区域合作将更加紧密深入。

从外资进入的行业分布看，相比于 2015 年制造业实际利用外资金额为 102.76 亿美元，2016 年却骤减至 57.76 亿美元，降幅达 43.8%；合同外资降幅则为 24.2%。与此相对应的，金融业、租赁和商务服务业、批发和零售业在实际利用外资与合同外资方面出现较为稳定的增幅。这与珠三角产业结构的改变是相关的。

表 18-2　广东省外资进入行业分布（2015—2016 年）

行业	实际利用外资（亿美元）		合同外资（亿美元）	
	2016 年	2015 年	2016 年	2015 年
总计	233.49	268.75	866.75	561.10
制造业	57.76	102.76	104.99	138.59
房地产业	36.23	70.41	35.49	74.16
批发和零售业	18.54	18.42	61.91	53.74
金融业	19.64	14.01	419.79	141.18
租赁和商务服务业	40.50	80.62	91.08	28.63
电力燃气及水生产供应业	8.21	5.11	29.46	7.09
科研、技术服务地质勘查业	4.28	5.75	22.68	14.59
交通运输、仓储和邮政业	5.27	4.74	8.40	10.97
信息传输计算机服务软件业	34.11	6.79	52.64	26.15
合计	224.54	205.85	826.44	495.1
占合计的比例（%）	96.17	76.60	95.35	88.24

资料来源：2015—2016 年广东省统计公报。

从外资依存度来看，2011—2015 年，广东外资依存度呈现出正 U 型走势，最

低值出现于 2013 年（3.6%），与外贸依存度呈现相同趋势。2011—2013 年珠三角外资依存度呈现下降趋势，2014—2015 年则开始呈现上升趋势。珠三角各市外资依存度呈现分化趋势，广州市外资依存度逐年递减，而深圳市从 2013 年开始逐年递增，2015 年达到最高值 9.11%。其他珠三角城市，除珠海逐年递增外，均表现递减趋势。截至 2015 年底，在广州市等级注册的外商数量为 21059 家，而在深圳注册的数量为 37529 家。数据表明，珠三角经济开放度依然是中国最高的区域。

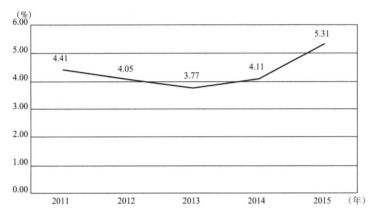

图 18-2　珠三角地区外资依存度变化趋势图

资料来源：2011—2015 年广东省统计公报。

（三）对外合作广泛深入

2015 年，广东省对外承包工程签订合同数达到 1937 宗，较 2014 年增长 70%，合同金额和营业金额分别实现 36% 与 60% 的增幅。2016 年，经核准境外投资新增中方协议投资额 282.76 亿美元，比上年下降 5.7%；新增中方实际投资额 206.84 亿美元，比上年增长 94.3%。对外承包工程完成营业额 181.64 亿美元，比上年下降 8.6%；对外劳务合作新签劳务人员合同工资总额 6.55 亿美元，劳务人员实际收入总额 8.92 亿美元；承包工程和劳务合作年末在外人员共 8.48 万人。较 2015 年数据有升有降。"一带一路"发展战略提出后，广东在全国率先发布《广东省参与建设"一带一路"的实施方案》，粤企积极参与"一带一路"建设。在粤港澳大湾区和"一带一路"倡议的双重叠加下，借助港澳开放平台的作用，广东省对外经济技术合作将实现跨越式发展。

（四）珠三角开放经济的成就和问题

总体来看，珠三角仍然是我国开放型经济最发达的地区，占据广东省及全国外贸的领先位置。珠三角外贸正在回暖，外贸结构随着产业升级正在优化，对外资仍具有相当张的吸引力。

珠三角开放经济发展存在的问题。首先是发展不平衡，地区与地区、城市与城市之间差异较大。缺乏区域协同发展的理念和机制，各地区核心竞争力没有形成，同一区域同质化、恶性竞争严重。

其次，珠三角以对外出口基础、低端产品为主，高端制造、核心技术产品较少。除深圳、广州近年产业升级速度较快外，珠三角其他城市制造业转型较慢，仍处于全球产业链中低端。加上自主创新能力弱，这些城市处于不利的位置，面临较大的竞争压力。

最后，对外合作水平仍然较低。2014 年是中国资本输出元年（中国资本净输出），中国企业加快向外投资。但从统计数据来看，大量的资本集中在并购领域。当然这是企业"走出去"的一个规律。但深度的合作应该体现在资金、技术、人员、信息等要素的融合。目前，珠三角企业在"走出去"和"引进来"的过程中，仍然没有摆脱传统的偏资本运作的局面，合作的广度和深度还有待提升。

二、珠三角进入粤港澳大湾区时代

2016 年，粤港澳大湾区从概念转向战略执行层面，国家"十三五"发展规划纲要、《国务院关于深化泛珠三角区域合作的指导意见》和广东省政府工作报告，相继提出关于粤港澳大湾区建设的顶层设计和具体措施。在《珠江三角洲地区改革发展规划纲要》及粤港粤澳合作的基础上，珠三角正式进入粤港澳大湾区时代。在新的发展阶段，粤港澳三地将全面发力，朝着区域协同发展的方向迈进。

（一）粤港、粤澳合作联席会议继续推进粤港澳深度合作

2015 年和 2016 年，粤港、粤澳合作联席会议继续签署了覆盖多领域的具体合作协议。此外，联席会议专责小组、金融合作专责小组等执行机构推进了联席会议达成的协议的执行，成为联席会议成果的重要补充。2015 年，粤港、粤澳分别签署

了 5 份和 8 份合作协议，2016 年，粤港、粤澳分别签署了 9 份和 12 份合作协议。

表 18-3　粤港、粤澳联席会议（2015 年、2016 年）签署的合作协议

2015 年	
粤港合作联席会议	粤澳合作联席会议
《粤港食品安全工作交流与合作协议》	《关于推动澳门财政资金参与粤澳合作项目建设的框架协议》
《加强跨境贸易电子商务合作协议》	《澳门特别行政区政府与江门市人民政府推进双方合作意向书》
《粤港知识产权合作协议（2015—2016 年）》	《澳门特别行政区政府与中山市人民政府关于合作建设中山翠亨新区的补充协议》
《客船搜救中心合作计划》	
2016 年	
粤港合作联席会议	粤澳合作联席会议
《粤港携手参与国家"一带一路"建设合作意向书》	《粤澳携手参与国家"一带一路"建设合作意向书》
《粤港医疗卫生交流合作安排》	《澳门特别行政区政府与中山市人民政府关于合作推进青年创新创业的框架协议》
《粤港共同推进广东自贸试验区建设合作协议》	《关于加强粤澳青少年交流合作的协议》
《2016—2020 年粤港环保合作协议》	《粤澳共同研究实施"一试多证"培养评价模式合作协议书》
《粤港食品安全风险交流合作协议》	《粤澳共同推进广东自贸试验区建设专责小组合作协议》
《粤港旅游合作协议》	《澳门特别行政区政府与江门市人民政府关于推动粤澳共建江门大广海湾经济区的框架协议》
《海事调查合作协议》	《广东粤澳合作发展基金合作备忘》
《有关深化旅客卫生检疫联防，服务深港通关便利的合作安排》	《粤澳中医药产业合作框架协议》
《粤港质量及检测认证工作合作协议》	《粤澳医疗卫生交流合作备忘录》
—	《关于澳门机动车辆入出横琴的协议》
—	《粤港澳三地搜救机构〈客船与搜救中心合作计划〉互认合作安排》
—	《粤澳旅游合作备忘录》

资料来源：综合整理。

围绕《粤港合作框架协议》和《粤澳合作框架协议》编制的粤港、粤澳合作年度重点工作，是推进粤港、粤澳合作的重要抓手。比较突出的是，2015 和 2016 年的年度重点工作更加全面深入，经济、社会和生态文明建设领域呈现协同推进得问台数，粤港、粤澳合作已经扩展到了社会的各个方面，从硬件设施到软件环境全

覆盖。2016年粤港、粤澳合作分别确定了92项和71项重点工作，内容非常广泛和具体。

（二）澳门编制五年发展规划，香港创新及科技局开始运作

为更好对接国家发展规划，加强与内地特别是广东的合作，澳门于2015年启动《澳门特别行政区五年发展规划（2016—2020年）》的编制，并于2016年9月正式发布实施。这是澳门回归以来首次编制的中长期发展规划，与国家"十三五"规划进行了有效衔接。规划由战略篇、民生篇、发展篇、善治篇组成，总结分析了澳门发展面临的一些障碍和困难，描绘了今后5年澳门经济社会发展的愿景，提出了具体目标、评价标准和相关保障政策。规划所选择的发展战略与部署，融合了四大发展观念：创新发展、均衡发展、对接发展、共享发展，核心是提高城市竞争力，与国家发展规划对接，与国际先进水平接轨，促进居民生活素质持续提升。规划内容涵盖了经济、社会、生态环境等各个领域，比较全面。同时，该规划把落实与国家"十三五"规划对接、参与国家"一带一路"发展战略、打造"中国与葡语国家商贸合作服务平台"、融入区域合作等，将这些内容单列成章，体现出澳门融入内地发展、承担对外开放平台的战略眼光和使命担当。

香港方面，特区政府于2015年11月成立创新及科技局，着力发展科技创新。香港有人才、研发、制度优势，以深圳为代表的珠三角地区有产业要素的资源优势，香港与珠三角优势互补、协同分工，携手发展科技创新产业，这有利于提升整体竞争力。创新及科技局成立一年多来，相继成立"创科创投基金""院校中游研发基金""创科生活基金""数码港投资创业基金"，向香港科技园公司注资，支持科技研发、创业和扩大发展；推动港深科技创新合作，共同打造科技创新园区和支持双方青年创新创业。

（三）广东省"十三五"规划明确提出打造粤港澳大湾区

广东省"十三五"规划提出，在"一国两制"方针下，紧密粤港澳合作关系，形成互惠互利、优势互补、共同繁荣的合作局面。主要内容有三个方面：一是打造粤港澳大湾区。建设世界级城市群，在金融创新、社会管理创新、市场化国际化法治化营商环境构建等方面先行先试，促进区域内人才、物流、资金的自由流动，提

升大珠三角的开放度和国际化水平。二是要深入推进粤港澳服务贸易自由化。落实《关于内地在广东与香港基本实现服务贸易自由化的协议》《关于内地在广东与澳门基本实现服务贸易自由化的协议》，推动港澳服务企业和从业人员进入广东投资和发展。三是共建粤港澳优质生活圈。加强粤港澳三地在教育文化、医疗卫生、环保生态和其他社会领域的合作，引入港澳社会服务机构，完善公共服务体系，提升城市公共服务环境和城市环境，打造优质生活示范区。

（四）广东自贸试验区提升粤港澳大湾区开放水平

2015 年 4 月国务院批准《中国（广东）自由贸易试验区总体方案》后，广东自贸试验区进入加速建设、完善运营、扩大开放的阶段。广东自贸试验区分三个片区，分别是深圳前海蛇口自贸试验片区、广州南沙自贸试验片区和珠海横琴自贸试验片区。

推动粤港澳合作是广东自贸试验区未来建设与发展的重要内容。根据地理位置、资源要素、功能定位等的不同，三个自贸片区在推动粤港澳合作方面各有侧重。前海蛇口片区侧重于推动粤港澳现代服务业合作，包括金融、法律、会计、商业服务等，以前海深港现代服务业合作区为代表；广州南沙片区侧重于推动粤港澳发展国际贸易、旅游、社会管理与科技服务等领域，以海港区域（国际航运发展合作区）、南沙枢纽区块（粤港澳融合发展试验区）为代表；珠海横琴侧重于与港澳特别是澳门的商贸服务、特色金融、国际旅游、文化教育等领域的合作，同时带动珠江西岸经济的发展。最近两年，三个自贸片区在许多领域推出了一系列先行先试政策，有些取得了重大突破，为其他自贸试验片区积累了宝贵经验。

表 18-4 广东三个自贸片区与港澳重大合作事项（2015—2016 年）

自贸片区	粤港澳重大合作事项
深圳前海蛇口自贸试验片区	1. 深港（国际）青年创客营暨前海"梦想+"联盟发起仪式在前海深港青年梦工场开幕（2015 年 6 月） 2. 前海实施香港注册税务师准入、境外高端人才认定（2015 年 9 月） 3. "一中心两基地"（中国港澳台和外国法律查明研究中心、最高人民法院港澳台和外国法律查明研究基地、最高人民法院港澳台和外国法律查明基地）三个国家级法律查明平台同时落户前海（2015 年 9 月）

自贸片区	粤港澳重大合作事项
深圳前海蛇口自贸试验片区	4. 深圳市前海香港商会成立（2015年12月） 5. 五家粤港合伙联营律师事务所落户前海（2015年12月） 6. 发行深港两地"互通行"（前海）卡（2016年2月） 7. 试行香港工程建设模式（2016年3月） 8. 香港交易所在前海推出大宗商品现货平台（2016年4月） 9. 三成前海人才住房面向港资企业和港籍人才、境外高端人才配租（2016年9月） 10. 前海深港青年创新创业大赛集训营、前海深港创投生态圈正式启动（2016年10月） 11. 前海在香港设立首个境外人才服务平台（2016年12月）
广州南沙自贸试验片区	1. "粤港跨境货栈"项目创新采取粤港陆空跨境联运中心管理模式试运行（2015年6月） 2. 《关于共同推进广州南沙、澳门青年创业孵化合作协议》签署（2016年6月） 3. 香港科技大学将该校面对国内科研项目的孵化、转换平台正式授权霍英东研究院承担建设（2016年上半年） 4. "粤港澳高校创新创业联盟"在南沙香港科技大学霍英东研究院正式揭牌成立（2016年上半年） 5. "创汇谷"粤港澳青年文创社区建成（2016年上半年） 6. 粤港共建南沙资讯科技园总体规划完成（2016年上半年） 7. 打造粤港澳联合创新基地——南沙慧谷（2016年上半年） 8. 金融市场对港澳开放等6项金融改革创新支持政策落地（2016年上半年） 9. 与香港合作发行"熊猫债"业务（2016年上半年） 10. 出台适用于港澳的《关于促进南沙新区中外合作办学的指导意见》（2016年上半年） 11. 9个"一试三证"项目全部落户南沙（2016年上半年） 12. 南沙检验检疫局与香港合作建立进口港澳食品检验互认、标准互认和证书互认机制（2016年） 13. 编制《南沙区（南沙新区）深化与港澳合作第十三个五年规划》（2016年） 14. 打造葡语系、西语系国家商品展示销售综合平台（2016年）
珠海横琴自贸试验片区	1. 横琴与澳门特区政府建立了三条直线沟通机制（2015年6月） 2. "横琴·澳门青年创业谷"正式启动（2015年6月） 3. 成立横琴新区澳门事务局（2015年6月） 4. 横琴新口岸全面实现24小时通关（2015年） 5. 《横琴新区关于加快推进澳门投资项目建设的若干措施》出台（2015年12月） 6. 《税银合作跨境办税服务项目协议》签署（2016年10月） 7. 横琴粤澳合作产业园引入50个澳门项目（2016年11月）

资料来源：综合整理。

　　总体来看，三个自贸区正在分阶段、逐步有序的建设，开放水平逐渐提高，与港澳合作范围越来越广、程度越来越深。三个自贸区将不断探索开放政策，并与香港、澳门一起，成为粤港澳大湾区对外开放的重要平台，共同构建开放的新格局，提升开放水平。

（五）港珠澳大桥和广深港高铁推动粤港澳大湾区互联互通

粤港澳大湾区的关键是交通一体化，基础设施互联互通，形成"1小时"工作圈和"3小时"生活圈，包括高速铁路、地铁、公交、公路、机场等。港珠澳大桥和广深港高铁是两大重点。

港珠澳大桥是连接香港、珠海和澳门的超大型跨海通道，包括海中桥隧主体工程及港珠澳三地口岸和连接线。2016年9月，港珠澳大桥主体桥梁工程全线贯通，已于2017年底建成通车。

广深港高铁起于广州南站，终于香港西九龙站，是连接广州、东莞、深圳及香港的高速铁路，是中国"四纵四横"客运专线中京广高速铁路至深圳、香港的延伸。2015年12月，广深港高铁深圳福田站正式开通营运。香港段预计在2018年第三季度正式通车。

港珠澳大桥是国家高速公路网规划中珠三角环线的组成部分和跨越伶仃洋海域的关键性工程，将形成连接珠江东西两岸新的公路运输通道。广深港高铁是珠三角城际快速轨道交通网的骨干部分。随着这两大项目的建成通车，广佛及珠江口西岸城市与香港空间距离进一步拉近，粤港澳大湾区城市群基本实现了"一小时"工作圈的目标，对增强内地与港澳的经济协作和人员往来将发挥重要作用。

三、愿景与展望：在粤港澳大湾区框架下

随着粤港澳大湾区建设渐入佳境，珠三角将进入对内对外开放新的发展期，迎来更大发展机遇。湾区经济更加开放、资源配置能力更加高效、集聚外溢功能更加强大、协调合作更加畅通，是新时期国家区域经济发展的重要坐标、国家整体经济发展的核心动力。粤港澳大湾区的建设与发展正逢其时。由国家发改委牵头、广东省发改委等部门共同编制的《粤港澳大湾区城市群发展规划》已于2017年发布。因此，借助港澳平台优势，珠三角开放水平会进一步得到提升。

（一）国家"十三五"规划支持粤港澳大湾区建设

国家"十三五"规划在第五十四章——支持香港澳门长期繁荣稳定发展中提出，"支持共建大珠三角优质生活圈，加快前海、南沙、横琴等粤港澳合作平台建

设。支持港澳在泛珠三角区域合作中发挥重要作用，推动粤港澳大湾区和跨省区重大合作平台建设。"

在国家"十三五"规划中，创新驱动发展战略是国家第一战略。创新是引领发展的第一动力，必须摆在国家全局发展的核心位置。粤港澳大湾区已经初步具备相对完整的创新生态系统，包括市场环境、人力资源、资金、基础设施、教育和培训机构、高等教育机构、行政管理及对支撑创新的产业体系。粤港澳大湾区将率先形成创新驱动发展模式，为国家推动创新创新驱动发展树立典范。

国家"十三五"规划提出要构建全方位开放的新格局。"一带一路"倡议和自由贸易试验区战略是国家新一轮对外开放的重要战略，目的是打造对外开放升级版，提升对外开放水平。粤港澳大湾区是中国对外开放水平最高的地区，有香港、澳门两个高度开放的自由港经济体，有三个自贸试验片区，有自改革开放以来长期形成的全球经贸网络，因此，是中国探索对外开放升级版的首先之地。

（二）粤港澳大湾区推动泛珠三角区域合作

2016 年，国务院下发《关于深化泛珠三角区域合作的指导意见》，提出，"充分发挥广州、深圳在管理创新、科技进步、产业升级、绿色发展等方面的辐射带动和示范作用，携手港澳共同打造粤港澳大湾区，建设世界级城市群。构建以粤港澳大湾区为龙头，以珠江—西江经济带为腹地，带动中南、西南地区的发展，辐射东南亚、南亚的重要经济支撑带。"

粤港澳大湾区与泛珠三角区域关系密切。粤港澳大湾区是泛珠三角区域发展的龙头，泛珠三角是粤港澳大湾区的腹地和辐射范围。推动泛珠三角区域合作与发展既是国家区域发展战略的需要，也是粤港澳大湾区提高自身辐射带动能力、并在提升这种能力的同时强化自身综合竞争力的需要。粤港澳大湾区特有的国内外要素资源，能够推动泛珠三角区域产能走向国际，拓展国际市场空间。在此过程中，粤港澳大湾区与泛珠三角区域将实现合作共赢、开放互动、功能互补、产业协调的共生共荣发展格局。

（三）珠三角进一步开放的政策建议

目前我国正在构建全方位开放新格局，着力以"一带一路"建设为统领，丰富对外开放内涵，提高对外开放水平。珠三角所在的粤港澳大湾区是国家对外开放示范区，要为国家打造对外开放升级版探路。同时珠三角对外开放水平仍有待提高。进一步深化对外开放不仅是珠三角自身发展所需要，也是国家发展所赋予的责任担当。建议如下：

第一，利用港澳平台，吸引国际资源，"走出去"与"引进来"并重。港澳服务经济发达，在金融、法律、会计、商业咨询等领域具有国际领先水平，珠三角企业特别是制造业企业，要与港澳企业合作，发挥各自优势，共同实现"走出去"。港澳对外开放水平高，资本市场发达，人才、技术、资金等方面的限制较少。珠三角正处于产业转型、创新驱动、提升对外开放水平的阶段，要利用港澳平台的作用，把国际高端要素"引进来"，促进产业结构的优势，提升科技含量，增加发展动力，真正达到国际一流湾区的国际化水准。

第二，提升基础设施互联互通水平。强化粤港澳大湾区地铁、高铁、公交、机场、港口、高速公路等基础设施全面互联互通，特别是珠三角城市与港澳之间的互联互通。加快港珠澳大桥、广深港高铁、莲塘/香园围口岸、深中通道等重大基础设施工程的建设并完善与地铁、公路、高铁系统的接驳；加快深莞惠、广佛肇等城市圈城际交通系统的连接和建设，形成大湾区通勤交通系统。强化粤港澳大湾区基础设施协同规划与建设意识，建立协同机制，降低行政阻力，打破"各自为政"的孤立、排他性发展思维。

第三，促进要素便捷流动。珠三角与港澳之间存在行政边界，是粤港澳大湾区和国际上其他湾区之间的一个重要区别。目前，湾区内的要素流动仍然存在行政上的障碍。要素不能便捷流动，这对经济发展不利，也影响工作与生活。对创新驱动发展战略来说，推动人员、资金、信息、技术等资源要素的便捷流动至关重要。一要加强通关便利化硬件建设，在粤港澳陆路口岸加大硬件设施建设，大幅增加 E 通道，提高自助通关能力和水平。二要优化并完善粤港澳人员签注政策。三要提升粤港澳货物通关便利化水平，推进粤港澳大湾区内的"信息互换、监管互认、执法互助"大通关建设。四要放宽科研资金跨境使用限制，发挥金融对实体经济的服务作用，特别是香港、澳门以及国际资本。五要进一步完善 CEPA 内容，并推动湾区内自贸区的协同建设。

第四，加强国际人文交流。湾区是文化多元、交流多样、包容性很强的区域。粤港澳大湾区内，香港是全球城市，澳门也是国际化水平很高的城市，珠三角中的广州、深圳的国际化水平也在逐步提高。要提升珠三角对外开放水平，就要发挥各自特色，在旅游、教育、人文等领域，加强与其他国家和城市的交流。在大湾区时代，珠三角要与港澳一起，打造对外开放平台，塑造国际形象，促进国际社会全面了解中国。

第五，推动协同对外开放。珠三角要与港澳作为一个区域整体，协同对外开放。在经济、社会、生态环保等领域加强协同发展的理念，借鉴国际上区域合作的成功经验，形成粤港澳大湾区协调发展的机制。

第十九章 环渤海开放

——创新型经济助力环渤海地区开放

环渤海地区作为中国北方沿海唯一的经济圈，其在引领北方经济发展与开放等方面发挥了极大的优势。在"新经济"的时代背景下，环渤海这一传统增长极也面临着转型复苏的巨大机遇。全国第一个跨省市的区域"十三五"规划——《"十三五"时期京津冀地区国民经济和社会发展规划》指出，要将京津冀地区打造成全国创新驱动经济增长新引擎。重点是培育创新载体、强化北京全国科技创新中心地位和功能，推进京津冀加快建设各级各类科技园区和创新平台，增强高端创新要素集聚能力。推动环渤海地区创新资源和成果开放共享，完善创新服务体系。2017 年 4 月 1 日，雄安新区的设立体现了党中央培育在全国具有重要意义的创新驱动发展新引擎以及将环渤海地区打造为协同发展的国际开放平台的决心。因此，在环渤海地区构筑创新型开放经济体系，是中国经济发展战略中的重大举措。

一、贸易领域的开放与发展

（一）环渤海地区进出口贸易及对外经济年度比较

近些年，世界经济下行的压力在持续增加，国际市场持续低迷。中国外贸发展面临日趋复杂的国际贸易环境，外部需求不振。2016 年，中国货物贸易进出口总额为 24.33 万亿人民币，比 2015 年下降 0.9%，其中，出口 13.84 万亿元，下降了 2%；进口 10.49 亿元，增长了 0.6%。在此背景下，2014—2016 年环渤海五省（市）① 总体进出口贸易额均出现下滑的现象，环渤海地区各省市一方面内调结构，优化贸易结构，另一方面，加大开放力度，"走出去"步伐加快。总体来说，2016

---

① 根据国家统计局分类，环渤海地区包括北京、天津、河北、辽宁、山东三省二市。

年环渤海地区对外开放水平得到进一步提高。

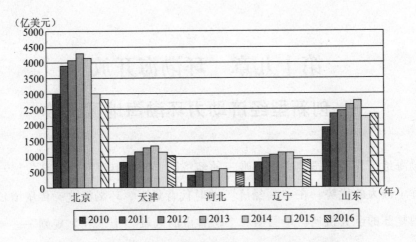

图 19-1　2010—2016 年环渤海地区进出口总额（亿美元）

数据来源：国家统计局，五省（市）年度国民经济和社会发展统计公报。

2016 年环渤海地区境外直接投资额增长明显，增速远高于外商直接投资。其中，天津与山东省对外投资合作成绩最为亮眼，同比增长分别为 2.5 倍与 1.4 倍。同时，天津市在招商引资方面也取得积极成效，外商直接投资额 236.7 亿美元位居环渤海地区省市之首（见下表）。

表 19-1　2016 年环渤海地区对外经济投资情况

五省（市）	2016 年对外直接投资额（亿美元）	同比增长（%）	2016 年外商直接投资额（亿美元）	同比增长（%）
北京	155.1	62.3	130.3	0.3
天津	262.0	250.0	236.7	12.0
河北	33.5	42.6	73.5	18.9
辽宁	35.2	（待确定）	29.9	-42.2
山东	130.6	140.0	178.9	9.8

数据来源：中华人民共和国商务部驻天津特派员办事处官网。

（二）贸易方式与进出口商品结构不断优化

随着我国外贸转型升级不断加码，进出口产品从"大进大出"到"优进优出"取得了良好进展。环渤海地区的进出口贸易在该大背景下也呈现出一些特点和亮点。

1. 一般贸易在对外贸易中地位得以加强

总体来说，虽然 2016 年环渤海五省（市）在一般贸易进出口额相比同期有所下降，但产业链较长、增值率较高的一般贸易进出口比重仍优于以劳动密集型为主的加工贸易。进一步提高了环渤海地区的外贸效益和资源优化配置水平。

北京市一般贸易进出口额为 2273 亿美元，下降 7.4%，占全市进出口的 80%。天津一般贸易进出口微降 0.1%，加工贸易继续萎缩；从出口方式看，一般贸易出口 210.42 亿美元，占全市出口的 47.5%，比上年提高 4.4 个百分点，多年来加工贸易为主的贸易结构得以改变。2016 年河北省以一般贸易方式进出口 426.8 亿美元，下降 1.3%，占全省同期进出口总值的 91.6%；以加工贸易方式进出口 32.5 亿美元，下降 23.2%。① 在进出口总额中，分贸易方式看，加工贸易一直是辽宁主要的贸易方式，尽管一般贸易近年来发展迅速，但加工贸易占很大比重；其中，一般贸易进出口 461 亿美元，较去年下降 12%。加工贸易进出口 266.8 亿美元，较去年下降 7%。2016 年，山东省一般贸易进出口增长，占比逾 6 成且比重提升，贸易方式结构继续优化；其中，一般贸易进出口 1479.2 亿美元，增长 5.4%，占同期我省进出口值的 63.1%，较上年增加 1.2 个百分点；加工贸易进出口 684 亿美元，下降 2.3%，占 29.2%，较上年下降 1.7 个百分点。

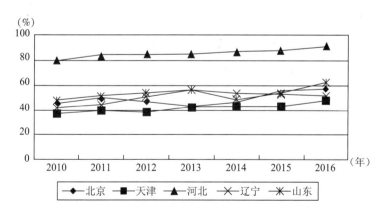

图 19-2　2010—2016 年环渤海五省（市）一般贸易出口占各自总出口比重

数据来源：国家统计局，五省（市）年度国民经济和社会发展统计公报。

---

① 中华人民共和国商务部驻天津特派员办事处，2017 年 1 月 15 日，http：//ttb. mof. com. gov. cn/article/zhuantdy/201703/20170302528998. shtml.

从图 19-2 可以看出，除辽宁省外，2010—2016 年其他四省（市）的一般贸易出口占比虽然有所波动，但总体呈现出稳中有升的迹象。这也体现了环渤海地区的出口质量得到进一步提升。其中，一般贸易方式占河北省外贸出口总产值的比重维持在 79.8%~91.1% 之间。这一方面说明河北省的产业升级收到一定成效，但从另一方面也说明河北省对外贸易出口的结构有所失调，不利于河北省产业结构的转型调整。另外，河北省一般贸易的质量也有待进一步提升。

2. 进出口商品结构继续优化

从商品类别看，随着扩大进口和优化进口结构的政策效应显现，部分先进技术、关键零部件等高新技术产品进口有较快增长；在出口方面，传统优势产品出口继续增长，依然保持良好的竞争优势。但机电产品与高新技术产品在国际贸易中的出口竞争优势还有待进一步提升。

从主要进口商品来看，2016 年北京地区进口机电产品 4326 亿元，增长 5.6%；高新技术产品 1681 亿元，增长 3.5%。在出口方面，传统优势产品出口继续增长，依然保持着良好的竞争优势。但机电产品与高新技术产品的出口量则有所下降。天津市出口产业集中度高，多集中在电子信息、钢铁、化工、纺织服装等，通信和高新电子类产品占全市出口比重 30% 以上。但自主出口产品比重较小，且缺少核心技术和知名品牌，对全市出口支撑作用有待提升。河北省进口产品以能源、资源性商品为主，同时机电产品、高新技术产品进口快速增长。机电产品进口 196.2 亿元，增长 14.6%；高新技术产品进口 71.2 亿元，增长 24%。而出口产品结构进一步优化。机电产品出口 545.3 亿元，微增 0.02%；生命科学技术出口 44.1 亿元，增长 4.3%。汽车零配件出口 84.8 亿元，增长 10.1%。但机电产品与高新技术产品的出口竞争优势还有待进一步提升。①

反观辽东半岛与山东半岛，辽宁的出口商品层次比较低端化，出口的工业制成品、机电产品、高科技产品比重仍低于全国平均水平。辽宁高新技术产品仍然属于劳动密集型生产模式。其中，机电产品出口 174.8 亿美元，占辽宁省总出口比重的 40%；高新技术产品出口 48.1 亿美元，仅占辽宁省总出口比重的 11%。山东省传统优势商品出口稳定增长，外贸新业态蓬勃发展。山东省传统优势出口商品农产品、纺织服装、汽车零配件、轮胎等出口增势良好，对该省外贸出口回稳向好发挥

---

① 详细数据收集于中华人民共和国各省市海关官网。

基础性作用。同时，高新技术产业的拉动作用凸显，高新技术产业产值比上年增长
7.5%，机电与高新技术产品比重已提升至山东省出口的一半，山东省外贸结构进
一步优化。

（三）新经济业态给对外贸易注入新的活力

以新产业、新模式、新业态为代表的新经济业态孕育着巨大的发展潜力和广阔
的市场空间，也成为环渤海地区经济发展的新动能，为该地区的对外贸易注入新的
活力。在新经济时代下，服务贸易正成为对外贸易发展和对外开放深化的新引擎。
而一个国家或地区服务贸易的发展水平也成为衡量其国际贸易竞争力的重要标准之
一。2016 年，环渤海地区服务贸易进出口额持续增长，取得亮眼的成绩。

表 19-2　2015—2016 年环渤海五省（市）服务贸易进出口总额对比情况

五省（市）	2015 年服务贸易进出口总额（亿美元）	2016 年服务贸易进出口总额（亿美元）	同比增长（%）
北京	1302.8	1508.6	15.8
天津	234.6	291	24
河北	85.3	96.4（待确定）	13
辽宁	206.7	221	6.9
山东	393.2	464	18

数据来源：中华人民共和国商务部服务贸易和商贸服务业司官网。

自 2016 年以来，跨境电商平台的壮大成为环渤海地区服务贸易发展中的一大
亮点。其中，北京市跨境电商贸易在 2016 年取得了大幅增长。跨境进口实现 88.8
万票，同比增长 6.7 倍，价格总值超过 3.3 亿元人民币，同比增长 9.4 倍。出口邮
政小包 8.38 亿美元，占全国出口总额的两成。天津方面，自 2016 年 2 月国务院批
复同意开展服务贸易新发展试点以来，天津市在发展跨境投融资业务、跨境电商信
息化综合服务方面取得了较好的成效。其中，跨境电子商务综合试验带来为天津市
带来了新的经济增长点。2016 年全市跨境电商保税进口业务订单总量近 13 万单，
共 2000 万元，B2B 出口超过 3000 万美元，依托 eBay 平台开展 B2B2C 海外仓跨境
出口额超过 2000 万美元。以外贸综合服务企业、跨境电商为代表的新型贸易业态
快速发展。河北省在跨境电商领域也取得不俗成绩。2016 年，河北全省电商交易额
完成 18112 亿元，同比增长 24.5%；网上零售额完成 1822 亿元，同比增长 34.8%，

占全省社会消费品零售总额的 12.7%。但河北省电商发展还存在整体水平不高、跨境电商平台建设尚处于起步阶段、总体规模偏小、发展环境欠佳等问题。

辽宁省与山东省在国家大力支持跨境电商发展的大背景下，依托自身优良的平台条件，在跨境电商贸易方面也取得了新的进展。自 2016 年 1 月份国务院批复大连成为跨境电商综合试验区后，大连市积极布局，通过"一带两翼，全域发展"，带动和支撑周边区域乃至整个跨境电子商务综合试验区，实现全面发展。2016 年以来，大连跨境电商企业发展到 600 多家，交易额超过 1.7 亿美元，位列新批综合试验区的前列。并相继成立了沈阳跨境电商公共服务平台与辽宁营口自贸区首家跨境电商体验中心，这在一定程度上促进了辽宁省乃至东北地区对外贸易的发展，营造了良好的国际化营商环境。山东省方面，其 2016 年全年跨境电子商务出口 477.6 亿元，增长 45%，拉动山东全省出口增长 1.7 个百分点。同时，山东省已有各类电商园区 300 余家，并在济南、烟台、潍坊、威海、日照等 5 个城市设立省级跨境电商综试区。跨境电商贸易新业态对山东省外贸出口增长的拉动作用逐渐显现。[①]

在看到环渤海地区服务贸易迅速发展的同时，也应客观看待该地区服务贸易所存在的一些问题。在新经济为主要背景下，跨境电商等其他类型的新型贸易业态虽然为环渤海地区的对外贸易增添了新的发展动力，也在一定程度上拉动了对外出口，但由于其自身的所具有的地理条件、资源禀赋与产业特点，环渤海地区服务贸易输出主要集中在港口服务及运输、建设、旅游等传统服务领域。加上服务贸易区域发展不平衡等现象，环渤海地区服务贸易的发展质量水平仍有待进一步提升。

二、创新开放平台建设与人才交流

（一）新型创新开放平台的建设和培育

1. 创新开放平台建设"如火如荼"

在"十三五"规划的倡导下，推动创新型经济发展成为国家经济驱动的重要动力之一。作为中国科技、文化、信息、人才等优势资源的聚集地，环渤海地区充分利用自身优势，进一步整合地区资源，加强与国际社会的合作与联系，重点支持创

---

① 详细数据收集于中国服务贸易指南网官网。

新开放平台的建设，为城市乃至地区产业的转型提供有力的支撑，成效初显。

作为全国科技创新的中心，北京市在 2016 年陆续同境外国家、地区共同建设亚欧科技创新合作中心、中意技术转移中心、北京—安大略科技创新合作中心、北京—特拉维夫创新中心、托马斯北京研究院等创新开放基地，多方位整合国内外优质创新资源，增强北京地区在集聚全球顶尖技术人才的作用。同时，北京也在稳步推进服务业综合试点的建设。2016 年，北京市培育了天竺综合保税区、大兴中科电商谷、平谷马坊物流基地等 6 家跨境电子商务产业园，同时建成了 15 家跨境电商体验店。跨境电商平台的设立也在培育新的消费增长点。[①]

创新开放平台方面，天津不断加强与国内外顶尖院校的合作，加快创新平台的建设。先后建成了国家超级计算天津中心、天津国际生物医药联合研究院、产业技术创新联盟、天津滨海—中关村科技园等重大创新开放平台，全面提升天津的创新发展能力。同时，自 2016 年初天津跨境电子商务综合试验区获批以来，天津市积极推进建立跨境电商信息化综合服务平台、国家数字内容服务贸易平台建设工作。截至目前，跨境电商信息综合服务平台已与国内外 50 余家跨境电商企业完成联通，备案企业 80 家。该创新开放模式为天津市的贸易发展提供新支撑。

河北省则利用其在京津冀地区具有的生产力优势，在 2016 年着重构建国际化、开放式的创新体系，以创新思维推动产业发展和转型升级。其中，保定·中关村创新中心自 2016 年起开始投入运营，首批入驻的国内外企业有 86 家。中关村海淀园秦皇岛分园已引进 108 家国内外高新技术企业。另外，河北·京南国家科技成果转移转化示范区、北戴河生命健康产业创新示范区、京津冀大数据综合试验区等一批创新平台陆续批复建立。目前，河北省通过深化国际见合作、营造创业氛围、构建创新生态系统，现已成为地区协同创新的热点地区。[②]

2016 年，辽宁省依托对外开放经济转型升级，辽宁积极推进自贸试验区、沈大国家级自主创新示范区、中德（沈阳）高端装备制造产业园等一批对外开放战略平台建设。其中，中德产业园的建设如火如荼，大力发展智能制造、高端装备、汽车制造、工业服务和战略性新兴产业等五大产业组团。沈大国家级自主创新示范区的建立旨在打造东北亚科技创新创业中心，努力把沈大国家高新区建设成为东北老工

---

① 北京科技政务网，2016 年 11 月 18 日，http：//www.stdaily.com/cxzg90/ddt/2016-11/18/content_ 333654. shtml.
② 河北新闻官网，2016 年 10 月 16 日，http：//news. hebei. com. cn/system/2016/10/16/017439024. shtml.

业基地高端装备研发制造集聚区、转型升级引领区、创新创业生态区、开放创新先导区。同年 8 月，自贸试验区的设立代表着辽宁省创新开放进入全新阶段。

山东省方面，山东半岛国家自主创新示范区于 2016 年 4 月获批成立，旨在建设具有全国一流自主创新示范区和具有全球影响力的海洋科技创新中心。自创区 2016 年全年新注册国内外企业超过 2 万家，同比增长 120% 以上；预计实现高新技术产业产值 7277 亿元，占区内规模以上工业总产值的 71%。2016 年 12 月，青岛市十大科技创新中心建设正式启动。该项目立足建成若干国际化、高水平的创新机构与重大科技基础设施，打造一批具有国际影响力的国家级创新平台。[①]

2. 雄安新区探索创新发展新模式

2017 年，在中国进一步深化探索实施供给侧结构性改革和创新驱动发展战略经验的大背景下，河北省雄安新区获批成为继深圳经济特区和上海浦东新区之后第三个国家级新区，肩负着非首都创新功能的转移与协同带动京津冀城市群发展的历史重任。对于雄安新区在京津冀地区所发挥作用的展望，京津冀的工业制造业功能应实现与东北老工业基地接轨，物流经贸功能将向天津港延伸并实现对接，而雄安新区将发展为京津冀地区高端创新产业的转移地，积极吸纳和集聚创新要素资源，培育新动能，打造新经济时代下的又一座产业新城。这将是雄安新区产业转移的强势战略。

但高科技产业的迁移并不是一蹴而就的。在未来一段时间里，雄安新区的产业结构或入驻企业类型仍将以劳动密集型为主。雄安新区内原有传统产业，如服装、皮革等产业具有较好的优势，同时更是具备在"一带一路"国家发展的条件，这些具有优势的传统产业可以携手加快向"一带一路"沿线国家进行布局发展，有针对性的支持传统产业"走出去"发展。虽然新区现今开发程度较低，但在国家政策的大力支持下，雄安新区的未来发展指日可待。如何以创新驱动引领新区的发展，如何充分调动各种市场要素来加快新区的建设与开放，将是未来该新区实现经济发展，成为京津冀格局里"创新枢纽"的一大命题。

（二）重大港口与平台的开放

1. 港口的开放与发展

环渤海地区拥有我国最密集的港口群，吞吐量过亿级港口众多，排名位居全国

---

① 中国科学技术部，2017 年 1 月 16 日，http：//www.most.gov.cn/dfkj/sd/zxdt/201701/t20170113_130479.htm.

前列。根据 2016 年全球前 30 集装箱港口排名，环渤海地区共有 4 大港口入选该项名单，分别是青岛港、天津港、大连港与营口港。另外，环渤海各主要港口在货物吞吐量与集装箱吞吐量方面都实现稳步增长。总体来说，该地区的港口集聚优势依然明显。

表 19-3　全球前 30 集装箱港口中环渤海港口排名情况

排名	港口名称	2016 年		2015 年	
		吞吐量（万 TEU）	同比增速（%）	吞吐量（万 TEU）	同比增速（%）
8	青岛港	1801	2.88	1751	5.30
10	天津港	1450	2.76	1411	0.43
16	大连港	959	1.49	945	-6.70
23	营口港	609	2.83	592	2.63

数据来源：中国港口协会官网。

表 19-4　2016 年环渤海主要港口货物吞吐量

沿海主要港口	全国排名	2016 年货物吞吐量（万吨）	为去年同期（%）
天津	3	55，000	101.8
唐山	5	51，580	104.7
青岛	6	50，083	103.4
大连	7	42，873	103.4
日照	8	35，062	104.0
营口	9	34，702	102.5
烟台	10	26，536	105.5

数据来源：中华人民共和国交通运输部官网，部分港口为初步统计数据

表 19-5　2016 年环渤海主要港口集装箱吞吐量

沿海主要港口	全国排名	2016 年集装箱吞吐量（万 TEU）	为去年同期（%）
青岛	5	1，801	103.3
天津	6	1，450	102.8
大连	8	959	101.5
营口	9	601	101.6

数据来源：中华人民共和国交通运输部官网，部分港口为初步统计数据。

自 2015 年以来，京津冀地区协同发展促进了地区的深度融合，经济结构的调整、货物进出口的增多，带动了天津港与秦皇岛港、唐山港、黄骅港快速发展。

2015 年底，河北港口集团与天津港集团合资组建的津冀港口投资发展有限公司；2016 年 7 月，唐山港集团与天津港集团合资组建唐山集装箱码头有限公司，标志着津冀港口协同发展取得了实质性进展。同时，河北省计划以北京无水港为平台，深化京冀在集装箱、散杂货、能源等物资运输中的合作，将唐山港打造成北京最便捷的出海通道。2017 年 5 月，环渤海港口联盟在辽东湾开发区宣布成立。成立之初，该港口联盟便推进了天津港集团与河北黄骅港两大跨行政区域的港口从竞争走向合作，共同承接北京疏解的制造业，共同打造环渤海世界级港口群。

2. 主要开发区的开放与发展

京津冀地区现有各级各类开发区近 300 个，面积约为京津冀地区总面积的 2.5%，而工业总产值、税收收入、出口额等分别占到整个地区的 53%、60%、65%。京津冀开发区已经成为三地先进制造业、战略性新兴产业和现代服务业的重要集聚区。

其中，重化工业和临港型、加工贸易型产业、大型设备制造等产业正在向沧州临港经开区、唐山海港经开区、曹妃甸经开区聚集，分别形成了"化工园""生物医药产业园""石材加工产业园""装备制造园"等聚集区。战略性新兴产业和高新技术产业向廊坊、秦皇岛、张家口、承德等环首都地区聚集。现代服务业包括电子商务、物流等正逐步向毗邻首都的园区扩散。而辽宁省与山东省由于具备丰富的自然资源与劳动力资源，在属于劳动密集型的传统制造业方面仍具有较为明显的优势，但如何顺应创新经济时代的发展来逐步转变经济增长的方式，提升工业化的层次和质量，是辽宁省与山东省需要面对的共同议题。

2016 年，北京开发区经济呈总体平稳、稳中有进、稳中向好的发展态势。1~11 月开发区实际利用外资 3.9 亿美元，与上年同期基本持平。高新技术企业出口额达 23.2 亿美元，同比增长 2.3%。天津方面，天津开发区全年新批和增资外资项目 84 个，实际利用外资 32.9 亿美元。且开发区科技型企业达到 6364 家，规模过亿元的科技型企业达到 480 家，继续位居天津市第一。2016 年河北省经济开发区发展良好。进出口总额为 266.0 亿美元，同比增长 4.3%，占全省进出口总额的 58.8%，实际利用外资 45.4 亿美元，同比增长 43.7%。相比京津冀开发区，辽宁省与山东省中，尤其是辽宁省内的主要高新技术与经济开发区进出口数据均出现下滑迹象，这主要源于辽宁省作为全国传统的老工业基地，其支柱产业机电产品、钢材与成品油的出口量均出现下滑。①

表 19-6　各大高新技术产业开发区进出口贸易额情况

开发区名称	2015外贸进出口总额（亿美元）	2016外贸进出口总额（亿美元）	同比增长（%）
石家庄高新技术产业开发区	0.14	0.16	17
天津高新技术产业开发区	21.14	34.10	61
大连高新技术产业开发区	8.07	7.26	-10
沈阳高新技术产业开发区	14.61	11.06	-24
潍坊高新技术产业开发区	9.32	13.15	41
济南高新技术产业开发区	20.55	32.79	60
威海高新技术产业开发区	18.04	18.71	4

数据来源：中华人民共和国海关总署统计网。

表 19-7　各大经济技术开发区开发区进出口贸易额情况

开发区名称	2015外贸进出口总额（亿美元）	2016外贸进出口总额（亿美元）	同比增长（%）
北京经济技术开发区	141.68	168.29	19
天津经济技术开发区	410.23	359.02	-12
秦皇岛经济技术开发区	29.67	31.13	5
烟台经济技术开发区	143.64	154.34	7
青岛经济技术开发区	119.00	91.64	-12
大连经济技术开发区	178.41	133.46	-25
沈阳经济技术开发区	28.40	26.95	-5

数据来源：中华人民共和国海关总署统计网。

（三）重大开放平台人才交流

随着对外开放水平的进一步提高，环渤海五省（市）在国外人才引进与交流方面也展现出新的面貌。如建设了多个高新科技创新平台、出台了多项国际高端人才引进计划，降低了引进国外人才的门槛，简化了各种投资办业、居住签证等手续，让国际人才交流更加通畅化与透明化。

作为中国人才与教育的聚集地，2016年北京地区在人才高端化、国际化方面取

---

①　详细数据收集于中华人民共和国商务部—国家级经济技术开发区官网。

得新成效。为了进一步优化首都的人才吸引力，北京市于 2016 年 3 月针对外籍高层次人才、创业团队外籍技术人才、外籍青年学生出台了长期居留"直通车"。政策实施以来，累计受理申请 1600 余人，办理量以每月 30% 的幅度攀升，其中受理绿卡 388 人，受理签证居留许可 1273 人，有力激发了外籍人才在北京创新创业热情。作为全国前沿基础研究人才新高地，怀柔科学城成功聚集了一批"百人计划""万人计划"专家，其中海外归国人才 115 人，外籍人才 144 人。另外，以原始创新人才为主阵地的中关村科学城也聚集了大批国内外高端人才。①

2016 年，天津市实施"千企万人"计划和人才"绿卡"制度，出台杰出人才培养计划，加快引进海外高端人才三年推进计划，天津市全年从国外引进人才 1802 人。同时，为了助推天津企业国际化发展，天津市于 2016 年 6 月成功举办了与达沃斯论坛主题相呼应的"中外青年科学家交流论坛"。让来自全球 15 个国家和地区、国际组织的 59 位青年科学家与天津 70 余位青年科学家、企业家代表充分交流，对接科技创新合作。

2016 年，河北省加大对高新技术产业发展的支持力度，止住了其连续 5 年的下跌态势，较上年提高 1.4 个百分点。2016 年河北省新增高新技术企业 400 家，新增数量也创下历史之最，总数达到 2031 家。同时，河北省全年引进各类国外高端项目 412 个，引进外国专家 5029 人次。其中，成功引进一批首席科学家、外国院士和华裔科学家。其中包括诺贝尔奖专家 1 名、首席科学家 4 名、外国院士 11 名、华裔科学家 8 名，为河北省带来多项世界尖端技术和项目。②

辽宁省大连市则以"高端人才创新"为抓手，由大连市科技局、金普新区管委会、高新园区管委会、大连新兴产业规划研究院、大连市创业公共实训（孵化）中心、美中硅谷人才汇携手举办的"美国硅谷专家大连行·高端人才创新创业论坛"于 2016 年 6 月在大连召开。该"高端人才创新创业论坛"邀请了 10 位来自硅谷各行业国际一流的人力资源专家、全球排名前 10 的孵化器创始人、斯坦福大学相关企业高管、国际商会董事，全球顶尖的大数据专家、智能制造专家、VR 专家，与大连市企业家、创业者、投资人和科学家，进行了国际人才交流、资本交流、技术交流、海外人才引进项目与大连新经济发展洽谈。此次"2016 美国硅谷专家大连

---

① 千人计划官网，2017 年 2 月 27 日，http：//1000plan. org/qrjh/article/67728.
② 中华人民共和国外国专家局，2017 年 3 月 1 日，http：//1000plan. safea. gov. cn/content. shtml？id=12749469.

行"作为"美国硅谷专家中国行"的重要组成部分，已被中国科技部列为中美创新对话项目，为今后大连市及辽宁省高新科技人才的交流打下坚实的基础。

山东省在国际引智方面交上了一张亮眼的"成绩单"：总共 7 名外国专家入选第六批国家"千人计划"外专项目、为历年之最；3 名外国专家入选国家首批"首席外国专家项目"，入选数量均居全国第二位；2 名外国专家获中国政府"友谊奖"；20 名外国专家获省政府"齐鲁友谊奖"。全年来鲁工作的外国人才达 3.8 万人次，其中实施各类引智项目 965 个，引进外国专家 3077 人次，引进新技术、新品种、新成果近 3000 项，选派 1222 人赴国境外培训。山东省引智工作走在全国前列。2017 年山东首次启动"万人出国培训计划"，围绕国家、省重大发展战略，培养有国际影响力的人才团队，实现了重要行业和关键领域的重大突破。[①]

同时，北京经济技术开发区、天津经济技术开发区、石家庄经济技术开发区等16 家国家级开发区和保税区联合发起的京津冀国家级开发区产业人才联盟于 2016 年 8 月在北京成立。作为开放性协作平台，人才联盟计划邀请国内外优秀人才与知名高新技术企业一同参与到京津冀地区科技创新中，共同促进产业的转型与升级。

三、新型产业合作对接"一带一路"沿线国家

环渤海地区基于其整体的基础条件，首都北京政治地位突出，文化底蕴深厚，科技创新领先，人才资源密集，国际交往密切。天津、河北、山东、辽宁等地港口群密集，在沿海开放大局中地位显著，具备构建开放型经济体系的良好条件。随着经济全球化和区域一体化的深入推进，国际国内产业分工逐步调整，"一带一路"国家战略全面实施，为环渤海地区开放发展提供了良好环境。回顾 2016 年，环渤海地区在境外投资、国际合作方面取得了新进展。其中，环渤海地区五省（市）在"一带一路"沿线国家与地区的直接投资额占其对外直接投资总额的 15.3%。随着2017 年供给侧结构性改革和创新驱动发展战略的深入推进，预计环渤海五省（市）对"一带一路"沿线国家与地区的投资额将稳步上升。

---

① 新华网山东频道官网，2017 年 3 月 17 日，http://www.sd.xinhuanet.com/cj/2017-03/17/c_1120647549.htm

表 19-8　五省（市）在"一带一路"沿线直接投资额情况

五省（市）	2015 年直接投资额（亿美元）	2016 年直接投资额（亿美元）	同比增长（%）
北京	4.9	6.4	29.3
天津	3.4	13.7	300.0
河北省	4.9	16.2	230.0
辽宁省	11	13.8	25.0
山东省	11.4	44.5	290.0

数据来源：中华人民共和国商务部驻天津特派员办事处官网。

（一）现代产业园区与贸易区建设

在全面推行"十三五"规划纲要的大背景下，基于环渤海地区自身的自然资源禀赋与产业优势特点，推进国际产业合作成为环渤海地区融入"一带一路"倡议、深化供给侧结构性改革、加快新旧动能转换的战略抓手。2016 年，环渤海地区在境外产业园区建设方面取得新成效。

在"一带一路"倡议的大背景下，北京市对外现代产业园区与贸易区的建设取得了新进展。2013—2016 年四年间，北京企业在"一带一路"沿线 31 个国家和地区累计直接投资约 14.96 亿美元，且逐年上升。中国交通建设集团创新合作模式，组织实施境外产业园区的开发建设。目前，其参与项目已超过 20 个。其中，"一带一路"沿线的斯里兰卡科伦坡港口城是中交集团主动顺应当地经济发展进行商业模式创新的一个典型项目，后续带动二级开发投资达 130 亿美元，创造超过 8.3 万个就业机会，建成可容纳 16 万人的新城。

近些年来，天津市借助"一带一路"倡议和京津冀协同发展国家战略，依托产业优势，在"一带一路"沿线国家分别打造了中国—埃及苏伊士经贸合作区和中国—印度尼西亚聚龙农业产业合作区两个国家级境外经贸合作区。埃及苏伊士经贸合作区是我国"走出去"战略中打造境外现代化创新城的重点项目。截至 2016 年底，投资 1.05 亿美元的 1.34 平方公里起步区已全部建成，共吸引 68 家企业进驻，吸引协议投资额近 10 亿美元。同年，由天津聚龙集团在印尼投资的棕榈油生产加工企业获批成为国家级境外经贸合作区，截至 2016 年底，该国已经吸引 14 家企业入驻合作区，其中 7 家企业已经开工建设、投产运营。两大合作区在天津与当地企业的协作合力下稳步发展，取得了良好的社会和经济效益。

河北省则结合自身优势产能特点在境外投资设厂参与基础设施建设、发展工业园区等，呈现出较好的发展势头。其中，河北省与"一带一路"沿线中东欧国家在产业园区的合作上取得了不俗的成绩。2016 年 6 月，第三次中国—中东欧国家地方领导人会议友好省州及合作项目签约仪式在唐山举行。该次会议双方签订了 16 个合作项目协议。涉及的合作项目领域主要集中在境内及在中东欧国家合作共建的高科技产业园及能源转换基地。其中利用外资项目 5 个，总投资 5.63 亿美元，协议利用外资 2.66 亿美元；境外投资项目 6 个，总投资 3.34 亿美元。这些项目的签署，对于进一步深化河北与中东欧各国务实合作、实现共赢发展具有重要意义。

2016 年，辽宁省加快发展"一带一路"倡议，以对外经贸项目为对接，实现经济贸易新格局。辽宁省依托对外开放经济转型升级，积极融入国家的"一带一路"建设，扩大境外投资、外贸出口发展势头良好，目前已在"一带一路"沿线国家初步规划建设了 10 个境外工业园区。通过推进国际产能合作战略，谋划建设了辽宁省企业投资的印尼镍矿产业园、印度特变电绿色能源产业园、中俄尼古拉保税物流加工园区等一批境外园区，积极构建辽宁产业"走出去"的境外投资载体和参与国际产业竞争的前沿基地。

在过去一年，山东省加大了对中东欧等"一带一路"新兴市场的开拓力度。其中，匈牙利布达佩斯中欧商贸物流园区等被认定为山东第一批省级跨境电子商务公共海外仓。同时，山东省也注重与"一带一路"沿线国家进行境外产业经济园区的合作。全国 20 家境外经贸合作区中，山东有 4 家，数量居全国首位，分别是巴基斯坦海尔—鲁巴经济区、中俄托木斯克木材工贸合作区、匈牙利中欧商贸物流园、烟台万华中匈宝思德经贸合作区，全部位于"一带一路"沿线国家。青岛市对外开放与合作水平在山东省内各城市中走在前列。在"一带一路"沿线，青岛正在建设 16 个境外经贸合作园区。这些园区已成为推进"一带一路"建设和国际产能合作的重要载体总体来说，山东省在境外产业园区与贸易区的建设上取得了良好的进展。

（二）国际技术与产能合作

在全面推进"一带一路"倡议的大背景下，环渤海也适应全球化趋势，将自身产业和资金优势与"一带一路"沿线国家的需求相结合，一方面缓解了环渤海地区产业产能过剩的问题，另一方面也通过国际技术与产业合作，促进环渤海地区经济增长方式的转变。

北京对外技术与产能合作正在提速。作为全国科技创新的中心，北京在推进中外科技合作方面取得新的成效。北京市科委在2016年陆续与其他国家、地区共同建设亚欧科技创新合作中心、中意技术转移中心、北京—安大略科技创新合作中心、北京—特拉维夫创新中心等前沿技术创新合作基地。同时，北京企业通过在海外设立研发中心、研究院和以研发为主要功能的合资公司，助其在国内外直接吸收、引入国际优质创新资源。另外，北京与境外国家与地区如坦桑尼亚、巴基斯坦、蒙古等沿线发展中国家在生物医药、现代农业、新能源、轨道交通等领域的合作也在稳步推进，取得了有目共睹的成绩。

2016年，天津市全面启动国际科技与产能合作的顶层设计，助推企业走出国门，走向世界。在科技合作方面，自2016年以来，天津市深化与美国、英国、德国、日本等20余个国家和地区的合作渠道，推动天津科技企业与国外单位达成了200余项合作意向，签署42项合作协议或合作备忘录。目前，共建成各类国际科技合作基地110家，其中包括26家国际合作企业，7家国际科技合作园区。在产能合作方面，天津开展钢铁、化工等优质产能向巴基斯坦转移相关工作，有序推进中蒙俄经济走廊建设，国际道路货运开通试运营。同时，"一带一路"国际产能合作园区于2017年3月在天津获批成立，旨在推动企业集群式"走出去"，提升国际合作的层次和水平。[①]

河北省在实现国际技术与产能"走出去"方面也取得了亮眼的成绩。一方面，科学研究和技术服务业持续增长成为河北省对外投资的新亮点。其中，长城汽车公司等企业通过在美国、德国投资设立研发中心，河北四通新型金属材料公司等企业通过并购英国、法国、捷克的先进技术企业，实现了利用这些国家的人才研发、技术优势，加速河北省企业技术创新的目的。另一方面，河北省与"一带一路"沿线国家的国际产能合作步伐加快，产能优势在逐步发挥。2016年，河钢集团已经与塞尔维亚斯梅代雷沃正式签署了收购协议，河钢在中东欧拥有了220万吨钢铁产能的生产基地，这是河北省推进与中东欧国家国际产能合作的一项重大成果。随着河北企业"走出去"步伐的加快，河北省优势产业在国际产能合作方面取得了积极

---

① 天津科学技术委员会，2017年6月14日，http://www.tstc.gov.cn/xinwen/mtjj/201706/t20170614_129977.html.

成效。

近年来，辽宁省深入融入"一带一路"建设。充分发挥自身在中蒙俄、东北亚的区位、交通和产业优势，务实推进辽宁省在国际技术与产能合作方面的发展。一方面，沈阳市探索建立与东北亚成员国间经贸合作沟通机制，大连市加强与东北亚地区港口、铁路等的交流合作；营口市推动与蒙、俄、韩、日供应链产业链的深度融合，深化装备制造业领域的合作；鞍山市力促与沿线国家相关产能合作项目落地推进；丹东市积极参与中国—蒙古—俄罗斯—欧洲战略通道建设，东北亚经贸合作发展如火如荼。另一方面，装备制造和国际产能合作增势强劲。全省装备制造业对外投资 10.7 亿美元，同比增长 14.9%。同时，沈阳联立铜业哈萨克斯坦投资铜资源综合开发及冶炼项目、特变电工乍得和尼日尔电力项目、海城石油机械俄罗斯巴什基尔共和国投资建设石油装备产业园区项目等一批重点产能合作项目相继落地。①

在近年来出口形势总体严峻的背景下，山东省充分发挥重点企业技术和实力优势，强化国际产能合作，积极开拓国际市场以扩大产品出口。山东省企业对准"一带一路"沿线国家地区在基础设施建设方面有着巨大需求，与多国在电力工程、交通运输、石油化工等基础设施领域开展了一系列重要合作。同时，由于"一带一路"沿线国家拥有较低的要素成本、丰富的原料资源等有利因素，成为山东省产能境外转移的首要承接地。山东企业对"一带一路"国际产能合作主要集中在橡胶轮胎、轻工、机械设备、电子电器等行业，一批重点合作项目取得积极进展。新时期的山东不仅强调"引进来"，更加注重"走出去"。山东省 2016 年境外国际产能合作项目 92 个，实际投资 320.8 亿元人民币；境外资源合作开发企业 15 家，实际投资 176.6 亿元人民币。

四、环渤海创新协同开放的规划反思

近年来，中国经济与产业逐渐转型和升级，中国经济已经显露出新旧动能转换的新气象。随着《环渤海地区合作发展纲要》与《"十三五"时期京津冀国民经济和社会发展规划》的相继推出，环渤海区域面临着良好的发展机遇。京津冀城市

---

① 辽宁省人民政府官网，2017 年 3 月 15 日，http://www.ln.gov.cn/zfxx/tjdt/201703/t20170315_2811677.ht

圈、辽宁沿海蓝色经济带与山东半岛经济带等经济发展战略得以稳步推行，使得该地区的融合水平得到提升，环渤海地区创新型开放经济整体迈上了新的台阶。但与此同时，一些新的问题也随之凸显出来，涉及对外开放水平、产业协同带动、市场化程度等各个方面，对区域经济的进一步发展与开放形成阻力，为了应对和解决这些问题，环渤海地区可从以下几点着手。

（一）继续优化贸易结构，提升对外开放水平

在全球经济下行压力增加的背景下，中国总体的进出口能力稍显疲软。环渤海地区近几年的进出口贸易额也出现下滑的迹象。但随着中央政府提出将京津冀城市群打造成全国创新驱动经济增长新引擎，增强该地区高端创新要素集聚能力，环渤海地区在培育新兴贸易业态方面取得一定进展，也为该地区的对外贸易注入新的活力。但从总体来看，环渤海地区的对外贸易结构与对外开放水平仍需进一步提高。

首先，对外贸易发展落后于"长三角"等发达经济圈。2016年，环渤海进出口总额占全国的20.4%，低于长三角经济区的34.7%。其次，以机电产品和高新技术产品为主的技术密集型产品出口竞争优势较低。由于机电与高新技术产品有较高的附加值和广阔的国际市场，其出口比重反映了一个国家和地区的对外贸易竞争力和经济技术实力。除北京在这两类产品的出口比重达到约75%以外，其余省市所占的比重较低，河北、辽宁、山东三省主要仍以矿产、能源、原材料等资源型产品出口为主。最后，环渤海地区的服务贸易水平相比其他经济区仍有一定差距。2016年以京津冀为首的城市群服务贸易进出口总额达1896亿美元，仍比上海单一直辖市少366亿美元。虽然以跨境电商为主要亮点的新兴贸易业态为该地区的进出口贸易增添了新的活力，但跨境电商平台的建设尚处于初步阶段，贸易方式的创新水平仍需进一步提高。

综上所述，以劳动密集型产业为主要特色的河北、辽宁与山东省应加快高新技术产业基地建设与发展，选择技术含量和附加值较高的产品，培育出一批有实力的高新技术产业群，建设一个具有比较优势的产品出口局面，提高比较优势产品出口经济效益。同时，环渤海地区在完善港口服务及运输、建设、旅游等传统服务领域的同时，也应积极升级服务贸易的质量与水平，提高产品生产及出口的服务环节，提高服务行业附加值和竞争力，充分发挥人才资源优势，扩大服务贸易的出口品质。

（二）抢抓新旧动能转换新机遇，促进产业协同发展升级

基于其自身的资源优势与工业基础，环渤海地区是中国最大的工业基地。京津冀城市群作为新兴的产业集聚地，主要以石化、冶金、电子与钢材为产业主体。辽东半岛拥有雄厚的装备制造业基础，素有"中国鲁尔区"之称。山东半岛则以电子、纺织等轻工业为主导。发达的工业基础为环渤海地区的产业转型提供了可能。但随着供给侧结构性改革逐步推进，环渤海地区面临化解过剩产能、推动传统产业转型升级和培育建设新兴产业三大任务。2016 年，环渤海对"一带一路"沿线国家的经贸合作主要集中在产业园区的建设与国际技术、产能的合作，这为环渤海地区的国际技术交流与过剩产能输出提供了有效的路径。但基于环渤海地区总体的产业特点，除北京处于产业链的高端外，天津、河北、辽宁与山东省主要仍处于产业链的中低端，工业占比较重，高新技术产业发展较为滞后，产业转型升级势在必行。如何完善城市的功能定位、调整环渤海五省（市）的产业结构、增强区域内部的利益互补性，成为环渤海地区未来发展的一大命题。

环渤海地区应遵循科学规划产业价值链。在产业特点上，北京是知识技术密集型区域，但中心区产业布局过于臃肿，应将邻近的天津市与河北省置于环首都圈的整体战略发展中，承接北京高新技术产业的转移。在消化北京"非首都"功能的同时，天津与河北省应利用新旧动能转换的机遇，充分运用互联网等高新技术，促进自身产业的转型升级，增强省市之间的产业利益互补性，形成高效协作的京津冀城市圈，在环渤海地区起到创新引擎和引导的作用。对于"两翼"的辽宁与山东经济带，两省可基于自身的产业优势与区位优势，形成以工业为主导，第三产业为支撑的创新型产业结构。重点发展高端装备制造业，推进现代服务贸易的发展，积极融入"一带一路"沿线国家建设，扩大对外开放的力度。同时，辽宁省与山东省可以利用丰富的自然旅游资源，将自身打造为以新型技术为驱动的生态旅游经济圈，可与京津冀经济圈遥相呼应。

（三）提高市场化程度，减少隐形壁垒

与长三角、珠三角经济区相比，环渤海经济区整体的市场发展程度相对较低，这主要体现在两个方面。一方面体现在市场资源在环渤海地区的空间分配。由于北京特殊的政治中心地位，造成京津冀地区长期的政策倾斜和区域经济发展不平衡，

许多优势产业及高新企业都选择落户北京，从而形成北京优势资源聚集度高，对天津、河北、山东、辽宁等周边区域协同带动的辐射力有限。从产业结构看，北京以第三产业为主，比重超过80%，高新技术产业出口比重也接近80%，呈现明显的高端化趋势，天津、河北第二产业比重仍在一半左右，这导致北京中心城区功能布局过度臃肿，河北、山东、辽宁等省的"环首都"周边城市接受北京高新产业辐射影响有限，产业间利益互补性不强。所以环渤海地区内部各城市功能定位应更明确、更合理。只有市场资源在一个开放共享的市场体系得到合理分配，地区之间的产业利益互补性才能更强。

另一方面表现为市场主体的在环渤海地区的多样化程度。2016年，环渤海地区的民营企业在进出口贸易方面表现亮眼。2016年，北京民营企业进出口增长9.4%，占全市外贸比重9.1%，比去年提高1.3个百分点。天津民营企业拉动作用明显，民营企业增长9%，占全市出口比重25.7%，较上年提升4个百分点。河北民营企业进出口成为领头羊，民营企业进出口271.7亿美元，增长1.2%，占58.3%。但在环渤海内的各个省市中，特别在北京，或是东北老工业基地辽宁，国有企业或央企依旧是比较强势的。虽然近两年民营企业发展迅速，渐渐成为拉动环渤海地区进出口贸易额的中坚力量，但由于国家安全和环渤海地区固有的产业特点，还有北方地区一贯的"强政府，弱市场"态势，造成该区域内资本市场的活力不足。缺少民营企业润滑作用的环渤海经济圈，因各种市场要素、创新资源流动性较差而难以形成有效的产业链。

因此，环渤海地区可以借鉴长三角经济圈的"苏南模式"或是"温州模式"等民营经济的发展模式，搭建国有企业、央企与民营企业沟通协作的桥梁，为其民营经济的发展培育良好的市场土壤，引导更多的民营经济要素参与到京津冀经济圈乃至环渤海地区的整体产业链配套体系中去，进而为不同产业的转移提供良好、灵活的协作平台。只有市场化程度得到加强、市场运作模式更为活跃，环渤海地区才能在"新经济"时代下吸引更多创新型、开放型外资企业进驻该地区，进而提升环渤海创新型经济体系的对外开放水平。

第二十章　中部地区开放

——在"一带一路"基础设施建设中的机遇和挑战

一、中部地区对外开放总体格局

2015—2016 年，随着"一带一路"、中部崛起以及长江经济带战略的实施，我国中部地区对外开放的进程进一步加快，尤其是自贸区、临空经济试验区、无水港、国际空港和铁路口岸等系列对外开放基础设施平台建设不断加快，引领中部地区形成对外开放总体大格局。

（一）进出口贸易总体保持平稳，贸易结构优化

2015—2016 年，我国中部地区对外贸易基本保持平稳发展。2015 年，中部地区进出口贸易总额达 15975.5 亿元，与 2014 年（15342.69 亿元）相比，增速 4.1%，远高于全国增速（-7%）；2016 年，中部地区进出口贸易总额达 15770 亿元，占全国进出口贸易总额的 6.5%，与 2015 年相比，出现轻微下降，下降了 1.3%，与全国降速（-0.9%）基本持平；各地区中，河南、山西的进出口贸易增幅明显，安徽、湖南两地出现了轻微下降，但总体进出口水平仍高于 2014 年。

表 20-1　2015—2016 年中部地区进出口具体情况　　　单位：亿元，%

	出口				进口			
	2015		2016		2015		2016	
	总额	增长率	总额	增长率	总额	增长率	总额	增长率
河南	2684.0	11	2835.3	5.7	1916.2	21.9	1879.4	-1.8
山西	523.4	-5.8	655.3	25.2	388.4	-13.7	443.6	14.2
安徽	2129.6	5.2	1880.4	-11.7	1028.2	-11.3	1049.8	2.1
湖南	1189.9	-2.9	1205.3	1.5	635.5	-5.1	577.0	-8.9

续表

	出口				进口			
	2015		2016		2015		2016	
	总额	增长率	总额	增长率	总额	增长率	总额	增长率
	1817.1	11.0	1720.1	-5.3	1021.7	1.4	880.0	-13.6
江西	2060.9	4.08	1966.9	-4.1	580.6	11.7	677.0	17.3
合计	10404.9	5.88	10263.4	-1.4	5570.6	3.58	5506.8	-1.1

贸易结构不断优化。2015—2016年，中部地区一般贸易出口额占出口总额比重有所增加，由2015年的48.39%增加到2016年的50%，产能输出结构出现优化，加工贸易转型升级，由低端向高端发生转变；另外，对外贸易也逐渐向创新外贸发展，高新技术产品出口额出现大幅度增加，2015年，中部地区除湖北省以外，高新技术产品出口额为2389.6亿元，增长率达23.9%，远高于全国增速（0.4%）；2016年，五省高新技术产品出口额为2823.5亿元，增长率为18.2%，而全国高新技术产品出口额出现了负增长。

表20-2　2015—2016年中部地区贸易结构 单位：亿元，%

	一般贸易				加工贸易			
	2015		2016		2015		2016	
	出口额	增长率	出口额	增长率	出口额	增长率	出口额	增长率
河南	829.3	-6.5	863.4	4.1	1811.4	21.0	1934.5	6.8
江西	1723.3	9.5	1687.1	-1.6	290.0	-2.3	270.0	-7.2
安徽	1526.5	9.1	1346.4	-11.8	80.1	-8.5	71.9	-10.2
湖南	730.0	-15.7	883.0	21.3	391.5	23.6	302.6	-22.7
湖北	196.2	6.3	181.7	-7.4	85.2	12.3	65.5	-23.2
山西	30.3	-13.7	175.7	-6.4	53.2	-0.3	476.4	43.9
合计	5035.6	1.8	5137.2	2.0	2711.4	16.5	3120.9	15.1
全国	75456.0	2.1	74601.0	-1.1	49553.0	-8.8	47237.0	-4.6

（二）外商投资持续增加

中部地区外商投资持续快速增长。2015年和2016年，中部地区外商投资分别为625.5亿美元和675.1亿美元，占全国外商投资的49.5%和53.6%，同比增加分别为10%和7.9%，高于全国3.6个百分点和3.8个百分点，表明中部地区已成为外商直接投资的重点和热点地区。中部地区除山西省以外，其他地区外商投资均快速增加，湖南、湖北和江西三省两年的增速均已超过 10%，远高于全国 6.4% 和 4.1% 的增速。

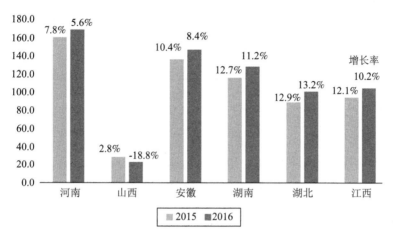

图 20-1　2015—2016 中部地区外商投资情况

数据来源：公安部、深圳出入境边防检查总站。

外商投资企业数量快速增长，双边投资也越来越活跃。2015 年中部地区新建外商企业 1526 家，2016 年新建外商企业也在 1200 家以上。

（三）对外劳务合作和工程承包持续增长

截至 2015 年底，中部地区对外劳务人员达 14.6 万人，远高于 2014 年外派劳务人员数（9.9 万人），占全国对外劳务人员（53 万）的 27.6%，中部地区已成为我国主要的劳务输出地区之一。

对外工程承包仍在持续增长，2015—2016 年均保持在 300 亿美元左右的规模，营业额则由 2015 年的 221.9 亿美元增长至 2016 年的 244.11 亿美元，占全国对外工程承包营业额的 15.3%，总体发展态势良好。山西等部分省份虽然呈负增长，但下降趋势在逐渐变缓，由 2015 年的 -36.2% 减缓到 2016 年的 -7%。

表 20-3　2015—2016 年中部地区对外工程承包情况

	对外工程承包合同额（亿美元）			对外工程承包营业额（亿美元）		
	2015	2016	增长率（%）	2015	2016	增长率（%）
河南	43.4	44.7	3.1	48.32	52.68	9
山西	3.5	2.2	-36.2	7.4	6.9	-7

续表

	对外工程承包合同额（亿美元）			对外工程承包营业额（亿美元）		
安徽	30.7	30.8	0.2	26.9	30.9	14.9
湖南	59.1	66	11.6	51.8	63.1	21.8
湖北	114.5	126.4	10.3	52.3	51.1	-2.34
江西	40.4	28.9	-28.5	35.1	39.4	12.3
合计	291.6	298.9	2.5	221.9	244.1	10

（四）对外交流日益频繁

对外交流日益频繁。2015 年，中部地区旅游外汇收入达 65.1 亿美元，占全国旅游外汇收入的 5.7%，增速 19.6%，高于全国 11.8 个百分点；2016 年，除河南以外，其他五省的旅游外汇收入为 63.2 亿美元，占全国旅游外汇收入的 5.3%，增速高达 11.7%，高于全国 6.1 个百分点。

表 20-4　2015—2016 年中部地区旅游外汇收入情况

	2015 年		2016 年	
	总额（亿美元）	增长率	总额（亿美元）	增长率（%）
河南	8.5	17.1		
山西	3.0	5.8	3.2	6.8
安徽	22.6	23.0	25.4	12.4
湖南	8.6	7.2	10.1	17.1
湖北	16.7	35.0	18.7	12.0
江西	5.7	2.0	5.8	3.1
合计	65.1	19.6	63.2	11.7
全国	1137.0	7.8	1200.0	5.6

2015—2016 年，中部地区围绕"一带一路"开展了一系列对外文化交流活动，如中部地区共建"一带一路"国际研讨会、展览等，中部地区对外交流活动日益频繁。

表 20-5　2015—2016 年中部地区对外文化交流活动

时间	地区	活动
2015 年 5 月 18 日	中部六省	中国中部六省共建"一带一路"国际研讨会
2015 年 7 月	江西	江西省博物馆"千年瓷都——中国景德镇精品陶瓷展"赴俄罗斯巡展、"江西活动日"参加意大利米兰世博会
2016 年	湖南	国际友城友好交流活动周、"一带一路"沿线国家侨领培训班
2016 年 8 月	郑州	中国郑州—德国汉堡经贸文化交流系列活动
2016 年 8 月 29 日	湖北	"万里茶道与一带一路"主题论坛
2016 年	陕西	"一带一路"海关高层论坛、丝绸之路旅游部长会议、上合组织经贸部长会议
2015 年—2016 年	安徽	中国华侨国际文化交流促进会第四次理事大会、"一带一路"建设调研报告

（五）围绕"一带一路"对外开放政策不断完善

2015 年 3 月 28 日，国家发展改革委、外交部、商务部 28 日联合发布了《推动共建丝绸之路经济带和 21 世纪海上丝绸之路的愿景与行动》。2015—2016 年，围绕"一带一路"建设，中部地区陆续出台系列政策措施，包括战略规划、优惠政策等，河南、山西、湖南等省均出台了参与"一带一路"建设行动方案，积极打造对外开放新格局。与此同时，2016 年 12 月 9 日出台的《促进中部地区崛起规划（2016—2025 年）》，在原有"三基地、一枢纽"定位基础上，提出了中部地区"一中心、四区"的战略定位，即全国重要先进制造业中心、全国新型城镇化重点区、全国现代农业发展核心区、全国生态文明建设示范区、全方位开放重要支撑区，进一步明确了中部地区对外开放的方向。

表 20-6　中部地区相关政策意见

时间	相关政策	主要内容
2015 年 5 月 20 日	《湖南省人民政府关于加快发展对外文化贸易的实施意见》	坚持统筹发展、政策引导、企业主体、市场运作四大基本原则，力争到 2020 年，培育 3~5 家出口超千万美元和 10 家出口超 500 万美元的文化出口企业集团或骨干企
2015 年 11 月 30 日	《河南省参与建设丝绸之路经济带和 21 世纪海上丝绸之路的实施方案》	方案指出，积极参与"一带一路"建设；并明确了河南省参与"一带一路"建设的战略定位；强调发挥优势、主动融入并服务大局

续表

时间	相关政策	主要内容
2015年12月31日	《湖南省开放型经济发展专项资金管理办法》	积极参与长江经济带和"一带一路"建设，支持开放型经济发展主要领域的重要平台搭建、重点项目建设、重大活动开展、重大任务落实
2016年4月12日	《山西省参与建设丝绸之路经济带和21世纪海上丝绸之路实施方案》	全面贯彻落实国家"一带一路"倡议，加快国家综合交通枢纽中心建设、国际口岸建设，发挥区域、区位优势，扩大对外开放
2016年5月13日	《江西省2016年参与"一带一路"建设工作要点》	围绕通道、产业、经贸、交流、平台和保障等六大方面提出了具体措施，深入推进与"一带一路"沿线重点国家的合作
2016年6月22日	《2016年河南省对外开放工作行动计划》	坚持对外开放基本省策和开放带深度融入"一带一路"，统筹双向开放，积极推进国际产能合作，加快拓宽开放领域，打造对外开放新格局
2016年11月30日	《湖北省标准化体系建设发展规划（2016—2020年）》	充分把握湖北在长江经济带发展和"一带一路"建设中的战略机遇，国际标准化合作更加深入
2016年12月29日	《安徽省"十三五"利用外资和境外投资规划》	明确安徽省"十三五"利用外资和境外投资的指导思想和发展原则，提出到2020年，全省利用外商直接投资达到180亿美元，年均增长6%，战略性新兴产业和现代

二、中部地区对外开放基础设施平台建设现状

2015—2016年，中部地区铁路、无水港、临空经济区、自贸区、保税区等开放基础设施平台的建设进一步加快，成为扩大对外开放的重要支撑。

（一）国际铁路连通性不断加强

截至2016年底，中欧班列已开行10条路线，其中中部地区线路占4条，具体包括武汉—捷克、波兰、长沙—杜伊斯堡、南昌—鹿特丹。其中南昌—鹿特丹班列于2015年11月24日首次发出，班列全程运行1.2万公里，运输时间约17天，从南昌横岗站始发，经满洲里口岸出境，途经俄罗斯、白俄罗斯、波兰、德国到达终

点荷兰鹿特丹，该班列比海运节省时间 28 天左右，比空运节省运费 50% 以上。中欧班列开行班次逐步扩大，达到每周 4 班，货源分布比例省外占到了八成，它的"朋友圈"也由单一的汉堡，扩大至华沙、明斯克、阿拉木图、莫斯科、杜伊斯堡、布拉格、米兰、巴黎、布达佩斯、塔什干。随着中欧班列的站点不断增多、班次日益频密，与"一带一路"沿线国家，尤其是欧洲国家的通达性日益提升，为中部地区的对外开放提供了良好的交通支撑。

（二）国际航空航线网络布局不断完善

2015 年—2016 年，随着航空大众化的趋势日益明显，加之北上广等传统一线枢纽容量饱和，郑州、武汉、长沙等二线航空枢纽迎来快速发展的良机，航空公司纷纷加大二线城市国际航线网络布局，中部地区国际航空航线网络布局不断完善。

2015 年 3 月 31 日，海关总署正式将河南纳入丝绸之路经济带海关区域通关一体化改革板块。截至 2016 年底，郑州机场相继开通国际航线 55 条，其中国际客运航线 26 条，国际全货机航线 29 条，货运航线覆盖亚、欧、北美、南美、澳五大洲，2016 年海关共监管国际货邮量 26.2 万吨。尤其是引入卢森堡国际货运航空公司后，国际货运快速发展，卢货航每天 2 班（每周 13 班），已开通卢森堡、米兰、芝加哥、吉隆坡、新西伯利亚等海外航点，初步形成了覆盖亚太、横跨欧美的航线网络布局。

武汉天河国际机场 2015 年 5 月成为实行 72 小时过境免签政策的航空口岸，并先后开通飞旧金山、罗马、莫斯科等长程洲际航线，国际航线超过 40 条。2016 年 12 月 5 日，武汉开通至印度马德拉斯的定期国际货运航线，该航线是友和道通航空继开通武汉—孟买、武汉—德里后开通的武汉至印度的第三条航线，将进一步巩固武汉至南亚的航空货运优势，逐步实现全国货物通过武汉集散至南亚的设想。

长沙机场于 2016 年 1 月成为实行 72 小时过境免签政策的航空口岸，2015 年 2 月 6 日，长沙直飞马尔代夫马累正式起航，并先后开通直飞东京、名古屋、福冈、吉隆坡、胡志明、清迈、法兰克福、洛杉矶、悉尼、墨尔本、莫斯科等国际航线，国际航线达到 40 余条，在省会城市中居于前列。

此外，太原、合肥等机场也加快开通国际航线。2016 年 3 月 30 日，合肥新桥机场开通广州—合肥—洛杉矶首个国际全货运航班，截至 2016 年底执飞 75 班，进出口货物 750 吨。2016 年，太原机场新开太原至韩国全罗南道务安、泰国罗勇、莫斯科、平壤等航线。

不断完善的国际航线网络，大大拓展了中部地区对外开放的通道，为开放经济构建提供了坚实支撑。

（三）无水港建设进一步加快

2015—2016 年间，中部地区新增三个无水港。2015 年 7 月 28 日，连云港在郑州设立的无水港开始运营，货物搭载郑州至连云港的集装箱班列发往国外；2016 年 5 月，安徽首个无水港宣城无水港"开港"运行；2016 年 11 月 29 日，广州港怀化内陆港举行揭牌仪式，该港口让怀化通过铁海联运连接了"海上丝绸之路"，为怀化打开了一扇沟通世界、接轨国际的通道。通过无水港，实现了中部地区与沿海港口的了陆海联动，增强了中部地区发展开放型经济的优势。

（四）自贸区和保税区建设力度加大

2015 年以前，我国仅有一家自贸区——中国（上海）自由贸易实验区，到 2015 年 4 月，国务院批复成立广东、天津、福建三个自贸区，在 2016 年 8 月，党中央、国务院决定设立 7 个自贸区，其中中部地区占了两个，包括河南、湖北两个自贸区。

2015—2016 年，中部地区共新设立 3 个综合保税区。分别为 2016 年 3 月 11 日国务院批准设立的武汉新港空港综保区、2016 年 5 月 31 日国务院批准设立的长沙黄花综合保税区以及 2016 年 9 月 13 日国务院批准设立的马鞍山综合保税区。截至 2016 年底，经国务院批准设立的综合保税区有 60 余家，中部地区共有 14 家，在在全国各区域中处于领先水平。

表 20-7 中部地区综合保税区名单

地区	综合保税区
河南	郑州新郑综合保税区、南阳卧龙综合保税区
江西	赣州综合保税区、南昌综合保税区
安徽	合肥综合保税区、芜湖综合保税区、马鞍山综合保税区
湖南	岳阳城陵矶综合保税区、衡阳综合保税区、湘潭综合保税区、长沙黄花综合保税区
湖北	武汉东湖综合保税区、武汉新港空港综合保税区
山西	太原武宿综合保税区

三、开放基础设施平台建设面临的问题与挑战

（一）资金短缺

对外基础设施建设是中部地区对外发展的前提条件，也是顺应国家"一带一路"建设的必然选择。而对外开放区域范围跨度大，涉及的国家、地区较多，所涉及的社会、自然环境也较为复杂，对基础设施的建设必然需要投入较高的成本。2015 年，中部各省投资额达 4079 亿元，占全国（18421 亿元）比重为 22.14%，增长率为 8.4%，略高于全国增长速度（7.3%），但除江西以外，其他各省的增长率均低于全国交通固定资产投资额增长率；2016 年，中部地区交通固定资产投资为3934.5 亿元，相比 2015 年，投资额负向增长 3.5%，远低于全国 6.8% 的增速，投资额占全国（19681.4 亿元）比重也有所下降，由 2015 年的 22.12% 降低到19.99%,；中部地区交通固定资产投资额相对还比较匮乏。另外，中部地区目前对外开放基础设施还不完善，需要进一步的建立和完善，因此，对资金需求也是持续性的。加之，基础设施建设属于大工程，建设周期较长，且一般需要整体建成后方能投入使用，因此短期内无法收回成本和获取利润。一系列现实因素表明，中部地区对外开放基础设施建设资金供应会存在一定的挑战。

表 20-8　中部地区交通固定资产投资

	2015		2016	
	投资额（亿美元）	增长率（%）	投资额（亿美元）	增长率（%）
河南	472.4	-3.6	476.7	0.9
江西	735.9	60.9	613.9	-16.6
安徽	772.5	6.0	842.8	9.1
湖南	687.1	-2.8	750.6	9.2
湖北	1136.1	1.4	1026.3	-9.7
山西	275.0	7.0	224.1	-18.5
合计	4079.0	8.4	3934.5	-3.5
全国	18421.0	7.3	19681.4	6.8

（二）协同不够

中部地区对外开放涉及不同城市、不同国家以及不同的文化，因此，单凭某一地区一己之力或短期的优惠政策很难真正促进地区的对外发展。从1978年改革开放到2014年"一带一路"倡议的提出，我国内陆开放几乎都是由中央政府主导，各地区分别执行。中央政府的指导为中部地区发展指明了方向和道路，但具体怎么走，还需要中部地区之间协同合作完成。2015年5月18日，中部六省就共建"一带一路"开展了研讨会，并提出搭建中国中部与"一带一路"沿线国家"共商、共建、共享"平台。但截止到目前，中部六省并未对地区铁路、公路、航空等基础设施建设的连通作出规划，也并未对各省的角色进行分工定位，中部地区对外开放平台协同建设机制还处于缺失状态，甚至在航空网络构建、中欧班列等方面存在恶性竞争，需在加强协调统筹。

（三）人才储备不足

对外开放基础设施建设涉及交通、运输、物流、城市规划等各个领域，且工程庞大、涉及面广，需要大量优秀人才，但目前中部地区人才储备还存在不足。首先，高端人才数量并不占优势。2015年中部地区硕士毕业生有9.7万人，占全国硕士毕业生（55.2万）的17.5%；2016年，硕士毕业生有10万人，占全国硕士毕业生（56.39万）的17.8%，仅处于全国平均水平。其次，相关专业人员不足。如航空运输业，2015年中部地区航空运输业就业人数为3.8万人，增速为4.8%，远低于全国9%的增速，占全国比重由2014年的7.18%降低为6.99%；2016年，航空运输业就业人员数为4万人，增速为4.9%，低于全国增速（7.6%）2.7个百分比，占全国比重已降至6.7%。

表20-9　2015—2016年航空运输业就业人员数

	2015		2016	
	人数（万人）	增长率（%）	人数（万人）	增长率（%）
河南	1.0	-5.8	1.1	7.7
江西	0.3	6.6	0.3	1.6
安徽	0.4	49.9	0.4	6.0
湖南	0.8	1.4	0.9	0.8

	2015		2016	
	人数（万人）	增长率（％）	人数（万人）	增长率（％）
湖北	0.7	8.2	0.7	-2.3
山西	0.5	3.8	0.6	17.0
合计	3.8	4.8	4.0	4.9
全国	55.3	9.0	59.5	7.6

（四）政策亟须完善

中部地区空港、无水港、自贸区、保税区等开放平台的建设和运营需要政府、海关等行政职能部门与港口当局、船公司和货主协调合作，而中部地区相关政策仍不够完善。如无水港的建设，由于缺乏协调一致的管理机制，造成相互之间激烈竞争、地方及企业追求局部短期利益等问题。中欧班列也存在区域内部恶性竞争的问题，名称标识不统一、市场发展不规范、筛选标准不一致，在对外运输议价上，班列线路各自为战，导致议价能力缺乏，为了竞争货源，各地政府争相提高补贴力度，缺乏统筹协调、缺乏可持续性。以合新欧为例，自2014年启动，由于各地分流，到如今方实现"一月三列"的运行规格，返程空箱现象严重，运输成本过高。

同时，随着各地区无水港、保税区以及自贸区等的不断建设，招商引资将成为发展的重点，但中部各地区尚未出台具有地区针对性的招商支持以及税收优惠政策，缺乏统一政策规范。

四、对策建议

中部地区要打造内陆开放型经济高地，在中巴、中蒙俄、新亚欧大陆桥等经济走廊建设中具有重要战略地位，随着"一带一路"和长江经济带建设的进一步深入，中部地区将在对外开放基础设施网络中扮演着重要角色，在国际航空枢纽、国际陆港、跨境贸易和各类口岸建设方面面临重大机遇、中部地区要充分抓住相关机遇，加强协作，构建以陆海空通道和信息高速路为骨架，以机场、铁路、港口等重大工程为依托，形成复合型的对外开放基础设施网络。

（一）加大资金扶持力度

加大中部地区对外开放交通固定资产投资力度，利用国内、国际各大金融投资机构，如国内各大商业银行、亚洲基础设施投资银行以及丝路基金等；发挥各类投融资基金作用，创新投融资体制，鼓励境内基金机构"走出去"，以股权投资、债务融资等方式支持中欧班列建设；加大政府预算内投资对对外开放基础设施建设的支持力度，可设置城市基础设施开发基金和基金会，创造便捷的长期融资渠道；鼓励 PPP 模式，政府可给予企业一定的特许经营权，吸引社会资本投入，鼓励铁路、地方、企业共同出资建设，共享投资收益，同时与企业利益共享、风险共担、全程合作，减少政府的财政负担，减小社会主体的投资风险。对外开放基础设施建设是中部地区对外开放正常运行的基础，投资主体多元化、投融资渠道多方化，对于提高基础设施建设、保证中部地区对外开放的良好发展有着至关重要的作用。

（二）建立健全协同机制

中部地区地缘相接、人缘相亲，地域一体、文化一脉，历史渊源深厚、交往半径相宜，完全能够相互融合、协同发展。推进中部地区协同发展，要立足各自比较优势、立足各区产业发展要求、立足区域优势互补原则、立足合作共赢理念，以中部地区对外开放建设为载体、以优化区域分工、设施配套建设、建立综合交通体系为重点、以资源要素空间统筹规划利用为主线、以构建长效协同机制为抓手，从广度和深度上加快发展，努力打造国际化的中部地区经济圈。同时，各地区要加强自身规划和建设，提高城市综合承载能力和内涵发展水平，突出城市的地域特点和人文特色，最终形成核心区功能优化、辐射区协同发展、梯度层次合理的中部地区城市群体系，促进对外开放更好更快发展，支撑经济社会发展。另外，中部地区还要与全国其他省份建立协同发展机制，扬长避短，避免重复建设和恶性竞争，实现合作共赢。

（三）积极培养引进人才

加强人才队伍建设，积极实施海内外高端人才引进计划，重点引进具有国际视野、具有对外工作经验以及具有精湛操作技能的高级人才，并给予一定的薪酬补贴、住房补贴、安家补贴等，同时根据人才的不同设置不同的奖励制度；自主培养高端人才，可与当地高校合作，在高校设置研究院，吸引高校学生积极报名参与，选择合适的、有潜力的学生进行定向培养，最终发展成项目所需高端领袖人才；另外还可设立名工巧匠工作室，面向社会青年直接招募，进行专向技能培养，使其发展成实用技术型人才；另外，还可建设"一带一路"中欧班列沿线国家校际交流、人才互换机制，拓宽学生的视野，同时高校内部增强国别、语言研究，为"一带一路"企业"走出去"做好基础性服务。

（四）完善配套政策

出台一系列针对对外开放基础设施建设的优惠政策，保障基础设施建设的顺利进行。首先，加大土地等方面政策支持力度，设置优先通道，保障各项基础设施建设用地。其次，针对中欧班列，可以建立中欧班列中部地区铁路合作机制，设置运输联合工作组，强化各地区之间的铁路基础设施互联互通，统筹协调各行业、各部门和各地区，建立完善的服务保障体系；加大进出口配额等贸易政策支持力度，使各地区充分发挥其进出口贸易水平。另外，针对无水港的建设，各地区可以结合自身特色给予一定的财政支持，比如给予"无水港"建设启动资金补助；同时，还可以加大税收扶持力度，对于达到某一标准的企业给予一定的税收减免；另外，还可设立专项的补助和奖励基金，比如给予地区内高速公路通行费全免的补助、业务较高时给予一定的奖励金等；清理不合规的口岸收费，保证口岸的正常建设和运营。

第二十一章 边境地区开放

——探索开放升级新路经

我国的边境地区包括新疆、西藏、内蒙古、甘肃、辽宁、吉林、黑龙江、广西、云南九个省区。本章着重分析在"一带一路"倡议纵深推进、由"海洋时代"迈向"内陆时代"的背景下，边境地区如何走向开放前沿，探索对外开放换挡升级的新路径，以及取得哪些成效，并提出相应的政策建议。

一、边境地区对外开放概况

（一）边境地区社会经济发展概况

1. 人口增长缓慢

截至 2015 年底，我国 9 个边境省份的常住人口总数为 2.9 亿，占全国的 21.1%。2015 年，边境省份常驻人口增长率为 0.432%，略低于全国 0.496% 的平均水平，其中，其中辽宁和黑龙江为负增长，新疆和西藏的常驻人口增长率分别为 2.68% 和 2.02%，远远高于其他省份，如表 21-2 所示。

2. 经济增长高于全国平均水平

近两年来，全国经济增长下滑，经济发展环境复杂，但有 6 个边境省份经济表现依然良好。截至 2015 年底，边境 9 省的 GDP 总和为 12.4 万亿，占全国 GDP 总额的 18.29%。2015 年，全国 GDP 增长率为 6.9%，新疆、内蒙古、甘肃、西藏、广西和云南这六个省份的 GDP 增长率均超过全国水平，其中，西藏的增长率从 2013—2015 年均维持在 10% 以上。西藏、新疆和云南的增长率在边境 9 省中处于领先地位，分别在 2015 年增长了 11%、8.8% 和 8.7%，如表 21-2 所示。

3. 进出口总额同比下降

受全球经济不景气的影响，2015 年全国进出口总外贸额为 39530.3 亿美元，同比下降 7%；边境 9 省的进出口贸易总额共计 2950.245 亿美元，占全国的 7.46%。边境 9 省除广西壮族自治区同比上涨 14% 以外，其他省、区均有不同程度的下跌，其中西藏进出口贸易总额为 9.07 亿美元，同比下跌 59%，黑龙江省出口贸易总额为 209.9 亿美元，同比下跌 46%，如表 21-3 和图 21-1 所示。

表 21-1 2015 年边境地区常住人口及增速　　　　单位：万人

	辽宁	吉林	黑龙江	新疆	内蒙古	甘肃	西藏	广西	云南
常住人口	4382.4	2753.3	3812	2360	2511.04	2599.55	323.97	5518	4741.8
同比增速（%）	-0.20	0.03	-0.548	2.68	0.25	0.34	2.02	0.79	0.59

表 21-2 2015 年边境地区 GDP 及增速　　　　单位：亿元

	辽宁	吉林	黑龙江	新疆	内蒙古	甘肃	西藏	广西	云南
GDP	28743	14274	15084	9325	18033	6790	1026	16803	13718
同比增速（%）	3.0	6.5	5.7	8.8	7.70	8.1	11.0	8.10	8.7

表 21-3 2015 年边境地区进出口贸易及增速　　　　单位：亿美元

	辽宁	吉林	黑龙江	新疆	内蒙古	甘肃	西藏	广西	云南
进出口贸易总额	960.9	189.38	209.9	196.78	128.622	497.7	9.07	512.62	245.27
同比增速	-15.70%	-28%	-46%	-28.9%	-11.6%	-5.4%	-59%	14%	-17%

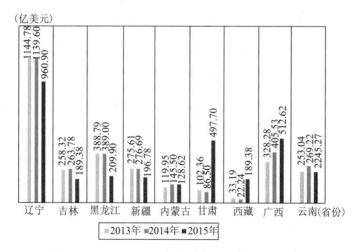

图 21-1 2013—2015 年边境省区进出口贸易总额

数据来源：公安部、深圳出入境边防检查总站。

（二）边境地区进出口贸易概况

1. 小额贸易的发展

边境小额贸易是指我国沿陆地边境线经国家批准对外开放的边境县（旗）、边境城市辖区内，经批准有边境小额贸易经营权的企业，通过国家指定的陆地口岸，与毗邻国家边境地区的企业或其他贸易机构进行的贸易活动，包括易货贸易、现汇贸易等各类贸易形式。

2015 年，我国边境九个省区的边境小额贸易发展状况如表 21-4、表 21-5、表 21-6 所示。2015 年，我国边境地区小额贸易的发展呈现出如下特点。

（1）边境小额贸易以新疆和广西为主

2015 年，边境 8 省、区（甘肃省数据无法获得）小额贸易总额 372.72 亿美元，比 2014 年同比下降 20%，其中新疆和广西的边境小额贸易最活跃，总额达到 266.21 亿美元，占边境 8 省、区的 71.42%，比往年略微上升。广西东兴市已建成全国最大边民互市贸易区，每天有上万人参与边民互市。随着"一带一路"倡议推进，中亚、南亚、俄罗斯等国家在经济、贸易、科技和人文等方面交流合作不断深入，双边经济贸易活动扩展到更多领域和更广泛的地区，边境小额贸易活动也将受益。

（2）小额贸易增长由负转正

2015 年边境 8 省对外贸易总额呈负增长，边境小额贸易增长率均随总贸易额的下降而下降。广西的边境小额贸易与广西的贸易总额均呈现增长态势，如表 21-6 所示。2016 年，多数省区呈现贸易反弹，内蒙古边境小额贸易比 2015 年增长 8.8%（按人民币计算）；2016 年前三季度新疆边境小额贸易保持稳步增长，同比增长 8.9%，占新疆外贸比重 58.2%，成为推动新疆外贸发展的主力。

表 21-4　2013—2015 年边境省区边境小额贸易额度　　　　　单位：亿美元

省区	进出口总额			出口总额			进口总额		
年份	2013	2014	2015	2013	2014	2015	2013	2014	2015
辽宁	10.00	10.05	8.19	7.00	7.94	6.21	3.00	2.11	1.98
吉林	5.00	3.57	2.77	3.00	1.73	1.25	2.00	1.83	1.52
黑龙江	78.87	73.36	34.86	46.02	47.98	14.24	32.85	25.38	20.62

续表

省区	进出口总额			出口总额			进口总额		
新疆	143.00	142.26	96.19	106.00	128.47	93.50	37.00	13.78	2.69
内蒙古	40.00	35.70	30.89	4.00	—	4.98	36.00	—	25.91
甘肃	—	—	—	—	—	—	—	—	—
西藏	19.24	19.66	4.90	19.00	19.48	4.84	0.00	0.17	0.05
广西	115.00	147.28	170.01	105.00	140.09	162.83	10.00	7.19	7.18
云南	33.00	35.79	24.91	18.00	21.79	16.75	15.00	14.00	8.16

表 21-5　2013—2015 年边境省区小额贸易进出口总额占进出口总额的比重　（%）

年份	辽宁	吉林	黑龙江	新疆	内蒙古	甘肃	西藏	广西	云南
2013	0.87	2.01	20.29	51.88	33.35		57.97	35.03	13.04
2014	0.88	1.35	26.51	51.41	24.54		88.42	36.32	12.08
2015	0.85	1.46	16.61	48.88	24.02		53.96	33.17	10.16

表 21-6　2013—2015 年边境省区边境小额贸易进出口总额增速　（%）

年份	辽宁	吉林	黑龙江	新疆	内蒙古	甘肃	西藏	广西	云南
2013	4	12	1.11	10	17		14.0	38	55
2014	0.46	−29	−7	−1	−10.75		2.2	28.07	8
2015	−18.48	−22	−52	−32	−13.47		−75.1	15.44	−30

2. 加工贸易

近年来，边境地区的来料加工装配贸易及来料加工贸易成为贸易的新亮点。国务院于 2016 年初出台了《关于促进加工贸易创新发展的若干意见》，其中对于内陆沿边的意见为支持内陆沿边地区承接产业梯度转移，推动区域协调发展，支持其承接劳动密集型的加工贸易。

（1）辽宁和广西最为活跃

在边境 9 省中，辽宁及广西的来料加工装配贸易及进料加工贸易最为活跃，如表 21-7 和表 21-8 所示。2015 年辽宁加工贸易额为 287.93 亿美元，占对外贸易总额的 30%。2016 年辽宁出台了《关于促进加工贸易创新发展的实施意见》，辽宁将依托省内各类产业园区、出口基地，加快培育一批能为大型外资企业提供产品配套和服务配套的各类中小企业，使其融入跨国公司全球生产链。2015 年广西加工贸易额达到 105.73 亿美元，同比增长 26.1%，增速在全国排第 4 位，提前一年实现"加工贸易倍增计划"目标。

表 21-7　2015 年边境省区贸易额构成　　　　　　　单位：亿美元

省份	进出口贸易总额	边境小额贸易	一般贸易	来料加工装配贸易	进料加工	其他
辽宁	960.90	8.19	516.90	96.62	191.31	147.88
吉林	189.38	2.77	161.05	1.46	15.05	9.04
黑龙江	209.90	34.86	144.03	10.40	4.64	15.96
新疆	196.78	96.19	83.76	2.63	14.19	—
内蒙古	128.62	30.89	71.83	2.46	23.45	—
甘肃	79.91	—		65.20	12.54	—
西藏	9.07	4.90				
广西	512.62	170.01	142.65	32.77	72.96	94.22
云南	245.27	24.91	176.76	—		

表 21-8　2015 年边境省区各类贸易额占比　　　　　　　（%）

省份	边境小额贸易	一般贸易	来料加工装配贸易	进料加工	其他
辽宁	0.85	53.79	10.06	19.91	15.39
吉林	1.46	85.04	0.77	7.95	4.78
黑龙江	16.61	68.62	4.96	2.21	7.61
新疆	48.88	42.57	1.34	—	7.21
内蒙古	24.02	55.85	1.91	18.23	
甘肃	—	81.60	15.69		
西藏	53.96		—		
广西	33.17	27.83	6.39	14.23	18.38
云南	10.16	72.07	—	—	

（2）创新加工贸易发展模式

边境地区积极探索与沿海地区，采取飞地经济模式，共建加工贸易产业园区。2017 年国务院出台《关于支持"飞地经济"发展的指导意见》，支持探索合作共建、产业共育和利益共享的新模式。广西积极利用 CEPA 框架协议，加强与香港经贸合作。广西是继广东之后全国先行先试的两个省区之一，广西计划在加工贸易产业转移等 10 个领域率先推动先行先试示范项目实施。

（三）边境地区利用外资概况

2015 年，边境 9 省区实际利用外资金额达到 283 亿美元，比 2014 年下降了 42.27，占全国实际利用总额的比重为 22.4%。

辽宁是近年来实际利用外资金额最多的边境省区，吉林、黑龙和广西吸引和利用外资稳步上升。辽宁 2014 年实际利用外资金额为 290 亿美元，是边境 9 省中历史最高的。辽宁吸引和利用外资方面的优势主要得益于其沿海的地理优势以及环渤海湾开发的机遇。吉林，黑龙和广西的实际利用外资金额在 2012—2015 这四年间实现了稳步增长。近 3 年，边境省区的实际利用外资金额及其增长情况如图 21-2、图 21-3 所示。

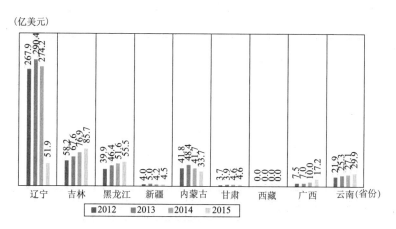

图 21-2　2012—2015 年边境省区实际利用外资金额

数据来源：公安部、深圳出入境边防检查总站。

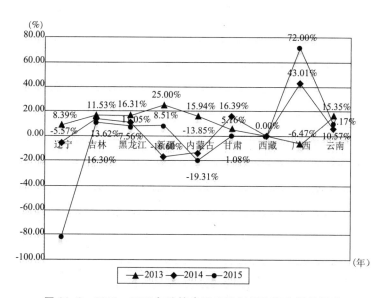

图 21-3　2013—2015 年边境省区实际利用外资金额的增速

数据来源：公安部、深圳出入境边防检查总站。

（四）边境地区国际社会文化交流

实施"一带一路"倡议，经济要走出去，社会文化也要走出去，人文交流是最有亲和力和影响力的，是"一带一路"五通的重点。边境地区与接壤国家经济文化交流的一个重要载体，具有加强跨国社会文化交流的先天优势。云南不断加大与南亚、东南亚国家和地区的交流合作，发挥文化在云南建设面向南亚东南亚辐射中心方面软实力的作用。广西举办中越原生态民族艺术表演、中国—东盟博览会文化展、中越七人制足球友谊赛，中国少数民族艺术团在越南胡志明市举行"多彩中华"迎新春晚会等一系列文化活动，促进中越两国民间文化的交流。

二、边境地区开放的特征

（一）对外贸易降速提质

1. 边境小额贸易呈现阶段性负增长

2014—2015 年，边境 9 省小额贸易呈现继续性的负增长，由 2014 年的 468 亿美元下降为 2015 年的 373 亿美元（数据不包含甘肃省）。除了广西之外，均各省、区均出现负增长，且下降幅度均为 10% 以上。2016 年，边境小额贸易开始企稳。边境小额贸易的阶段性下降，与全球经济复苏乏力、国内经济结构调整和消费转型升级有关。

2. 边民互市贸易转型升级

边境互市贸易是指边境地区边民在我国陆路边境 20 公里以内，经政府批准的开放点或指定的集市上、在不超过规定的金额或数量范围内进行的商品交换活动。国家加快沿边地区开放意见指出要"推动建立一批边民互市贸易示范点"。广西是互市贸易大省。近年来，广西积极利用"构建开放型经济新体制综合试点试验地区"的政策优势，不断探索边民互市贸易转型升级，由"穿岸而过"改"落地加工""通道经济"变"产业经济"的转型。

第一，广西壮族自治区的边境小额贸易的逆潮流增长与其在 2014 年就进行改革促进边民互市贸易转型升级有密切的关系。南宁海关在 2014 年 6 月份提出 3 大改革措施：一是拟改变当前以分散的边民个体作为申报主体，代之以边民互助组或互助社的集体形式作为互市的主体向海关进行申报，充分释放互市政策的"集合"效应；二是拟组织边境地区边民设立加工厂，将互市商品直接落地加工，扶持边境地区产业发展；三是拟对边民互市交易实施信息化管理，提高互市贸易的安全性，促进互市的规范化。广西的边境小额贸易额的主要增长是因为出口额的增多，进口额反而是下降的，这体现出广西壮族自治区对于边民互市贸易转型升级改革的有效性。

第二，广西壮族自治区的加工贸易经济数据也反映出南宁海关 2014 年提出的第 2 条改革措施是成功的。2013 年，广西壮族自治区的加工贸易额为 51.29 亿美元，2014 年为 83.84 亿美元，2015 为 105.73 亿美元。且广西壮族自治区的进料加工贸易在 2013 年（负增长 4.86%）出现过短暂的下滑，但是在 2014 年就实现了大幅度回升，增幅为 31.62%。

第三，广西自 2014 年初步改革取得成效后，一直着力于促进边民互市贸易转型的改革，且其他边境省区如内蒙古及云南同样开始进行改革。南宁海关率先推出改革措施后，广西的省政府，东兴市及防城港市相继推出边民互市的改革方案。云南和内蒙古也顺应着"一带一路"推出了关于边民互市的新政策。

（二）口岸经济由通道经济向多元经济转型

1. 口岸运行现状

第一，各类口岸中，海运口岸的外贸货物吨数为所有类型的口岸中最多的，人员进出境的方式则以公路方式居多，空运居第二。边境口岸的运行也与全国的趋同，海运口岸进出的货物吨数最多，人员出入境主要以公路，航空的方式为主。2015 年全国不同类型口岸运行数据如表 21-9 所示，边境口岸的运行状况如表 21-10、表 21-11 及图 21-4 所示。由于海运成本低，海运的优势尤为明显，辽宁省的大连此海运口岸 2015 年出口了 8330.36 万吨货物，排名前三名的 3 个海运口岸出口的货运量共计 21778.6659 万吨，占我国所有边境开放口岸进出口货运量总额的 54.89%。其次，公路口岸是边境省份货物进出口的第二选择。云南省通过公路口岸进出口的货物量占全省总进出口货运量的 96.48%，吉林的公路口岸进出口货运量则占其全省的 84.05%。海运口岸主要进出大宗基础原材材料和成套设备等，公路口岸则主要运输零散的货物，云南省的主要贸易货物以零散货物为主，辽宁省则是工业大省，出口以机床等大型设备为主，所以海运贸易发达。有 72.12% 的出入境人员都是通过公路口岸进出的，但是通过航空口岸的人流也不容小觑，远远超过剩余 3 种类型的口岸。

第二，不同边境口岸的运行的差距仍然存在，新疆的霍尔果斯、内蒙古的满洲里和辽宁的大连港分别为我国进出口货运量最多的边境开放公路口岸、铁路口岸和水运口岸，辽宁的航空口岸出入境人数最多。只有两个公路口岸 2015 年的货运量超过 1000 万吨，分别是新疆的霍尔果斯和阿拉山口，且这两个口岸的货运量占主要边境公路口岸货运量的 64.28%。8 个公路口岸超过 100 万吨，13 个公路口岸的外贸货运量超过 10 万吨。

表 21-9　2015 年不同类型口岸运行数据统计表

口岸类型	外贸货物（万吨）	进出境人员（万人次）	进出境运输工具（艘、辆、架次）
海运口岸	268320	1840	329948
内河口岸	36739	419	98208
公路口岸	8891	37663	25078643
铁路口岸	3583	502	48497
航空口岸	841	11798	783170
合计	318374	52222	26338466

表 21-10　2015 年我国边境开放海运口岸运行状况

排名	省份	港口	货运量（万吨）	集装箱（箱次）	出入境人（人次）	运输工具（艘次）
1	辽宁	大连	8330.36	3082878	244856	9021
2	辽宁	营口	7337.48	74842	118724	3369
3	广西	防城	6110.8259	121123	57936	3013

表 21-11　2015 年主要边境陆路口岸运行情况统计表

口岸类型	省份	口岸名称	2015 年运量（万吨）	2014 年运量（万吨）	增幅（%）
公路口岸	新疆	霍尔果斯	2218.66	2149.04	3
	新疆	阿拉山口	1203.70	1087.20	11

口岸类型	省份	口岸名称	2015 年运量（万吨）	2014 年运量（万吨）	增幅（%）
公路口岸	内蒙古	甘其毛都	900.86	1446.42	−38
	云南	瑞丽	454.81	363.11	25
	云南	河口	207.47	184.28	13
	广西	友谊关	162.82	290.58	−44
	内蒙古	二连浩特	143.86	229.96	−37
	辽宁	丹东	139.30	128.00	9
	黑龙江	绥芬河	62.20	65.66	−5
	内蒙古	满洲里	61.33	61.72	−1
	广西	东兴	52.70	35.56	48
	吉林	圈河	33.31	24.95	33
	吉林	珲春	32.41	24.42	33
	吉林	图们	5.65	8.70	−35
	西藏	樟木	3.53	62.20	−94
公路口岸	内蒙古	满洲里	1259.50	1449.77	−13
	内蒙古	二连浩特	786.62	826.06	−5
	黑龙江	绥芬河	776.09	743.03	4
	新疆	阿拉山口	521.53	1087.24	−52
	吉林	珲春	115.29	61.72	87
	广西	凭祥	40.41	42.69	−5
	辽宁	丹东	17.81	28.02	−36
	吉林	图们	9.68	14.67	−34

第三，除了黑龙江和云南的对外贸易货运量有所提升，其余的省份的开放口岸对外贸易货运量均有下跌。2015 年，我国各边境省区边境开放口岸运行状况如表 21-12 至表 21-17 所示。黑龙江 2015 年进出口货运量同比提升 8.54%，云南省则只有微量的提升，为 0.93%。黑龙江的与众不同是因为其铁路口岸及内河口岸依然保持增长。其余边境省区的口岸货运量继 2014 年之后继续呈现下滑态势，尤其是各陆路口岸，主要源于国内对大宗商品（尤其是煤油、棉花等）需求的减少，如内蒙古的甘其毛都口岸，原煤进口量降到 2011 年以来最低。

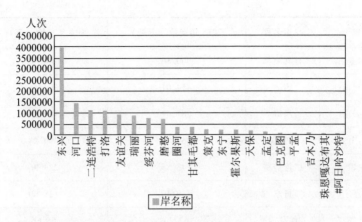

图 21-4　2015 年我国各边境开放公路口岸进出境人员数目前二十

表 21-12　2015 年我国各边境省区各类型一类口岸贡献度

省区	进出口运						进出境人员				
	运量（万吨）	同比增速（%）	各类口岸占比（%）				人数（万人）	各类口岸占比（%）			
			公路	铁路	水运	空运		公路	铁路	水运	空运
辽宁	18155.8	-2.7	—	0.10	99.87	0.03	396.2	3.44	3.45	14.24	78.87
广西	10340.3	-11.5	5.28	0.96	97.45	0.00	673.0	74.16	0.91	3.22	21.72
内蒙古	4086.1	-16.5	49.92	50.08	—	0.00	239.5	82.44	9.03	—	8.53
新疆	3135.8	-13.1	83.32	16.63	—	0.18	169.7	37.76	2.38	—	59.86
黑龙江	2602.0	8.5	3.71	29.87	66.42	0.01	309.1	33.54	6.62	29.22	30.62
云南	1131.7	0.9	96.48	3.28	0.00	0.24	698.0	65.87	0.12	0.00	33.79
吉林	213.3	-0.2	84.05	4.01	—	0.16	156.7	26.44	1.22	—	77.06
西藏	9.7	-30.9	53.04	—	—	46.96	6.9	33.35	—	—	66.65
甘肃	0.0	-100.0	—	—	—	—	13.8	—	—	—	100.00
总计	39674.8	-6.8	15.81	8.70	75.46	0.04	2662.8	51.93	2.57	6.38	39.40

表 21-13　2015 年我国各边境省区边境一类公路口岸运行状况

省份	进出口货运量（万吨）	同比增速（%）	进出境人员（万人次）	同比增速（%）	运输工具（辆）	同比增速（%）
新疆	2612.90	3.64	64.09	-38.79	189115	-24.04
内蒙古	2039.90	-21.98	197.44	-43.36	1187091	-7.85
云南	1091.84	-2.40	459.78	65.09	3797021	2.16
广西	223.19	-34.27	503.38	9.18	11180	207.65
吉林	203.20	-3.77	41.42	-31.93	217654	0.90
黑龙江	96.44	-4.77	103.66	6.35	103449	1.29

省份	进出口货运量（万吨）	同比增速（%）	进出境人员（万人次）	同比增速（%）	运输工具（辆）	同比增速（%）
西藏	5.16	-63.10	2.29	-84.73	13822	-52.74
辽宁	—	—	13.64	—	149172	—
甘肃	—	—	—	—	—	—
总计	6272.64	-9.36	1385.70	1.43	5668504	1

表 21-14 2015 年我国各边境省区边境一类铁路口岸运行状况

省区	进出口货运量（万吨）	同比增速（%）	进出境人员（万人次）	同比增速（%）	运输工具（辆）	同比增速（%）
内蒙古	2046.12	-10.09	21.64	-19.20	15887	-7.88
黑龙江	777.14	4.19	20.47	61.26	8658	17.27
新疆	521.53	-52.03	4.03	-18.13	7554	-31.46
广西	40.41	-5.36	6.15	4.60	1809	-22.56
云南	37.15	10448.13	0.81	2940.60	1392	3295.12
辽宁	17.81	-36.42	13.6491	-47.91	1422	1.50
吉林	9.68	-85.18	1.91	17.59	5640	-23.61
甘肃	—	—	—	—	—	—
西藏	—	—	—	—	—	—
总计	3449.85	-18.74	68.66	-12.13	42362	-9.51

表 21-15 2015 年我国各边境省区边境一类内河口岸运行状况

省区	进出口货运量（万吨）	同比增速（%）	集装箱（个）	同比增速（%）	进出境人员（万人次）	同比增速（%）	运输工具（艘）	同比增速（%）
黑龙江	1728.26	11.51	2314	218.29	90.31	-22.69	63642	19.65
广西	185.39	-3.49	62645	7.02	11.41	940.39	1452	5.99
云南	0.02	-31.01	0	—	1.58	4.79	3946	-16.93
内蒙古	—	—	—	—	—	—	—	—
新疆	—	—	—	—	—	—	—	—
吉林	—	—	—	—	—	—	—	—
辽宁	—	—	—	—	—	—	—	—
甘肃	—	—	—	—	—	—	—	—
西藏	—	—	—	—	—	—	—	—
总计	1913.67	9.85	64959	9.61	103.30	-13.50	69040	16.40

表 21-16　2015 年我国各边境省区边境一类海运口岸运行状况

省区	进出口货运量（万吨）	同比增速（%）	集装箱（个）	同比增速（%）	进出境人员（万人次）	同比增速（%）	运输工具（辆）	同比增速（%）
辽宁	18132.31	−2.66	3243643	−2.29	56.42	−8.65	15389	1.28
广西	9891.25	−10.93	202668	7.64	10.42	3.17	5446	3.81
内蒙古	—	—	—	—	—	—	—	—
新疆	—	—	—	—	—	—	—	—
黑龙江	—	—	—	—	—	—	—	—
吉林	—	—	—	—	—	—	—	—
云南	—	—	—	—	—	—	—	—
甘肃	—	—	—	—	—	—	—	—
西藏	—	—	—	—	—	—	—	—
总计	21912.73	−26.30	3325188	−5.21	61.05	−15.05	17822	−12.81

表 21-17　2015 年我国各边境省区边境一类空运口岸运行状况

省区	进出口货运量（万吨）	同比增速（%）	进出境人员（万人次）	同比增速（%）	运输工具（架）	同比增速（%）
辽宁	5.72	−12.14	312.44	4.27	22798	5.04
西藏	4.57	106186.05	4.57	58.48	180	−98.93
云南	2.71	22.55	235.86	19.69	19307	15.24
新疆	1.41	−24.29	101.60	9.56	9023	5.62
吉林	0.38	−59.63	120.73	18.68	8194	24.95
黑龙江	0.14	−15.85	94.64	23.46	7679	21.16
内蒙古	0.08	−25.23	20.42	−19.34	2265	−64.26
广西	0.05	−22.04	147.41	17.97	11276	15.21
甘肃	0.00	−100.00	13.82	31.47	941	30.51
总计	15.06	26.88	1051.49	12.88	81663	11.35

第四，辽宁、广西和内蒙古是我国通过边境口岸进出口货运量最多的边境省区，其特点各有不同。辽宁省边境口岸进出口货运量最大，其 3 个海运口岸发挥了重要的作用，辽宁为工业重省，出口产品以重型机床为主，适合走海运。广西的货运量虽然下跌至第二位，但是其海运口岸的货运量依然不容小觑。内蒙古则主要依靠陆路口岸进行货物进出口，其主要的进出口产品为衣物及其原料，钢材及矿石等，适合使用铁路及公路进行运输。

第五，云南、广西和辽宁是我国通过边境口岸出入境人数最多的 3 个边境省区。公路客运为常人最容易接触到的交通方式，且公路口岸设立灵活，有利于发展与接壤国的文化交流及旅游业。云南和广西的出入境人员主要通过公路口岸，而辽宁的出入境人员的则主要通过航空出入。2015 年，通过空运口岸出入边境九省的人次占总人次的 39.40%，仅次于公路口岸，可见对于出入境人员来说，使用飞机这个交通工具的频率大大提升。截至 2015 年，边境 9 省空运口岸的出入境人数为 1051.49 万人次，同比提升 12.88%。

2. 口岸通关管理体制改革

国务院于 2015 年 2 月份印发了《落实"三互"推进大通关建设改革方案》（以下简称《方案》），旨在破解制约口岸发展体制机制障碍，深化"放管服"改革及促进外贸回稳向好，主要内容为实现口岸管理相关部门信息互换、监管互认、执法互助。同时完善大通关管理体制，优化口岸执法资源，开展查验积极创新和综合执法的试点。改善大通关的整体环境也是《方案》的着力所在，要完善口岸开放布局，加快自由贸易园（港）区和海关特殊监管区域监管制度创新与复制推广，并且顺应"一带一路"的建设要求，打造畅通的国际物流大通道。

具体的举措有建立国际贸易的"单一窗口""一站式作业"，实现通关一体化及检验检疫一体化等。

2016 年 8 月，全国"三互"大通关建设工作推进会日前在大连召开。据此会介绍，1 年多来，"三互"大通关改革方案确定的各项任务取得了重要阶段性进展，国际贸易"单一窗口"在沿海口岸全部建成启用，"一站式作业"在部分地区、部分领域取得突破，通关一体化、检验检疫一体化管理覆盖全国。

3. 以口岸为核心的多元经济

经过多年的发展，边境口岸不单单仅限于产生"通道经济"的效应了，各口岸都迎来了口岸经济区域化发展的时代——从单一的通道经济向集外贸、物流、加工、仓储、旅游、购物等多元经济转变。其中具有典型代表的就是边境经济合作区。

边境经济合作区是中国沿边开放城市发展边境贸易和加工出口的区域。1992年，我国成立了首批 14 个边境经济合作区。2011 年，中国国务院又批准设立了吉木乃边境经济合作区。2013 年 9 月，国务院正式批准设立临沧边境经济合作区，实行现行边境经济合作区的政策，这是我国第 16 个边境经济合作区。2014 年，国家批准成立百色边境经济合作区，此为第 17 个。2015 年国家再度批准一个新的边境经济合作区，位于吉林的和龙。目前，18 个边境经济合作区总核准面积约 115 平方公里。我国各边境省区设计边境经济合作区的情况如表 21-18 所示。

第一，新疆和云南是设立边境经济合作区最多的边境省区。截至 2015 年底，除甘肃和西藏，我国九个边境省区均已设立了边境经济合作区。广西于 2014 年获批了其第三个边境经济合作区。2015 年，吉林继 1992 年首批边境经济合作区后，首次再度获批一个新的边境经济合作区。

第二，我国与俄罗斯、哈萨克斯坦、越南和缅甸边境经济合作较好。截至 2015 年底，我国沿边开放城市设立的边境经济合作区主要靠近与我国接壤的 6 个国家，其中越南和俄罗斯与我国边境经济合作呈上升态势。

表 21-18　我国各边境省区设计边境经济合作区的情况

省份	合作区名称	成立时间	附近口岸	毗邻国家
吉林	珲春边境经济合作区	1992	珲春	俄罗斯
	和龙边境经济合作区	2015	南坪	俄罗斯
辽宁	丹东边境经济合作区	1992	丹东	朝鲜
黑龙江	黑河边境经济合作区	1992	黑河	俄罗斯
	绥芬河边境经济合作区	1992	绥芬河	俄罗斯
内蒙古	二连浩特边境经济合作区	1992	二连浩特	蒙古
	满洲里边境经济合作区	1992	满洲里	俄罗斯
新疆	博乐边境经济合作区	1992	阿拉山口	哈萨克斯坦
	伊宁边境经济合作区	1992	霍尔果斯	哈萨克斯坦
	塔城边境经济合作区	1992	巴克图	哈萨克斯坦
	吉木乃边境经济合作区	2011	吉木乃	哈萨克斯坦
广西	东兴边境经济合作区	1992	东兴	越南
	百色边境经济合作区	2014	龙邦、岳圩	越南
	凭祥边境经济合作区	1992	凭祥	越南
云南	河口边境经济合作区	1992	河口	越南
	畹町边境经济合作区	1992	畹町	缅甸
	瑞丽边境经济合作区	1992	瑞丽	缅甸
	临沧边境经济合作区	2013	孟定	缅甸

（三）跨境旅游"双区"探索：跨境旅游合作区和边境旅游试验区

1. 边境地区跨境旅游概况

近三年，边境省区接待境外游客的人数及增长情况如图 21-5、图 21-6 所示，边境省区旅游外汇收入及其增长情况如图 21-7、图 21-8 所示，边境省区人均旅游外汇收入情况如图 24-9 所示。

第一，云南省和辽宁省是边境省份中，接待境外游客数最多的两个省份，但是辽宁省的游客数严重下滑，其余省份境外游客数在 2015 年或有下跌或有上升。我国的边境省区拥有丰富的旅游资源，但是有些省份的境外游客数仍然下跌。辽宁的境外游客数在 2014 年大幅度下跌，但是在 2015 年有略微回升。除了黑龙江和内蒙古之外，其他省份的境外游客数在 2015 年保持增长，云南，西藏和新疆的增长态势有所上升，但是广西的增长幅度仍下降不少。在 9 个边境省区中，入境旅游发展势头最好的是广西和云南，一个拥有最高的增幅，另一个拥有最高的入境人数及收入。

第二，虽然辽宁入境游人数大幅度下滑，但是仍然是入境旅游经济效益最好的边境省区，甘肃的入境旅游效益最差。从接待境外游客数量来看，云南接待境外游客人数连续多年为 9 个边境省区中最多，2013—2015 年，云南省接待境外游客连续 3 年超过 1000 万人。但是从人均旅游外汇收入来看，辽宁省依然是最高的边境省区，2015 年其人均旅游外汇收入为 637 美元，是所有省份的最高值。甘肃 2015 年接待的境外游客人数有 5 万人，外汇收入有 0.1 亿美元，人均旅游外汇收入为 260，较往年有所提升。

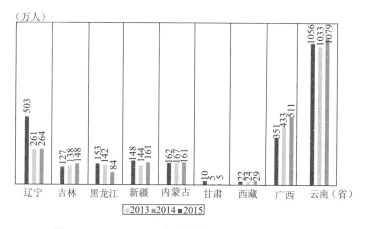

图 21-5 2013—2015 年边境省区接待境外游客人数

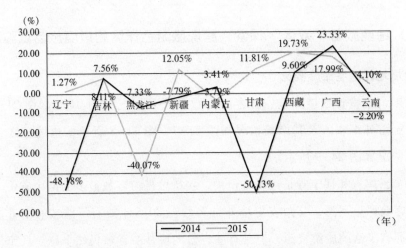

图 21-6　2014—2015 年年边境省区入境旅游人数增速

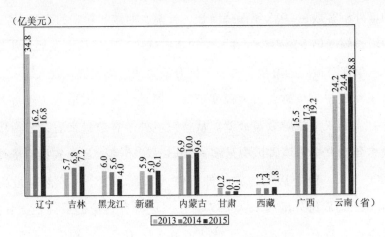

图 21-7　2013—2015 年边境省区旅游外汇收入

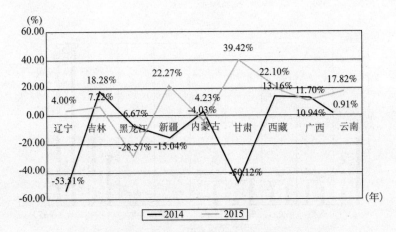

图 21-8　2014—2015 年边境省区旅游外汇收入增速

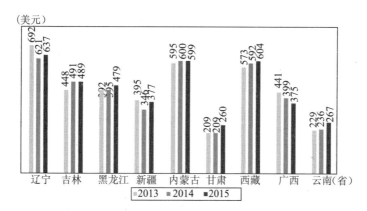

（美元）

图 21-9　2013—2015 年边境省区人均旅游外汇收入

2. 跨境旅游"双区"探索

2016 年年初，国务院发布了《关于支持沿边重点地区开发开放若干政策措施的意见》，首次在国家层面明确要求发展跨境旅游合作区和建设边境旅游试验区，即为跨境旅游的"双区"。

目前明确有条件设立跨境旅游合作区的有满洲里、绥芬河、二连浩特、黑河、延边、丹东、西双版纳、瑞丽、东兴、崇左、阿勒泰等。已经批准建立边境旅游试验区的边境城市有广西东兴市、凭祥市，云南景洪市、芒市、瑞丽市，新疆阿图什市、伊宁市、博乐市、塔城市、阿勒泰市、哈密市，内蒙古二连浩特市、阿尔山市、满洲里市、额尔古纳市，黑龙江黑河市、同江市、虎林市、密山市、穆棱市、绥芬河市，吉林珲春市、图们市、龙井市、和龙市、临江市、集安市，辽宁丹东市，共计 28 个。

吉林，黑龙江，内蒙古，新疆，广西及云南已经建立跨境旅游合作区，目前在进行试点探索。

（四）跨境经济合作区开启边境开放新模式

1. 中越跨境经济合作区：卓有成效

2015 年，中越政府正式确立要建立中越跨境经济合作区。目前，中越两国在边境地区推动建设东兴—芒街、凭祥—同登、河口—老街、龙邦口岸—茶岭 4 个跨境经济合作区，利用双方互为原产地的产品市场及丰富的劳动力市场，从事跨境出口加工贸易，实行贸易和投资的自由化政策，扩大边境口岸开放。同时，跨境合作区建设顶层设计已经完成，以"前店后厂"模式，完成"一个核心区"和"七个配套园区"共84平方公里的空间布局规划。

同时还取得了其他的突破性成效。一是跨境经济合作机制不断完善，已形成国家、省级、东兴试验区管委会和广宁省口岸经济区管委会、东兴市和芒街市等多个层面的沟通工作机制。二是成立跨境合作区工作机构，工作迅速落实到位。防城港市委市政府、东兴试验区工管委、东兴市委市政府联合成立中国东兴—越南芒街跨境经济合作区（中方园区）建设指挥部，整合全市之力推进跨境合作区开发建设。三是跨境合作区基础设施和公共配套项目建设加快。

2. 中俄跨境经济合作区："两国一岛"新模式

随着中俄全面战略协作伙伴关系的日益加深，作为两国经济发展战略交汇点的黑瞎子岛的开放开发已成为共同关注的焦点。中俄两国已经达成共识对黑瞎子岛进行"两国一岛"错位开发、共同推进，由于黑瞎子岛离抚远县最近，所以也称之为抚远中俄跨境经济合作区。按照国务院和国家发改委批复的"生态保护、旅游休闲、商贸流通、口岸通道"功能定位，将黑瞎子岛和抚远市域的发展作为整体统筹考虑，跳出"就岛论岛"兼顾岛内岛外，在开发模式、管理体制、政策支撑等方面先试先行。制定了保护先行、适度调整、生态开发、分期建设的基本原则，对黑瞎子岛中俄自由贸易区实行"境内关外、封闭运作"的管理模式。

世界唯一的"两国一岛"黑瞎子岛，坐落在抚远和哈巴罗夫斯克之间的界江之上，通过双方建成的上岛桥，中俄可实现陆路连接，因此中俄双方正在积极推进黑瞎子岛公路口岸建设。由于黑瞎子岛的地理位置及生态具有特殊性，保护性开放开发建设为这个极具区位优势和生态净土的岛屿披上了防止生态破坏的保护网。黑瞎子岛目前对建设项目进行了战略性调整，主要功能区划分为公路口岸通道及其配套服务区、跨境经济合作区、生态旅游区、湿地公园、湿地自然保护区。目前岛上的基础设施建设趋于完备，完成了东极宝塔、交接仪式界碑、湿地公园等重要景点道路铺装。

3. 中蒙跨境经济合作区：破土动工

二连浩特中蒙跨境经济合作区是首个中蒙跨境经济合作区，中蒙两国有关部门今年5月签署《关于中蒙二连浩特—扎门乌德跨境经济合作区建设共同总体方案》。2016年9月19日，二连浩特—扎门乌德中蒙跨境经济合作区中方一侧基础建设开工，蒙方一侧扎门乌德自由经济区已完成基础设施建设，正在积极开展招商引资工作。这是中蒙首个跨境经济合作区项目，也是中蒙俄经济走廊建设的重要项目之一。

这个项目建成后，将实现与跨境经济合作区蒙方一侧基础设施建设同步、互联互通，这将对促进中蒙两国经贸往来，深入探索开发新模式，对实现共同发展、共同繁荣具有重要意义。根据规划，这处跨境经济合作区建成后将成为集国际贸易、物流仓储、进出口加工、电子商务、旅游娱乐及国际金融服务等多功能于一体的综合开放平台。

4. 中老磨憨—磨丁经济合作区：尘埃落定

2015 年 8 月 31 日，在中国国家主席习近平和老挝国家主席朱马里·赛雅颂见证下，中国商务部部长高虎城与老挝副总理宋沙瓦·凌沙瓦在京分别代表两国政府正式签署《中国老挝磨憨—磨丁经济合作区建设共同总体方案》（以下简称《共同总体方案》）。

《共同总体方案》的签署是中老两国经贸合作发展的重要里程碑。中老两国为贯彻"长期稳定、睦邻友好、彼此信赖、全面合作"的方针，共同推进"一带一路"倡议，巩固和发展双边全面战略合作伙伴关系，提升两国互利合作水平，决定在边境接壤的中国云南省和老挝南塔省建设和发展"中国老挝磨憨—磨丁经济合作区"。这是继与哈萨克斯坦建立中哈霍尔果斯国际边境合作中心之后，中国与毗邻国家建立的第二个跨国境的经济合作区，是中老两国创新合作模式、加快开放步伐的重要举措。

5. 中蒙俄跨境经济合作区：提上日程

2016 年 9 月 13 日，国家发改委公布《建设中蒙俄经济走廊规划纲要》（以下简称《纲要》）。这标志着"一带一路"框架下的第一个多边合作规划纲要正式启动实施。《纲要》是 2016 年 6 月，上海合作组织塔什干峰会期间中蒙俄三国政府共同签署，为三国加强发展战略对接、深化务实合作搭建的顶层设计平台。《纲要》重点关注促进交通基础设施发展及互联互通、加强口岸建设和海关、加强产能与投资合作、深化经贸合作、加强生态环保合作等 7 大方面。

《纲要》提出，在交通领域，要共同规划发展三方公路、铁路、航空、港口、口岸等基础设施资源，加强在国际运输通道、边境基础设施和跨境运输组织等方面的合作，形成长效沟通机制，促进互联互通，推动发展中国和俄罗斯、亚洲和欧洲之间的过境运输。提升三方铁路和公路运输潜力，包括推进既有铁路现代化和新建铁路公路项目，加强产能与投资合作，深化经贸合作。发展中蒙俄定期国际集装箱运输班列，建设一批交通物流枢纽。同时要在跨境运输领域协商制定规则，提供良好的技术和关税条件，促进国际通关、换装、多式联运整体衔接等。

三、边境地区开放政策评估

从政策环境来看，国家正大力推进的"一带一路"倡议为我国边境地区的对外开放提供了难得的历史机遇。2017 年 5 月 14 日至 15 日，中国在北京主办"一带一路"国际合作高峰论坛。高峰论坛期间及前夕，各国政府、地方、企业等达成一系列合作共识、重要举措及务实成果，中方对其中具有代表性的一些成果进行了梳理和汇总，形成高峰论坛成果清单。清单主要涵盖政策沟通、设施联通、贸易畅通、资金融通、民心相通 5 大类，共 76 大项、270 多项具体成果。

与边境省区贸易及旅游发展相关的有：（1）中国进出口银行与马来西亚进出口银行、泰国进出口银行等"亚洲进出口银行论坛"成员机构签署授信额度框架协议，开展转贷款、贸易融资等领域务实合作。（2）中国国家旅游局与乌兹别克斯坦国家旅游发展委员会签署旅游合作协议，与智利经济、发展与旅游部签署旅游合作备忘录，与柬埔寨旅游部签署旅游合作备忘录实施方案等。

（一）国家支持沿边重点地区开发开放新政解读

国家有针对性地对一些边境省区的对外开放予以重点支持。2017 年 3 月，国家发改委同意《国务院关于支持沿边重点地区开发开放若干政策措施的意见》（下称《意见》），明确提出重点开发开放试验区、沿边国家级口岸、边境城市、边境经济合作区和跨境经济合作区等沿边重点地区是我国深化与周边国家和地区合作的重要平台，是沿边地区经济社会发展的重要支撑，是确保边境和国土安全的重要屏障，正在成为实施"一带一路"倡议的先手棋和排头兵，在全国改革发展大局中具有十分重要的地位。

虽然我国经过了改革开放 40 年和西部大开发 18 年，但是沿边开放仍落后于沿海开放。随着"一带一路"建设的推进和全方位对外开放格局的逐步形成，沿边地区正由开放的末梢变为开放的前沿。推进"一带一路"建设，完善东西共济、海陆并举的全方位对外开放新格局，必须补上沿边开放这块短板。加快沿边地区开发开放，不仅是全方位对外开放的要求，而且对于保障国家安全、深化次区域合作、促进民族团结和边疆稳定具有特殊重要的意义。

《意见》提出富民行动、改革体制、调整贸易结构、实施差异化扶持政策、提升旅游开发水平、加强基础设施建设、加大财税支持力度、鼓励金融创新等 8 条意见，旨在全力推动沿边地区发展。

《意见》有别于其他政策的创新点有以下几点。①突出人的重要性，将将边境地区民生改革作为《意见》的重要着力点，强调通过扩大就业、发展产业、创新科技、对口支援实现稳边安边兴边。②突出制度创新。创新是发展的不竭源泉。《意见》将制度创新作为沿边重点地区开发开放的重要动力，在投资贸易、人员往来、口岸通关等方面提出了一系列举措。③突出差异化扶持。沿边重点地区在我国改革发展稳定大局中具有特殊重要地位，在推进"一带一路"建设、构建全方位对外开放新格局中肩负特殊重要责任，在开发开放发展中面临特殊困难问题，国家应给予沿边重点地区特殊政策支持。④突出重点领域。沿边重点地区开发开放是一项系统工程，在全面推进的同时，必须突出重点。沿边重点地区自然生态、民族文化、异域风情等旅游资源十分丰富，旅游产业又是一个综合性强、关联度大的富民产业，因此，《意见》将旅游产业发展作为沿边重点地区开发开放的重要突破口，提出研究发展跨境旅游合作区、探索建设边境旅游试验区等特殊方式和政策。

（二）《兴边富民行动"十三五"规划》解读

2017 年 6 月 6 日，国务院印发了《兴边富民行动"十三五"规划》下称规划。兴边富民行动是 1999 年由国家民委倡议发起的，兴边富民行动经历了几个阶段：试点探索、重点推进到全面铺开这三个阶段。规划体现出统筹边境地区经济社会发展的特点，既与兴边富民行动"十一五""十二五"规划一脉相承，又根据新的形势和任务，进行了充实调整，主要任务部分更加全面具体，体现党中央推进兴边富民行动的更大力度。

规划中有以下四大亮点。①维护民族团结和边防稳固，《规划》提出，全面正确贯彻落实党的民族政策，不断巩固平等、团结、互助、和谐的社会主义民族关系，维护边境地区社会稳定，增强兴边富民行动辐射作用，增进睦邻友好，为边境地区发展营造良好的内外环境。②规划设立了 6 大任务，34 项子工程。《规划》针对边境地区面临的主要困难和问题，重点围绕"边"字进行设计安排，共提出六大任务：一是围绕强基固边推进边境地区基础设施建设；二是围绕民生安边全力保障和改善边境地区民生；三是围绕产业兴边大力发展边境地区特色优势产业；四是围绕开放睦边着力提升沿边开发开放水平；五是围绕生态护边加强边境地区生态文明建设；六是围绕团结稳边通力维护民族团结和边防稳固。③《规划》强化政策举措的差别化，不仅国家优先支持的边境地区改革创新和加快发展，出台差别化政策予以支持，相关优惠政策进一步加大对边境地区的倾斜力度，还要在边民扶持、财政、金融、土地、社会保障、资源开发与生态保护补偿、对口支援等7个方面强化政策支持。④在《规划》中，边境乡镇是重点，边境州市首次成为联动区。《规划》提出"以沿边境乡镇为重点梯次推进"，并首次提出"将边境市作为规划联动区，增强对边境地区建设发展的支撑保障能力，形成边境地区夯实前沿、以边带面、从线到片的空间格局"。

国家希望《规划》与"一带一路"相配合，深入推进兴边富民行动，不断推动边境地区经济社会发展迈上新台阶。

（三）地方性开放新政解读

边境地区作为连接中国与众多邻国的门户和纽带，在"一带一路"建设中具有独特的地位和作用。边境地区的对外开放，是"一带一路"建设的依托，边境口岸作为通道节点，在中国对外开放中的前沿窗口作用凸显。在"一带一路"倡议带动下，边境开放步伐显著加快。

边境9省中，吉林、内蒙古、甘肃、广西、云南及辽宁与政府家发改委建立推进国际产能合作委省协同机制。

辽宁省政府获批自贸区。2017年4月1日，国务院分别印发《中国（辽宁）自由贸易试验区总体方案》等7个新自贸区，服务"一带一路"。

吉林省提出要进一步扩大对外开放格局。吉林省筹备开通第二条中欧国际铁路货运班列长春—珲春—施瓦茨海德（长珲欧）。2015年8月，吉林省开通了中国第一条国际铁路货运班列长春—满洲里—施瓦茨海德（长满欧）。这是中国连通国家与地区最多的中欧班列，也成为中国与沿线国家进行经贸交流合作的重要载体。

黑龙江与俄罗斯拥有两个合作区。中俄（滨海边疆区）农业产业合作区与俄罗斯龙跃林业经贸合作区，分别由黑龙江的企业投资开发，其中中俄（滨海边疆区）农业产业合作区成立于2004年。

新疆霍尔果斯经济开发区推出 2017 版优惠政策。此优惠涉及扶持发展政策、合作中心配套区特殊政策、财税优惠政策、产业扶持政策及金融优惠政策。多方位支持产业发展，贸易流通，及资金融通。

内蒙古积极推荐中蒙俄经济走廊建设。中蒙经贸合作近年来稳步发展、势头良好，2015 年两国贸易额达 73 亿美元，中国企业累计对蒙古国投资接近 40 亿美元，双方间一批大项目合作正在积极推进，中国连续多年保持对蒙最大经贸伙伴地位。在此良好势头下，优先推进三国毗邻地区次区域合作，充分发挥各地比较优势，将进一步拉动多边投资和贸易大幅增长，有力促进教育、科技、旅游等人文交流，带动境外合作区建设稳步推进，为其他地区区域经济合作提供产良好范本。

甘肃敦煌戈壁建成"蔬果中心"，酝酿借政策红利出口。2016 年，敦煌市以建设国家级农业示范园区为目标，通过发展以设施蔬菜为主的高效瓜菜产业，走"为文而农、为游而农、为城而农"的农业路子得到当地民众的普遍认同。戈壁温棚仍在逐步扩建，设施蔬果长势迅猛，不断丰富着当地民众冬季的"菜篮子"和旅游市场的"餐桌子"，经济生态效益均凸显。

中尼吉隆口岸连接南亚拉动西藏外贸复苏。吉隆口岸承接西藏主要对外贸易的中尼吉隆口岸进出口货物总值达 34.20 亿元（人民币，下同），同比增长 4.59 倍。2015 年，西藏吉隆口岸受尼泊尔"4·25"影响，严重受损。关闭半年后重新恢复，并同样恢复在地震中受损的樟木口岸的贸易功能。

广西壮族自治区发布《广西参与建设丝绸之路经济带和 21 世纪海上丝绸之路的思路与行动》。2016 年 10 月，为积极参与和融入"一带一路"建设，经广西壮族自治区人民政府同意，发布《广西参与建设丝绸之路经济带和 21 世纪海上丝绸之路的思路与行动》。政府与东盟及丝路沿线多个国家建立明确且紧密的合作，推动各个领域如文化体育，医疗卫生等方面的合作，谋求共赢。

云南省咖啡出口同比增长 50% 通过"中欧班列"出口 4388 吨。云南小粒咖啡以其优良的品质备受国外客商的青睐，出口量占全国咖啡出口的 50% 以上。但是，一直以来 90% 的出口产品却是价格较低的生咖啡豆，而且国内销售情况也不景气。为了帮助出口企业拓展潜在的巨大国内市场，使名优产品取得与其名气相当的经济效益，云南省政府倾力相助，帮助出口企业建立健全质量管理体系，指导完善业务流程，帮助企业做好初加工、精加工及成品仓储、运输等环节关键点卫生控制，有力促进了云南咖啡品质提升，由单一咖啡豆出口，转向咖啡精深加工，不断扩大产品出口。积极配合"一带一路""中欧班列"等国家对外发展战略，仅通过"中欧班列"出口咖啡就达 4388.3 吨，货值 1747.2 万美元。

四、政策建议

（一）边境开放要成为"一带一路"的战略支点

边境地区作为国家对外贸易的重要地区，却长期处于国家发展战略末端，"一带一路"的提出给边境地区带来了极大的发展机遇，同时边境地区的开放应成为"一带一路"的战略支点。

我国的边境线延绵不绝，与 14 个国家接壤，在"一带一路"愿景中，有许多的倡议及发展是避不开边境地区的，首先边境地区的地理位置决定了其是我国与边境地区进行经济活动的必要窗口，其次作为国家战略中重点支持的加工贸易发展的地区，边境地区的后备发展力量不容小觑。

边境地区作为国家对外开放的门户，重视其发展对"一带一路"有着重大意义，应重点支持边境地区建设成开放的窗口和产业、经济等的辐射中心，以提升边境地区的发展开放及与其他国家的合作能力，成为"一带一路"的战略支点。

（二）跨境经贸合作向全方位合作转型

目前边境地区与接壤国家的合作较为单一，以小额贸易、加工贸易等经贸合作为主，新疆、广西等地已积极探索跨境金融合作、跨境旅游合作等新的合作领域，但仍然是零星的、点上的合作，尚未建立全方位的合作。依托边境经济合作区、跨境经济合作区、境外经贸合作区等合作载体，深入开展加工贸易、保税仓储、大宗商品交易、跨境金融、跨境电商、会展等经济合作，同时加快探索推进跨境教育、跨境医疗、跨境农业等全方位、多领域、高层次的合作。在跨境教育合作方面，加强基础教育领域合作，对边境地区中小学到境外学习、境外学生到境内学习给予简化审批手续、提供经费补贴、安排跨境校车等便利；在跨境医疗合作方面，通过医疗基础设施建设、医疗器械、医院远程系统、医护人员培训、医院医务管理等方面给予邻国更多支持和帮扶。通过跨境教育、跨境医疗、跨境文化等合作，加快边境地区民心相通，维护跨境地区安全、稳定和繁荣。

（三）边境开放要发挥优势创新模式

边境地区虽说离国家的经济中心较远，但是依然存在着自身独有的优势，如与接壤国家的交通便利，幅员辽阔具有极大的发展空间等。边境地区应当充分发挥已有优势、挖掘潜在优势，在优势中寻觅创新点，在创新中发展，开创发展新局面。支持边境地区利用边境合作区等开放平台，在重点领域和关键环节开展先行先试，拓展合作领域，加快开放步伐。改变边境地区以边境城市为核心的据点式开放合作，要积极探索"边境—内陆—沿海—跨境"联动开放模式，加强边境与内陆、沿海的产业承接与合作，吸引沿海投资，发展"飞地经济"，提高边境的开放水平。

后 记

2012 年 9 月，在 陈锦华 名誉理事长的倡导、项怀诚理事长的支持、深圳市综研软科学发展基金会的资助下，我院启动了"中国开放报告"的研究计划。《中国开放褐皮书（2016—2017）："一带一路"推动中国对外开放新格局》是"中国开放报告"系列的第三本，在全院研究人员的共同努力下完成。

项怀诚理事长和樊纲院长任本书的编委会主任。樊纲院长提出了本研究的基本思路和整体框架，并组织全体研究人员进行多次讨论。由郭万达常务副院长牵头，郑宇劼、陆晓丽、聂鲸郦、黄睿、张国平、王倩等组成工作小组；承担研究工作的协调、推进及本书前言和总论部分的撰写工作，由郭万达、郑宇劼负责本书统稿。

本书主体内容共分五个部分，二十一章。各部分主题和执笔人具体如下：

第一部分为总论，即第一章。由郑宇劼、陆晓丽、聂鲸郦、黄睿、张国平、王倩执笔，郭万达改定。

第二部分为中国与世界的开放，共两章。其中第二章由郑鑫执笔，第三章由陈秀珍、刘鎏执笔。

第三部分为中国经济领域的开放，共七章。其中第四章由曲建、王振执笔，第五章由余晖、林信群执笔，第六章由程传海、王梅执笔，第七章由余鹏、余凌曲执笔，第八章由王国文、张翼举、李九兰、谭慧芳、杨龙龙执笔，第九章由彭坚执笔，第十章由胡振宇、安然、周余义执笔。

第四部分为中国社会文化领域的开放，共五章。其中第十一章由汪云兴执笔，第十二章由杨秋荣执笔，第十三章由甄学军执笔，第十四章由曹钟雄执笔，第十五章由阮萌执笔。

第五部分为中国区域的开放，共六章，其中第十六章由余鹏执笔，第十七章由聂鉴强执笔，第十八章由张玉阁执笔，第十九章由刘志杰、冯月秋执笔，第二十章由周顺波、史若艺执笔，第二十一章由胡彩梅执笔。

　　借本书出版之际，怀念始终关注中国开放的 陈锦华 名誉理事长，并感谢深圳市综研软科学发展基金会对本研究的支持和资助。同时，感谢中国经济出版社在本书编辑和出版过程中给予的支持。

中国（深圳）综合开发研究院

二○一八年一月